房地产开发与管理实战模拟

Fangdichan Kaifa Yu Guanli Shizhan Moni

主　编　兰　静　杨小梅
副主编　龙　梅　任　婷　胡　霞　蔡佳含

西南财经大学出版社
中国·成都

图书在版编目(CIP)数据

房地产开发与管理实战模拟/兰静,杨小梅主编.—成都:西南财经大学出版社,2017.9

ISBN 978-7-5504-3058-7

Ⅰ.①房… Ⅱ.①兰…②杨… Ⅲ.①房地产开发②房地产管理
Ⅳ.①F293.3

中国版本图书馆 CIP 数据核字(2017)第 143136 号

房地产开发与管理实战模拟

主　编:兰静　杨小梅

副主编:龙梅　任婷　胡霞　蔡佳含

责任编辑:邓克虎

封面设计:张姗姗

责任印制:封俊川

出版发行	西南财经大学出版社(四川省成都市光华村街55号)
网　　址	http://www.bookcj.com
电子邮件	bookcj@foxmail.com
邮政编码	610074
电　　话	028-87353785　87352368
印　　刷	郫县犀浦印刷厂
成品尺寸	185mm×260mm
印　　张	21
字　　数	525千字
版　　次	2017年9月第1版
印　　次	2017年9月第1次印刷
印　　数	1—2000册
书　　号	ISBN 978-7-5504-3058-7
定　　价	42.00元

序 言

房地产在社会经济生活中占有重要地位，房地产专业也是热门专业。编者在教学与从业实践过程中发现，房地产专业应培养会认知、会做事、会合作、会生存的，适应中国经济新常态宏观环境的，具备房地产及相关领域的专业知识和技能，胜任房地产及相关领域工作需要的高素质应用型人才，这使得高校的房地产相关专业的教学面临新的挑战与机遇。

本书适用于房地产开发与管理实训课程以及才进入房地产行业的从业人员，定位于培养其创新精神和动手能力，强调梯度培养、模块教学，帮助其提升职业素养、整合专业知识、提高就业技能。本书内容紧扣企业实践，以房地产项目开发过程为主线，详解房地产开发流程的各环节业务、关键操作及相关岗位要求，同时配合大量实例、经验等内容，以提高内容的可读性、可学性，也可作为房地产从业者的参考资料。

本书在总结以往教学经验的基础上，突出解决问题的思路与技能的配合，理论部分简明扼要，实践部分案例丰富，充分体现了以下特点：

(1) 知识的系统化与模块化。本书以房地产项目开发为主线，将项目开发过程流程化，不仅较全面地涵盖了房地产开发所需要掌握的各方面知识，还将开发过程分为10大模块：设立企业、土地招拍挂、开发资金筹措、前期市场调查、项目定位、投资分析、项目规划与报建、项目管理、营销推广策划和销售实施。通过主线的系统化，知识与技能的模块化，一是帮助受训者系统掌握房地产项目开发经营流程，整合专业知识；二是挖掘受训者的职业潜能，提升其职业能力，有利于受训者以后更快地进入工作状态及提升工作效率。

(2) 内容的实用性与实践性。本书强调房地产开发工作的实践性，突出各岗位工作技能的可操作性，紧密结合房地产开发管理工作内容，通过具体的案例分析、实践练习，使受训者在项目投融资、市场调查、规划报建、项目管理、营销推广、销售等专业领域获得专业知识的基本训练，并掌握各领域的关键技能。同时，本书强调受训者从实践中学习与感悟，要求受训者组建团队，并在房地产开发过程中扮演不同角色，以锻炼受训者良好的沟通协调能力，并提早适应团队工作。

(3) 教材体系的创新性。本书将实验实训原理与企业实际操作过程有机结合，将创新性思想与技法相结合，使理论教学、案例引导、流程管理相协调，文字精练、实例丰富、逻辑性强。教材的章节包括了基础理论知识、案例引导、实际操作流程及拓展运用，促进受训者将理论联系实际，并在实际操作过程中体会理论的作用。同时，编者还使不同课程相互交叉、融合，形成了全面的教学体系，可以满足不同类型、不同专业背景的院校和企业开办房地产项目开发的教学需求。

本书由重庆工商大学融智学院兰静、杨小梅任主编，负责确定本书的框架体系与大纲；重庆工商大学融智学院龙梅、任婷、胡霞、蔡佳含任副主编。具体编写分工为：兰静（第1章、第7章、第9章部分）、杨小梅（第6章、第8章、第9章部分）、胡霞（第2章）、任婷（第3章）、龙梅（第4章）、蔡佳含（第5章）。全书由兰静和杨小梅共同审定、修改和定稿。编写教材是一项艰巨的工作，衷心感谢参编教师为此付出的辛勤劳动！

该书的出版得到重庆市教育科学“十二五”规划2015年度专项项目“新常态下的重庆智慧教育建设研究”（2015-GX-036，类别：重点课题）、“校企人才观异同视域下的应用型本科教学协同运行机制研究”（2015-GX-084，类别：规划课题）、重庆工商大学融智学院2015年度教育教学改革研究项目“房地产经营管理模块化教学研究”（2015009G）共同资助。我们相信本书对房地产高素质应用型人才的培养能起到积极的作用，同时为高等教育资源贡献一份力量。

房地产行业是快速发展的行业，虽然编者做了许多努力，希望能将本书做好，但由于能力有限，书中难免存在不足及错误，敬请各位读者批评指正，以利我们完善本书。

编者

2017年夏

目录

1 房地产开发与管理实战模拟概述 …… (1)
本章导读 …… (1)
1.1 房地产开发与管理实战模拟课程的实训理念 …… (1)
1.2 房地产开发与管理实战模拟的目标 …… (2)
1.3 房地产开发与管理实战模拟的内容 …… (2)
1.4 房地产开发与管理实战模拟的实训方式与组织 …… (4)
1.5 房地产开发与管理实战模拟实训的进度计划与控制 …… (6)
1.6 房地产开发与管理实战模拟的管理规则 …… (7)

2 房地产市场调查 …… (9)
本章导读 …… (9)
2.1 制订房地产市场调研计划书 …… (9)
2.2 设计房地产市场调查问卷 …… (23)
2.3 房地产调查的数据统计分析 …… (30)
2.4 房地产市场调查报告的撰写 …… (43)
2.5 房地产市场调查的实验成果 …… (53)
2.6 房地产市场调查的考核方法 …… (66)
问题与思考 …… (68)
拓展训练 …… (68)
参考文献 …… (68)

3 房地产项目前期定位 …… (70)
本章导读 …… (70)
3.1 房地产市场细分和目标市场选择 …… (71)
3.2 产品定位分析决策 …… (86)

3.3 房地产项目设计建议 …………………………………………………………… (98)
3.4 房地产项目前期定位的实验成果 ………………………………………… (106)
3.5 房地产项目前期定位的考核方法 ………………………………………… (118)
问题与思考 ………………………………………………………………………… (120)
拓展训练 …………………………………………………………………………… (120)
参考文献 …………………………………………………………………………… (121)

4 房地产开发项目投资分析 ………………………………………………… (122)
本章导读 …………………………………………………………………………… (122)
4.1 房地产开发项目投资分析的基础财务数据估算 ………………………… (123)
4.2 房地产开发项目投资分析的经济评价 …………………………………… (134)
4.3 房地产开发项目投资分析的实验成果 …………………………………… (155)
4.4 房地产开发项目投资分析的考核方法 …………………………………… (162)
问题与思考 ………………………………………………………………………… (163)
拓展训练 …………………………………………………………………………… (163)
参考文献 …………………………………………………………………………… (163)

5 房地产项目管理 …………………………………………………………… (165)
本章导读 …………………………………………………………………………… (165)
5.1 房地产项目的招标管理 …………………………………………………… (165)
5.2 房地产项目的合同管理 …………………………………………………… (176)
5.3 房地产项目的竣工验收 …………………………………………………… (185)
5.4 房地产项目管理的实验成果 ……………………………………………… (190)
5.5 房地产项目管理的考核方法 ……………………………………………… (197)
问题与思考 ………………………………………………………………………… (199)
拓展训练 …………………………………………………………………………… (199)
参考文献 …………………………………………………………………………… (199)

6　房地产项目营销推广 …………………………………………………（200）
本章导读 ………………………………………………………………（200）
6.1　房地产项目销售实施阶段计划 ……………………………………（201）
6.2　房地产项目销售价格策略 …………………………………………（208）
6.3　房地产项目入市推广计划 …………………………………………（222）
6.4　房地产项目营销推广提案的 PPT 制作 ……………………………（228）
6.5　房地产项目营销推广的提案 ………………………………………（231）
6.6　房地产项目营销推广的实验成果 …………………………………（234）
6.7　房地产项目营销推广的考核方法 …………………………………（242）
问题与思考 ……………………………………………………………（244）
拓展训练 ………………………………………………………………（245）
参考文献 ………………………………………………………………（245）

7　房地产项目销售实施 …………………………………………………（247）
本章导读 ………………………………………………………………（247）
7.1　房地产营销中心的选址与设计 ……………………………………（248）
7.2　房地产销售前期准备 ………………………………………………（261）
7.3　房地产销售现场管理 ………………………………………………（284）
7.4　房地产销售实施的实验成果 ………………………………………（295）
7.5　房地产销售实施的考核方法 ………………………………………（303）
问题与思考 ……………………………………………………………（305）
拓展训练 ………………………………………………………………（306）
参考文献 ………………………………………………………………（306）

8　房地产项目后评价 ……………………………………………………（307）
本章导读 ………………………………………………………………（307）
8.1　房地产项目后评价的内容设计 ……………………………………（308）
8.2　房地产项目后评价的实验成果 ……………………………………（318）

8.3 房地产项目后评价的考核方法 …………………………………………（320）
问题与思考 ……………………………………………………………………（322）
拓展训练 ………………………………………………………………………（322）
参考文献 ………………………………………………………………………（322）

9 **展望** …………………………………………………………………………（323）
本章导读 ………………………………………………………………………（323）
9.1 趋势一：校企合作的教学协同运行机制 ……………………………（323）
9.2 趋势二：模块化教学模式 ……………………………………………（325）
9.3 趋势三：智慧教育重塑未来学习模式 ………………………………（327）
参考文献 ………………………………………………………………………（329）

1 房地产开发与管理实战模拟概述

📖本章导读

· 体会房地产开发实战模拟的意义，并掌握实战模拟训练的流程及内容。
· 了解房地产开发实战模拟训练的管理规则。

案例导入

万科的扩张之路

万科于1988年进入房地产行业，经过近30年的发展，已成为全球最大的专业住宅开发商之一，目前已进入中国大陆66个城市以及旧金山、纽约、伦敦等海外城市，并在2015年实现销售收入2 614.7亿元人民币。万科的迅猛扩张得益于其大规模的复制能力，其复制能力的基础就是万科的开发模式——合作开发。简单来说，就是万科出钱，合作方出地，双方成立合资公司，万科先参股后控股，最后收购合资公司。通过合作开发模式，万科可以将其业务拓展到更多的细分市场，减少了开发的非系统性风险；并且，通过业务规模的扩大，万科可以增强采购环节的议价能力，实现规模效益。万科还设立了万科研究院，专注于产品研发，并将产品定位于中端市场和刚需市场，创造出多条有竞争力的产品线，如金域蓝湾、万科城等，强化了万科项目的运作能力。此外，万科从2005年起开始打造“集团总部—区域中心—城市公司”三级管理制度，下放了专业管理职能，并形成了一整套区域管控体系，以适应区域的市场状况，使万科的管理水平在行业内首屈一指。

案例来源：根据相关公开资料整理。

1.1 房地产开发与管理实战模拟课程的实训理念

房地产开发与管理实战模拟突出应用型人才的培养，让学生在学习过程中理论联系实际，引导并锻炼学生的实际操作能力。本实战模拟的实训过程最大限度地做到实战内容与企业实际操作过程的有机结合，创新性思想与技法相结合，能做到理论实训、案例引导、流程管理相协调，内容翔实，具有较强的理论性、专业性和实用性。教材的章节包括基础理论知识、案例引导、实际操作流程及拓展运用，从而发挥学生将理论联系实际，并在实际操作过程中体会理论的作用。同时，通过引用国内外典型案例进行分析，注重培养学生的综合素质和解决实际问题的能力。

1.2　房地产开发与管理实战模拟的目标

房地产开发与管理实战模拟通过模拟房地产开发现实，培养会认知、会做事、会合作、会生存的，适应中国经济新常态宏观环境的，具备房地产开发的专业知识和技能的高素质应用型房地产从业人才。本实战模拟不仅能帮助受训者提升专业知识和综合运用能力，充分了解房地产的全程操作方法和关键节点的深入内涵，而且还能培养受训者脚踏实地的从业习惯，协调配合完成工作的良好心态，锻炼工作中的沟通能力，并能在遇到问题时主动寻求解决方法的创新精神和在成功与失败的经历中提升决策力、执行力与抗风险力。

1.3　房地产开发与管理实战模拟的内容

房地产开发与管理实战模拟按照房地产开发操作全程进行设计，涉及开发企业设立、土地获取、开发资金筹备、项目操盘、项目后评价等一系列阶段，共包括项目市场前期调查、项目前期定位、项目投资分析、项目规划与报建、项目管理、项目营销推广、项目销售实施七个环节的实战模拟演练，对房地产开发全程所涉及的知识点和技能要求均做出对应。房地产开发与管理实战模拟架构见图 1-1。

读者可以根据其实际情况自行选择开发地块、确定启动资金额度，以下仅作示范展示。

（1）开发企业的设立及资金筹备

本实战模拟开发企业的启动资金为人民币 3 亿元。

（2）土地获取

本实战模拟以地块（模拟开发地块基本信息见图 1-2）为载体，进行虚拟开发，项目类别根据市场情况自行确定。

（3）项目操盘

项目开发周期定为 1 年，分为以下几个阶段：

①房地产市场前期调查。

房地产市场前期调查实战模拟环节分为前期市场调研方案的制定、市场调研问卷的设计、市场实地调研和市场调查报告的撰写 4 个实训环节。

②房地产项目前期定位。

房地产项目前期定位实战模拟环节分为房地产细分和目标市场的选择、产品定位分析决策和房地产项目设计建议 3 个实训环节。

③房地产项目投资分析。

房地产项目投资分析实战模拟环节分为房地产投资分析指标与步骤和财务数据估

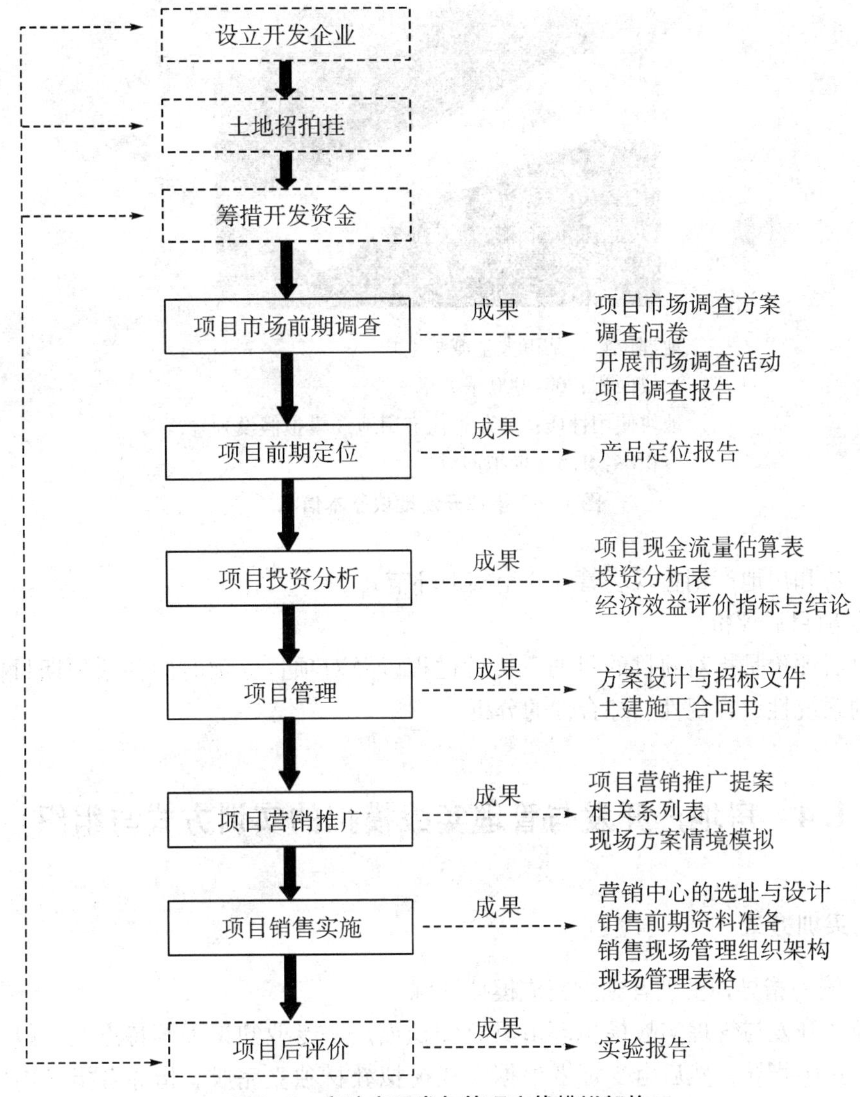

图 1-1 房地产开发与管理实战模拟架构

算及财务评价 2 个实训环节。

④房地产项目管理。

房地产项目管理实战模拟环节分为房地产项目的招标管理、房地产项目的合同管理和房地产项目的竣工验收 3 个实训环节。

⑤房地产项目营销推广。

房地产项目营销推广实战模拟环节分为房地产项目销售阶段计划、房地产项目销售价格策略、房地产项目入市推广计划、房地产项目营销推广的 PPT 制作和房地产项目营销推广的提案 5 个实训环节。

⑥房地产项目销售实施。

房地产项目销售实施实战模拟环节分为房地产营销中心的选址与设计、房地产销

地理位置：某市大学城某地块

地块面积：601 000 平方米

地块使用性质：商业、住宅用地（模拟假设）

容积率：1.5（模拟假设）

图 1-2　模拟开发地块基本信息

售前期准备和房地产销售现场管理 3 个实训环节。

（4）项目后评价

项目后评价是指对项目的目的、执行过程以及对项目立项时的各项预期目标的实现程度的系统性、客观性、综合性的分析。

1.4　房地产开发与管理实战模拟的实训方式与组织

1.4.1　实训方式

（1）统一指导，受训者独立完成模拟训练

房地产开发与管理实战模拟环节具有知识面广、专业知识强等特点，一般先由指导者进行集中指导，然后由受训者根据实战模拟教材独立完成。指导者指导内容包括明确模拟目的、讲授模块涉及的基础理论知识、实战模拟要点等内容，以帮助受训者顺利完成模拟训练。

（2）指导者引导，受训者独立完成模拟训练

房地产开发与管理实战模拟课程强调受训者的实际操作能力，而受训者对于房地产开发模块的操作具有一定的难度，为了正确引导受训者锻炼房地产开发专业技能，一般指导者通过讲授与实训相结合的方式展开典型案例示范，指导受训者独立完成模拟训练。

（3）团队协作完成模拟训练

房地产开发与管理实战模拟采用团队协作的方式完成模拟内容。实战模拟过程中各项事务均由小组成员共同决定，协同组织实施，要求小组成员之间形成互相支持的氛围，提高团队的工作效率，平衡团队成员之间的付出得失，实现受训者既能锻炼自身的专业技能，又能提高团队协作的能力。

1.4.2 实训组织

(1) 实训单位的组建

房地产开发与管理实战模拟以小组形式开展，每个小组由6~7名受训者组成。一个小组代表一家房地产开发经营企业，由小组成员分别担任企业的总经理、投资开发部经理、财务部经理、设计部经理、工程部经理、营销策划部经理、销售部经理等职位（企业架构及管理职责见表1-1）。在实战模拟课程规定时间内，各小组完成1个周期的项目开发经营活动。

表1-1 企业架构及管理职责

职位	岗位职责	姓名	联系方式
总经理	主持公司日常各项管理工作，负责项目开发的全局工作，处理各种突发事件。		
投资开发部经理	负责制订项目实施前期工作计划，组织初步意向性的地块分析、投资测算，负责协助营销策划部门开展项目的地块分析、投资分析、开发思路、可行性分析等工作。		
财务部经理	负责公司财务、会计及税务事宜；有效地筹划与运用公司的资金；编制财务报告，提供管理决策依据，按公司经营计划提出年度财务计划，作为资金运用的依据；依据税法规定，处理公司各项税务事宜。		
设计部经理	在项目市场定位的基础上，综合策划构思，有针对性地提出规划设计概念设想，参与从项目策划到竣工验收的全过程，对项目的规划、设计进行管理；按照工作程序，领导规划设计部对工程的设计工作进行管理，使工程设计的进度、质量达到项目策划的目标。		
工程部经理	负责项目的建设和管理，执行项目工程招标工作，确保工期、安全、质量及成本控制等。		
营销策划部经理	组织项目市场调研，编写调研报告、可行性分析报告、开发建议、定位报告、营销策划报告等；制订项目总体销售计划。		
销售部经理	执行项目销售计划，负责组织项目的日常销售管理工作，建立和完善项目客户服务体系，建立和维护客户关系，办理销售相关手续等。		

(2) 实战模拟课程的学时及时间安排

房地产开发与管理实战模拟是一个完整的实验体系，包括了房地产项目开发的全部流程，实战模拟课程计划安排见表1-2。

表 1-2　　实战模拟课程计划安排

序号	课程名称	总学时	起止周	实训规模
1	房地产开发与管理实战模拟课程介绍	2	1	无限制
2	房地产项目市场前期调查	21	1~2	不超过 6 小组
3	房地产项目前期定位	12	2	不超过 6 小组
4	房地产项目投资分析	12	3	不超过 6 小组
5	房地产项目管理	9	4~5	不超过 6 小组
6	房地产项目营销推广	12	5~6	不超过 6 小组
7	房地产项目销售实施	12	7	不超过 6 小组
8	项目后评价	6	8	无限制
合计		86	共 8 周	

（3）指导者的实训实施

本实战模拟课程采用“项目引导，任务驱动”的指导方式，强调受训者通过对项目任务的实施，掌握该实战模拟的理论知识及实际操作技能。在整个实战模拟的过程中，指导者是实训的组织者与实施者。首先，指导者要熟悉教材的全部内容，突出重点，突破难点；其次，由于该教材是实战模拟类教材，具有现实操作意义，各个环节之间衔接紧密，因此，指导者在各个模块之间要做到完美衔接，才能达到更好的实训效果；再次，引导与指导是实验课程实训的重点，指导者必须具备熟练的操作技能，为受训者做好示范工作，同时，能在受训者操作过程中及时给予指导，让受训者在实际操作中学习，巩固理论知识与实践动手能力；最后，指导者还可以在实训课程中采取案例教学法、情境教学法、小组研讨法等协作式、探究式的教学方法激发受训者的学习兴趣，提升实训效果。总之，指导者需要在实训过程中扮演好策划者、指导者、帮助者、促进者和监督者的角色，实现实训目标。

1.5　房地产开发与管理实战模拟实训的进度计划与控制

1.5.1　房地产开发与管理实战模拟实训的进度计划

房地产开发与管理实战模拟实训进度计划是对实训全过程的整体规划与安排，明确课程进度安排有利于受训者掌握实训全过程并提前做好准备工作，提升实战模拟课程的实训效果。房地产开发与管理实战模拟实训进度计划表见表 1-3。

表 1-3　房地产开发与管理实战模拟实训进度计划表

课程名称	授课教师	学时分配								参考书目
		实验 1		实验 2		实验 3		实验 4		
		授课	实训	授课	实训	授课	实训	授课	实训	
市场调查										
前期定位										
投资分析										
项目管理										
营销推广										
销售实施										
项目后评价										

1.5.2　房地产开发与管理实战模拟实训的控制

实训控制就是对实战模拟质量的管理监督的过程。有效的实训控制可以减少各环节可能导致不合格或不满意的影响因素，从而提升实训的满意程度。实训控制过程管理不是拘泥于实训全过程的细节管理，而是实战模拟的现场控制与过程控制。

（1）现场控制

现场控制就是对实战模拟现场的管理控制，其重点是找准质量控制点。现场控制包括对模拟现场的受训者的管理，对模拟实施环节的物料及操作环境的管理，对模拟实施的流程、技能、操作规范的管理，以及对实施环节的信息沟通的管理。指导者需要根据各模块的实训任务特征把握各管理环节的关键事件，实现对实战模拟现场的高效管理。

（2）过程控制

过程控制实际是对实战模拟过程的管理。本实训课程是由连续的模块构成的课程系统，而每一个模块又包含若干个连续的子模块，每个模块均涉及大量的理论知识及实际操作技能。指导者即要把握模块内的可控性，又要保证模块间的连续性，因此，指导者必须把握全过程的关键节点，以实现任务导向下的过程控制，实现实训目标。同时，由于课程的系统性、连续性、专业性、模块区隔性的特征，建议实行统筹管理制，即由 1~2 人统筹管理，各模块分别负责的管理机制。

1.6　房地产开发与管理实战模拟的管理规则

1.6.1　实训前准备

在实战模拟开始前，指导者与受训者均应做好充分的准备工作，以提高实训的效果。

（1）指导者的实训前准备

①向受训者全面讲解实训课程的目标、内容、方案以及要求。

②列出参考书目。

③编制指导执行计划书。

④制定考核方法。

（2）受训者的实训前准备

①充分做好实训前的知识储备。

②组建实训小组，分配实训岗位。

1.6.2 实训过程

在实训过程中，指导者要准备充分、认真细致、作风严谨、分工明确、配合密切，并针对实训环节进行具体知识讲解及示范，指导受训者掌握实训环节的基础知识及技能应用方法；同时，指导者要耐心细致地指导受训者，及时反馈并纠正受训者实训的错误操作，引导受训者发现和分析问题，积极思考解决方案。

1.6.3 实训结束后的工作

指导者在实训结束后，应对受训者在实训过程中的表现进行评价，并基于公平、公正、合理、科学的标准对受训者的实训成果给予考核成绩。在对受训者的实际考核中应做到以下三点：

（1）注重对受训者参训过程的评价

对受训者过程的评价包括参与的积极性、讨论的积极性、团队协作能力、实际操作技能、独立分析及发现问题的能力、创新性思维能力等方面。

（2）受训者的理论知识与实际操作技能的综合评价

本实训课程强调受训者的理论知识与实践结合的能力，注重受训者解决实际问题的能力，在评价过程中，可以从过程讨论的质量、实训成果的质量、理论知识转化的能力等方面进行综合评定，指导者可以根据实训需求确定两者间的考核比重。

（3）评价方法的多样化

在制定评价方法的过程中应注重要素评价与综合评价的结合，注重目标评价、阶段评价、过程评价，强调评价的多元性。

指导者还应在实训后撰写实训总结，不断总结经验，提升实训质量水平。

2 房地产市场调研

📖本章导读

·掌握房地产前期市场调研的整个流程。

·掌握市场调研计划书的制订、市场调研问卷的设计、市场调研数据的收集和分析，以及市场调研报告的撰写等。

·掌握各个环节的具体操作步骤，并结合理论知识进行实践操作，最终得到一份完整的市场调研报告。

案例导入

2016年重庆市××投资有限公司，在重庆市土地使用权公开竞标中击败众多对手，成功获得重庆市沙坪坝区××路口地块的使用权。该项目占地面积约为7.2万平方米，离沙坪坝区商圈中心三峡广场步行街1 890米，自驾5分钟左右，可坐228路、204路等公交车直达。开发商在拿到这块地之后，想要在开发建设之前对以下信息进行一个全面的了解：①本地区的住宅供给和需求情况；②目前沙坪坝区商圈的住宅价格走势情况；③潜在的购房者对住房产品的偏好情况。开发商希望在对市场有一个全面的了解之后，规划出受市场所欢迎的住房产品，来实现最大化的投资收益。因此，想要了解市场情况，就必须进行一次全面的市场调研，通过客观理性的分析，为后期项目定位、产品的营销推广提供参考。

如何进行一次全面的房地产市场前期调研？其涉及哪些内容？具体操作步骤是怎样的？本章将在后续的内容中进行详细阐述（本章后面的示例分析均以此处的案例为分析对象）。

2.1 制订房地产市场调研计划书

2.1.1 房地产市场调研计划书实训的目的与任务

（1）实训的目的

①加深对房地产项目市场调研相关的基础理论知识的理解。

②掌握房地产项目市场调研计划书的制定步骤。

③提升对所要调研项目及其他相关信息、资料、数据等的收集能力。

（2）实训的任务

①根据项目情况确定调研的目的和内容。

②根据市场调研目的准备相关资料的收集方案和计划。

③根据市场调研的内容收集与市场环境、行业等相关的资料。

④要求制定一份完整的市场调研方案。

2.1.2 房地产市场调研计划书实训的知识准备

在进行任何实践操作之前，都必须具备基础的理论知识，才能更好地学以致用。因此，在进行市场调研计划书的制定之前必须掌握以下内容：①房地产市场调研的概念。②房地产市场调研的内容。③房地产市场调研的方法。

2.1.2.1 房地产市场调研的概念

房地产市场调研是指以房地产项目为调研对象，根据既定的目标，运用科学的方法，有目的的对相关的市场信息进行全面、系统的收集、整理和分析，最终为房地产项目的开发、市场的预测和后期的经营管理决策提供依据的客观过程。

开展房地产市场调研有四个重点：第一，在进行房地产市场调研之前就必须要清楚此次调研的目的；第二，根据调研的目的选择相应的被调研对象；第三，根据调研的对象选择适合的调研方法；第四，运用科学方法，对调研收回的信息进行系统的处理，并最终得到一份分析报告，通过分析报告为后期的市场活动提供参考依据。

2.1.2.2 房地产市场调研的内容

2.1.2.2.1 宏观环境分析

宏观环境主要是指会对房地产市场产生影响和冲击，关系到房地产企业的生存和发展，并影响企业营销战略的制定和实施的一切不可控制的外部因素和力量的总和。一般来说，宏观环境调研主要是指对国家层面的政治法律环境、社会文化环境、经济人口环境、科技自然环境的调查。

（1）政治法律环境

政治法律环境主要包括国家和地区政府颁布的与房地产行业相关的住房政策、税收政策、金融政策和土地政策等，这些都会对房地产企业的市场营销活动产生影响。

①房地产住房政策

房地产住房政策主要是指国家和政府对房地产行业的住房投资、住房价格和住房供应结构等方面的干预和指导。这些都将对房地产行业产生巨大的影响。

示例

2011年1月26日国务院办公厅发布的《关于进一步做好房地产市场调控工作有关问题的通知》中明确指出地方政府有承担房产市场平稳发展的责任，需合理确定本地区年度新建住房价格控制目标；严格制定和执行住房限购措施，对已拥有一套住房的本地户籍居民、能提供一定年限纳税证明或社保缴纳证明的非本地户籍居民只能买一套住房；对已经拥有两套住房的本地户籍居民和已经拥有一套住房的非本地户籍居民，暂停向其售房；继续增加土地有效供应，进一步加大普通住房建设力度；进一步遏制投机性购房；加大保障性住房建设力度，调整供给结构。

分析上面的内容可以发现，国家和政府主要从以下几个方面来对房地产市场进行调控：第一，明确指出地方政府有促进房地产市场健康稳定发展的责任，希望通过这种明确责任的机制来限制房价上涨。第二，地方政府需要制定年度新建住房价格控制目标，一旦价格目标确认，会对新上市的住房产品的价格产生影响，且由于国家的目的是限制房价上涨，那可能就会造成市场预期房价有下降的趋势，对房地产企业来说是不利的。并且对购房者而言，预期价格下降，就会出现浓重的观望心态，进一步降低成交意向，使得购房需求放缓，从而进一步影响房地产市场。第三，限购条件更加严格，凡是不符合条件的居民家庭即使有钱，政府也要求房地产企业不能向其售房，这会进一步打击投机购房需求和抑制改善居住条件购房的需求，从而进一步降低市场需求量。第四，希望通过增加土地有效供应、普通性住房和保障性住房的供给等来稳定或者降低房地产价格。可以发现，这些措施对房地产企业会产生不利的影响。

②房地产税收政策

房地产税收政策是指政府根据房地产行业发展状况，以及为了保障房地产市场健康发展而确定的具有指导性的法令制度和开展税收工作的基本方针和基本准则等。其主要是通过调节与房地产有关的税率和税种来对房地产市场进行调控，并且通过房地产财政支出的结构和总量来影响房地产市场的结构和总量。

示例

国家为了房地产市场健康稳定的发展，不断出台相应的政策来抑制房价过快上涨。就重庆市政府来说，一方面按照2016年2月17日财政部、国家税务总局、住房城乡建设部发布的《关于调整房地产交易环节契税、营业税优惠政策的通知》要求，①对个人购买家庭唯一住房的，面积为90平方米以上的，减按1.5%的税率征收契税。②对个人购买家庭第二套改善性住房，面积为90平方米及以下的，减按1%的税率征收契税；面积为90平方米以上的，减按2%的税率征收契税，降低了二套房的税率。③个人将所购买住房对外销售的，由原来的限期5年改为限期2年以上（含2年），免征营业税。另一方面，重庆市政府办公厅于2016年1月15日发布的《关于进一步落实涉企政策促进经济平稳发展的意见》中指出：①降低企业所得税。对房地产企业预售收入的计税毛利率由20%调整为15%。②降低土地增值税。非普通住宅、商业、车库（位）的土地增值税预征率由3.5%调整为2%，普通住宅土地增值税预征率执行1%。③房产税优惠。对属于房地产企业的待售开发房产，未纳入自有固定资产管理且未使用、未出租的，不征收房产税；对投资性房地产房产税按就低原则选择从价计征或从租计征；对房地产企业纳入自有固定资产经营管理的车库（位），按房产原值从价计征房产税。④延长纳税时间。应缴税款可经税务部门批准后延期3个月缴纳。⑤鼓励金融机构暂停或下调信用良好企业的按揭保证金比例。⑥对全市房地产企业信用综合排名前50名企业给予预售资金首付款免予监管的支持。对上一年未拖欠农民工工资的建筑施工民营企业，当年保证金降低50%收取，连续两年未拖欠的再降低10%收取，连续三年以上未拖欠的免缴保证金。

从上面的税收政策可以看出，重庆市政府为了促进房地产行业的发展，一方面降低了房地产企业的税费支出，通过延长缴税时间和降低保证金监管比例来减少房地产企业的资金支出。这降低了房地产企业的税赋和资金的被占有，让项目地块的房地产企业可以更好地利用自身的资金进行经营活动。另一方面，通过减少购房者的成本来刺激需求，提升消费者的购房欲望，进而增加销量，减少库存，完成去库存化的目标。

③房地产金融政策

房地产金融政策主要是指中央银行通过调节利率来控制银行对房地产行业的信贷投资规模，进而对房地产市场进行调节的相关政策。利率对房地产市场的影响可以分为对供给方（房地产企业）和需求方（潜在购房者）两个方面。一方面，贷款利率的提高会造成开发商的资本成本增加，进而使得房地产开发投资金额减少；另一方面，也会造成潜在购房者的住房按揭利率提高，增加购房者贷款利息的支出，进而会降低潜在购房者的购房欲望。

示例

2016年2月1日中国人民银行和中国银行业监督管理委员会发布的《关于调整个人住房贷款政策有关问题的通知》指出，在不实施“限购”措施的城市，居民家庭首次购买普通住房的商业性个人住房贷款，原则上最低首付款比例为25%，各地可向下浮动5个百分点；对拥有1套住房且相应购房贷款未结清的居民家庭，为改善居住条件再次申请商业性个人住房贷款购买普通住房，最低首付款比例调整为不低于30%。在此基础之上，各省级市场利率定价自律机制结合当地不同城市实际情况自主确定辖区内商业性个人住房贷款的最低首付款比例。中国人民银行货币政策司于2015年10月24日发布的贷款利率，1年以内的短期贷款由4.6%下降到4.35%，1~5年的由5.0%下降到4.75%，5年以上的由5.15%下降到4.9%。

一方面，居民购房贷款首付比例降低，这降低了购房者的置业成本。激发了潜在购买者的购房欲望，提升了市场需求量，降低了库存量，对房地产企业来说是非常利好的政策。这使得本不准备买房的人群，很可能提前进入市场；原本打算买小套房的人，可能购买更大面积的住房。另一方面，贷款利率的降低，房地产企业获得资金的成本降低，购房者的贷款成本减少，对企业和消费者都是利好的消息。

④房地产土地政策

房地产土地政策是指国家对用于房地产的土地资源在分配、开发、利用和管理方面规定的行动准则。它是处理各类房地产在土地配置关系中各种矛盾的重要调节手段，而中国城市房价不断上涨的原因之一就是因为城市土地资源的稀缺。

从前面关于房地产市场的政治法律环境分析，可以发现每一次有关房地产新政的出台都会对房地产市场环境产生很大的冲击和影响，而这些政策的出台对房地产行业的发展可能是机会也可能是威胁，因此，对房地产政策的分析就显得尤为重要。

（2）社会文化环境

社会文化环境是指人类在历史长河中，以及在某种社会生活环境中所形成的特定文化、生活方式、价值观念、世代相传的风俗习惯等。社会文化环境主要是通过影响人们的消费观念和购买方式等，来间接影响企业的市场营销活动的。

①生活方式

互联网的兴起和发展，极大地改变了人们衣、食、住、行、工作、社交和休闲娱乐等方方面面。比如，传统的情况下人们的生活和工作是完全独立分开的，如今在家中也可以办公，人们要求住房不仅仅用于居住，还可以给人们提供便捷和高效的生活环境。

示例

保利地产为了跟上人们生活方式的变化和追求，推出了将物业服务、居家养老、休闲购物等多样化需求融合在一起的“若比邻”O2O社区商业。其设立了一个供业主进行闲聊、聚会等的休闲社交活动场所——比邻空间，在这里不仅可以进行家居家具和鲜花艺术等交易，还可以进行打印、复印、礼品包装等服务。比邻超市是保利自营的以生鲜产品和便民服务为主打的社区生活超市。保利地产不仅为业主提供线下商品和服务，还提供涵盖洗衣、家政、美甲、按摩、送药、半成品菜品和煲汤六大类在线服务交易的平台——若比邻APP。保利地产致力于成为引领市场并创造市场的城市开发运营商，并且着力于从单纯的房地产开发商转型为生活模式平台商，不仅提供住宅产品，还为客户打造更便利、更完善的生活模式。① 而这样的转变也是人们生活方式的改变引起的，这也是未来房地产企业发展的方向之一。

②价值观念

价值观念是人们在生活和学习的过程中，随着知识的增长和生活经验的不断积累而形成的一种相对稳定的价值取向，但是随着社会的不断发展和进步，价值观念也是不断发生着变化的。

示例

中国几千年的传统，认为一家老小生活在一起才是幸福。以前更多的是三代、四代几十口人居住在同一个房子里。但是随着互联网时代和全球化的发展，很多传统观念受到西方文化的冲击和影响，人们的观念也在不断发生着改变，而在这个时代背景下成长起来的“80后”“90后”这一年轻群体，在他们身上表现得尤为突出。他们更注重个人的私人空间，不愿意与老年人一起居住。中国历代恶劣的婆媳关系，让更多的年轻人选择结婚后搬出父母的住处，在外面买房或者租房住。为了避免由于两代人生活观念的不同而发生矛盾，有条件的家庭更愿意在离父母近的小区或者同城再购买一套住房，一方面能够避免矛盾的产生，另一方面又有自己的独立空间，还可以很好地照顾到父母。而这种方式的转变，就会对未来住房产品产生重大的影响。人们不再是追求多个卧室和大户型，可能更多地倾向于选择舒适的一室养老型住房产品（给父母居住）以及两室或者三室（夫妻和孩子一起居住）住房产品。

---

① 李艳玲，陈文娜. 保利地产的社区O2O新玩法［N］. 南方日报，2016-1-8［FC06］.

③消费观念

随着经济的发展，人们的生活水平不断提高，越来越注重对品质生活的追求。比如对于住宅产品不再是只追求面积的大小，而更多的是从心理层面出发追求一种居家生活享受，家里的房子不一定要很大，装修不一定要很豪华，但一定要很舒适。

(3) 经济人口环境

①经济环境

经济环境是指房地产企业市场营销活动所面对的外部经济条件。一般包括国家或地区的经济发展状况、居民收入状况、消费状况、信贷和储蓄状况等。

示例

2013—2015 年我国社会消费品零售总额年均增长 12.0%，2015 年零售总额突破 30 万亿元，消费品市场规模稳居世界第二位，并且 2015 年全国居民人均可支配收入为 21 966元，比上年增长 8.9%。从前面的消费和收入变化说明我国消费市场需求强劲。随着经济步入新常态，在商品供应数量不断增加和品种多样化的同时，我国居民消费商品由以基本的生活品为主转变为以发展、享受型消费品为主，消费结构由衣、食消费为主向住、行消费转移，人们对发展和享受的需求不断提升。[①] 因此，房地产企业如果能够抓住人们的这种消费变化趋势，才能更好更快的发展。

②人口环境

人口环境是指会对房地产企业的营销活动和绩效产生影响的各种人口因素，包括：人口规模和人口密度、人口的分布和构成、家庭规模和结构、人口迁移和流动等方面的内容。

示例

从 2005 年到 2014 年我国 65 岁及以上的人口从 10 055 万人上升到 13 755 万人，在 10 年间上升了 36.8%，且老年抚养比从原来的 10.7 上升到现在的 13.7，上升了 3 个百分点[②]。可以看出中国的老龄化越来越严重，老年人口越来越多。而国家也在大力支持养老产业的发展。因此，发展养老地产将是房地产企业未来发展的另一个契机。谁先建立养老地产的品牌，探索出新的养老地产模式，树立起行业标杆，谁就会获得更长远的发展。

(4) 科技自然环境

①科技环境

科技环境是指一个国家或地区能够对房地产企业产生影响的技术水平、新产品研发的能力，以及技术发展的动向等。有的新技术能够促进产品的更新换代，有的能够改变人们的生活方式，有的能够改善企业的经营管理，甚至有的会对一个行业造成毁灭性的冲击。因此，企业只有及时掌握行业内的新技术，才能够抓住市场机会，在行

① 中华人民共和国国家统计局。

② 中华人民共和国国家统计局。

业竞争中处于有利地位。智能化、自动化和高新技术的出现，以及节能、环保、绿色等新型建筑材料的出现，都将对房地产行业的未来产生颠覆性的影响。这些技术的发展不仅影响着企业，也影响着人们的居住环境。

示例

在房地产行业里朗诗集团是中国领先的绿色科技地产开发和运营企业。自2004年开始以绿色科技差异化为发展战略，专注于打造创新的绿色科技住宅，因地制宜地为客户创造良好的居住环境。其中，代表作朗诗熙华府是首个采用被动式建筑理念打造的住宅项目，对居住健康、环保、舒适、节能各方面进行了全方位的提升。由于朗诗住宅产品具有绿色差异化的特点，使得其产品比周边竞争项目具有较强的溢价能力，而且项目销售速度更快，房屋交付后二手房的租金也大幅高于周边竞争项目。如南京朗诗钟山绿郡在2011年开盘时与周边竞争项目相比高出5 000元／平方米，后期逐步扩大到6 000~7 500元／平方米，现时两房租金高出竞争项目租金1倍。[①] 因此，人们消费观念的转变，会改变人们对生活品质的追求，进而会影响人们对住房产品的需求变化，所以对企业来说只有顺应了人们需求的变化，才能占领市场，得到更好的发展。

②自然环境

自然环境是指会对房地产企业的产品开发和营销活动产生影响的所有自然资源。

示例

随着人类对自然资源的不断索取，造成环境污染日益严重，人们的生活居住环境日益恶化。因此，政府对自然资源的管理和环境保护的干预也在不断地加强。而这些变化都要求房地产企业必须开发出绿色环保的产品，以适应环保的潮流。然而，目前我国建材工业资源的现状是：能源消耗高、污染大，绿色建材发展滞后、生产占比低、应用范围小。为了促进绿色建材生产和应用，在2015年8月31日工业和信息化部、住房城乡建设部联合印发《促进绿色建材生产和应用行动方案》，要求到2018年新建建筑中绿色建材应用比例达到30%，绿色建筑应用比例达到50%，试点示范工程应用比例达到70%，既有建筑改造应用比例提高到80%。绿色建材在行业主营业务收入中占比提高到20%，品种质量较好满足绿色建筑需要，与2015年相比，建材工业单位增加值能耗下降8%，氮氧化物和粉尘排放总量削减8%。期望通过政策的支持来拉动绿色消费、引导绿色发展，促进绿色建材和绿色建筑产业融合发展，改善人居环境和建设生态文明社会环境。

因此，房地产企业能够顺应人们对绿色、环保的追求潮流，抓住政府对绿色、节能、环保的政策支持的机会，才能取得更好的发展。

2.1.2.2.2 行业环境分析

企业的行业环境是指连接宏观环境与微观环境的媒介，它包括两个方面：企业所涉入的行业状态和所处的地域条件等外在因素的集合。而房地产行业的中观分析主要

① 朗诗集团官网. http：//www. landsea. cn/News/NewsList. aspx? fid=21.

是分析房地产项目所在城市的房地产行业的供给和需求状况等。

（1）项目所在地房地产市场状况分析（以本章开篇案例为例）

主要了解项目所在城市的房地产供应情况、销售情况、价格走势情况等，从而在剖析现状的基础之上，对所要开发项目的相关信息进行分析，进而对未来做出预测等。

①供应情况

在房地产行业内通常用房屋新开工建筑面积、房屋施工建筑面积和房屋竣工建筑面积三个指标来衡量房地产市场的供应情况。

示例

2016 年 1-2 月，重庆市房地产开发企业住宅施工面积 15 303.22 万平方米，同比下降 2.1%。住宅新开工面积 314.98 万平方米，同比增长 9.9%。住宅竣工面积 414.53 万平方米，同比增长 28.1%①。可以看出，住宅的新开工面积和竣工面积同比均有所增加，说明去库存化政策起到了一定的作用。

②销售情况

销售是指房地产开发企业在一定时期内出售新建商品房屋的情况，包括合同总面积（即双方签署的正式买卖合同中所确认的建筑面积）、金额、套数等。

示例

重庆市 2015 年 1-12 月，商品房销售面积同比增长 5.5%，其中住宅销售面积同比增长 1.2%，办公楼销售面积同比增长 18%，商业营业用房销售面积同比增长 32.9%。而 2016 年年初住宅销售面积同比增长 23.9%，办公楼销售面积同比下降 68.2%，商业营业用房销售面积同比增加 27.2%[5]。可以看出，办公楼的销售情况不很乐观。而住宅的市场销售却有了很明显的提升，说明去库存化政策对住房起到了刺激需求和提升购房者购房信心的作用。

③价格情况

房地产行业价格情况主要分析各类地产类型的房价走势情况等。

示例

分析重庆市 2015 年 4 月到 2016 年 3 月的住宅价格走势，如图 2-1 所示。

① 重庆市统计信息网。

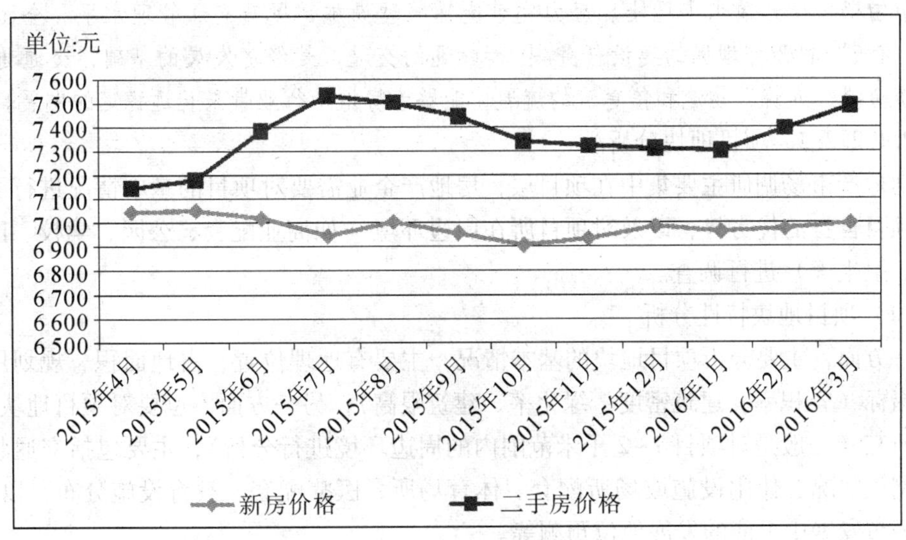

图 2-1 重庆市房地产住宅价格走势

资料来源：搜房网。

从图 2-1 可以看出，重庆市房地产住宅新房价格均价在 7 000 元/平方米左右，走势相对平稳，而二手房价格均价在 7 400 元/平方米左右。

（2）项目所在地城市的市场分析

项目所在地城市的市场分析主要是指对项目所在地城市总体规划（主要包括其住宅规划、配套规划、道路规划、绿地规划等）、城市地块开发动态（已建、在建和即将开发的项目）都要有全面了解。

①城市地块总体规划

示例

根据政府规划，重庆市沙坪坝区是市级科教文化中心。根据重庆市政府的五大功能区规划，沙坪坝区同时位于都市功能核心区和都市功能拓展区。因此，其经济必定会长期稳定发展。而为了充分发挥沙坪坝区的传统教育资源优势，政府着力推动院校与城市的有机结合。由于沙坪坝区拥有丰富的教育资源，为了子女上学而选择购房的人将会更多。①

②交通规划

示例

沙坪坝区积极发展轨道交通，目前一号线已开通，正在推进五号线、九号线和轨道环线的建设，加强轨道交通与地面交通的衔接，并且配合建成重庆西站、沙坪坝火车站、西永客运站等综合交通换乘枢纽。全力配合兰渝、渝黔、成渝客专等铁路建设，打造磁

① 重庆市城乡总体规划（2007—2020 年）（2011 修订版）。

器口旅游码头，开通水上巴士。努力完善交通管理设施，提升交通管理水平。全面完成“畅通重庆”在沙坪坝区的建设任务。[①] 而畅通的交通，是经济发展的基础，交通通达会促进资金流、人流、物流和信息流的流通，能够为房地产行业带来长远稳定的发展。

2.1.2.2.3　项目地块分析

房地产市场调研主要集中在项目层，房地产企业需要对项目的基本情况进行了解，研究项目自身的优劣势，以及对项目所在周边环境（如商业配套、公园、学校、医院、超市、卫生等）进行调查。

（1）项目地块特性分析

一方面，主要分析项目地块的基本情况，主要有地理位置、占地面积、规划用途、规划指标（容积率、建筑密度、绿化率、建筑限高）；另一方面，也要对项目地块环境进行研究（一般是对项目1~2千米范围内的周边环境进行分析），主要包括交通状况、商业网点状况、休闲设施或场所配套、体育场所、医疗配套、教育设施分布，以及未来在城市发展中可能的发展地位预测等。

（2）项目地块优劣势研究分析

主要从地块的区位、政策、人口、经济环境、项目自身条件和外部可利用资源等方面进行分析。

2.1.2.2.4　竞争项目分析

竞争项目分析主要是指对楼盘调研或地块调研。楼盘调研可细分为对在建项目、在售项目和入住项目的调研（主要包括楼盘的基本信息、售价情况、营销推广、销售情况等）。地块调研一般是指对还未完全动工的地块进行调研，主要是对未来规划建造楼盘的基本信息进行调研，包括建哪类产品、档次的分类、客户群体的定位，以及区位情况、产品情况、价格情况、付款方式、广告促销情况、销售情况、物业管理情况、配套设施等。

2.1.2.2.5　潜在目标客户调查

这主要是对潜在购房者现有房产及居住情况、工作及上班出行情况、对购买房屋的偏好情况（如房屋的地理位置、建筑风格、户型偏好、设施配套、住房价格、支付方式等）、获得购房信息的渠道、对营销推广方式的偏好情况、常去活动的场所和生活观念、方式等的了解。

2.1.2.3　*房地产市场调研的方法*

按照资料获取的来源，房地产市场调研的方法可以分为一手资料调查法和二手资料调查法。一手资料调查法是指调研者必须要到实地去考察、访问或采用问卷等方式获取原始数据资料的一种方法。这种方法是只针对调研者本次的调研目的而进行的。二手资料调查法是指调研者通过文献、报刊、图书、网络等对各种现存的资料进行获取、收集和整理的一种方法。比如国家和地区的统计年鉴、统计公报、各种相关期刊、图书、数据库和报表等。一般获取一手资料的成本较高，获取二手资料的成本较低。

① 重庆市沙坪坝区国民经济和社会发展第十二个五年规划纲要。

（1）一手资料调研法

一手资料调研法是指根据调研者的目的进行收集的，没有被别人收集过的或者别人已经收集过但是无法获取的，只能通过调研人员自身实地调查直接进行收集的原始资料。一手资料收集所需的时间一般较长、花费较大，但针对性更强，价值和实用性更高。一般关于潜在购房者的信息必须要经过问卷法、观察法、访谈法等进行一手资料的收集。其常用的方法有电话调查法、面谈法、观察法、实验法和问卷调查法五种。而关于房地产行业的消费者调查最普遍采用的是问卷调查法，有时根据需要还要和面谈法相结合。本书着重对问卷调查法进行介绍。

问卷调查法是指由调研人员通过提前设计好的统一问卷，对被调查者的情况、意见以及购房偏好等进行了解的一种调查方法。其分为两种：第一种是当面交给被调查人，并说明填写的方法和要求，由其自行填写。第二种是通过邮寄或者网上发送的方式发放到被调查者手中，再由调查人员定期收回。其优点是调查的范围比较广，简单易操作，但是回复率较低。

（2）二手资料调查法

二手资料调查法主要用于涉及房地产项目所在区域的建设及规划、房地产市场总供应量和总需求量等情况。一般情况下，区域发展规划可以在政府相关部门查询；市场信息情况可以在政府的官方网站或者房地产行业的相关网站查询；项目自身的信息可以从企业内部拿到相关的二手资料。与所调研的项目相关的竞争者的信息可以通过网上收集相关二手资料，还可以与实地考察一手资料调查法相结合。二手资料收集渠道如图 2-2 所示。

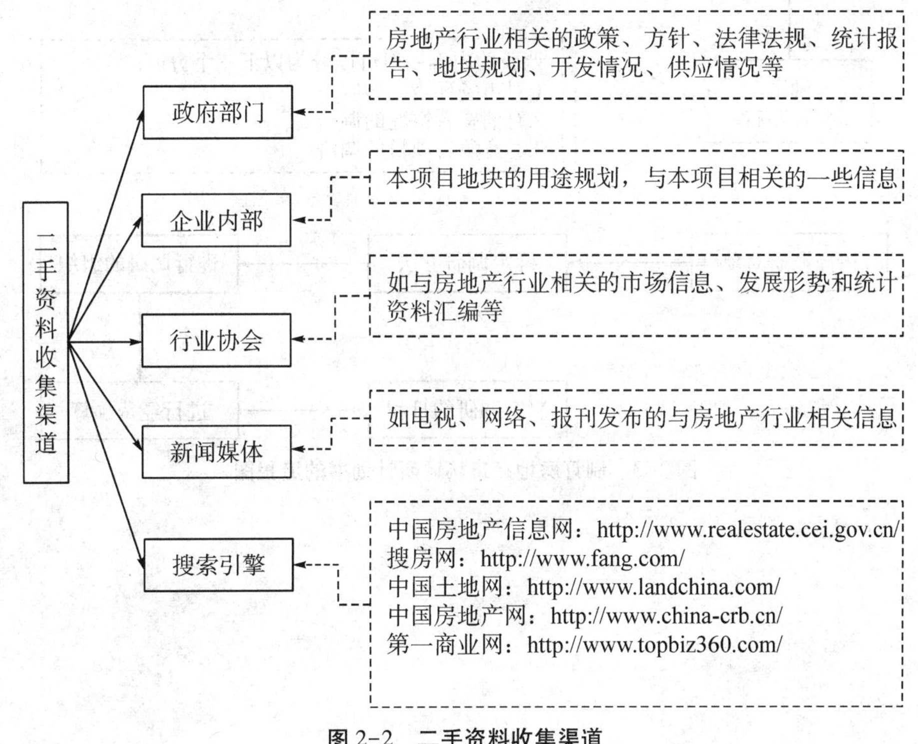

图 2-2　二手资料收集渠道

2.1.3 房地产市场调研计划书实训的组织

(1) 指导者工作

①向受训者介绍房地产市场调研涉及的内容；

②向受训者介绍房地产市场调研计划书制定的步骤；

③向受训者介绍房地产市场调研资料收集的方式。

(2) 受训者工作

①掌握房地产市场调研基础知识；

②掌握房地产市场调研计划书的制定步骤；

③根据房地产市场调研计划书制定的调研目的、对象、内容等收集相关资料。

2.1.4 房地产市场调研计划书实训的步骤

制订房地产市场调研计划书的流程如图 2-3 所示。

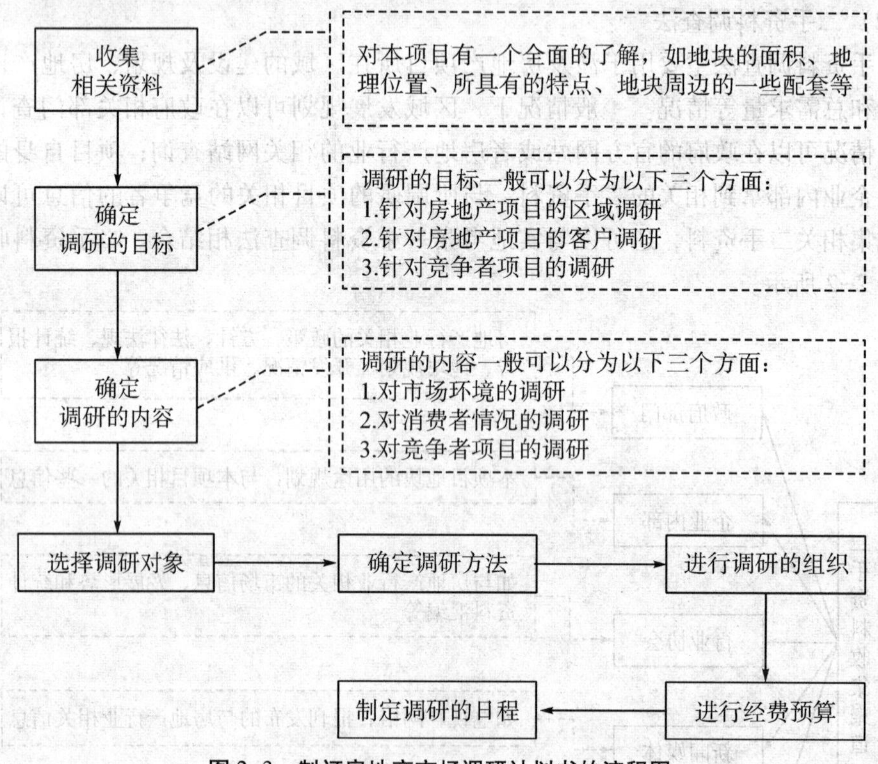

图 2-3 制订房地产市场调研计划书的流程图

示例：房地产市场调研计划书参考模版

重庆市××住宅项目的市场调研方案

一、项目的背景

1. 项目简介

该项目位于重庆市沙坪坝区××路口，北临站西路，东临渝长高速，西临渝怀铁路和歌乐山，南临渝遂高速。项目占地面积约 72 000 平方米。交通方面有地铁 1 号线、9 号线（规划中）、环线（建设中）到沙坪坝站，228 路、204 路、267 路等公交线路可直达。该项目地块周边有集酒店、商务、教育、休闲、购物、住宅、医院为一体的综合体。全景商业面积达 6 900 平方米，加上其他区商业体量可达到 35 万平方米。

2. 调研的背景

2016 年，重庆市××投资有限公司在重庆市土地使用权公开竞标中击败众多对手，成功获得重庆市沙坪坝区××路口地块的使用权。开发商在拿到这块地之后，想要把该地块开发为住宅项目，但在建设之前想要对市场情况有一个全面客观的了解。目的是为了使项目在后期的形象定位、档次定位、产品设计和客户定位更加准确，让该项目更加契合潜在购房者的需求。因此，需要进行的一次全面市场调查。

二、调研的目的

通过客观深入的市场调研，充分了解重庆市沙坪坝区房地产市场供给和需求状况以及价格趋势等。了解潜在购房者对产品价格的取向、心理承受能力等，明确项目的形象定位和档次定位，为营销推广和销售提供客观参考依据，开发出为市场所喜爱的住房产品，实现投资收益最大化。

三、调研的内容

1. 市场环境调研

（1）主要了解重庆市沙坪坝区的房地产供应情况、销售情况、价格走势情况等。

（2）主要了解沙坪坝区板块总体规划（主要包括其住宅规划、配套规划、道路规划、绿地规划等）、板块开发动态（已建、在建和即将开发的项目等）。

（3）主要对沙坪坝区的家庭和人口情况、经济发展情况进行分析。

2. 项目自身情况调研

（1）对项目的自身基本情况进行调研。

（2）对项目的周边配套进行调研。

3. 对竞争者项目的调研

主要包括对竞争者项目的地理位置、产品情况、价格情况、付款方式、销售情况、营销推广情况、物业管理情况、周边配套情况、客户群体情况等进行调研。

4. 对消费者进行调研

主要对潜在购买者的置业意向、购买偏好（地段、户型、朝向、面积、景观、建筑风格、档次、价位、付款方式、配套要求等）、购买决策、购买动机等进行调研。

四、调研的方法

项目调研的方法步骤如图 2-4 所示。

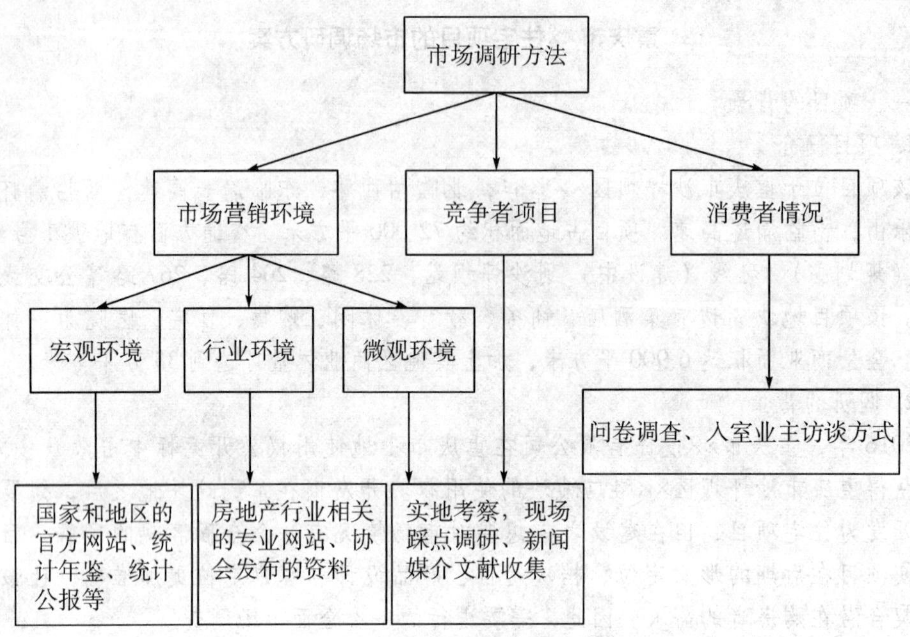

图 2-4　项目调研的方法步骤

五、调研的组织与实施

调研的时间安排和工作内容如表 2-1 所示。

表 2-1　调研的时间安排和工作内容

时间安排	工作内容
2 天	项目准备、调研小组的成立和成员的培训
3 天	调查内容的设计，调研问卷的设计、测试和确定
3 天	宏观调研开始，竞争市场调研开始，对竞争楼盘进行详细调研
2 天	集中进行调研问卷的发放和收回工作，街头访问 250 份问卷、走访小区入室调研 200 份问卷、专题访谈 100 份问卷
15 天	进行数据统计、整理和分析
15 天	撰写市场调研报告

六、费用的明细预算

根据项目的现实情况，估算的费用如表 2-2 所示。

表 2-2　调研费用预算表

费用项目	数量	单价	金额
调研人员培训费	1 场	1 500 元	1 500 元
街头拦截访问	10 人	100 元/人	1 000 元

表2-2(续)

费用项目	数量	单价	金额
入室访问	10 人	110 元/人	1 100 元
专题座谈会	2 场	3 000 元	6 000 元
竞争项目调研	5 人	120 元/人	600 元
数据处理、统计分析	1	5 000 元	5 000 元
报告撰写（专家费）	1	8 000 元	8 000 元
资料费	1	2 000 元	2 000 元
其他费用	1	500 元	500 元
合计			25 700 元

2.2 设计房地产市场调查问卷

问卷是指在开展全面调查之前，事先准备好的调查表或者访问时事先设计好的提纲，以此作为调查依据的文件。问卷调查法是最简单、便捷的一种调查方式，因此也是目前采用最为广泛的一种调查方式。

2.2.1 房地产市场调查问卷设计实训的目的与任务

（1）实训的目的

①掌握调研问卷的构成。

②掌握调研问卷设计的注意事项。

③掌握调研问卷设计的步骤。

（2）实训的任务

①要求学生学习与房地产市场调研问卷设计相关的基本理论知识。

②要求学生设计一份调研问卷。

③要求学生对调研问卷进行预调研。

④要求学生对调研问卷进行修改定稿。

2.2.2 房地产市场调查问卷设计实训的知识准备

在进行问卷设计之前，必须对问卷的构成、设计技巧、注意事项等要有一个全面的了解，才能设计出一份合格的调研问卷。因此，本节对需要掌握的相关理论知识进行介绍。

（1）问卷的构成

问卷一般由开头语、正文和结束语三部分构成。

①开头语

开头语说明此次调研的是什么，应包括：调研的目的和主要内容、对被调查者的希望和要求、填写问卷的说明、回复问卷的方式和时间、调查的匿名和保密原则等。为了能引起被调查者的重视和兴趣，争取他们的合作和支持，卷首语的语气要诚恳和平易近人，文字要简洁、通俗易懂。卷首语一般放在问卷第一页的上面。

例如：

尊敬的女士/先生，您好！我是××公司的调查人员，在进行购房者对住房需求情况的调研，您的真实想法对我们非常重要，希望您能如实反映您的真实情况，我们将会对您的答卷进行严格的保密。希望您在百忙之中抽出时间协助我们完成此次调查，非常感谢您的支持与合作，再次表示感谢！

②问卷正文

问卷正文主要是根据此次调研的目的和内容设计相应的调研题项。一般包括以下内容：被调查者的基本特征，包括性别、年龄、收入、文化程度、职业、婚姻状况、家庭情况等一般分类信息。对主题的调研，指调研的内容和目的。比如对潜在购房者的态度、偏好、意见的调研。这是问卷最关键的部分。

③结束语

问卷最后都应该有结束语，简单的结束语可以只包括感谢的一句话。虽然在问卷的导语中已经表达了感谢，但在结束时再次感谢能让被调查者感到调查者是发自内心的感谢。如“十分感谢您的合作！”“谢谢您的参与！”等表示感谢的话。必要时还可以在问卷调查结束语中附上调查者的联系方式，如姓名、传真、电话、电子邮箱、地址等，以便更好的反馈信息。

（2）问卷题项的设计

①单项选择题

例如：您在近三年内是否有买房的打算？

A. 是　B. 否

这一类型的题，主要用于对被调研者进行分类（如性别、年龄、受教育程度、职业等）或者态度、意见的测量等。

②多项选择题

例如：您喜欢什么建筑风格的楼盘？（最多选择 3 种）

A. 地中海建筑风格　B. 西班牙建筑风格　C. 意大利建筑风格　D. 法式建筑风格
E. 英式建筑风格　F. 德式建筑风格　G. 北美建筑风格　H. 新古典主义建筑风格
J. 现代主义建筑风格　K. 东南亚建筑风格　L. 中式建筑风格

这类问题不再是简单地进行归类，还可以对购房者的喜好程度、具体情况等进行一个详细的调研。但是注意要穷尽所有可能的答案和避免出现重复等问题。

③排序题

例如：您购房优先考虑的因素，请对下面的选项进行排序__________。

A. 地理位置　B. 价格　C. 交通　D. 建筑风格　E. 开发商　F. 物业管理
G. 建筑类型　H. 户型设计　I. 小区内景观配套　J. 小区内公共设施配套
K. 小区周边配套

对上面的建筑风格按照您的喜爱程度进行排序，“1”表示最喜欢，“2”表示第二喜欢，以此类推。

这类问题可以看出购房者对每一种情况的具体偏爱程度。

④分值分配型题项

让被调查者对某些问题进行打分，一般采用5分制或100分制。而最常用的就是李克特的5级量表式，如表2-3所示。

例如：请您对以下题项进行打分，采用数字表示程度，1表示完全不符合，2表示不符合，3表示基本符合，4表示符合，5表示完全符合，进行选择。

对于以下说法您的观点是：

表2-3

我比较关心目前市场上的流行信息	1	2	3	4	5
我喜欢尝试新颖的事物	1	2	3	4	5
我通常比别人更早接受新产品、新品牌	1	2	3	4	5

⑤矩阵式题项

在两个意义相反的词之间列上一些标度，由被调查人选择代表其意愿方向和程度的某一点。

例如：请您对××开发商进行评价。

品牌知名度：低……高

产品的质量：差……好

开发的实力：弱……强

⑥开放式题项

一般用于询问被调查者表达其意见、观点或想法的题项。

例如：请问您在决定购买住房的过程中，受谁的影响最大？为什么？

以上是在进行问卷调研时，常用的几种调研问题类型。

（3）问卷设计的注意事项

①避免使用专业性的术语

如"容积率""绿化率""多层"等，如需涉及，需要进行简要说明。

例如：请问您计划购买的住宅类型（　　）。

A. 多层　B. 高层　C. 小高层　D. 别墅　E. 其他

很多时候购房者不能很清楚区分什么是多层和小高层等，可以把具体的层数列出来。根据楼层的高度一般可以分为低层、多层和高层三个档。但有些开发商为了进一步进行区分，又把高层划分为小高层、中高层、高层和超高层几个档。按照规定：1~3层为低层、4~6层为多层、7~9层为中高层、10层及以上为高层、总高度100米以上为超高层。在现实生活中，通常人们把7~11层的楼房称为小高层。按规定7层以上必须配电梯，所以小高层属于配电梯的范围之内。因此，本题应该把楼层高度标注出，才能更好地方便被调查者填写。

②避免使用语义模糊的用语

如形容时间和频率时：有时、经常、偶尔。形容数量时：很少、很多、相当多。这样的词，对于不同的人有不同的理解。

例如：请问您最近是否准备买房？被调查者不知道最近是指的一周、一个月、半年，还是一年，应该改为“您最近一年内是否有买房的打算?”。

③避免使用断定性的问题

例如：“请问您打算买什么价位的住房?”，对于不打算买房的人，就无法回答，而应该采用过滤性问题，首先“您有买房的打算吗?”，“有”则继续，“否”则终止答卷。

④避免使用倾向性的问题

如不能给被调查者暗示性的语言，这容易导致被调查者跟随调查者的倾向回答问题，会造成结论与实际不符的情况。

例如：“大多数人都认为房屋朝南比朝西更好，您对此有何看法?”而应该改为“您喜欢房屋的朝向是?”

⑤避免使用一问多答的问题

例如：“您家人喜欢什么样的建筑风格?”这使那些家人有两人以上的被调查者无法回答。因为有可能每一个人喜欢的建筑风格不一样，或者被调查者自己也不清楚家里人的喜好等。应该改为“您喜欢什么样的建筑风格?”并配以相应图片让被调查进行选择。因为建筑风格很多，被调查者也不清楚哪一种代表的是什么风格。

⑥避免使用回忆性的问题

问题要考虑时效性，因为在当今信息爆炸的时代，遗忘和记忆的差错会导致被调查者无法提供全面和准确的资料。

例如：“您去年家庭生活费支出是多少?”，这种问题由于时间过得太久而使被调查者无法回答，应改成“您上个月的家庭生活费支出是多少?”。

⑦避免使用界限模糊的问题

例如：收入是指税前还是税后？是只包含工资还是包括奖金、补贴以及其他收入？是指可支配收入还是总的收入？

⑧避免使用敏感性的问题

例如：“您的年龄是多少岁？您的月收入是多少?”这些问题应该采取区间的形式，使得被调查者不至于产生抵触情绪而拒绝回答，答案应设置为如“A. 25岁及以下，B. 25~35岁，C. 36~45岁，D. 46岁及以上”。

⑨注意答题的顺序

前面的问题应该是简单、重要、容易回答且调研者关心的问题，后面的问题是较为复杂、专业、敏感的问题。封闭式问题应在前，开放式问题在后。应该把为达到研究目标所必带的重要信息问题放在最前面，如对产品的偏好、价格的程度、分销、促销信息的调查。其次是被调查者的个人基本信息，如年龄、性别、职业、受教育程度等。目的是防止被调查者不愿意回答某些题项或中止答题等，只要前面的问题得到回答，那么后面的问题如果被调查者不愿回答或因事中止也就无关大局了。

在整篇问卷布局中，通常应该把简单的、容易引起兴趣的和被调查者所熟悉的题项放在前面，把不易回答的、困难的、有关敏感性的，容易引起被调查者紧张或者产生顾虑的题项放在后面，关于被调查者的个人资料和开放性的问题放在问卷的最后。如果问卷一开始就要求被调查者填写姓名、性别、年龄、婚否、职业等，让被调查感觉好像在填申请表，而不是做问卷，这样很容易遭致被调查者的反感和拒绝。

⑩问卷不宜过长

一般来说问卷长度控制在3页以内，一般不宜超过20分钟，太长会造成被调查者不耐烦和敷衍了事，影响问卷的质量。

2.2.3 房地产市场调查问卷设计实训的组织

（1）指导者工作

①向受训者介绍调研问卷的实训内容。

②向受训者介绍调研问卷的实训步骤。

③向受训者介绍调研问卷的相关知识。

（2）受训者工作

①学习调研问卷设计的相关知识。

②掌握调研问卷设计的技巧。

③设计一份针对某个项目的市场调研问卷（一般是有关潜在购房者信息、偏好、购买行为等的一些信息收集）。

④对设计好的问卷进行预调研，并最终修订定稿。

2.2.4 房地产市场调查问卷设计实训的步骤

房地产市场调查问卷设计的流程如图2-4所示。

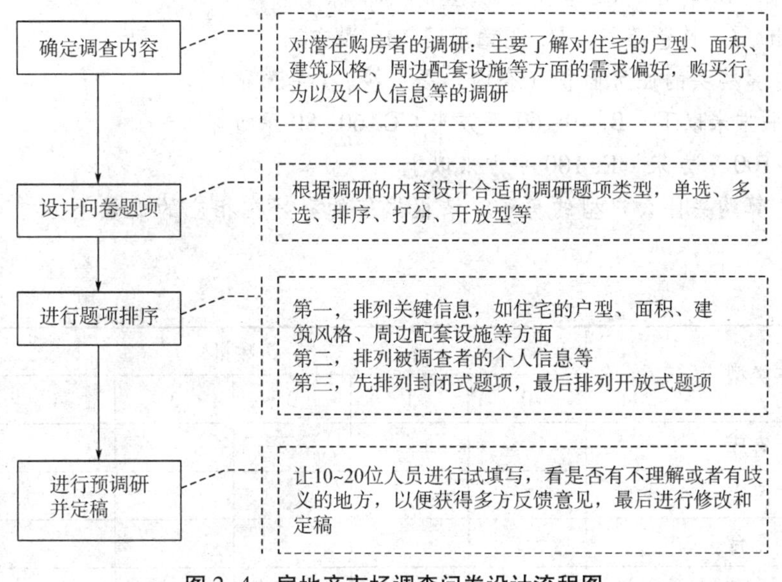

图2-4 房地产市场调查问卷设计流程图

示例：房地产市场调查问卷设计参考模版

关于消费者住房需求的调研问卷表

尊敬的女士/先生：

您好！我是××在建住宅项目的访问员，为了了解消费者的需求以及想法，我们准备进行一些相关的问卷调查。想听听您的真实想法，您的意见会对我们有很大帮助。希望您在百忙之中抽出一点时间协助我们完成这次调查。谢谢您的支持和合作！

1. 在最近3年内您是否有购房的打算？（单选题）

A. 是　B. 否

选择“是”则继续答题，“否”则终止答卷。

2. 您购房优先考虑的因素，请对下面的选项进行排序。（单选题）

A. 地理位置　B. 价格　C. 交通　D. 建筑风格

E. 开发商　F. 物业管理　G. 建筑类型　H. 户型设计

I. 小区内景观配套　J. 小区内公共设施配套　K. 小区周边配套

3. 您打算购买的建筑类型？（单选题）

A. 高层（10层及以上）　B. 多层（4~6层）　C. 小高层（7~11层）

D. 洋房　E. 别墅

4. 您希望小区内的公共设施配套有哪些？（限选3项）

A. 体育锻炼设施　B. 中心花园　C. 幼儿园　D. 餐饮

E. 车库　F. 医疗保健设施　G. 其他

5. 您喜欢小区内是什么样的景观配置？（限选3项）

A. 喷泉　B. 花坛　C. 草坪　D. 座椅　E. 凉亭

F. 假山　G. 特色路灯　H. 儿童乐园　I. 瀑布

6. 您打算购买的住房面积（套内）是多少？（单选题）

A. 40平方米以下　B. 40~60平方米　C. 60~80平方米

D. 80~100平方米　E. 100平方米以上

7. 您打算购买什么户型的房子？请根据您的喜好在相应的数量下方打“√”。户型见表2-4。

表2-4

类型	数量					
	0	1	2	3	4	5
客厅						
卧室						
阳台						
卫生间						

8. 您希望的交房标准是什么？（单选题）

A. 毛坯　B. 简单装修　C. 精装修　D. 部分装修

9. 您购房的主要目的是什么？（单选题）

A. 改善居住条件　B. 投资　C. 结婚　D. 为子女上学　E. 其他

10. 您购房的首付预算是多少万元？（单选题）

A. 10~20　B. 20~30　C. 30~40　D. 40~50　E. 50 以上

11. 您能够承担的月供金额为多少元？（单选题）

A. 1 000 以下　B. 1 000~1 500　C. 1 500~2 000　D. 2 000~2 500　E. 2 500 以上

12. 您更倾向于哪种付款方式？（单选题）

A. 一次性付清　B. 分期付款　C. 按揭付款　D. 其他

13. 您认为在未来 3 年内，本区域内的房价将会是什么走势？（单选题）

A. 下降　B. 基本不变　C. 上涨

14. 您一般从哪里获得楼盘销售的信息？（可多选）

A. 公交或地铁广告　B. 电视上　C. 报纸上　D. 互联网广告

E. 房交会　F. 房屋中介　G. 其他

15. 目前您家里有几口人？（单选题）

A. 就自己　B. 2 人　C. 3 人　D. 4 人　E. 5 人　F. 5 人以上

16. 目前您和家里哪些人住在一起？（单选题）

A. 就自己　B. 和父母一起住　C. 只与老公/妻子/男朋友/女朋友住

D. 和老婆/老公、孩子一起住　E. 和老公/老婆、孩子、父母一起住

17. 您家已购买的住房情况？（单选题）

A. 有一套房，是自己的　B. 有一套房，是父母的

C. 与父母各有一套房，且在临近小区　D. 与父母各有一套房，但相隔很远

E. 还没有购买住房

18. 您是否愿意和父母住在一起？（单选题）

A. 不愿意　B. 愿意

19. 您的性别是？（单选题）

A. 男　B. 女

20. 您的年龄是多少岁？（单选题）

A. 20~30　B. 31~40　C. 41~50　D. 50 以上

21. 您的平均月收入是多少元（包括各种奖励、津贴、其他收入等）？（单选题）

A. 3 000 以下　B. 3 000~5 000　C. 5 000~8 000　D. 8 000~10 000　E. 10 000 以上

22. 您的家庭平均月收入是多少元（包括各种奖励、津贴、其他收入等）？（单选题）

A. 5 000 以下　B. 5 000~8 000　C. 8 000~10 000　D. 10 000~15 000　E. 15 000 以上

23. 您的学历？（单选题）

A. 高中以及下　B. 专科　C. 本科　D. 研究生及以上

24. 您的婚姻状况？(单选题)

A. 未婚　B. 已婚

25. 您的职位？(单选题)

A. 普通员工　B. 中层人员　C. 高层人员

D. 自由职业者　E. 个体工商户　F. 其他

26. 您常用的出行交通工具是什么？(可多选)

A. 私家车　B. 出租车　C. 公交车　D. 地铁　E. 其他

对于您的积极支持，再次表示由衷的感谢！

2.3　房地产调查的数据统计分析

通过发放问卷收回的数据，都需要采用相应的统计分析工具来进行分析，才能更为直观的看到调研结果。目前最简单的分析工具就是 Excel 和 SPSS 统计分析软件。而在现实生活中由于 SPSS 软件操作简单、方便而被广泛应用，因此本节将介绍房地产市场调研问卷数据在 SPSS 软件分析中常常会用到的几种分析方法。

2.3.1　房地产市场调查数据分析实训的目的与任务

（1）实训的目的

①掌握在软件 SPSS17.0 中数据的录入。

②掌握数据的整理和基本分析方法。

（2）实训的任务

①要求学生正确安装 SPSS17.0 软件。

②要求学生正确录入问卷回收的数据。

③要求学生进行简单的频率和百分比分析。

④要求学生进行简单的交叉分析。

2.3.2　房地产市场调查数据分析实训的知识准备

（1）认识 SPSS17.0 软件

SPSS 软件界面如图 2-5 所示。

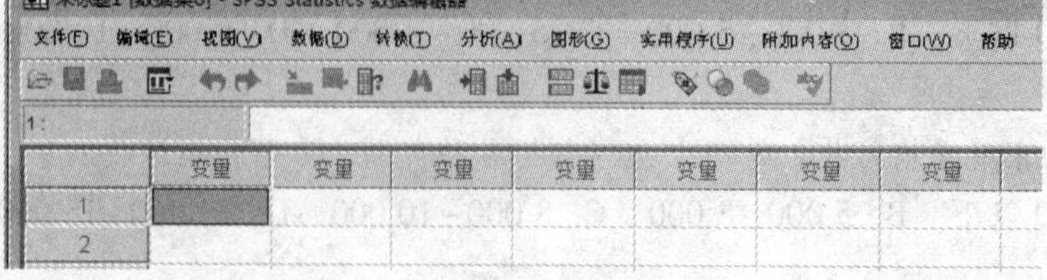

图 2-5　SPSS 软件界面截图

文件：有关文件的新建、调入、保存、打印等功能。

编辑：有关文本内容的撤销、清除、选择、复制、粘贴、寻找和替换等。

视图：有关数据、菜单进行编辑，字体进行调整等。

数据：有关数据变量的定义、格式的选定、观察对象的选定、排序、个案加权、数据文件的转换、连接、汇总等。

转换：有关数值的计算、重新进行编码、重新进行赋值、缺失值的替代等。

分析：这是 SPSS 软件中最为核心的部分，几乎所有的分析功能都是通过这个模块进行。

图形：有关各种类型统计图的绘制，如箱线图、直方图、饼图等。

实用程序：有关命令解释、字体的选择、文件信息、定义输出标题、窗口设计等。

窗口：有关窗口的选择、显示、排列等。

帮助：有关帮助文件的调用、查询、显示等。

（2）数据的录入

SPSS 软件数据编辑窗口如图 2-6 所示。

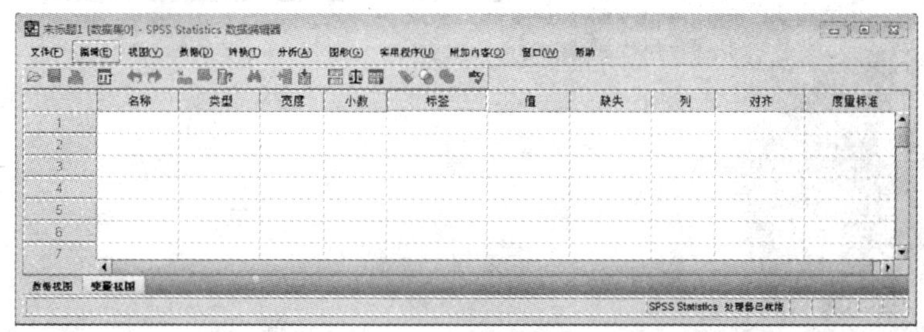

图 2-6　SPSS 软件数据编辑窗口：变量视图

①变量的定义

在输入数据之前首先需要对变量的名称、类型、宽度、小数、标签、值、缺失、对齐方式、度量标准等进行定义。任何变量都需要对其名称、数据类型和度量标准进行选择。其他的都可以先默认，在需要时再进行设置。

在名称栏，可以直接输入变量的具体名称，如性别、年龄等。然后再定义数据的类型，如数值、逗号、点、日期等，但是一般只使用数值，因为 SPSS 要进行分析也只能识别数值型数据。“宽度”可以自己调整宽度，“小数”位数可以自己确定，“标签”和“名称”基本是重复的，是对名称更为详细的描述。“缺失值”分为系统缺失值和用户缺失值两类，点击缺失值按钮可以自定义 3 个离散的缺失值、定义为一个范围内的缺失值或者两者都定义等。“度量标准”有 3 种：名义变量。如职业、性别等区分类别的变量；定序变量，对现象进行分类的结果，但结果是有高低顺序的，如人的受教育程度可分为文盲、小学、中学、大学等；数值型变量，如年龄、温度、重量、次数等，包括连续型变量或离散型变量等。

②数据的录入

在 SPSS 软件中，数据录入方法可以分为两种，一种是直接手动输入，另一种是从其他文件中导入。具体的导入方法操作步骤如下：

打开 SPSS→点击“文件”→打开→数据→选择所要导入的数据类型（有 SPSS. sav 文件、excel 文件等）→选择数据文件→打开→确定。这这样就可以把 Excel 的数据导入 SPSS 中，如图 2-7 所示。

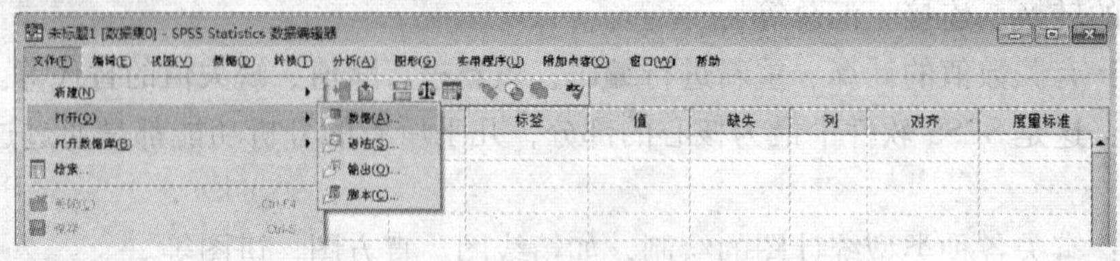

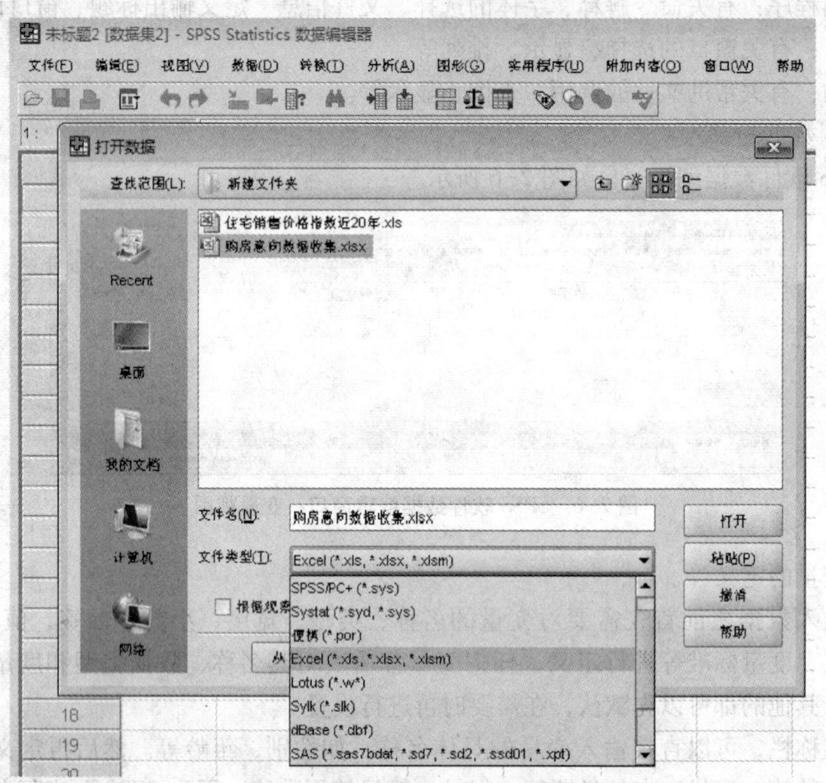

图 2-7　SPSS 软件数据导入截图

导入完成后，对变量数据进行定义。比如性别，如果输入中文“男性”、“女性”，这样的字符串虽然能被 SPSS 识别，但是不能进行分析。因此，SPSS 软件中如果要进行统计分析，就要进行赋值定义，比如“1 代表男性”“2 代表女性”。另外，如人口统计学的变量（年龄、职位、婚姻状况、教育情况等）也需要进行数值化，在 SPSS 中都是用数据来代表具体类别的。具体操作步骤如下：

选择左下角的“变量视图”→选择“性别”→点击“值标签”→在“值”栏输入“1”，在“标签”栏输入“男性”→选择添加。女性赋值重复前面的步骤，如图 2-8 所示。

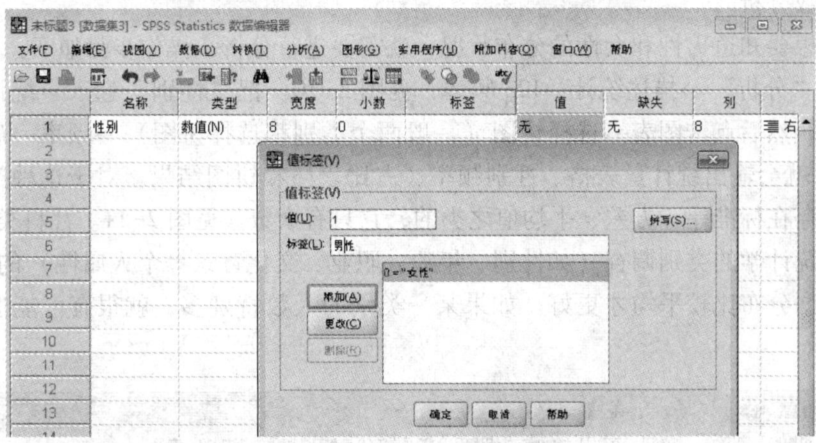

图 2-8　变量值标签的对话框

通过赋值，SPSS 软件就可以识别出 1、2 分别代表什么。其他类别变量都可以通过这种方式进行赋值，然后转换为 SPSS 可识别的文字。对连续变量（如身高、体重等），是不需要进行赋值的。只有类别变量才需要进行赋值。

（3）描述性统计分析

假如现在回收 451 个样本，数据录入如图 2-9 所示。

3+1数据.sav [数据集1] - SPSS Statistics 数据编辑器

文件(F) 编辑(E) 视图(V) 数据(D) 转换(T) 分析(A) 图形(G) 实用程序(U) 附加内容(O) 窗口(W) 帮助

1 : 性别　0.0　可见：16 变量的 16

	性别	年龄	职业	受教育程度	平均月收入	购房原因	户型	购房面积套内
1	0	4	5	5	3	4	3	3
2	1	4	4	4	4	4	2	4
3	0	4	3	3	3	3	6	3
4	0	4	2	2	3	4	6	3
5	0	4	4	4	3	4	6	3
6	1	1	5	5	3	4	2	4
7	0	4	2	2	4	3	2	4
8	0	4	4	4	4	3	7	4
9	0	5	3	3	4	4	7	4
10	0	5	4	4	3	4	7	3
11	0	4	4	4	4	4	7	1
12	0	4	4	4	4	4	7	2
13	1	1	4	4	3	3	5	4
14	1	4	4	4	3	4	6	3
15	1	5	5	5	3	3	2	3
16	1	1	4	4	3	3	7	3
17	1	1	4	4	3	3	7	3
18	1	4	3	3	3	3	2	3
19	1	1	4	4	4	4	7	2
20	1	1	4	4	3	4	7	1
21	0	5	4	4	3	3	7	4
22	1	5	3	3	3	3	7	3
23	1	5	3	3	3	3	6	3
24	1	1	4	4	3	3	6	3
25	1	4	3	3	3	3	7	3

图 2-9　样本数据图

①频数分析

如果想要知道男性和女性的分布状况，就需要进行分析，操作步骤如下：

点击“分析”→描述统计→123 频率，见图 2-10。把“性别”选入→统计量→众数→确定。然后点击图表→选择饼图（一般两个类别都选择饼图）→频率→确定。最后，SPSS 就会输出统计量表格、性别频率、占比表格和饼图结果。对于这种类别变量一般都不存在标准差、方差、平均值之类的，它只有众数。见图 2-11。社科类的调查，如对人口统计学的类别调查（如性别、年龄、职业、文化背景等个人属性）的统计时，一般要数据分布比较平均才更好。如果某一类别的人数特别多，就很有可能造成统计的偏差。

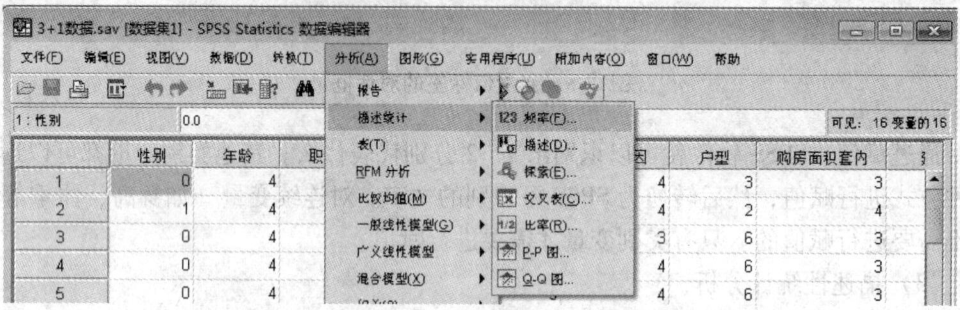

图 2-10　频数分析截图

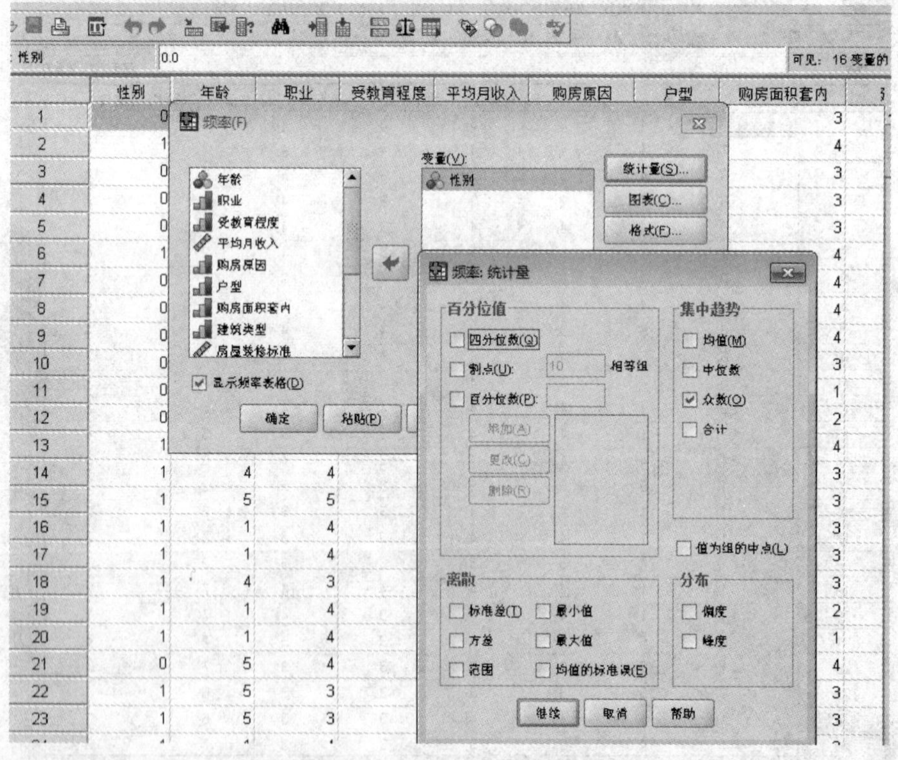

图 2-11　性别统计分析

②交叉列联表分析

如果想知道不同性别的婚姻状况是怎样的？比如说男性未婚和已婚各是多少？女性未婚和已婚的各是多少？那就需要采用交叉表，操作步骤如下：

点击“分析”→描述统计分析→交叉表→把“性别”选入行→把“婚姻状况”选入列→显示复式条形图→选择“单元格”→计数下面的“观测值”→选择百分比下面的“列”→确认。如图 2-12 所示。

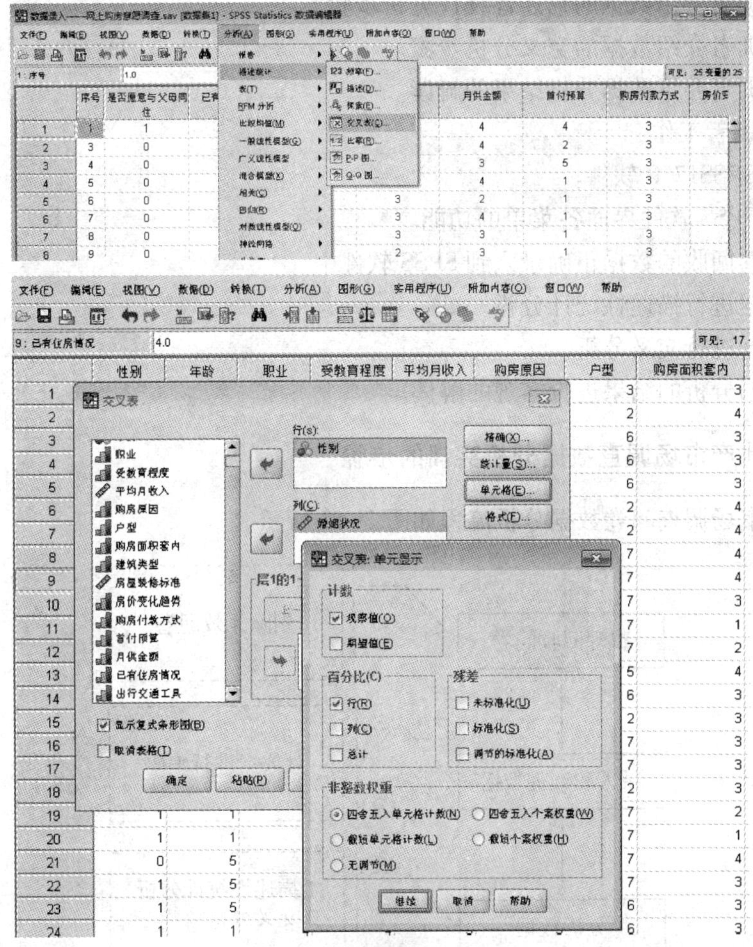

图 2-12　交叉分析步骤

研究的目标是不同的性别在婚姻上的状态，性别相当于自变量，年龄相当于因变量，进行分析得到输出结果。

从输出的结果可以很清楚的看出，男性中未婚占 66.7%，女性中未婚占 47.4%，这就分析出了性别在婚姻上的不同情况。但是交叉表适用于两组类别变量的比较，如性别分为男性和女性两类，婚姻也分为已婚和未婚两类。

2.3.3 房地产市场调查数据分析实训的组织

（1）指导者工作：

①向受训者介绍 SPSS 软件的安装。

②向受训者介绍 SPSS 软件的界面。

③向受训者介绍 SPSS 软件中数据的录入方法。

④向受训者介绍数据的描述性统计分析步骤。

⑤向受训者介绍数据的交叉分析步骤。

⑥向受训者介绍数据分析结果的解读。

（2）受训者工作

①安装 SPSS17.0 软件。

②掌握 SPSS 软件界面各菜单的功能。

③把问卷回收的数据正确录入到 SPSS 软件中。

④对数据进行描述性统计分析。

⑤对数据进行交叉分析。

⑥对数据分析的结果进行客观的解读。

2.3.4 房地产市场调查数据分析实训的步骤

房地产市场调查问卷数据分析流程如图 2-13 所示。

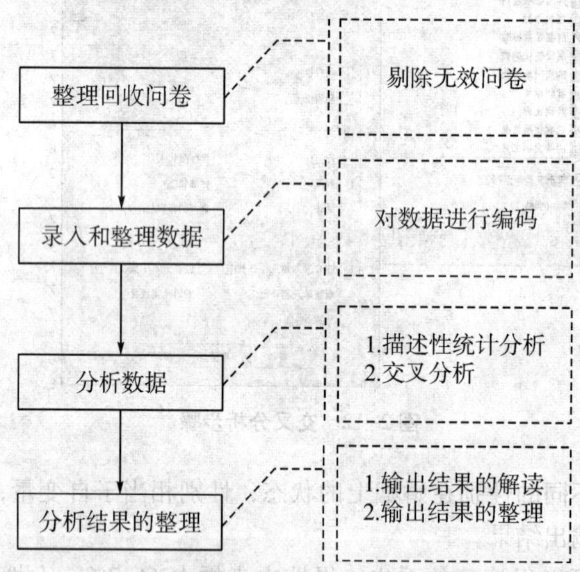

图 2-13 房地产市场调查问卷数据分析流程图

示例：数据统计分析成果参考模版

一、样本数据频数分析输出表

1. 性别统计表（表 2-5）

表 2-5　　性别统计表

性别	人数	占比
男性	237	52.5%
女性	214	47.5%
合计	451	100%

2. 潜在购房者的基本信息统计分析表（表 2-6）

表 2-6　　潜在购房者的基本信息统计分析表

基本信息	项目	频数（人）	百分比	占比排名
年龄	25 岁及以下	48	10.6%	4
	26~35 岁	104	23.1%	2
	36~45 岁	210	46.6%	1
	46~55 岁	77	17.1%	3
	56 岁及以上	12	2.7%	5
受教育程度	高中及以下	13	2.9%	4
	专科	111	24.6%	2
	本科	235	52.1%	1
	研究生及以上	92	20.4%	3
平均月收入	3 000 元以下	23	5.1%	4
	3 000~5 000 元	76	16.9%	2
	5 000~8 000 元	286	63.4%	1
	8 000 元以上	66	14.6%	3
职业	高层人员	17	3.8%	5
	中层人员	47	10.4%	3
	普通员工	139	30.8%	2
	个体工商户	221	49%	1
	其他	27	6%	4

3. 被调查者目前居住情况统计图（略）

4. 出行交通工具选择统计表（表 2-7）

表 2-7　　出行交通工具选择统计表

出行交通工具	人次	占 451 人比例
私家车	172	38.1%
出租车	37	8.2%
公交车	115	25.4%
地铁	215	47.7%
其他	38	8.4%
合计	577	127.8%

注：多选题百分比之和大于 100%

5. 是否愿意与父母一起居住统计分析表（表 2-8）

表 2-8　　是否愿意与父母一起居住统计分析表

是否愿意一起居住	人数	占比
是	53	11.8%
否	398	88.2%
合计	451	100%

6. 购房优先考虑的因素统计分析表（表 2-9）

表 2-9　　购房优先考虑的因素统计分析表

考虑因素	频数	百分比	考虑因素	频数	百分比
地理位置	81	18%	物业管理	111	24.6%
价格	354	78.5%	建筑类型	35	7.8%
交通	219	48.6%	户型设计	238	52.8%
建筑风格	42	9.3%	小区内景观配套	43	9.5%
开发商	32	7.1%	小区周边配套	29	6.4%
小区内公共设施配套	107	23.7%	合计	1 291	286.3%

注：多选题百分比之和大于 100%

7. 希望小区的公共设施配套和景观配置情况统计表（表 2-10）

表 2-10　　希望小区的公共设施配套和景观配置情况统计表

公共设施配套	频数	百分比	景观配置	频数	百分比
体育锻炼设施	107	23.7%	喷泉	162	35.9%
中心花园	210	46.6%	花坛	58	12.9%

表2-10(续)

公共设施配套	频数	百分比	景观配置	频数	百分比
幼儿园	157	34.8%	草坪	96	21.3%
餐饮	52	11.5%	座椅	180	39.9%
车库	289	64.1%	凉亭	146	32.4%
医疗保健	32	7.1%	假山	49	10.9%
游泳池	21	4.7%	瀑布	75	16.6%
金融邮政设施	18	4%	儿童乐园	178	39.5%
公交站点	71	15.7%	特色雕像	13	2.9%
合计	957	212.2%	合计	957	212.3%

注：多选题百分比之和大于100%

8. 获取楼盘销售信息的渠道表（表2-11）

表2-11　　获取楼盘销售信息的渠道表

渠道	频数	百分比
公交或地铁广告	398	88.2%
电视上	50	11.1%
报纸上	38	8.4%
互联网广告	435	96.5%
房交会	56	12.4%
房屋中介	312	69.2%
其他	23	5.1%
合计	1 312	290.9%

注：多选题百分比之和大于100%

9. 购买动机分析表（表2-12）

表2-12　　购买动机分析表

基本信息	项目	频数（人）	百分比	占比排名
购买动机	投资	10	2.2%	5
	结婚用房	59	13.1%	3
	为子女上学	161	35.7%	2
	改善居住条件	200	44.3%	1
	其他	21	4.7%	4

二、样本数据的交叉分析输出表

1. 年龄因素的交叉列联表分析（表2-13）

表2-13　　年龄＊收入、教育、动机交叉制表

基本信息	项目信息	36~45岁人群		26~35岁和46~55岁人群	
		百分比	占比排名	百分比	占比排名
购房动机	投资	1%	5	3.3%	5
	结婚用房	14.8%	3	11.6%	3
	为子女上学	34.8%	2	34.8%	2
	改善居住条件	46.2%	1	45.3%	1
	其他	3.2%	4	5%	4
月平均收入	3 000元以下	0	4	9.9%	3
	3 000~5 000元	2.4%	3	24.9%	2
	5 000~8 000元	75.7%	1	56.9%	1
	8 000元以上	21.9%	2	8.3%	4
受教育程度	高中及以下	1.4%	4	3.3%	4
	专科	25.7%	2	22.1%	3
	本科	54.8%	1	51.4%	1
	研究生及以上	18.1%	3	23.2%	2

2. 收入因素的交叉列联表分析（表2-14）

表2-14　　收入＊教育、动机交叉制表

基本信息	项目信息	5 000~8 000元		8 000元以上	
		百分比	占比排名	百分比	占比排名
购房动机	投资	1.7%	5	0	5
	结婚用房	12.9%	3	10.6%	3
	为子女上学	40.6%	2	34.8%	2
	改善居住条件	42.3%	1	50%	1
	其他	2.4%	4	4.5%	4
受教育程度	高中及以下	2.4%	4	1.5%	4
	专科	24.5%	2	37.9%	2
	本科	51.4%	1	53%	1
	研究生及以上	21.7%	3	7.6%	3

3. 教育因素的交叉列联表分析（表 2-15）

表 2-15　　教育＊动机交叉制表

基本信息	项目信息	专科		本科		硕士及以上	
		占比	排名	占比	排名	占比	排名
购房动机	投资	0	5	0.4%	5	1.1%	5
	结婚用房	7.2%	3	10.6%	3	28.3%	2
	为子女上学	67.6%	1	26%	2	23.9%	3
	改善居住条件	23.4%	2	60%	1	33.7%	1
	其他	1.8%	4	3%	4	13%	4

三、目标客户群体的产品偏好统计图

1. 建筑类型偏好统计图（图 2-14）

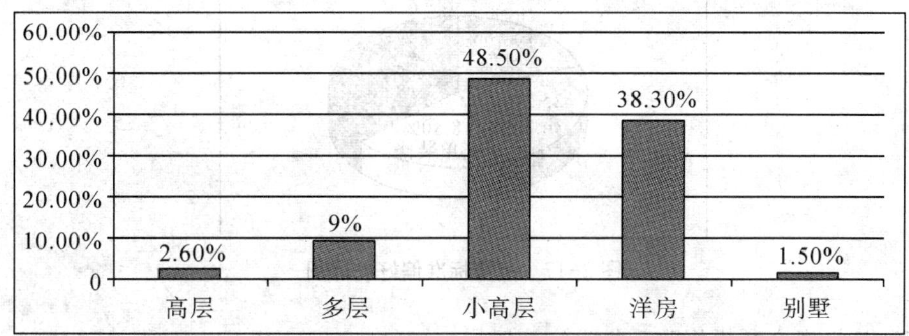

图 2-14　建筑类型偏好统计图

2. 户型结构偏好统计图（图 2-15）

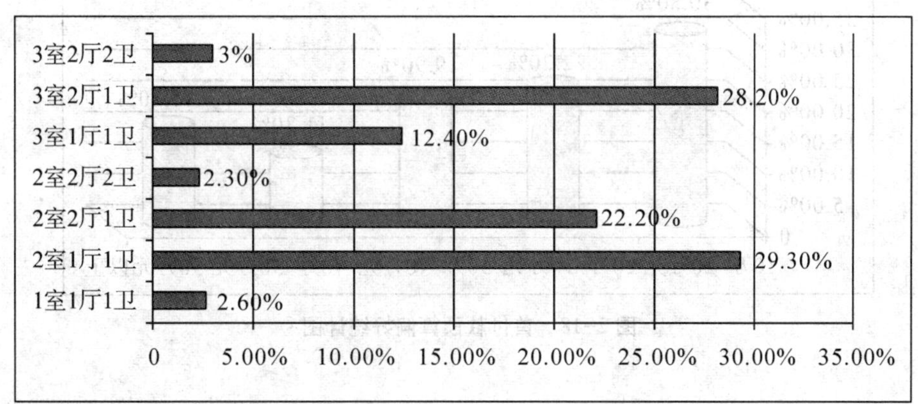

图 2-15　户型结构偏好统计图

3. 购买套内面积偏好统计图（图 2-16）

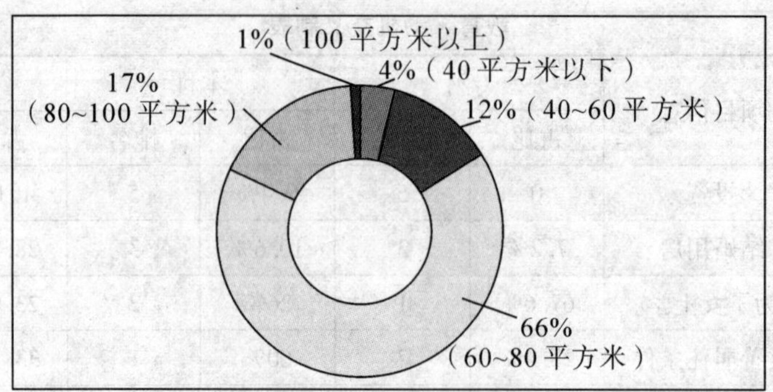

图 2-16　购买套内面积偏好统计图

4. 装修标准偏好统计图（图 2-17）

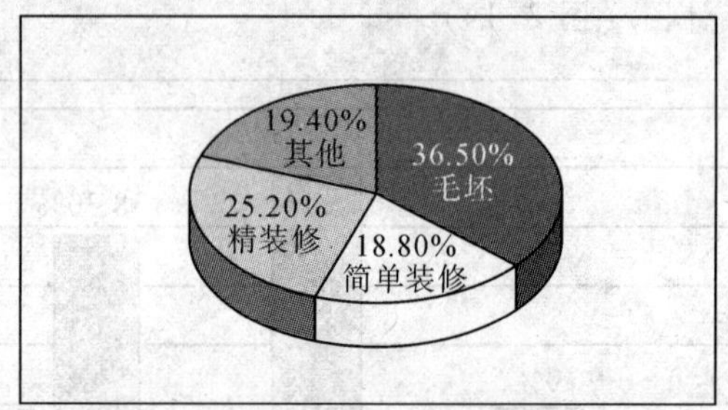

图 2-17　装修标准偏好统计图

四、目标客户群体的购买行为统计图

1. 首付款预算偏好统计图（图 2-18）

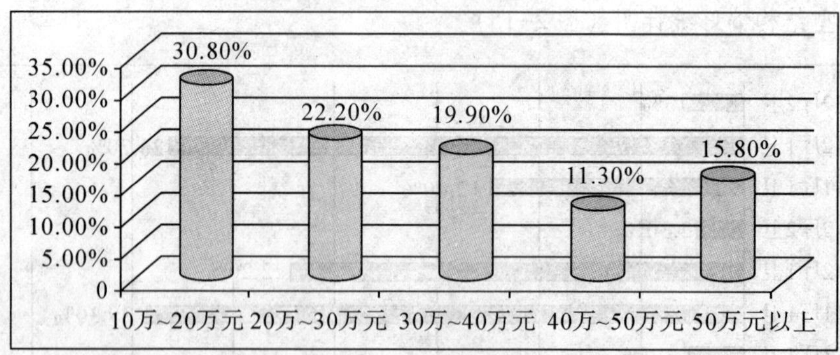

图 2-18　首付款预算偏好统计图

2. 付款方式偏好统计图（图 2-19）

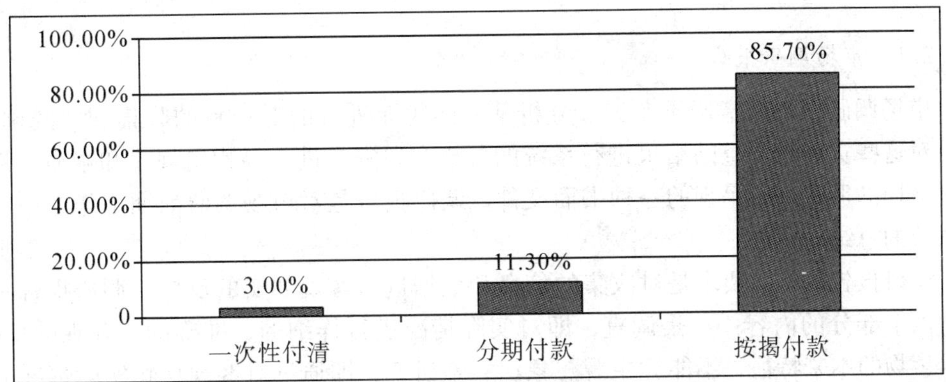

图 2-19 付款方式偏好统计图

3. 月供金额统计图（图 2-20）

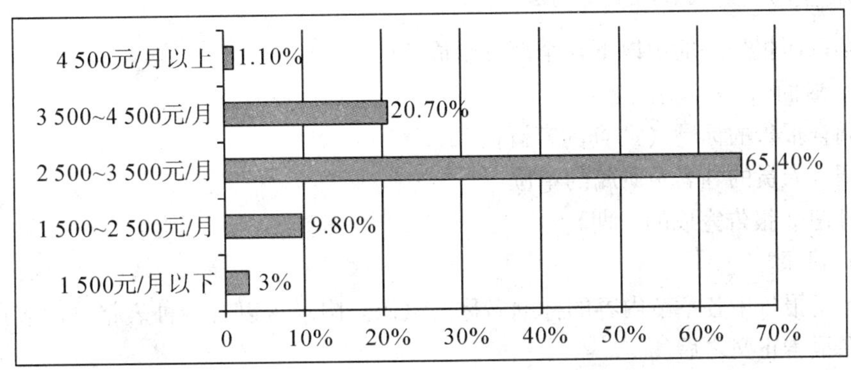

图 2-20 月供金额统计图

4. 对房价的预期统计图（略）

2.4 房地产市场调查报告的撰写

2.4.1 房地产市场调查报告撰写实训的目的与任务

（1）实训的目的

①让学生掌握市场调研报告的构成。

②了解市场调研报告撰写注意事项。

（2）实训的任务

①要求把所学的理论知识与报告撰写的实践操作相结合。

②把前面的资料收集和数据分析结果进行整理和分析。

③完成一份完整的房地产市场调研报告。

2.4.2 房地产市场调查报告撰写实训的知识准备

2.4.2.1 市场调研报告

市场调研报告是指调研者为了分析某一问题而进行的对资料的收集和实践调查，然后对这些资料和调查的结果进行系统的分析和研究，进而寻找出规律和本质，最终通过文档的形式进行呈现的一种书面文件。调研报告是对市场调研前期工作的一个全面系统的总结。

调研报告的核心要求是对收集的信息和数据进行客观如实的反应。调研报告一般分为两个部分的内容：一是调查，即对实际情况进行详细的、准确的、客观的反映，揭示事物的本来特征，不能凭主观想象；二是研究，即通过对客观事物实际情况的深入分析，进而揭示其本质特征。在调研报告中可以提出一些建议和看法，但是最终是否被采纳，要经过全局的考虑和上级的考量。

2.4.2.2 市场调研报告的主要构成

市场调研报告一般由以下几个部分组成：

(1) 封面

①调查报告的标题（调查内容概括）。

②调查人员的姓名及所属的单位。

③日期（报告完成的日期）。

(2) 目录

目录是报告中各章节内容的标题名称及页码。附录可以有各种表格、图表说明等，一般放在报告正文之后。

(3) 摘要

摘要主要是对调查报告内容的基本概括，对调查活动所获得的主要结果的概括性说明，用清晰、简洁的文字简要说明调查的背景、目的、方法、主要内容和结果、结论等。一般为一页，字数在500字左右为宜。

(4) 正文

①调研背景：对本次调研的由来情况进行简单说明，以有关的背景资料为依据（比如：项目的基本概况、过去的销售变化情况、与竞争对手的比较资料、宣传和营销推广策略、市场对本项目的反映资料等）。

②调研目的：对项目所在地的市场营销环境进行了解（如宏观、中观和微观环境等）；了解与项目特征相近的竞争者项目的情况（如价位、销售情况、物业管理、客户档次等）；了解潜在购房者的情况（如潜在购房者的信息来源、与媒体的接触情况、对购房的需求偏好以及购房的原因等）。

③调研内容：根据调研的目的，阐述对市场营销环境、消费者情况及竞争对手情况的调查等。

④调研方法：根据调研的内容，选择恰当的调研方法，如二手资料调查法、电话调查法、问卷调查法、面谈法、观察法、实验法，以及资料处理与分析的方法及工

具等。

⑤调研结果：这一部分内容是整个调研报告的核心，一般采用图、表、文字形式对前面所收集的调研资料详细客观地呈现出来，让读者一目了然。

（5）结论和建议

根据调研结果进行合理的推理，得出符合逻辑的推断，这些结论应该是对前期调研内容的总结，能够给后续的有关行动提出有价值的建议或参考。

（6）附录

一般包括参考文献、二手资料来源索引、收集资料所使用的调查问卷、有关会议记录、书籍等，以及其他有必要列入的参考资料等。

2.4.2.3 撰写市场调研报告的注意事项

（1）避免使用单一的文字进行阐述

关于数据分析部分，不能只是采用文字进行长篇大论的阐述，而应结合图、表等形式。通常情况下，使用图、表能够把复杂的数据非常清晰、直观地展现出来，能够让人一目了然的知道数据所要表达的含义。在实际操作中，以下几种图表形式是最常用的：条形图、柱状图、折线图、饼图和表格等。虽然图、表能非常直观地呈现调查数据，但是使用之前一定要谨记，这些图和表只是传递信息的一种工具，要遵循简单、直接、清晰、明了的原则，每一个图、表通常只包含一个信息。一个图、表中呈现的信息越多，传递的效果就会越差。

（2）避免只使用一种图形或表格

由于市场调研报告一般包含的信息较多，因此会出现数据需要多种方式进行呈现的情况，但是有时不能根据个人的喜好，整篇报告只采用一种图或表格，这会造成读者的审美疲劳。通常情况下，应该根据数据的特点，选择相适应的图、表。在大多数情况下，表格、条形图和柱状图的使用最为广泛，这三种图、表基本占据整个报告中的图表的半数以上，而饼图和折线图的使用则相对较少。

（3）避免出现逻辑混乱和偏好性意见

一份合格的报告应该有非常清晰和严密的逻辑结构。数据分析的结果应该结合项目本身的特征和调研的目的进行一定的分析和判断，用简洁的语言对数据所要表达的含义进行阐述。在这个过程中，一定要谨记保持中立的态度，不要加入报告编写者的主观意见。

（4）避免资料的不可靠性

调研报告所使用的资料必须符合实际。资料来源于两个方面：一方面来自于一手资料调查法的收集，另一方面来自于二手资料调查法的获取。在这个知识爆炸的时代，获得二手资料相对比较容易，而获取一手资料相对比较困难。这就需要掌握大量的符合实际的一手资料，才能写好调研报告。有一手资料作为基础写出的市场调研报告才更具有针对性和实际价值意义。调研报告撰写过程中切忌面面俱到，在一手资料中，筛选出最典型、最能说明问题的数据，对其进行分析，从中找出事物的内在规律或事物的本质，得出正确的结论，总结出有价值的东西，这是写调研报告时应特别注意的事项。

2.4.3 房地产市场调查报告撰写实训的组织

（1）指导者工作

①向受训者介绍市场调研报告环节的实训内容。

②向受训者介绍市场调研报告的构成。

③向受训者介绍市场调研报告撰写的注意事项。

（2）受训者工作

①掌握市场调研报告撰写应包含的内容。

②掌握市场调研报告撰写的注意事项。

③根据前期收集的项目资料、房地产项目市场环境资料、问卷回收分析的数据结果资料等，进行综合整理分析。

④完成一份完整的房地产市场调研报告。

2.4.4 房地产市场调查报告撰写实训的步骤

房地产市场调查报告撰写流程见图2-21。

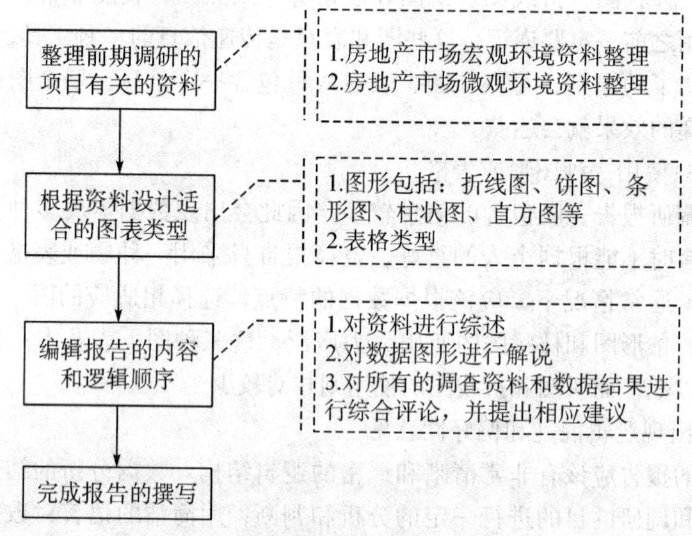

图2-21 房地产市场调研报告撰写流程

示例：房地产市场调查报告参考模版

第一部分 项目的调研资料整理和数据分析

一、宏观环境分析

沙坪坝区地处重庆市西部，是重庆市对外开放的重要窗口，是西南地区人流、物流、信息流的重要通道。区内交通畅达，有全国铁路集装箱网络重庆中心站、西南地区最大铁路编组站和国家二级火车站等七个火车客货站；有成渝、渝长、渝遂、上界、绕城高速公路等；地铁1号线已投入使用，5号线、9号线和轨道环线在规划建设中。而三峡广场中心区属于规划的优化准入环境功能区和重点发展商务服务、商贸流通、要素市场，以及属于区域CBD之一①。同时，沙坪坝区为重庆市的科教文化中心。本项目周边具有平顶山公园、小龙坎广场、三峡广场、火车站、沙坪公园等高端商贸走廊及城市景观带；拥有歌乐山、磁器口古镇、烈士陵园、历史文化名人故居、梨树湾温泉、西部校园等旅游资源②。本项目地处沙坪坝区东部城区，离三峡广场中心区仅1 890米，紧挨丽笙酒店、温泉中心、温泉乐园以及温泉商业步行街。项目地块周边拥有良好的交通资源，拥有非常丰富的自然资源以及完善的商业配套。这对本项目的开发销售是非常有利的。

2015年，沙坪坝区实现地区生产总值（GDP）714.3亿元，同比增长8%，人均GDP突破1万美元；社会消费品零售总额320.4亿元，同比增长10.8%，比2014年提高2.3个百分点，从社会消费品零销总额增速看，全年社会消费品零售总额增速均保持两位数增长，并呈逐步攀升态势；城镇常住居民人均可支配收入30 384元，同比增长7.5%；农村常住居民人均可支配收入15 264元，同比增长10.1%。③ 全区的市场消费需求强劲，购销活跃，呈现出持续、稳定增长的态势，对于本项目的销售来说是有利的。

2014年沙坪坝区平均约为2.72人/户。2015年全区城镇化率达94.3%，全区常住人口中65岁及其以上老年人占比13.11%，比全市12.71%高出0.4个百分点。全区60岁及以上老年人占比20.89%，50~59岁占比14.55%，40~49岁占比19.05%，30~39岁占比15.40%。随着社会事业的发展，医疗卫生条件的改善，人民生活物质水平的提高，全区60岁及以上老年人增长速度较快。④ 按平均每户3人计算，说明全区对小户型的住房需求较大。全区50岁以上人群占比高达35.44%，60岁以上老人就占比20%以上，老龄化严重且人口数量大，因此发展老年地产具有一定的市场。进一步分析发现，30~50岁的人群在全区总常住人口中占比高达34.45%，因此发展以改善居住条件的人群为客户群体也具有一定的市场。

二、房地产市场现状分析

2015年沙坪坝区房屋建筑施工面积1 584.7万平方米，同比下降2.3%；竣工面积425.9万平方米，同比增长4.1%。⑤ 在不断利好的楼市政策刺激下，沙坪坝区房地产开发投资增速总体平稳，而本项目所处的东部城区完成房地产开发投资额113.4亿元，同比增长26.7%，比2014年同期提高7.8个百分点。全年房地产新开工面积中，住宅新开工面积141.2万平方米，同比下降0.9%；住宅竣工面积158.2万平方米，同比下降21.3%。2015年9月调查显示，沙坪坝区可销售的商品房库存面积100.3万平方米，

---

① 重庆市城乡总体规划（2007—2020年）。

② 沙坪坝区人民政府网站. http：//spb. cq. gov. cn/SPB_ ShowArticle. asp? ArticleID=201508.

③ 沙坪坝区2015年统计公报。

④ 重庆市沙坪坝区人民政府网统计分析. http：//spb. cq. gov. cn/SPB_ ShowArticle. asp? ArticleID = 239744.

⑤ 重庆市沙坪坝区人民政府网站。

库存仍然较大[14]。

沙坪坝区的房价走势为4 000~6 000元/平方米占比36%，6 000~8 000元/平方米占比32%，8 000~1 000元/平方米占比27%，10 000元/平方米以上的占比5%。从2015年11月到2016年4月，半年内沙坪坝区的楼盘最低价为6 931元/平方米，最高价为7 064元/平方米，而在三峡广场商圈附近的楼盘房价近半年内的最低价为7 988元/平方米，最高价为8 135元/平方米。

三、项目的整体特征分析

1. 项目地块的基本特征分析

交通状况：地铁1号线沙坪坝站，9号线（规划中）沙坪坝站，环线（建设中）沙坪坝站。公交228路、204路、267路等直达。项目北邻站西路，东邻内环高速，西临渝怀铁路和歌乐山，南临渝遂高速。

周边银行：民生银行、工商银行、招商银行、建设银行、农业银行、交通银行、中国银行等。

商业配套：紧邻三峡广场，大型百货如立洋、王府井、新世纪等；娱乐场所如欢乐迪、好乐迪、音乐龙等；大型超市如重百超市、新世纪超市、家乐福超市、王府井超市、好又多超市、中百仓促超市、火车北站农贸市场；餐饮如陶然居、大千食府、寻常故事、德庄火锅等；通信如邮政厅、移动、联通、电信营业厅。

医院配套：沙坪坝区人民医院、妇幼保健医院、爱德华医院、西南医院、新桥医院、肿瘤医院等多个医院。

教育配套：教育资源丰富。中小学：重庆一中、重庆三中、重庆七中、重庆八中、沙坪坝小学、天星桥中学、南开小学、重庆68中。大学：重庆师范大学、重庆大学、重庆广播电视大学沙坪坝区分校、重庆第三军医大学、西南政法大学、四川外语学院等。

休闲配套：沙坪公园、平顶山文化公园、模范村社区公园、杨公桥生态林、天星桥街道文体广场、沙坪公园网球场、沙区体育馆等。

2. 项目地块优劣势研究分析

项目地块优劣势研究分析见表2-16。

小结：本项目虽然不具有商圈内楼盘的地理优势，且周边的房源供应也较多。但是本项目具有自有的教育资源和特有的温泉旅游自然资源和温泉商业街等商业配套，这是其他项目不具有的特有资源。虽然本项目居民必须乘车出行，但是坐车到三峡广场商圈只有10分钟左右的路程，自驾只需5分钟左右。良好的自然资源已经能很好的弥补地理位置的不足。因此，本项目的发展前景应该是不错的。

四、竞争者项目调研（此处略）

五、消费者需求调研（此处的所有数据分析图表参考前面2.3章节的示例里面的图表）

表 2-16

优势	1. 区位优势：项目地块位于沙坪坝区商圈中心附近，离三峡广场坐车约 10 分钟路程，并且离本项目 5 分钟的路程有融汇沙坪坝小学、融汇南坪实验幼儿园等教育资源，离南开中学、重庆大学等都非常近。
	2. 周边的地铁、公交、医疗、餐饮、教育、购物等配套设施都已经非常完善。
	3. 除了三峡广场本身具有的各种商业配套外，还有本项目所特有的紧邻歌乐山名山旅游、梨树湾温泉旅游、融汇国际温泉城商业中心、高星级酒店——丽笙酒店、温泉中心、温泉乐园以及温泉商业步行街等。这是其他地产项目所不具备的天然地理位置优势。
	4. 项目设计邀请国内某知名建筑设计研究院进行规划设计，在国内具有较高知名度，且设计师所设计的风格具有引领时代潮流的趋势。
	5. 该项目的营销策划聘请的是行业内具有丰富经验的机构来进行全程策划，具有先进的营销服务理念，能更加有效地促进项目的营销推广。
	6. 项目邀请国际知名的物业管理公司来担任物业管理顾问，为小区业主提供标准化的、先进的物业服务。
劣势	1. 现在已经开盘的楼盘有 16 个，供应房源（包括二手房）约有 2 万多套。但现在市场的房价略高出市民的承受能力，且二手房的房价高于新房的价格。
	2. 市民对媒介的关注度不高，使项目在宣传过程中受一定影响。
	3. 停车位太少，不足以满足住户的需求。
	4. 在三峡广场商圈内的楼盘已经较多，更接近商业中心，而本项目居民到三峡广场必须要坐车或者自驾，没有在商圈内的竞争楼盘的地理优势。

调研小组采用街头随访、小区入室主题问卷调研等方式，共收集回问卷 534 份，剔除无效问卷和在 3 年内不打算买房的被调者的问卷后，还剩下有效问卷 451 份。运用 6W1H 来设计问卷，包括针对消费者最为关心的，也是对后期规划会产生影响的各类购房因素（包括对消费者的个人信息、购买行为、购买动机、对产品偏好等）进行了调查。对回收的数据进行统计和整理分析。

1. 消费者的基本资料分析

（1）性别统计

2005—2014 年的 10 年间，重庆市户籍人口占比，女性为 48%左右，男性为 52%左右，而本次调查的男性占比为 52. 5%，女性为 47. 5%，说明所选择的样本符合近十年人口性别占比情况，不会出现因为某一性别的人占比太大而可能出现统计偏差。因此，本次样本选择合适，根据该样本进行的数据分析结果可靠。

（2）潜在购房者的基本信息统计分析

根据数据分析，在潜在购房者中，36~45 岁的人占比 46. 6%，位列第一。其次是 26~35岁和 46~55 岁的人群，分别占比 23. 1%和 17. 1%。从受教育的程度上看，本科人群占比最大，超过一半，为 52. 1%，其次是专科人群，为 24. 6%，第三位的是研究生及以上人群，为 20. 4%。从平均月收入统计分析来看，收入在 5 000~8 000 元/月占比最大，高达 63. 4%，其次是 8 000 元/月以上，占比 14. 6%，第三位的是 3 000~5 000 元/月，为 16. 9%。通过对职业的分析发现，潜在购房者中占比最高的是个体工商户，占比为49%，其次是普通员工，占比为30.8%，这两部分人群占比将近80%。进一步分析潜在购房者的购买动机，发现有44.3%的人是为了改善居住条件，占比位居第一；其次是为了子女上学，占比35.7%，这两部分人群占比高达80%；结婚用房的占13.1%，位居第三位。

通过上面的分析，对潜在购房者的每项信息进行排名，发现排名前3位的比例总和都高达80%以上。因此，通过上面的比例排名来选择本项目的目标客户群体，应以36~45岁的人群为主要客户群体，26~35岁和46~55岁的人群为辅助客户群体；以本科学历的人群为主要客户群体，专科和研究生人群为辅助客户群体；从收入上选择以平均5 000~8 000元/月的人群为主要客户群体，8 000元/月以上为辅助客户群体；从购买动机上以改善居住条件的人群为主要客户群体，以为子女上学而买房的人群为辅助客户群体。

(3) 居住情况

调查发现三口之家和两口之家的占比近80%，也符合沙坪坝区的家庭人口结构情况，说明中、小户型住房产品更符合家庭人数结构。

(4) 出行交通工具

被调查者常用出行交通工具中，私家车占比38.1%，选择公共交通工具（地铁、公交、出租车）的占比53.5%，其他的占比8.4%，说明在被调查者中，大部分人还是选择乘坐公共交通工具的出行方式。从调研可以看出，自驾出行和坐公共交通出行的占比高达91.6%，而本项目出行虽然只能坐车或自驾，但是本项目周边的交通设施配套已经非常完善，能满足人们的出行需求。这说明本项目的地理位置不会造成后期项目销售的阻碍。

(5) 是否愿意与父母一起居住

通过调查发现，有高达88.2%的人是不愿意与父母住在一起的，只有11.8%的人愿意和父母同住。说明在经济条件允许的情况下，这88.2%的人都会选择购买至少两套房，和父母分开住，再加上本项目具有天然的自然资源优势，适合养老。因此，如果能够让购房者把自己的住房和父母的住房均购买在本项目小区内，那将是一个非常大的市场。

2. 房屋配套偏好

(1) 购房优先考虑的因素

分析发现，购房者首先关注的是价格，其次是户型设计，再次是交通状况，最后是物业管理和小区内公共设施配套等。因此，本项目在开发时，应该重点打造户型设计，在后期营销推广中突出项目本身所具有的交通畅达和优质的物业管理服务。

(2) 希望小区的公共设施配套和景观配置情况

通过统计发现，在公共设施配套中，人们首先关注的是车库的配套，高达64.1%，其次是中心花园，再次是幼儿园和体育锻炼设施。在景观配置中，首先希望配套有座椅和儿童乐园，其次是喷泉和凉亭，再次是草坪。本项目在后期建设规划时就应该考虑到居民的停车问题，配套数量足够的车库，由于本项目地处温泉旅游区和温泉商业街附近，因此应该定位为中高端。另外，选择需要配套幼儿园的占比为34.8%，所以小区如果有教育资源的配套，将会是吸引为子女上学而买房的人群的关键条件。

(3) 获取楼盘销售信息的渠道

获取楼盘销售信息的渠道见表2-17。

表2-17

渠道	公交或地铁广告	电视上	报纸上	互联网广告	房交会	房屋中介	其他
频数	398	50	38	435	56	312	23
百分比	88.2%	11.1%	8.4%	96.5%	12.4%	69.2%	5.1%

分析发现，有96.5%的人是通过互联网获取楼盘信息的，有88.2%的人是从公共交通上获取信息的，接近70%的人是从房屋中介处获得信息的。因此，在后期房屋销售和营销推广时，主要采用这3种信息传播的途径。

3. 目标客户群体的选择

为了进一步验证本项目选择目标客户群体的正确性，进行了下面的交叉连列表分析。

(1) 年龄因素的交叉列联表分析

为了验证在目标客户群体里面，36~45岁主要客户群体及26~35岁和46~55岁辅助客户群体的购房动机、月平均收入和受教育程度的分布情况，进行了年龄的交叉列联表分析（见表2-13）。通过分析发现，在主要客户群体（36~45岁年龄层次的人）中，购房以改善居住条件为目的的占比最大，其次是为了子女上学；月收入在5 000~8 000元的占比高达75.7%，其次是8 000元以上占比21.9%；在受教育层次分析中，本科层次学历的占比最多为54.8%，其次是专科和研究生及以上学历合计为43.8%。在辅助客户群体（26~35岁和46~55岁人群）中，改善居住条件的人占比最大，为了子女上学的占比第二位；受教育程度中本科占比最大为51.4%，其次是专科和研究生及以上学历合计为45.3%；月收入在5 000~8 000元占比最高为56.9%，但占比第二位的与前面的不同，是月收入3 000~5 000元，因此，在辅助客户群体中只考虑月收入5 000~8 000元群体的人。

(2) 收入因素的交叉列联表分析

分析教育层次、购房动机在目标客户群体收入上的分布情况，进行了交叉分析（见表2-14）。发现月收入在5 000~8 000元的主要客户群体中，为了改善居住条件的占比42.3%，为了子女上学的占比40.6%；受教育程度中，本科占比51.4%，专科和研究生及以上群体合计占比46.2%。月收入在8 000元以上目标客户群体中，为了改善居住条件的占比50%，为了子女上学的占比34.8%；学历层次分析发现，本科占比最大为53%，其次是专科为37.9%。

(3) 教育因素的交叉列联表分析

分析购买动机在不同的教育层次上的分布情况如何，进行了购买动机和教育程度的交叉分析（见表2-15）。发现在本科层次中为了改善居住条件而购房的占比60%，其次是为了子女上学。在专科层次中为了子女上学的占比高达67.6%，其次是改善居住条件而买房。在硕士及以上学历中为了改善居住条件而买房的占比33.7%，其次是为了结婚而购房的占比28.3%，与其他两个学历层次的购买动机有点差别，因此在硕士及以上学历的人群里只选择为改善居住条件而购房的人群作为目标客户。

综上所述，通过分析发现，本项目的目标客户群体定位为：①年龄层次上：选择36~45岁的人群为主要客户群体，以26~35岁和46~55岁的人群为辅助客户群体；②收入层次上：以平均5 000~8 000元/月的人群为主要客户群体，8 000元/月以上为辅助客户群体；③受教育程度上：以本科层次为主要客户群体，以专科和硕士及以上为辅助客户群体；④在购买动机上：以改善居住条件的人群为主要客户群体，以为子女上学而购房的群体为辅助客户群体。

4. 目标客户群体对产品的偏好分析

（1）建筑类型偏好

通过分析发现，目标客户群体选择小高层和洋房的人占比高达86.8%（见图2-14），因此，建议后期建设开发项目以小高层和洋房为主。

（2）户型结构偏好

2室1厅1卫的占比最大为29.3%，其次是3室2厅1卫的占比为28.2%，再次是2室2厅1卫的占比22%（见图2-15），因此，建议在后期户型设计时，以这3个户型为主力户型。

（3）购买套内面积偏好

有高达66%的人都选择套内面积为60~80平方米，其次是80~100平方米（见图2-16），因此把这两个面积的户型作为主力户型。

（4）装修标准偏好

选择交房标准为毛坯的占比最大，为36.5%，其次是精装修的为25.2%，再次是简单装修的为18.8%（见图2-17）。因此，具体交房标准最终以规划设计为准。

5. 目标客户群体的购买行为分析

（1）首付款预算偏好分析

购房付款首付在10万~20万元的占比30.8%，20万~30万元和30万~40万元的占比都在20%左右，而50万元以上的占比15.8%，比40万~50万元的要高（见图2-18）。因此，首付在20万~40万元比较合适。

（2）付款方式偏好分析

有高达85.7%的人选择按揭付款方式，只有11.3%的人选择分期付款（见图2-19）。因此，在后期的营销推广中，以可以按揭付款的方式来吸引目标客户群体的关注。

（3）月供金额分析

愿意承担的月供金额有近三分之二的人选择金额区间为2 500~3 500元/月，其次是3 500~4 500元/月（见图2-20）。因此，说明目标客户群体的信贷承受能力较强。

（4）对房价的预期

分析发现，目标客户群体认为房价维持不变和上涨的各占41%和41.4%，下降的只占17.7%，说明绝大部分的人对市场的预期是乐观的。

第二部分　项目开发的建议

一、目标客户选择建议

1. 年龄层次上

选择36~45岁的人群为主要客户群体，以26~25岁和46~55岁的人群为辅助客户群体。

2. 收入层次上

以平均5 000~8 000元/月为主要客户群体，8 000元/月以上为辅助客户群体。

3. 受教育程度上

以本科层次为主要客户群体，以专科和硕士及以上为辅助客户群体。

4. 在购买动机上

以改善居住条件的人群为主要客户群体，以为子女上学而购房的群体为辅助客户群体。

二、产品开发建议

1. 建筑类型上

以小高层和洋房相结合进行开发。

2. 户型结构和面积上

以2室1厅1卫、3室2厅1卫、2室2厅1卫为主力户型。套内面积在60~100平方米区间为主。

3. 交房标准

毛坯房。

4. 公共设施配套上

配套足够数量的车库，小区设置中心花园和体育锻炼设施，并配套小区内部幼儿园。

5. 在景观配置中

配置喷泉、凉亭、座椅和儿童乐园，在有条件的情况下种植小块草坪。

三、营销推广

主要采用互联网、公交和地铁公共交通、房屋中介这3种信息渠道来宣传楼盘的销售信息。

2.5　房地产市场调查的实验成果

在完成整个房地产前期市场调研实践操作学习后，将会形成以下几个实验成果：

（1）房地产项目的市场调研计划书。

（2）房地产项目所在地的宏观环境、行业环境和项目的微观环境调研资料。

（3）房地产项目的潜在购房者需求调研问卷。

（4）房地产项目的潜在购房者的调研数据分析结果。

（5）房地产项目的整个市场调研报告。

根据受训者业务水平，实训的实验成果产出又分为高级阶段、中级阶段、初级阶段、入门级成果。以下成果为入门级成果示例（说明：示例为某应用型高校学生实训成果，部分内容尚待推敲、修改和完善）：

重庆××学院改建住宅项目的市场调研计划书

一、研究背景

1. 项目简介

（1）地理位置

项目所在地为重庆市沙坪坝区井口镇，位于沙坪坝区与北碚区之间，毗邻嘉陵江，水资源丰富，西邻井口工业园区。

（2）自然环境

项目的地块呈8字型，地块属于坡度较大的山坡，地势绵延起伏。本项目位于嘉陵江畔，其中一面倚靠着一座小山，各面均有不错的风景。由于本项目有的地方起伏较大，所以在地势较高处都拥有较好的江景资源。

（3）交通状况

项目距沙坪坝区主城区12千米，212国道纵贯园区南北，距江北国际机场约50分钟车程，建设中的渝怀、渝遂铁路贯穿工业园区中部，并设有客货站，渝合、渝遂高速公路、嘉陵江二塘码头紧邻园区，规划并即将建设的礼嘉大桥、井口大桥、双碑大桥横贯井口镇北、中、南部，东联重庆市北部新区，西接重庆市大学城。但平时人们出行只能选择坐221路公交车再转乘248路公交车到沙坪坝城区，否则只能开车出行，所以对于生活来说，出行并不是特别方便。

（4）周边配套

项目位于沙坪坝区规划工业园区，周边建有新星幼儿园、二塘小学、二塘中学、地质仪器厂、各类工厂、小型超市和特色餐饮服务。

2. 调研背景

首先，虽然本项目出行只有一路公交车，出行并不是很方便，但是到沙坪坝城区乘坐公交车在40分钟左右可到达，且这一路段几乎不会出现堵车现象，如果居住在本项目，早上去上班不会担心堵车而迟到的情况。且公交车是早上5点30分开班，每15分钟一班，晚上24点才收班，因此，如果在此居住，出行并不会成为很大阻碍。其次，本项目的房价将会低于沙坪坝城区的住房价格。

经过我们组的探讨后，均对将××学院改建成中低端住宅达成了一致意见。因此为使住宅能够迎合消费者的需求并且有良好的销售市场，最终实现开发商盈利且消费者满意的局面，开展一次有关消费者住房需求的市场调研势在必行。

二、调研目的

1. 分析目标消费群体的消费心理及承受能力。

2. 通过调研，明确后期项目定位及销售针对的是哪个层次的目标客户群体。

3. 调研与前期宣传、销售模拟互动，为项目推广积累经验与信心。

三、调研内容

1. 对地块的了解

对××学院这个地块的全面了解，比如地理位置，周边情况，交通条件等。

2. 对消费者情况的把握

运用6W1H来设计问卷，包括针对消费者背景资料的调查、消费者购买行为的调查、消费者对产品需求的调查，实地调查后进行分析其购买的动机，最后确定该项目的定位。

3. 对竞争者情况的把握

针对竞争项目的分析，选取的是沙坪坝区大学城龙湖睿城和富力城这两个项目。因为重庆大学城仍处于进一步开发中，从交通角度看，主要交通工具为公交车和私人经营面包车，交通网络以及综合配套仍不完善；从商业消费者角度看，大学城整体商业处在一个相对落后的状态，跟本项目的情况相似，以此选择其中所建的两个楼盘作为竞争项目的比较。

四、调研方法

1. 调研方法概述

研究方法包含定量和定性研究两个方式，按照设定的研究内容，将定性研究与定量研究结合开展。

整合调研：成立5人小组，分工合作，互相协调，走整合调研之路。

以定量调研为主，开展问卷调查，进行统计结果后再进行分析研究。

2. 具体研究方法（表2-18）

表2-18

调研内容	调研方法
宏观环境调查	统计局查阅资料，询问相关人士
消费者背景资料	问卷调查
消费者购买行为	问卷调查
消费者产品需求	问卷调查
竞争项目	搜房网网站查阅相关资料，实地考察
消费者情况分析	SPSS

五、调研的实施组织

1. 调查对象与规模

在沙坪坝商圈对终端消费群体进行问卷调查，预计能收集到100份回馈问卷资料。

分析方法：采用SPSS软件进行统计分析。

2. 工作分工（略）

3. 日程安排

根据该调研项目执行的过程，设立如表2-19所示的工作时间表，可以根据实际情况进行调整。

表 2-19 工作时间表

9 月 10~11 日	项目准备并提交市场调查方案
9 月 12~13 日	收集整理资料并设计问卷
9 月 15 日	进行实地调研
9 月 16 日	调研结果分析统计并编写市场调查报告
9 月 17 日	提交市场调查报告
9 月 18 日	成果展示

4. 费用明细

根据项目的现实情况，估算调研费用如表 2-20 所示。

表 2-20 调研费用表

	数量	单价（元）	金额（元）
打印费	150	0.2	30
车费	5	6	30
市调报告制作	1	5	5
总计			65

问卷编号：

××房地产消费者需求调查问卷

先生/女士：

您好！我是重庆××学院在建住宅项目的访问员，为了了解房地产行业现在消费者的需求以及想法，我们准备进行一些相关的问卷调查。想听听您的真实想法，您的意见会对我们有很大帮助。希望您在百忙之中抽出一点时间协助我们完成这次调查。谢谢您的支持和合作！

1. 您目前是否拥有房产？

A. 是　　B. 否

2. 您的房源获取渠道？

A. 电视　　B. 报纸杂志

C. 互联网　　D. 朋友介绍

E. 其他

3. 您打算何时购房？

A. 三个月内　　B. 半年内

C. 1~2 年内　　D. 5 年内

E. 不确定

4. 您希望买的住房装修标准是？

A. 全毛坯　　B. 一般装修

C. 精装修

5. 您购房希望采用的付款方式为?

A. 一次性付清　　B. 分期付款

C. 银行按揭　　D. 还没考虑

E. 其他

6. 您购房的主要目的是?

A. 日常居住　　B. 身份认同

C. 保值　　D. 投资

E. 其他

7. 您购房主要考虑以下哪个因素?

A. 地段　　B. 价格

C. 户型　　D. 环境

E. 配套设施　　F. 物业服务

G. 距相关点近（单位、亲人）

8. 您喜欢的建筑风格?

A. 西洋古典风格　　B. 欧陆现代风格

C. 中国民国风格　　D. 上海里弄风格

E. 其他

9. 如果您购买商品房，准备购买什么户型?

A. 2 室 1 厅　　B. 2 室 2 厅

C. 3 室 1 厅　　D. 3 室 2 厅

E. 其他

10. 您对所购房面积要求为?

A. 60~89 平方米　　B. 90~120 平方米

C. 121~150 平方米　　D. 151~180 平方米

11. 您购房需要小区具备哪些配套服务设施（可多选)?

A. 超市　　B. 餐厅

C. 洗衣房　　D. 诊所

E. 其他

12. 您购房需要小区具备哪些锻炼设施（可多选)?

A. 网球场　　B. 游泳池

C. 健身房　　D. 高尔夫球场

E. 篮球场　　F. 其他

13. 您购房需要小区具备哪些文化娱乐设施（可多选)?

A. 图书室　　B. 棋牌室

D. 影视厅　　E. 其他

14. 您购房需要小区具备哪些教育设施（可多选)?

A. 幼儿园
B. 小学
C. 中学
D. 家政培训
E. 其他

15. 您对车位的选择（双重选择）?
A. 露天停放
B. 地下停放
C. 租赁
D. 购买

16. 您购房希望小区引进哪些安保系统?
A. 24 小时保安值勤
B. 周界防范系统（用于防盗）
C. 门禁系统
D. 每户设可视对讲系统
E. 其他

17. 您购房希望小区采取的物业管理方式为?
A. 开发商物业管理公司管理
B. 聘请或招标境内专业物业管理公司管理
C. 聘请或招标境外专业物业管理公司管理
D. 其他

二、个人信息

1. 您的性别?
A. 男
B. 女

2. 您的年龄?
A. 25 岁以下
B. 25~35 岁
C. 36~45 岁
D. 46~55 岁
E. 56 岁以上

3. 您的职业?
A. 事业单位负责人
B. 专业技术人员
C. 公司白领
D. 公务员
E. 其他

4. 您目前的家庭月总收入?
A. 3 000 元以下
B. 3 000~5 000 元
C. 5 000~8 000 元
D. 8 000 元以上

5. 请问您一般的出行交通工具是?
A. 步行
B. 自行车
C. 公交车
D. 出租车
E. 私家车
F. 其他

对您的任何资料，我们向您承若一定保守秘密，再次感谢您的合作。祝您愉快!

年　月　日

重庆××学院改建住宅项目的市场调研报告

一、研究背景（略）

1. 项目简介

2. 调研背景

二、调研目的和调研内容（略）

1. 调研目标概述

2. 调研的内容

（1）对消费者情况的把握

（2）对竞争者情况的把握

三、调研方法和调研的实施（略）

1. 调研方法概述

2. 具体研究方法

3. 调查对象与规模

4. 分析方法

5. 调研工作分配

6. 日程安排

四、调研问卷数据分析

运用 6W1H 来设计问卷，包括针对消费者背景资料的调查、消费者购买行为的调查、消费者对产品需求的调查，实地调查后进行分析。在针对消费者的产品需求调查问卷的调查结果进行探究的基础上，对其进行分析。

1. 消费者的背景资料分析

（1）年龄比例统计（表 2-21）

表 2-21 年龄比例统计表

年龄	频数	所占百分比
25 岁以下	37	37%
25~35 岁	50	50%
36~45 岁	13	13%

（2）家庭月收入比例统计（表 2-22）

表 2-22 家庭月收入比例统计表

家庭月收入（元）	频数	所占百分比
3 000 元以下	10	10%
3 000~5 000 元	43	43%
5 000~8 000 元	30	30%
8 000 元以上	17	17%

(3) 职业比例统计（表 2-23）

表 2-23　　职业比例统计表

职业	频数	所占百分比
事业单位负责人	7	7%
专业技术人员	17	17%
公司白领	23	23%
公务员	3	3%
其他	50	50%

消费者背景资料结果分析：根据调查问卷的个人信息数据录入 SPSS 中得出的以上结果，我们可以看到调查的对象大多集中在 25~35 岁；从他们的职业以及家庭月收入来看，他们的收入大多为 3 000~5 000 元，都较为稳定；从职业来看，调查对象一半的人数都有稳定的工作。由此可见对住房的需求量较大。

2. 消费者购买需求分析

(1) why：为什么买

调查问卷的数据显示（见表 2-24），消费者购房用于日常居住的占 83%，用于投资的占 3%，为了身份认同的占 7%，为了让其房产保值的占 7%。总的来说，消费者购房的主要目的是自己居住。

表 2-24　　购房目的比例统计表

购房目的	频数	所占百分比
日常居住	83	83%
身份认同	7	7%
保值	7	7%
投资	3	3%

(2) when：什么时间买

调查问卷的数据显示（见表 2-25），消费者准备半年内购房的有 10%，准备1~2年内购房的有 30%，准备 5 年内购房的有 13%，不确定的消费者有 47%。看来，大多数的购房者都还没有一个明确的购房时间计划。不过，除开不确定者，准备 1~2 年内购房的消费者居多，这便于房地产企业选择推楼时机。

表 2-25　　何时购房比例统计表

何时购房	频数	所占百分比
半年内	10	10%
1~2 年内	30	30%
5 年内	13	13%
不确定	47	47%

（3）where：哪里买

调查问卷的数据显示（见表2-26），在消费者房源获取渠道中，电视占17%，报纸占13%，杂志27%，互联网占27%，朋友介绍占16%。

那么，杂志与互联网所占比例是相同的且占比最大，在房地产企业制定销售渠道策略和促销策略时应重点考虑杂志与互联网这两个载体。

表2-26　　房源获取渠道比例统计表

房源获取渠道	频数	所占百分比
电视	17	17%
报纸	13	13%
杂志	27	27%
互联网	27	27%
朋友介绍	16	16%

（4）what：买什么样的房产

在随机抽查的100份问卷中，选择全毛坯的有40%，选择一般装修的有33%，选择精装修的有27%（见表2-27）。大部分的人都是选择全毛坯房，据分析有两方面的因素：一是价格相对比其他两个低；二是可以根据自己的喜好装修。

表2-27　　装修装修情况分析统计表

装修标准	频数	所占百分比
全毛坯	40	40%
一般装修	33	33%
精装修	27	27%

在随机抽查的100份问卷中，消费者考虑的购房因素中，地段因素占30%，价格因素占33%，户型因素占13%，环境因素占24%（见表2-28）。总的来说，消费者考虑购房会较多地考虑价格因素。

表2-28　　购房因素分析比例统计表

购房因素	频数	所占百分比
地段	30	30%
价格	33	33%
户型	13	13%
环境	24	24%

在随机抽查的100份问卷中，消费者选择西洋建筑风格的人有10%，选择欧陆现代风格的有38%，选择中国民国风格的有26%（见表2-29）。从数据中可看出，该项目所确定的中国民国风格还是有销售前景的。

表 2-29　　建筑风格偏好分析比例统计表

建筑风格	频数	所占百分比
西洋建筑	10	10%
欧陆现代	38	38%
中国民国	26	26%
其他	26	26%

100 份问卷调查的数据显示：在户型中，消费者选择 2 室 1 厅的有 20%，选择 2 室 2 厅的有 17%，选择 3 室 1 厅的有 43%，选择 3 室 2 厅的 10%（见表 2-30）。在面积中，消费者选择 60~89 平方米的有 33%，选择 90~120 平方米的有 43%，选择121~150 平方米的有 23%（见表 2-31）。那么，综合来看，选择面积为 90~120 平方米、户型为 3 室 1 厅的消费者是比较多的。

表 2-30　　购房户型比例统计表

购房户型	频数	所占百分比
2 室 1 厅	20	20%
2 室 2 厅	17	17%
3 室 1 厅	43	43%
3 室 2 厅	10	10%
其他	10	10%

表 2-31　　购房面积比例统计表

购房面积	频数	所占百分比
60~89 平方米	33	33%
90~120 平方米	43	43%
121~150 平方米	24	24%

经过以上数据分析，可将该项目的目标客户群体确定为 25~35 岁、收入稳定的公司白领；且修建的房屋应以面积 90~120 平方米、户型 3 室 1 厅、全毛坯的为主；建筑风格可保留中国民国风格；还可在后期项目销售推广阶段选用杂志与互联网这两个载体。

五、对竞争者情况的分析

目前，重庆大学城仍处于进一步开发中，开发规模和质量都有待提高。从交通角度看，主要交通工具为公交车和私人经营面包车，交通工具单调、安全系数不高，代表城市特征的出租车和轻轨、铁路等目前都仍未在大学城实现开通和广泛经营，交通网络以及综合配套仍不完善；从商业角度看，大学城整体商业处在一个相对落后的状态，虎溪镇拆迁后，大学城商业中心集中于熙街地段，其消费品质及产品定位都较低，商业主要集中于餐饮，定价和商品品质、价格主要针对大学生。因此，考虑到重庆大学城所处的状况与本项目研究的重庆工商大学融智学院再建住宅项目情况相似，以此选择其中所建的两个楼盘作为竞争项目的比较。

1. 竞争项目——龙湖睿城

(1) 楼盘概况

楼盘位置位于大学城，正对重庆大学东大门，虎溪河从社区流淌而过。

占地面积：110 005 平方米

总建筑面积：1 120 000 平方米

开发商：重庆龙湖地产发展有限公司

竣工日期：2010-12-10

容积率：1.0

绿化率：60%

类别：多层、高层、联排

停车位：1 300 个

总户数：1 280 户

交通状况：轻轨 7 号线（西彭——北碚）；内外环高速、渝遂高速、巴士及公交；社区豪华巴士、大学城 4 号线公交环城贯通，内部交通往来畅达，为人们的出行、购物提供了方便。

物业公司：龙湖物业管理分公司

(2) 户型、面积种类（表 2-32）

表 2-32 户型、面积统计表

户型	面积				
2 室 2 厅	71.03 平方米	61.56 平方米	66.86 平方米	51.07 平方米	71.62 平方米
3 室 2 厅	88.68 平方米	66.63 平方米	106.37 平方米	104.29 平方米	92.87 平方米
4 室 2 厅	132.56 平方米	153.02 平方米	124.10 平方米	152.57 平方米	154.00 平方米
别墅	224 平方米	225 平方米	226 平方米	227 平方米	228 平方米

房型特点：以中小型房型为主，市场广阔，易被大众接受；别墅高档豪华，竞争力强。

(3) 价格分析（表 2-33）

表 2-33 价格分析统计表

记录时间	均价	价格描述
2009-10-09	7 200 元/平方米	洋房均价 7 200 元/平方米
2009-08-13	6 300 元/平方米	花园洋房底 TOWN 实得面积均价
2009-06-25	6 400 元/平方米	

(4) 销售状况

现房基本销售完，一房难求。据了解，龙湖睿城学院派2号楼小户目前剩50余套，户型面积30~60平方米，精装修，均价6 000元/平方米，首付3万元起。龙湖睿城花园洋房底TOWN户型，实得面积6 300元/平方米。

(5) 楼盘配套

教育配套：高校有重庆大学、重庆师范大学等；中学有重庆市一中、八中等；小学有重庆市人民小学；幼儿园为项目自配知名幼儿园。

安保系统：采用了智能化管理系统，主要有：楼宇可视对讲与防盗门控制系统、出入口管理及周界防范报警系统、闭路电视监控系统、保安巡更管理系统、住户报警系统。

智能化设施：防盗单元门；每个单元住宅楼底设对讲机，每户内设对讲分机。

电梯品牌：品牌电梯。

供热系统：燃气，小区设燃气管网到户。

供水系统：单元楼每户电表设在一层或地下室，统一抄表。

车库配置：车辆出入及停车场管理系统。

2. 竞争项目——富力城

(1) 楼盘概况

楼盘位置位于大学城，被四大高校片区环抱，北边是木鱼石公园，西边是缙云山脉，南邻轻轨站。

占地面积：718 000平方米

总建筑面积：918 000平方米

开发商：重庆富力城房地产发展有限公司

竣工日期：2009年

容积率：1.9

绿化率：30%

类别：塔楼、高层、洋房

停车位：1 039个

交通状况：地铁1号线，沙坪坝十几分钟即达。

物业公司：广州天力物业管理有限公司重庆分公司

(2) 户型、面积种类（表2-34）

表2-34 户型、面积统计表

户型	面积				销售情况
1室1厅	45平方米	42平方米			60%
2室2厅	69.63平方米	67.09平方米	66.22平方米	65平方米	65%
3室2厅	102.41平方米	101.25平方米	100.15平方米	98.76平方米	54%
4室2厅	137.5平方米				59.5%

特点分析：2 室 2 厅房型比较受欢迎，适于普通的三口之家居住，而三口之家正是消费主流。

(3) 价格分析

富力城房价基本随着重庆市整体房价的增长而稳步走高。富力城的房价目前较为实惠，此后楼盘房价应该会随着大学城的发展、周边设施的完善和重庆市的整体房价一起稳步增长，具有较大增长潜力。

(4) 销售状况

因富力城既得的优势，其楼盘所受欢迎度一直较高。高品质的住房，优雅的风格，总能吸引顾客的光临，所以富力城每期的销售状况都有不错的成绩，前几期均销售一空，销售量仍在节节攀升。目前均价为 7 000 元/平方米。

(5) 楼盘配套

富力城 260 万平方米商业体量相当于三个观音桥商圈，规划包括商务公寓、星级酒店、甲级写字楼等各类型商业以及商业步行街、主题商场、大型超市、购物中心等。

自然配套：生态大盘；背靠缙云山，东望歌乐山，两大绿脉自然无暇。

教育配套：高校有重庆大学、重庆师范大学等；中学有重庆市一中、八中等；小学有重庆市人民小学；幼儿园为项目自配知名幼儿园。

供水系统：市政供水加二次供水。

智能化设施：闭路电视监控系统，可视对讲系统。

电梯品牌：品牌电梯。

安保系统：24 小时保安巡逻。

六、总结

(1) 消费者购买行为分析。总的来说，消费者购房的主要目的是自己居住。大多数的购房者都还没有一个明确的购房时间计划。不过，除开不确定者，准备 1~2 年内购房的消费者居多，这便于房地产企业选择推楼时机。在消费者房源获取渠道中最多的渠道是杂志与互联网，因此，在房地产企业制定销售渠道策略和促销策略时应考虑杂志与互联网这两个载体。

(2) 消费者的产品需求分析。①装修标准：大部分人都是选择全毛坯房，据分析有两方面的因素：一是价格相对比其他两个低；二是可以根据自己的喜好装修。②消费者考虑的购房因素中会较多地考虑价格因素。③建筑风格：从数据中可看出，该项目所确定的中国民国风格是有销售前景的。④购房户型与面积：根据调查的数据显示，户型中选择最多的是 3 室 1 厅，其次是 2 室 1 厅和 2 室 2 厅；在面积中，选择最多是 90~120平方米，其次是 60~89 平方米和 121~150 平方米。

(3) 竞争对手的项目，以中小型户型为主，均价在 7 000 元/平方米左右，且其中销售最好的是 65~98 平方米，2 室 2 厅和 1 室 1 厅的住房。而本项目由于不如竞争项目地理位置优越，因此，定价较低。户型避开竞争对手的竞争优势中小型户型，本项目主推以 3 室为主和 90 平方米以上的户型。

因此，本项目开发建议：把年龄在 25~35 岁的公司白领，家庭月收入为 3 000~5 000元，购买商品房用于日常居住的人群选定为主要目标客户群体；选择的装修标准和户型多为全毛坯，以 3 室 1 厅户型为主，2 室 2 厅和 2 室 1 厅的户型为辅；力推面积为 90~120 平方米的房屋。

2.6 房地产市场调查的考核方法

在实训教学过程中，正确有效的考核方式是把控实训过程和实训成果质量的重要保障。因此，为了保证公平公正和有据可依，制定了以下考核标准：

2.6.1 考核内容

（1）对房地产前期市场调研知识的掌握和理解程度。

（2）实践操作能力。

（3）团队合作情况。

（4）学习和实训的态度及参与度。

2.6.2 考核的方式

（1）课程考核

课程考核是对实训课程的过程考核，主要从受训者的出勤率、实训参与情况、课堂表现三个方面评定学生的实训成绩。

（2）过程考核

过程考核是根据房地产前期市场调研的四个实训内容，在每个实训版块结束后，对学生阶段实训成绩进行评定，由于四个版块在实际调研过程中的重要程度不相同，建议实训指导教师可参照以下比例进行评分：

①市场调研计划书：占比 20%。

②市场调研问卷：占比 20%。

③数据分析情况：占比 20%。

④市场调研报告：占比 40%。

（3）实训报告考核

房地产前期市场调研实训环节完成后，需要由受训者提交本实训过程的计划书、问卷和报告，实训指导教师根据其实训报告体现的学习态度、规范性、创新性、逻辑性等进行综合评分。参考评分标准如下：

①优秀（90 分以上）

√文理通顺，结构严谨，条理清楚，逻辑性强。

√对实训资料的分析详细、透彻、规范、全面。

√独立完成，无抄袭。

√对实际问题有很强的分析能力和概括能力，有独特见解，有一定实用价值。

√提出的建议紧跟市场的发展趋势，具有一定的理论意义和现实意义。

√问卷设计格式规范，所问问题和备选答案用词准确，符合被调查对象；问题排列具有内在逻辑性等。

√学习态度认真，规定时间内圆满完成报告。

②良好（80~90 分）

√文理通顺，结构严谨，条理清楚，逻辑性较强。

√对实训资料的分析较为详细、透彻、规范、全面。

√能够独立完成，无抄袭。

√对实际问题有一定的分析能力和概括能力，有一定的见解，有一定实用价值。

√问卷设计格式规范，所问问题和备选答案用词准确，符合被调查对象；问题排列具有内在逻辑性等。

√学习态度认真，规定时间内圆满完成报告。

③中等（70~80 分）

√文理较为通顺，结构一般，条理较为清楚。

√对实训资料的分析基本详细、规范。

√对实际问题有一定的分析能力和概括能力。

√独立完成，无抄袭。

√对实训的心得体会深刻，有理有据，能提出并解决问题。

√问卷设计格式较为规范，所问问题和备选答案用词较为准确，符合被调查对象；问题排列具有一定的内在逻辑性等。

√学习态度较为认真，能在规定时间内完成报告。

④及格（60~70 分）

√文理基本通顺，条理基本清楚。

√对实训资料的分析简单。

√基本能够独立完成，无抄袭。

√对实际问题有简单的分析和概括，有简单浅显的见解，不具实用价值。

√问卷设计格式基本规范，所问问题和备选答案用词基本准确，符合被调查对象；问题排列具有一定的内在逻辑性等。

√学习态度一般，在规定时间内基本能完成报告。

⑤不及格（60 分以下，或具备下面一项者）

√不提交报告。

√内容太简单、太空泛。

√基本上是抄袭的。

2.6.3 考核成绩的计算

指导者对受训者的成绩评定可以参考表 2-35。

表 2-35　　房地产销售实施的考核成绩计算方式

考核点名称	课程考核	阶段考核	实训报告考核
考核点占比	30%	30%	40%
考核内容	出勤、实训参与情况、课堂表现	技能操作水平	见实训报告评分标准
备注：各考核内容需加入团队核分，即由参训小组组长根据小组成员的贡献情况对各成员进行梯度评分，该评分将作为指导者对个人成绩评分的一个参考标准。			

问题与思考

1. 房地产市场调研计划书应包含哪些主要内容？设计步骤是怎样的？
2. 介绍房地产市场调研的一般流程。
3. 房地产市场调研问卷设计的注意事项是什么？
4. 房地产市场调研的目的、对象、内容是怎么确定的？

拓展训练

2010 年 12 月××房地产开发商在××市××区成功投标获得了一块占地面积约 28 万平方米的地块，2011 年 3 月开工，2013 年 12 月开盘，该项目沿××山山势而建，保证了整个山体的原生态。项目分为四期开发，一共有三种物业形态，一期高层岭峰组团，二期叠拼别墅哲园组团，三期高层岭峰组团，四期联排别墅颐府组团。三期岭峰占据××山山巅，紧邻×××森林公园，整个组团由 10 栋高层错落合围。社区配套约 2.5 万平方米的山景商业街和各种生活配套设施。高层在售户型含 65~112 平方米 2 室、3 室、4 室，产品均是装修交房。该项目推出的城市装修高层，以中小户型为主，主要面向青年置业群体。因户型结构合理，提升了空间利用率和增加了居住的舒适性，2 室约 60 平方米，3 室约 80 平方米，从而使总价更低。2016 年 1 月竣工，从开盘以来已有 4 年多时间，但是销售情况却不是很理想。开发商想要弄清楚究竟是什么原因致使该项目销量低？想要进行一次全面的房地产市场调研。

请结合前面所学的知识，进行一次全面的房地产市场调研计划。列出所要调研的内容、目的、对象、方法等，并进行一次包括所有环节的房地产市场调研的实践操作。

参考文献

［1］张永岳. 房地产市场调研［M］. 北京：中国水利水电出版社，2006.

［2］余源鹏. 房地产市场调研与优秀案例［M］. 北京：冶金工业出版社，2006.

［3］杨成贤. 房地产市场调研推广与定价策略［M］. 北京：经济科学出版社，2008.

［4］陈港. 房地产营销概论［M］. 2 版. 北京：北京理工大学出版社，2011.

［5］钱燕，夏先玉，陈雨，袁笑一. 房地产市场调研与实务［M］. 北京：北京理工大学出版社，2013.

［6］崔发强，臧炜彤．房地产市场调查与预测［M］．2版．北京：化学工业出版社，2015.

［7］胡介埙，周国红，周丽梅．市场营销调研［M］．3版．大连：东北财经大学出版社，2015.

［8］欧阳卓飞．市场营销调研［M］．2版．北京：清华大学出版社，2012.

［9］郝渊晓．市场营销调研［M］．北京：科学出版社，2010.

［10］蔡继荣，等．M市场营销调研学［M］．广州：中山大学出版社，2009.

［11］景奉杰，曾伏娥．市场营销调研［M］．2版．北京：高等教育出版社，2010.

3 房地产项目前期定位

本章导读

· 掌握并运用房地产项目前期定位的思维逻辑和理论方法。

· 了解房地产前期定位的内容。

· 掌握并运用房地产市场细分及目标市场选择的内容、依据和方法。

· 掌握房地产项目产品定位分析的内容和方法。

· 了解给房地产项目设计、项目开发或者营销策划提出前期建议的方法。

案例导入

某房地产项目的前期定位

一、项目背景

1. 房地产开发商简介

该开发商是中国颇具实力和影响力的房地产开发商之一，主要从事大型综合性社区的开发，同时广泛涉足酒店营运、物业管理及物业投资等多个领域。该开发商一直坚守"共建未来"的经营理念，致力于为居住者打造"心灵归宿"的幸福家园。该开发商开发第一个项目迄今已二十余年，在全国40多个城市拥有项目或土地储备。

2. 项目预期

该开发商计划在重庆市主城区之一的南岸区开发一个大型综合社区项目，南岸区的产业资源、教育资源、人口资源及旅游开发等都处于快速增长时期。该项目计划做成一个涵盖住宅社区、社区商业、学校（幼儿园到高中）等领域的综合性大型社区。

二、思考：如何对该项目进行前期定位

项目主要针对哪些客户群？项目应该开发成什么档次？项目价格初步定在多少合适？项目怎样规划布局？项目应该配备哪些配套设施？项目初步计划的开发进度是怎样的？项目的园林设计、营销方式等怎样定位与规划？这一章，我们将就项目的前期定位进行分析。

3.1 房地产市场细分和目标市场选择

3.1.1 房地产市场细分与选择实训的目的及任务

（1）实训的目的

①使受训者掌握房地产市场细分的概念、作用、原则、依据、方法、程序。

②使受训者掌握房地产目标市场选择的知识与策略。

（2）实训的任务

①运用市场细分与选择的知识和方法锁定项目的目标市场（即目标客户群）。

②对目标客户群特征进行描述。

3.1.2 房地产市场细分与选择实训的知识准备

3.1.2.1 房地产项目前期定位的概念、思维逻辑及涉及的理论方法

由于房地产项目投资占用资金较大，因此在房地产项目开发建设前必须通过科学分析和决策，选择市场需求的产品，才能获得成功。

（1）房地产项目前期定位的概念

房地产项目（包括住宅项目、商业项目、写字楼项目、工业项目等）前期定位是指在项目所属国家和地区相关的法律法规和规划的指导下，根据本项目所在地域的政治、经济、市场、自然、人文和风俗习惯等，结合开发商自身的能力和开发理念，依据项目本身的特点及特有的其他制约因素，结合对市场未来发展趋势的判断，寻找与本项目相适合的客户群体，在客户群体特征的基础上，进一步进行产品定位及项目开发、营销等的初步建议。

（2）房地产项目前期定位的思维逻辑

进行房地产项目前期定位首先要明白需要定位哪些内容，既然项目的最终目的是销售盈利（或其他社会性目的），那定位就主要是围绕市场及客户进行的。由于房地产项目前期定位阶段产品尚未定型，那么思考的方向就是如何选择目标市场，针对选择的目标客户制定具有竞争力的产品策略。具体步骤包括：

第一，对可能进入的细分市场和竞争方向进行分析和描述，并运用限定条件进行选择目标市场。

第二，从区域、经济收入、价值观念、生活方式、生命周期、购买心理等维度对目标市场客户精研及判断。

第三，选择最有价值的目标客户。

第四，基于价值客户的需求选择产品组合及规划、营销等建议。

（3）房地产项目前期定位涉及的理论方法

①SWOT 分析法

SWOT 是四个英文单词的首字母缩写，即：S（Strengths，优势）、W（Weaknesses，

劣势)、O(Opportunities,机会)、T(Threats,威胁)。所谓SWOT分析,就是基于研究对象内、外部竞争环境和竞争条件的形势分析。具体做法就是首先对与研究对象密切相关的各种内、外部因素做调查,将各种主要内部优势、劣势和外部的机会和威胁等列举出来,并依照矩阵形式匹配排列;其次用系统分析的思维和方法进行分析,从中得出带有一定决策性的结论。

房地产项目的SWOT分析中的优势主要集中在项目所在区位、交通、周边配套以及开发商实力和经验、产品设计等方面。比如,某项目的房地产开发商优势:开发商是国内知名的企业,具有品牌优势;开发商的声誉比较高,容易获得政府的支持;开发商为香港上市公司,集资比较容易;开发商有多年的开发经验和雄厚的资本实力,能够承担项目劣势和挑战可能带来的风险。

房地产项目的SWOT分析中的劣势分析主要就项目存在的包括项目位置、规模等自身限制条件、周边配套等不利因素进行分析。比如,某房地产项目的劣势分析:项目地理交通劣势,项目位于城乡结合部,高速公路网点尚未形成;周边配套设施不完备,医疗和教育受限;项目规模较小,不能形成综合性大社区的效应;项目开发商为本土开发商,缺乏项目开发经验。这些劣势如果不能很好的处理和消解,都会给项目的销售带来挑战。

房地产项目的SWOT分析中的机会分析就是对一些有利的政府税收、土地政策、市场机会等可利用因素进行分析。比如,随着某城市政府发文停止别墅用地的审批,该城市的别墅将出现价格上升的情况,对于拥有可建别墅用地的开发企业来说是非常大的机会。

房地产项目的SWOT分析中的威胁即对项目的市场竞争环境、土地获取难度及客户购买力水平等进行分析。比如,某景区内房地产别墅项目,由于该区域内项目都主要从规划设计、环境景观、商业配套等方面入手,导致竞争项目的同质化严重;该项目所在区域及辐射范围人均GDP较低,有效购买力不足,市场难以突破。

SWOT分析表可以将项目的优势、劣势、机会和威胁清晰地表现出来,便于进一步的研究分析,做出科学合理的决策。

示例

某房地产项目的SWOT分析表

根据住宅市场供需情况分析及问卷结果,可以将该项目的优劣势和机会威胁因素总结为表3-1所示:

表3-1　　某房地产项目SWOT分析表

优势(S)	劣势(W)	机会(O)	威胁(T)
景观优势:背靠云篆山,景色优美、空气清新。 政策支持:政府城乡一体化进程下土地审批政策的宽松。	项目周边生活配套不完善;项目交通不便,距离主干道位置较远。	区域内在售楼盘不多;随着该区域经济的发展,该项目前景看好。	高层抗性给项目的营销推广增加难度;宏观调控政策对房地产的影响。

② STP 战略

STP 是三个英文单词的首字母缩写，即：S（Segmentation，市场细分）、T（Targeting，目标市场选择）、P（Positioning，产品定位）。美国市场学家温德尔·施密斯早在20 世纪 50 年代就提出了市场细分概念，20 世纪 90 年代，享有“营销学之父”美誉的菲利浦·科特勒（PhilipKilter）教授系统地提出了 STP 战略。STP 战略是房地产营销中的重要理论，房地产营销贯穿于房地产环节的始终。房地产中的 STP 战略：市场细分就是房地产开发商按照客户需求的差异把市场划分为若干不同购买群体的过程。目标市场选择就是房地产开发商根据战略分析及自身条件选择一个或几个本企业准备进入的细分市场。产品定位就是房地产开发商根据目标客户群体的需求特点，使产品在目标客户心目中建立购买意向和公认形象的活动过程。

在市场经济中，由于房地产开发具有投资大、风险高、周期长等特点，每一个房地产项目不大可能满足全体客户的需求。因为需求市场体量是巨大的，而客户群体的组成又是繁多的，不同的客户群体又有着不同的需求。房地产开发商为了能够在市场竞争中获胜，就需要在项目开发前确定能够集中自己的优势资源提供最有效服务的目标市场，根据选定的目标市场的需求有针对性地提供产品。

3. 1. 2. 2　*房地产市场细分的概念、作用、原则、方法*

供给与需求是市场运行的机制，它们决定了物品的产量和价格。房地产开发企业作为项目的供给方，必须了解市场需求，遵循市场规律。房地产开发项目要在竞争中取得优势并获利，就需要在项目开发建设之前，识别最具有吸引力的开发空间和能够与项目开发企业的能力和理念相匹配的目标市场，了解目标客户的需求，针对客户需求提供产品及服务。

（1）房地产市场细分的概念

房地产市场细分就是根据客户需求和消费行为的差异性及同质性将整个房地产市场细分为若干个具有相同或类似需求的客户群，并选择目标市场的过程。具体是指以客户的区位因素、人口特征、需要类别、购买意愿、消费行为等因素为依据，以相同或类似需求为标准，将客户划分为若干个群体，其中每个客户群就是一个细分市场，每两个细分市场之间有明显的客户需求差异。

房地产企业要在竞争中获得优势，就要识别极具吸引力并且自己有能力提供有效服务的细分市场，为项目的目标市场做一个形象的描述，了解目标客户群的需求。

（2）房地产市场细分的作用

①房地产市场细分有利于房地产企业更清晰地了解市场，发现新的市场空间或机遇。在竞争市场上针对目标客户的需求寻找新的空间及机遇是房地产开发企业常用的方法。另外，对于新成立的或者中小房地产企业，实力不足以与大的房地产开发企业相抗衡时，做好市场细分，另辟蹊径，开拓新市场也是成功的道路之一。

②房地产市场细分有利于房地产企业集中有限的人力、财力、物力资源，针对市场需求特征进行投资和服务，更好地满足消费者的现实需求和潜在需求，能够不断地开拓市场，并且可以提高市场竞争力。

③房地产市场细分有利于房地产企业制定或者调整营销策略，取得良好的经济效益。营销需要抓住客户的需求敏感点，而完善的市场细分可以帮助房地产企业抓住客户的需求，刺激客户的消费心理。

④从整个房地产市场来看，市场细分可以使得众多房地产开发企业根据不同区域的政策和自身实力进行分散投资，有效地避免价格竞争。

（3）房地产市场细分的原则

①市场细分必须是清晰的，易于识别的，避免市场重合或者遗漏，导致决策失误。

例如：以被调查者收入划分的市场，最好是以具体的收入范围为依据，如市场一，8 000~10 000 元/月；市场二，5 000~7 999 元/月，而不能笼统地描述为白领市场、蓝领市场。

②细分市场的范围必须足够大，即客户群大，以保障房地产企业选择了目标市场后有利可图。

③细分市场应该是可持续不断增长的。

例如：可以出现 50~60 岁年龄阶段的市场，而不能仅仅针对于这个年龄阶段的人单独划分市场（因为随着时间的延续，这个市场会越来越小）。

（4）房地产市场细分的方法

根据计算分析时对于不确定性影响因素每次变动数目的多少，可以将市场细分的方法划分为以下三种：

①单因素法。所谓单因素法，是指就单个影响客户需求的因素的变动来对消费市场进行细分的方法。

②综合因素法。综合因素法就是用两种或两种以上影响消费需求的因素来对消费者市场进行综合细分，如同时用消费方式、收入水平、现居住区域三个因素可将某地区的消费者市场划分为不同的细分市场。

③系列因素法。系列因素法是指按影响需求市场多样化的因素，由广到窄、由粗入精按一定的顺序逐步细分需求市场的方法。在这种方法下，目标市场将会变得越来越清晰，越来越具体。如某区域的需求市场可以作如图 3-1 所示的细分：

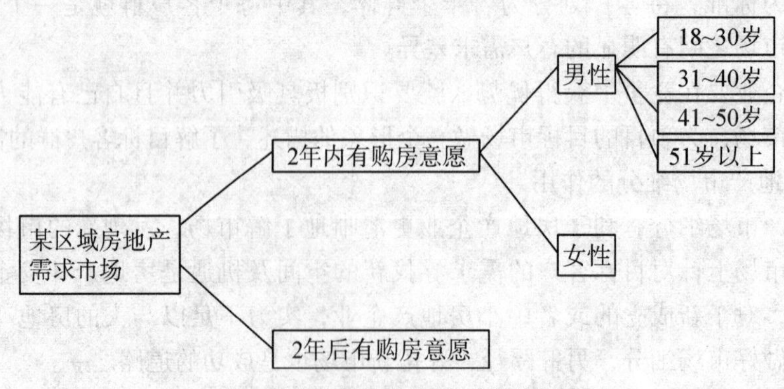

图 3-1　系列因素法细分某区域的需求市场

3.1.2.3 房地产市场细分的标准（依据）

（1）区域地理位置

由于房地产产品的固定性和土地的稀缺性造成房地产市场的需求具有明显的地域性特征，不同城市及每个城市的不同区域，有着不同的政治、经济、文化、风俗、居民文化素质、收入水平等，因此当地居民的购房需求有很大的差异。

市场细分的地理因素依据有：国界、方位（东部、西部、中部、南部、北部等）；行政规划区（省、市、县等）；城市规模（特大城市、一线城市、二三线城市、小城镇等）；地形特征（平原、高原、山地、盆地等）；气候条件（热带、温带、寒带等）。如某大型房地产公司通过认真分析研究，将国内的房地产市场分为北部、东部、南部、中部四大片区，并制定了通过北京、上海、广州、深圳、重庆、成都等核心城市的房地产项目开发，带动周边中等城市业务发展的企业发展战略。

一般来说，城市越大，经济越发达，或者属于旅游城市的旅游资源越丰富，生活配套设施越齐全，城市对人们的吸引力就越大，房地产项目客户群的辐射范围就越大。

例如：对于以旅游资源闻名海内外的海南省三亚市来说，某个房地产项目进行市场细分的时候，可以划分为以下市场：①海南省内意向购买者市场；②中国国内其他省份意向购买者市场；③中国境外意向购买者市场。境外意向购买者市场还可以按照不同的大洲或者是否已经在中国居住或者进行了投资进行进一步细分。

需要注意的是：房地产市场地域范围越广，市场研究的深度就越浅，研究成果对房地产投资者的实际意义就越小。

（2）客户特征

①客户人口特征及基本资料

房地产项目的客户定位就是对目标客户一些人口特征进行分析，如目标客户的年龄、性别、职业、受教育水平、收入等，以此来了解和推测目标客户的消费能力和购房需求，并可以将其按照消费能力进行分类。

一般来讲，客户年龄与对房地产项目的建筑风格的需求以及购买能力直接相关。例如：20~30岁的年轻人的需求为舒适简约的小户型，并且也有支付小户型的能力；30~45岁的中年人的需求为中等或者大户型，有利于居住环境的改善或者方便子女就读；而50岁以上的或者老年人的需求为小户型，主要利于就医及方便购物、锻炼等日常生活。

客户群体的生活习惯和个人素质等也会影响客户需求。海南某房地产项目将内地企事业单位退休人员作为目标客户，客户对社区文化、社区环境及社区内部设施等有较高要求。但该项目在安置被拆迁人员的策略上出现了失误，项目将楼盘内每栋楼的最下面七层作为回迁房分配给该区域原住渔民、果农，其他的作为商品房出售，结果出现了滞销的局面。经过大量调查取证，结果表明由于生活习惯和个人素质等因素影响，社区内卫生、公共设施、环境常遭破坏，目标客户不愿意与当地回迁居民共同生活在一个社区。该项目企业又花费大量财力、物力与当地政府一起重新安置回迁居民才得以渡过本次危机。

客户收入水平直接影响购买能力，不同收入水平的群体有着不同的消费观及生活价值观，进而影响对房地产项目本身及其环境的需求。例如：收入水平较低的生存型客户主要满足家居的需要，对户型的经济性和项目周边公共交通等要求高；收入水平相对较高的客户对多方位家居环境（包括户型大小、舒适度、小区环境、物业服务等）要求高；而收入水平高的消费群体对项目的全方位要求都非常高，比如项目环境，物业服务，房屋质量、面积、户型等。某房地产企业以收入作为细分变量，将广州的房地产市场细分为高收入、中等收入和低收入三个细分市场，通过大量的市场调查和科学的数据分析，并结合企业所拥有的资源优势，最终选择了体量比较大的低收入群体作为自己的目标市场，并有针对性地开发了某房地产项目。

示例

某房地产项目的客户收入定位

根据本公司开发经验和公司战略目标，将×××项目的主要推广对象定位为本市中高收入阶层，该阶层包括以下人群：

一、本市主城区中高收入阶层。其主要从事职业为：企事业单位高级主管、专业技术人员、高校和研究机构的高级知识分子及自由职业者。这个群体年收入在15万元以上，有私家车，能够方便解决交通问题。这个群体对居住环境和生活品质要求较高，消费观念比较超前。本项目将这部分群体列为主要目标客户。

二、本市开发区企业中的高级管理人员。本市开发区创办以来，已有几十家国内外大型企业入驻，这些企业的部分高级管理人员是公司内部晋升上去的，属于新成长起来的高收入阶层。有些是企业在本市外的其他分公司或者总公司调派到本市，要在本市长期扎根下去的，也是属于高收入阶层。他们同样对住宅有着较高的要求，本项目的高品质定位将成为他们理想的选择。

三、本市内需要改善居住条件或者投资置业的高收入阶层。随着城市商业、交通的发展及家庭人口数量的变化，这个群体原来住所因为环境嘈杂、空间拥挤或者物业服务等局限已经不能满足他们的需求，他们需要良好的环境休息及放松身心，需要宽敞的住所保持家庭成员足够的生活空间，需要贴心和完善的物业服务满足居住的舒适度，本项目将最大限度满足这些需求。另外，本项目将以较低的价位出售一流的社区环境和建筑质量，增值空间非常大，将吸引一批高收入群体进行投资置业。

案例点评：本案例清楚地将目标客户定位为高收入群体，并结合其职业、购买目的及需求进行了详细的分析。

某房地产项目的目标客户特征定位

根据房地产市场竞争分析，该项目性质定位为住宅市场。根据住宅市场供需情况分析及问卷结果，可以将本项目的目标客户特征总结为如表3-2所示：

表 3-2　　目标客户特征表

客户主要特征		所占比例
性别	男	68.6%
年龄	35~50 岁	67.1%
户籍	重庆	55.9%
受教育水平	大专及以上学历	56.7%
职业	高级管理人员	15.6%
	专业技术人员	23.5%
	公司行政职员	17.5%
家庭收入水平	10 000 元/月及以上	23.4%
	8 000~9 999 元/月	45.4%
购房目的	二次置业	77.8%
目前居住区域	沙坪坝区、九龙坡区、渝中区	68.8%

案例点评：本案例利用表格和数据清晰明了地展示出了目标客户的情况。本项目将目标客户锁定为具有中高等学历、在企事业从事行政或技术工作、中高等家庭收入、居住在重庆沙坪坝区、九龙坡区、渝中区三个主城区的男性二次置业者。

②客户家庭规模、类型及家庭代际数量

家庭规模主要是指家庭中人口数量的多少以及家庭组织范围的大小。家庭规模对房地产住宅项目的户型和单元数量都有直接影响。家庭规模是随着社会经济发展和国家人口政策的变化而不断变化的。一般来讲，社会经济发展水平越高，家庭规模越小，而家庭规模越小，对小户型的要求就越多。同时，家庭规模缩小意味着家庭户数的增加，家庭户数增加意味着对住宅单元需求的增加。

家庭类型是指家庭成员之间的关系。一般情况，家庭类型影响房地产住宅项目的户型。一般家庭类型有：单身独居家庭、夫妻二人家庭、核心家庭、主干家庭、联合家庭。每一种家庭类型对住宅项目的户型要求不同。

家庭代际数量是指家庭成员由几代人构成。由于二代及二代以上的各个家庭由不同的代际人员组成，鉴于代际成员之间不同的生活习惯及思想观念，一般选择分开居住，从而增加了对住宅数量的需求。

③客户目前的居住状况

客户目前的居住状况包括客户目前的居住位置、住房性质（商品房、公共宿舍、保障房或其他类型住房）、户型结构、建筑面积、居住满意情况等，这些可以间接体现客户的购房原因、购买意愿和真正需求。

(3) 客户消费动机

客户购房动机推动了客户购房行为。客户对房地产项目的认知、态度、使用意图、购买目的、品牌忠诚度等是创建房地产项目市场细分的切入点。如成都某花园项目的开发公司通过大量市场调研分析出了中高收入群体对开发商品牌的忠诚度高并追求高性价比的行为特征，把成都高收入群体的住房需求市场细分为连体别墅式社区、花园洋房式社区和高层精品社区，开发商在综合分析国家宏观环境、区域微观环境、市场竞争情况、企业资源和地块的特点后，最终选择了花园洋房式社区市场，并在产品定位时引入国家小康示范工程的概念和标准，通过对住宅产品的精致规划设计、智能设施等方面的不懈追求，最大限度地满足了目标客户的消费行为偏好。

一般来讲，房地产项目的客户按照消费动机可以分为：自住型客户和投资置业型客户。自住型客户根据购买动机又分为生存型客户和改善型客户，投资置业型客户根据投资的不同物业功能又可以分为投资住宅、商铺或写字楼等。消费动机不同的客户，对房地产项目的要求也不一样。比如自住型客户对生活配套设施要求高，房地产开发企业应该及时抓住客户对住宅的使用时间期限的时机，提供与其需求相一致的住宅及管理服务，有效占领市场。而投资置业型客户则主要追求项目未来的增值空间，他们对项目的关注点不同，有的客户注重生活、交通、商业方便的临街闹市，有的客户注重优雅开阔、赏心悦目的环境，有的客户注重商住两用的临街铺面，有的客户注重良好的物业管理，等等。针对投资置业型的客户，房地产开发公司还需要根据他们的关注点进行进一步的市场细分，选定某一个或者多个细分市场，让自己的项目突出某些吸引人的特性，并做好广告宣传，以最大限度地吸引某个或若干个消费群体。

客户需求定位分析就是将客户的消费目的、消费意向及其影响因素等要素进行分析，准确确定客户的需求特征，有利于项目有的放矢地提供满足客户需求的条件来吸引客户。

示例

某房地产项目的客户需求定位

本项目的主要目标客户及其需求特征定位：

一、核心客户群：重庆市主城区的中等收入家庭（家庭收入 15 000 ~ 30 000 元/月）。其特征：

（1）年龄 30~45 岁的中青年为主。

（2）主要在主城区的企事业单位从事管理、技术工作。

（3）主要为了结婚或者由于家庭人口的增加而改善住房。

（4）住房需求：套内面积在 80 ~ 120 平方米，户型需求以 2 室 2 厅、3 室 2 厅为主。

（5）购房主要关注点：最关心性价比及居住环境（户型、面积、小区环境、硬件设施、物业服务），其次是所在地段及周边交通、商业布局，最后是小区产品档次和环境氛围等。

需求分析：此类客户对本项目区域比较了解，购房过程比较谨慎，本项目的价格与主城区同等项目比较将成为吸引这类客户的主要优势。另外，由于这类人群的收入水平及购房意向，本项目需要在硬件和服务上体现出与其他主城区同等品质项目的差异性。

二、重要目标客户群：投资者。其特征：

(1) 年龄特征并不明显。

(2) 居住区域：全市范围内，具有较强经济实力和投资意识。

(3) 购房动机：看好教育区域内住宅的发展，纯粹属于购房投资。

(4) 购房意向：区域内差异化的小区和房型。

(5) 影响购房的因素：开发商品牌、物业公司品牌、经典房型。

需求分析：此类客户范围较广，具有强烈的投资意愿。随着各高校的建成和投入使用，投资价值和增值空间日益明确。

案例点评：本案例清楚地将核心及重要目标客户的购房动机和意向以及需求等因素一一进行了分析。

3.1.2.4 房地产市场细分的程序

(1) 市场调查阶段

房地产开发商在做出项目定位前需要分析房地产市场总的供求关系。这就需要调查目前市场上消费需求的满足状况和市场供给状况以及预测未来房地产市场将要发生的情况。调查内容包括：目前或者未来某一时期该区域现有家庭中有多少已经解决了住房问题，有多少即将要购买房子，分析未来几年的发展趋势；有购房需求的家庭需要什么户型结构和多大面积的房屋，他们的收入水平和实际购买力怎样、受教育程度如何；该区域已建、在建和未来将要建设的项目的具体区位、房屋户型结构和面积、房屋单价、配套设施等情况；该区域房地产开发企业的数量、实力、占据的市场份额、营销策略和销售情况等；该区域近几年及未来几年的土地供给情况、城市基础设施配套情况、金融类服务情况等。

在市场供求状况清晰后，拟投资项目的性质和具体地理位置就可以确定了。

(2) 市场分析阶段

房地产开发公司的专业分析人员（或者委托咨询公司）借助科学的定性和定量的分析手段和方法（如因子分析法、多元回归分析法等），划分出一些差异最大的细分市场。

(3) 市场细分阶段

房地产开发商根据客户不同的购房心理、消费行为、人口变量和一般需求划分出每一个细分群体。如通过单价这个细分变量可将某城市的房地产市场分为高端、中高端、中端和低端，通过面积和功能细分变量可将住宅分成经济型、小康型、富裕型、豪华享受型。一般针对房地产项目进行市场细分时采用的方法有主导因素排列法、多因素排列法、多因素矩阵排列法、市场因素分析法等。

这个阶段的关注点是顾客的消费偏好、消费行为、家庭结构及其他个性特征。在这一程序中，需要根据调查结果，列举出顾客的共同和不同需求及偏好，进一步识别各细分市场的特点，估算各细分市场的大小。

3.1.2.5 进行市场细分时应注意的问题

(1) 市场细分的标准是灵活的，房地产企业在选择市场细分的标准和依据时，应根据行业特点及客户需求特征进行切合实际的选择，不能生搬硬套。

（2）一般来讲，影响消费需求的因素是多方面的，这些因素又有着内部的关联关系，所以在进行细分市场的方法选择时，为了避免单因素法带来的片面性，我们在进行实际市场细分时往往采用综合因素法或系列因素法。

3.1.2.6 *房地产目标市场选择*

市场细分后，房地产开发商就要选择一个或几个细分市场作为准备进入的目标市场。

可供房地产开发商选择目标市场的策略有五种：

（1）单一市场策略

单一市场策略是指房地产开发商只选择一个细分市场作为目标市场进行集中营销。如重庆某房地产开发公司 2011 年在巴南区开发了一个高档别墅项目。该项目的前期阶段，开发商通过市场细分后锁定了南岸区、九龙坡区等周边地区拥有千万资产人士的目标市场。尽管这一目标市场狭小，客户群体容量也是有限的，但这部分群体存在有效需求，开发商通过调研精准把握了他们的产品需求，及时开发出满足他们所需求的物业产品，引起较好的市场反应。

（2）专业化市场策略

专业化市场策略是指房地产开发商选择若干个目标市场，每个目标市场在客观上具有鲜明需求特征和吸引力，且符合开发商自身的目标和掌握的资源。如某房地产开发商在某旅游景区附近准备开发休闲度假式项目，通过市场细分，选择了两个目标市场，为企业家人士组成的目标市场开发了高档海景别墅，为企事业单位退休养老人士组成的目标市场开发了高层公寓。

（3）复合产品模式策略

复合产品模式策略是指房地产开发商面对多个目标市场的不同客户群体集中开发一种类型的物业产品。如成都某房地产开发公司精心打造某大型高层住宅项目，该项目户型丰富，涵盖了 1 室 1 厅、2 室 1 厅、3 室 2 厅、4 室 2 厅等多种规格，户型面积从 70 平方米到 200 平方米。开发商力图通过该物业的开发建设来满足不同目标市场的需求。需要注意的是，将不同的目标客户群体安排在同一物业内就无法满足这些目标群体的个性化需求，在选用此模式时要慎重做决策。

（4）复合市场策略

复合市场策略是指房地产开发商专门为了满足某个目标客户群体的各种主要需求而开发物业。如重庆某项目目标客户群体定位为白领阶层，该项目开发商通过在一个楼盘中开发不同类型的物业，较好地满足了目标客户购物、餐饮娱乐、办公、居住等各种需求。

（5）完全市场覆盖策略

完全市场覆盖策略是指房地产开发商通过投资开发各种类型的物业来满足各种目标市场的需求。这种策略对房地产开发商的经验、资金等实力要求高。如万达、万科等大型房地产开发企业就是借助自身核心竞争能力开发各种物业形态来满足不同客户群体的需求。

3.1.2.7 房地产项目目标客户需求描述（即目标客户定位）

房地产项目目标客户需求描述是对目标客户的一些基本要素进行分析，比如客户的性别、年龄、职业、收入、消费行为等，并对这些特征进行综合阐述，总结共性与差异。对目标客户进行描述时包括以下五方面：

（1）目标客户的个体特征：性别、年龄、职业、家庭结构、目标客户的年均收入、家庭年均收入、日常交通出行习惯、有无私车、私车的价位等。

（2）目标客户目前的居住状况：现工作位置、现居住位置、现居住房屋的性质（租赁房、商品房、公司宿舍等）、现居住房的户型结构和建筑面积、对目前经常居住的住宅满意及不满意的地方等。

（3）目标客户购房的消费行为和习惯：意向购买住宅的位置、欲购新房打算几个人居住、购房目的、能够承受的最高单价及总价、对装修的要求、购房的关注要素、购房的信息来源等。

（4）目标客户购房的情感及功能需求：希望购买的住宅带来的心理感受、对于建筑风格、社区环境、小区和周边的配套、景观和小区物业等方面的服务和配套的要求等。

（5）目标客户业余生活方式和价值观：现日常的生活和休闲方式、理想中的生活和休闲方式等。

示例

某房地产公司深圳项目目标客户定位

一、项目背景及目标客户定位的依据

深圳市作为一个与香港特别行政区一水之隔、我国改革开放建立的第一个经济特区，已经成长为一个具有世界影响力的城市，每年吸引了大批优秀人才的到来，是一个人口平均年龄低、人口年龄结构最具有竞争力的城市之一。

该项目选址拟定为深圳南山区，这里环境优美，拥有著名的欢乐谷、海上世界等游乐场所，锦绣中华、野生动物园等生态主题公园，新安古城、南头古城等历史景点，是一个市政府着力打造的旅游基地。

项目目标客户可以辐射到全市范围内。根据项目初步设想，项目选择具有持续稳定甚至持续上升购买力的人群，这个人群经济基础较好，思想比较开放，消费观念比较超前。目标客户大致定位为“深圳新一代高素质移民”。所以，在市场调查的结果分析中，排除了个人月收入在6 000元以下的被调查者问卷。

二、目标客户定位

根据调查问卷结果，进行市场细分研究后，本项目的核心目标客户定位如表3-3所示：

表 3-3　　某房地产公司深圳项目目标客户定位

职业	人群特征	需求
公务员、事业单位人员	1. 年龄 35~45 岁； 2. 收入稳定，有较多的积蓄； 3. 有较高文化素质，思想观念开放，易于接受新事物； 4. 置业需求明显。	1. 完善的配套，安全舒适的社区居住环境； 2. 良好社区文化，完善的物业服务； 3. 要求周边教育配套完善； 4. 以三房户型为主，注重朝向。
中小民营企业老板	1. 年龄在 40~55 岁，数目庞大； 2. 经济实力雄厚，收入高，购买能力强； 3. 属二次及多次置业者； 4. 思维活跃，消费观念超前； 5. 人员结构主要是外地人，置业在地域上没有明确的要求。	1. 注重子女教育，要求教育配套完善； 2. 要求舒适优美的居住环境，完善的硬件软件配套设施，能满足社交的需求； 3. 对产品质量和物业服务要求比较高； 4. 以大户型为主。
大中型企业中高级管理人员	1. 年龄在 30~40 岁； 2. 伴随着城市经济的发展成长起来的新兴群体，属于消费能力增长最快的人群； 3. 积蓄有限，收入稳定且较高； 4. 外地人为主，文化素质高，融合各区域文化特征明显； 5. 生活节奏快，时间观念强，生活注重品位和细节； 6. 置业在地域上没有太多的约束，比较理性，讲求最高性价比，多属首次置业。	1. 生活配套完善； 2. 交通便利； 3. 较高的性价比，有户口的要求； 4. 以 60 ~ 90 平方米中小户型为主，多注重朝向。
客户延伸：从长远看，在深圳寸土寸金的土地上，南山区属于新的行政区域，伴随着一大批房地产项目开发的深入及旅游资源的开发，居住人气逐渐形成，各类配套设施完善，必然带动南山区整体区位价值的提升，将吸引更多更高档次的目标客户。		

3.1.3　房地产市场细分与选择实训的组织

（1）指导者工作

①通过举例说明的方式向受训者介绍房地产项目前期定位的概念、思维逻辑及涉及的理论方法。

②介绍房地产市场细分的概念、作用、原则、依据、程序，并举案例。

③要求受训者结合企业内外部环境及项目和开发商自身实力进行 SWOT 分析。

④要求受训者对市场调研数据进行整理分析并做出目标市场选择及对目标市场需求进行描述。

（2）受训者工作

①对市场调研的资料进行整理，对调查问卷的数据进行分析。

②结合企业内外环境及项目和开发商自身条件，进行 SWOT 分析。

③对项目所在区域市场进行细分，并明确各细分市场的不同特征。

④对不同细分市场进行需求分析。

⑤选择目标市场，对目标市场的需求进行描述。

3.1.4 房地产市场细分与选择实训的步骤

房地产市场细分与选择的步骤如图 3-2 所示。

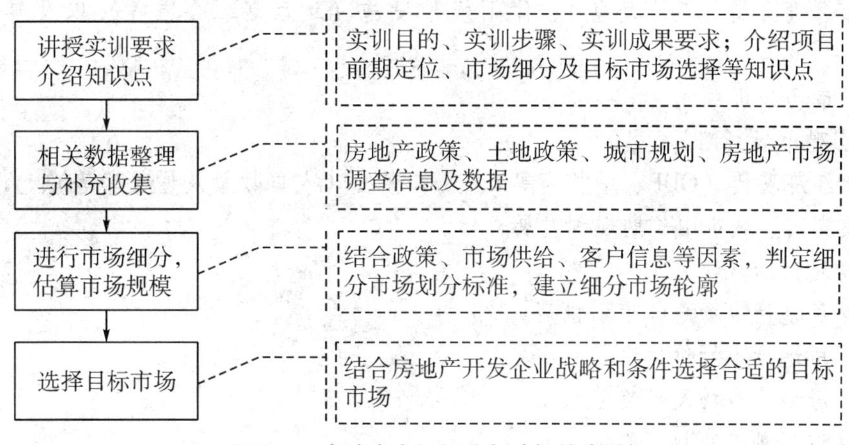

图 3-2 房地产市场细分与选择的步骤

示例：房地产市场细分与目标市场选择参考模板

××项目市场定位报告

一、项目内外部环境

1. 外部环境（略）

（1）中央或者项目所在区域的地方政府已经或者即将颁布重大政策、城市发展规划对项目开发的影响，如城市功能规划与布局、城市交通系统的规划与建设、项目所在地局部区域规划和开发重点地段或者重点项目等。

（2）项目所属地域在城市的战略发展及历史上的政治、经济、文化等领域的地位。

（3）项目特性，主要指项目特殊的来源，如棚户区改造、城市保障性住房、政府重点工程等。

2. 内部因素（略）

（1）项目开发公司简介，主要介绍公司理念、战略及实力。

（2）项目在公司发展中的地位，项目启动对公司发展战略或发展规划的意义。

二、项目地块及周边配套环境分析

1. 地块位置（略）

项目所处城市、行政区域地理位置及在行政、文化教育或商业上的影响和地位（定性描述，可附图片说明。）

2. 地块现状（略）

（1）面积、地势、地表现状和特性。

(2) 地块地表其他有可能涉及项目开发进度的因素(如涉及居民拆迁安置、土地初级开发等说明)。

3. 项目周边配套(略)

(1) 交通出行状况(公共交通、主线路等)。

(2) 项目周边可辐射范围(3千米)内的生活配套:如教育资源、医疗资源、购物(超市、商业街、菜市场等)、休闲娱乐设施(运动场、公园等)以及其他配套设施。

三、市场分析

1. 宏观市场(略)

城市经济现状(GDP、增长率等)、人口现状(人口数量及增长率等)、人均可支配收入及支出、城市中长期规划发展目标。

2. 房地产市场(略)

(1) 房地产市场总体市场供需。

(2) 房地产市场价格水平。

(3) 房地产市场发展趋势预测。

3. 区域房地产市场(略)

(1) 区域房地产现状(特征):区域内房地产的市场供需状况、价格水平以及在城市房地产市场的地位等基本状况。

(2) 区域房地产市场特征:重点描述区域内不同房地产市场的产品特征及走势、主力客户群体及消费分析。

(3) 区域房地产市场竞争情况:区域房地产市场产品(户型配比、面积区间、户型结构)、价格、营销方式等方面的竞争描述与分析。

(4) 预测区域房地产市场价格水平和趋势。

四、项目SWOT分析(略)

1. 项目优势分析

2. 项目劣势分析

3. 项目机会分析

4. 项目威胁分析

五、市场细分(根据所模拟项目的市场调研报告分析)

如某项目以客户意向购买的户型进行市场细分,如表3-4所示。

表3-4　以客户购买意向细分市场

意向户型	年龄特征	特征	偏好	占比(估算)
2室2厅、2室1厅	一般在20~35岁	年轻夫妇或者单身、有稳定收入、自用居多	规模社区、交通便利、整体景观规划好	45%

表3-4(续)

意向户型	年龄特征	特征	偏好	占比（估算）
3室2厅、3室1厅	一般在36~45岁	一般中年夫妇、有入学子女、事业有一定成就、经济条件较好、二次置业为主	交通便利、规模高尚社区、整体规划好、教育资源优越、休闲娱乐设施齐全	35%
四房及四房以上	客户来源较为复杂	客户来源较为复杂、客户群体狭小、经济实力比较雄厚、二次或多次置业、自用为主	以休闲享受和实用为主、追求优美的景观环境和齐全的社区内外配套设施	20%

按职业来分，一般来说有以下几种，如表3-5所示。

表3-5　　以客户职业细分市场

职业	购房意向	占比（估算）
本市范围内及周边市、县事业有成者或私营企业主	三房、四房、复式单位、别墅	10%
外地来投资的私营企业主、外资企业高级管理人员	三房、四房、复式单位	15%
市区高收入人群：如律师、金融、保险以及高科技人士	三房、四房	30%
本市区企事业单位中、高层领导和主管	两房、三房	15%
本市区政府部门公务员、企事业单位普通员工	两房、三房	30%

六、项目市场定位分析

1. 定位的基本原则、战略设想（略）。

2. 项目整体定位：根据对项目内外环境、市场供需及SWOT分析对项目蓝图做出总体描述（略）。

3. 市场地位定位：市场领先者、市场挑战者、市场创新者（略）。

七、目标市场选择（结合项目内外部环境）（略）

目标市场选择原则：产品价格在目标客户经济能力能够承担范围之内的；项目的规划设计、生活配套等要符合目标客户的一般要求；项目所蕴含的文化理念要符合目标客户的价值观。

3.2 产品定位分析决策

3.2.1 产品定位分析实训的目的与任务

（1）实训的目的

①使受训者掌握房地产项目产品定位分析的内容和策略。

②使受训者掌握和运用房地产项目主题定位、类型定位、档次定位、价格定位的方法。

（2）实训的任务

①结合产品情况与市场竞争情况等，找出产品定位的关键因素。

②运用所学房地产项目产品定位的方法，对所模拟的项目进行产品定位，包括项目开发主题定位、产品类型定位、产品档次定位、产品价格定位等。

3.2.2 产品定位分析实训的知识准备

3.2.2.1 房地产项目产品定位

房地产项目产品定位是指房地产开发企业根据选定的一个或几个目标市场的需求特征，并结合企业战略和优势以及其他因素，通过有针对性的设计，使得项目在目标客户群体心目中占有优选的特定位置的过程。房地产项目产品定位就是回答即将把项目开发成为一个什么样子并赋予它什么精神理念的问题。房地产项目的产品定位的内容包括规划设计、功能设施、价格等方面。

3.2.2.2 房地产项目产品定位的策略

（1）追求差异化的项目特色定位法

房地产开发企业将项目定位在某一方面的领先者。如重庆某项目，将项目定位于“森林、人文、安居”为主题的大型生态住宅社区，该社区内有大型的生态公园、位于照母山内的优越自然环境以及区域内几所大学营造的文化氛围，为目标市场的客户群提供了其他项目无法比拟的生态环境和人文精神方面的体验。

（2）性价比定位法

房地产开发企业把为目标市场提供性价比更高的项目作为自己楼盘的定位。如济南某项目周边楼盘均价在 8 000 元/平方米以上，但该项目以高于周边楼盘的规划设计水准和工程质量并以 7 800 元/平方米的价格销售，为目标客户群提供了较高的让渡价值，争取到了更多的客户。

（3）目标客户需求定位法

房地产开发企业在项目产品定位时，根据所选定的目标市场的实际需求特征，开发出能够满足目标客户个性化需求的产品。如成都某项目将外籍人员定为目标客户之一。该企业经过市场调研发现这个客户群体有一个迫切需要解决的问题就是子女的教育问题，这类客户期望自己的子女能够在双语学校就读，但该区域内并没有外语学校或者双语学校，于是，该项目就走了“教育先行”的道路，创办了寄宿制的双语学校。这一举措吸引了该市及周边地区大量外籍人员的热烈反响。

（4）参照竞争者定位法

房地产开发企业直接以竞争对手为参照物，将自己的产品定位于在某一方面或者若干方面比竞争对手更好一些，来争夺同一目标市场。如武汉长江边先后出现了两个高档楼盘××花园和××江园，××江园在开发建设过程中以××花园为参照，力图在项目定位、规划设计、工程质量、社区物业等方面超越××花园，以使同一目标市场的客户群体在对比中优先选择××江园。

（5）综合定位法

房地产开发企业在对项目进行定位时，将房地产领域内、外的各种技术手段进行综合，通过嫁接赋予项目多功能及附加值来满足目标客户群的潜在需求。如某城市奥体花园项目突出“运动养生，健康生活”的理念和生活方式，吸引了目标客户广泛关注和购买兴趣。

3.2.2.3 *房地产项目开发主题定位*

（1）房地产项目主题及主题定位的概念

房地产项目主题就是房地产开发商本身所追求和倡导的独特的开发思路及开发理念、居住模式及居住文化，以及生活习惯及生活方式，是房地产项目区别于其他项目的特殊优势，是项目的营销推广的切入点，是贯穿于房地产项目产品及价格定位、项目规划设计、营销推广等环节的总体指导思想。

房地产项目主题定位又称为主题策划、主题设计，是房地产项目策划师根据房地产市场竞争状况及目标客户的特征和需求情况并融入房地产开发企业的经营理念及该项目本身的特色来提炼并确定该项目的主题的过程。主题一般用广告语、项目概念等来表达，项目概念或者广告语应该体现开发商独特的开发理念和项目特色，并能准确地传达给客户，树立起项目特定的市场形象。如表3-6所示。

表3-6　　项目主题定位

项目名称	项目主题	广告语
重庆龙湖时代天街一期	大坪的国际时尚购物中心	这是一个最好的时代
海南雅居乐清水湾	国际旅游岛	你的国度，你的第二人生
广东顺德碧桂园	给你一个五星级的家	高质量的社区生活

（2）房地产项目主题及主题定位的作用

①项目主题通过理念统领项目开发的各个环节，保证项目围绕既定的目标前进。项目主题是项目整个开发过程的指导思想，通过思想理念层面进行指导，来统领房地产项目开发的各个环节，保证房地产项目的各个定位、规划设计、营销推广、物业管理和社区文化建设等环节始终围绕着既定的目标和方向进行。

示例

某房地产开发公司中国博鳌蓝色海岸主题策划

某房地产公司的定位是为注重生活品味的人群提供创新且高品质的工作、生活和消费空间以及时尚的生活方式，主要在北京和上海繁华的城市中心开发高档商业、住宅地产。该公司项目都是与国际知名建筑师合作，并结合本土客户的需求，把创新的设计理念转化成引领潮流的物业。博鳌蓝色海岸项目的主题是“现代、前卫”，其后续开发环节均围绕这一项目主题展开。比如，项目选址与博鳌亚洲论坛会址为邻，体现其走在时代前列的理念。规划设计中该项目是由风格独特的现代别墅群组成，沿水而居，体现了其高端、现代、前卫的理念。2003 年 3 月，该项目香港设计师严迅奇先生因博鳌蓝色海岸“建筑与自然的完美结合”的前卫建筑理念获得香港建筑师学会颁发的 2002 年建筑大奖“境外作品奖”。

②项目主题能突出项目的特色，在市场上争取竞争优势。在激烈竞争的房地产市场上，每个项目都应该在区域位置、性价比、设计理念或者物业服务等一方面或者多方面具有自己的独特优势，这些优势通过主题定位表现出来，吸引市场上的客户。

示例

某公司香樟林项目主题定位

香樟林优势是拥有 2 000 多棵三十年树龄的香樟树，小区充满着香樟树的淡雅清香。该项目的主题是“香樟林，合家欢”。该主题突出了项目高绿化和注重家庭和睦的特点与竞争优势，满足了重庆市民的香樟树情节，是一个非常成功的房地产项目主题定位。

③明确的项目主题定位可以展示项目的独特个性。房地产主题定位能够赋予项目鲜明的特色与个性，加深客户对房地产项目的印象，更具吸引目标客户的能力。另外，主题所体现的个性，无论在内容、气质、形式还是手段上均应独具一格。

示例

某公司“名仕公馆”项目主题定位

某公司充分倡导和引领绿色生活的居住理念，在产品设计、开发过程中广泛采用绿色领先技术和节能环保材料。该公司在成都开发了“××公馆”项目，项目以“厚重、绿色、优越”为主题，承袭了千年古蜀深厚的历史文化底蕴。在规划设计上××公馆呈现给客户优雅挺拔的建筑体态、浪漫典雅的景观设计、高标准的精装修。该项目被当地较高收入的中产阶级客户所青睐。

④主题定位可以满足客户精神需求。主题定位可赋予房地产项目以理念或者文化等精神层面的内涵，使房地产项目具有生命与灵魂，使居住者获得精神上的满足与享

受，甚至可以通过满足客户的精神需求提高产品的附加值，来掩盖产品本身的缺陷。

示例

某公司海南某项目的主题定位

该项目位于海南省某县海岸线，某公司重金打造了这个在过去极度贫困荒凉的海岸线，项目主题明显突出绿色环保及优雅惬意生活的特色。项目规划设计上，外部有海陆空立体的、全方位的交通网络，内部有椰林大道等便利的交通路线和酒店、医院、超市等生活配套，是集别墅、小高层及高层等住宅形式、酒店、高尔夫休闲度假模式于一体的建筑群落。公司充分洞察了现代人在生活压力下对自然与休闲的需求，用世界级顶尖设计团队和超前的度假理念，将这个项目打造成一个没有压力，只有碧海蓝天、椰风海韵的第二人生度假胜地，吸引了海内外大批的客户。

⑤稳定的或者发展的项目主题定位能塑造项目的品牌形象。主题策划能够展现项目及其开发商独特的竞争优势，有助于加深客户对房地产项目的印象，长期以往便能塑造房地产项目和企业的品牌形象。例如万达广场、佳兆业广场等的主题定位，这些以广场直接命名的项目突出了项目集居住、商业和办公于一体的商圈定位。

⑥主题定位可以提升项目的市场价值。建筑物除了所在的区域差别外，从物质形态上看是钢筋水泥等合成的，差别不大，而主题定位通过赋予没有生命的建筑以个性鲜明、富有文化以及鲜活生命力的内涵与形象，从而增加房地产产品的附加值，最终实现提升项目经济价值的终极目标。

(3) 房地产项目主题定位的步骤

①严谨、广泛地进行市场调查。

②深入地对客户进行分析，准确定位客户的需求。主题策划必须要契合客户特别是目标客户的需求状况，以便达到良好的销售效果。因此，在项目前期的市场调研中一定要全面、充分了解客户。

③发掘与提炼项目主题。

a）从客户的需求中去发掘。例如海南某项目的主题定位，该项目抓住了现代人在生活压力下对自然与休闲的需求，极力打造一个休假胜地。

b）从项目所在区域的历史文化积淀中发掘。例如成都某项目主题定位，项目位于成都金沙遗址东侧，建立在深厚的蜀历史文化博物馆附近，项目以“高贵优雅的生活方式”为主题。

c）从与竞争性项目的对比中去发掘。

形成类比：采取挑战性策略，跟竞争对手迎面而上，开发主题相似或相近的项目，争夺同一目标市场。如海南西线项目棕榈园与同一海岸线上的项目椰林园形成类比竞争。

形成补充：抓住竞争对手空白的地方去发掘、发挥。比如，在同一区域内，抓住竞争对手的空白目标市场，竞争对手开发主题适合年轻人，该项目就可以抓住中老年人喜欢的居住方式。

d）从项目自身的资源优势及经营经验中去发掘。比如，绿城购买了西双版纳景区附近的一块土地，开发以度假为主题的项目。万科擅长规模化建设紧凑型住宅和营造社区商业文化。万达擅长先建立商圈，提升周边区域的价值，再拓展住宅以创造商业中心。

e）从社会、经济及房地产市场发展变化中去发掘。比如，随着社会老龄化的加剧，可以开发适合老年人生活模式的项目。

（4）项目主题的提炼需要注意的问题

首先，避免主题定位模糊不清、定位超前、定位陈旧或流于形式。主题的立意要新颖、独特，充分展示项目的个性特征。比如，国内很多开发商特别是二三线城市为了追求时髦，常取一些“洋名”，诸如曼哈顿社区、加州水岸、纳帕、普罗旺斯、格拉斯等，而项目的规划建设并不匹配。如在贵州某二线城市，一开发商追求与其竞争对手的差异性，开发了主题为奢侈庄园的项目，而项目远超出当地人的收入水平，定位超前导致项目销售失败。又如，深圳保税区沿岸的欧洲风情项目系列，定位模糊而失败。

其次，避免定位过火或者混淆。项目主题内涵要深刻，外延要宽广，有利于项目规划设计及销售等环节的发掘。主题定位不能过于强调某一个特点而使客户忽视了其他的优点。比如，有的项目过分强调其园林设计，而使客户忽视了其建筑、物业等方面的优势。有的项目主题设计过多，强调的优点过多，使客户找不到其主要卖点。广东顺德某项目“给你一个五星级的家”，即给了客户一个清晰的舒适的居住环境和生活方式的概念，又给了开发商一个无限发展发掘主题的广阔空间。

最后，定位主题的表达形式要避免冗繁和雷同，要简洁、流畅，广告语要易于传播推广。比如，海南三亚湾某项目，主题“世界湾区，三亚中轴的黄花梨社区”，既强调了其地处三亚湾及三亚交通商业中心的优越地理位置，又突出了其如花梨木的顶级的建筑质量和园区内以黄花梨这种名贵树种绿化的特色。

3.2.2.4 房地产项目产品档次定位

项目产品档次定位就是把房地产项目开发成什么档次的楼盘。传统概念上的档次主要是指建筑物的质量和配套设施硬件水平，而现在说的项目档次不仅包括传统意义上的硬件设施的档次，还包括项目所在区域的教育、医疗、交通等生活配套、园区规划设计、园林景观以及物业服务的水平档次。

示例

成都高新区某楼盘

该项目地块规则、区域较大，且项目处于成都高新区，潜在消费群体受教育水平较高、收入水平较高，对项目综合品质要求高——配套设施完善、园林生态环境良好、社区功能丰富、物业服务完善。该项目调查该区域内其他楼盘大都属于五年前修建，硬件设施稍显落后。该项目采用差别定位法，走中高端路线，又融入该开发商在其他项目中成功的文化元素，有力地促进了项目的推广。

案例点评：本案例开发商了解客户需求及竞争对手的不足，利用差别定位法，以及该公司的成功经验，将项目产品档次定为中高端，增强了项目的竞争优势。

3.2.2.5 房地产项目产品类型定位

项目产品类型定位就是把房地产项目开发成什么类型的楼盘，即对建筑形态及所占比例进行定位。

示例

重庆某房地产住宅项目产品类型定位

根据市场分析、地块形状、容积率规划、地块面积以及项目初步的设想，本项目的产品类型定位如表3-7所示：

表3-7 重庆某房地产住宅项目产品类型定位

物业形态	户型面积（平方米）	数量（套）	占总户数比例（%）
独栋别墅	300~350	10	2.5
联排别墅	200~250	50	12.5
高层3室2厅	120~150	140	35
高层3室1厅	100~120	200	50
小计	—	400	100
商铺	5×16	8	40
	10×16	12	60
小计	—	20	100

案例点评：该项目对于住宅的物业形态及容积率给出了精确定位。该项目容积率1.8，以6栋高层，每栋18层、户型面积在100~150平方米的大户型为主导产品，以独栋别墅及联排别墅提升项目档次，商铺主要分布在高层建筑的底楼，进深16米，适合投资经营各类社区商业。

海南某酒店项目产品类型定位

由于本项目地块所在的海南三亚拥有得天独厚的气候资源、海洋资源及热带雨林资源，随着现代人们对于休闲、度假需求的激增及生活水平的不断提高，国内游客、国内企事业会议需求等将成为主流客户。另外，项目所在地的优越资源也吸引着俄罗斯、美国等海外游客的逐年增加。本酒店项目市场前景良好。

同时，随着东南亚同类型旅游资源的国家对市场的争夺以及整个海岸线世界知名的星级酒店繁多，本项目面临着巨大的市场挑战和风险。

根据前一年度其他星级酒店的接待情况及盈利状况来选择本项目的定位。项目所在区域上一年度其他星级酒店的接待情况及盈利状况如表3-8所示。

表 3-8　项目所在区域上一年度其他星级酒店的接待情况及盈利状况

酒店星级	年度最大接待人数（万）	平均费用成本（万元/套/年）	区域酒店收入（万元/套/年）	区域酒店利润（万元/套/年）	利润率（%）
五星级	505	25	39	14	35.9
四星级	650	16	28	12	42.8
三星级	1 100	13	88	75	85.2
二星级	580	8	15	7	46.7
一星级	420	5	12	7	58.3

从表 3-8 中可以看出，处于中档水平的三星级酒店不管是在接待量上还是在盈利水平上都占有绝对优势，其实这也与现在人们的收入水平占中等收入的人群居多具有正相关性，这些人多在节假日选择自助游到该市旅游，由于该区域的消费水平及旅游资源较本市其他地区具有优势，吸引着大批客户。所以，该酒店项目拟建为适合中等收入者的三星级酒店。

3.2.2.6　房地产项目产品价格定位

房地产价格是房地产所占用土地的价格与附着在土地上的建筑物的价格的统一体。

本节中所谈到的房地产项目价格定位只是项目前期的价格初探。由于房地产项目开发周期长，成本构成复杂且多变，所以在后期项目开盘销售前还会有缜密的计算及科学的定价。作为项目前期定位中的价格定位，主要是根据预估成本加利润的方法，参照市场上类似项目价格，并综合考虑开发商品牌及项目本身特点进行。具体主要采取以下三种定价方法（如表 3-9 所示）：

表 3-9　房地产项目前期定位中的价格定位方法

价格定位方法名称	价格定位方法	项目特征	开发商特征
市场参照定价法	选取类似项目进行参照，制定相似的价格	市场上可以参照的类似项目很多	开发商处于平稳发展阶段，且没有影响市场价格的实力
成本加利润定价法	估算该项目的成本并加上估算利润	项目与其他竞争性项目相比没有突出的特征	运营机制传统，竞争意识不强
品牌引导法	根据市场情况和品牌价值制定产品价格	开发商已有品牌效应，有引领客户的能力	实力比较强，可以引导市场价格，具有强烈竞争意识

（1）市场参照定价法

市场参照定价法就是选取市场上与本项目类似的参照项目进行比较，根据本项目初步定位，预测本项目与参照项目的差异（本项目规划中体现出的优势、劣势），并根据调研中客户对差异化因素的需求程度及愿意为之支付的价格，用类比项目价格加（减）差异化价格来制定本项目价格的方法。

市场参照定价法的思路是：相同或相似的项目价格相同或相近，优质项目优等价格。选取相对比的样本应该具有参考价值，要选取与本项目相类似的样本，定位出的价格才更合理。样本选取需遵循以下原则：

①地段相近或者区域规划类似原则。地段相近才会有更多的气候环境、外部环境等相近因素。区域规划类似才具有借鉴意义，比如给重庆南岸区南坪商业中心的某一楼盘定价，可以选取附近楼盘进行相近地段样本比较，也可以选取渝北区商业中心的某一楼盘进行类比。

②选取的样本必须是成功的个案原则。成功的样本才具有参考意义。

③选取的样本项目必须有本案相同的功能原则。功能相同的才具有参考价值，不能用住宅物业形态的楼盘与商业物业形态的楼盘对比。

④选取的样本与本案的市场情况相近，如果存在市场因素，需要进行修正。比如，交易时间不能是过去两年及以上很长时间，如果存在时间间隔久的样本，需要根据市场通货膨胀率等依据进行修正。又如，选取不同区域的类似样本，如果存在两个区域消费水平的差异，也需要根据差异进行修正。

示例

某房地产高层住宅项目价格定位：市场参照定价法

根据本项目的初步定位目标，本项目选取了地段相近、功能相同的三个样本进行参照，如表 3-10 所示：

表 3-10　　某房地产住宅高层项目价格定位：市场参照结果　　单位：元/平方米

楼盘一			楼盘二			楼盘三		
均价	差异化	差异化价格	均价	差异化	差异化价格	均价	差异化	差异化价格
7 000	区域位置	200	6 800	项目主题	100	7 100	园林景观	100
	外部环境、周边配套	300		建筑规模	200		硬件配套	200

以项目一为参考的定价：7 000+200+300=7 500 元/平方米

以项目二为参考的定价：6 800+100+200=7 100 元/平方米

以项目三为参考的定价：7 100+100+200=7 400 元/平方米

本项目价格可以定位在 7 100~7 500 元/平方米。

（2）成本加利润定价法

成本加利润定价法就是将项目的成本加上企业预期的利润的基本定价方法。而该环节的定价均为项目价格初探阶段，项目成本即为根据以往项目经验进行的估算。

示例

某项目价格定位：成本加利润定价法

根据本项目的初步定位目标，本项目选取成本加利润定价法，见表 3-11。

表 3-11　　单位面积价格测算表　　单位：元/平方米

序号	名称	小高层	高层	商铺
1	建筑面积分摊土地费用	550	550	550
2	各种规费	76	55	76
3	基础水电路政分摊	60	60	60
4	建筑安装成本	1 000	800	900
5	园林绿化分摊	80	80	80
6	广告营销分摊	65	65	65
7	设计、监理费分摊	85	85	85
8	财务、管理费用分摊	50	50	50
9	各种税费	98	96	545
10	小计	2 064	1 841	2 311
11	预期利润	25%	20%	100%
12	合计	2 476	2 209	4 622

（3）品牌引导法

品牌引导定价法是根据消费者所理解的某种商品的价值，或者说是消费者对产品价值的认识程度来确定产品价格的一种定价方法。一般实力比较强、知名度比较高、品牌价值含量高、可以引导市场价格的房地产开发企业可以运用这种定价法。

注意：本阶段的房地产价格定位为粗略核算，在没有项目精确数据的情况下，为提高核算价格的准确度，需综合运用以上各种方法。

3.2.3　产品定位分析实训的组织

（1）指导者的工作

①通过案例，向受训者讲授关于房地产项目产品定位的知识和方法，主要包括主题定位、产品类型定位和价格定位。

②指导受训者锁定主要竞争楼盘，并收集竞争楼盘的开发主题、产品类型、均价、竞争优势和劣势等信息。

③指导受训者利用所学知识和收集到的信息对模拟项目进行主题、类型、价格定位。

（2）受训者的工作

①收集竞争楼盘开发主题、产品类型、均价、竞争优势和劣势等信息。

②发掘模拟项目的优势资源，并结合企业的理念，利用所学方法给项目主题定位，并创作体现项目主题的广告语。

③根据竞争楼盘分析和市场供求分析，对项目产品类型进行定位。

④根据收集到的竞争楼盘的价格信息分别采用市场参照定价法和成本加利润定价法估算模拟项目价格，并根据定价策略对价格进行定位。

3.2.4 产品定位分析实训的步骤

项目产品定位分析实训步骤见图3-3。

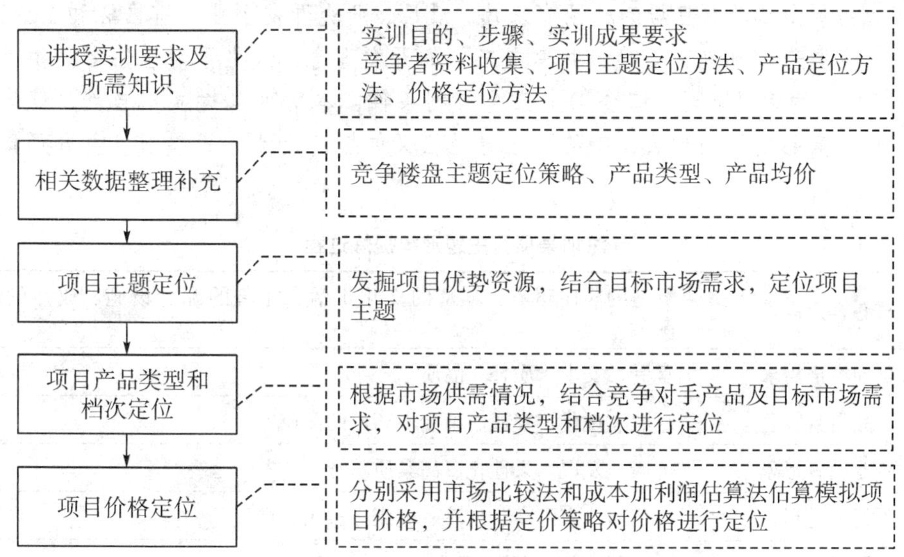

图3-3 项目产品定位分析实训步骤

示例：房地产产品定位分析决策参考模版

深圳某项目的产品定位

一、项目档次定位

根据前期目标客户群的特征及需求，本项目开发前期应该走中档价格、中档成本、中高档形象的路线，建立“中档高质的精品社区”。所谓中档，主要是指控制造价成本，以至于未来的销售价格不要过高。项目虽以中档成本价格定位，但在产品形象上应走中高端路线，在项目形象上加深精细化设计，通过项目的性价比吸引更多中端客户。随着项目的深入开发，各类基础设施和配套设施的逐步完善，居住人气的提升，以及整个区域的整体区位价值的上涨，本项目价格也会随之提高。那时，我们将着重吸引更高档次的目标客户，将整个楼盘档次做更高提升，比如在建筑业态及商业配套上进行进一步提升。

二、项目主题形象定位

项目主题形象要以市场和客户需求为导向，结合开发商自身的价值导向和市场战略来定位。首先，研究已经确定的目标客户群的生活特征和向往的生活方式。本案中目标客户群为公务员、事业单位人员、中小民营企业老板、大中型企业中高层管理者，他们是生活、消费水平处于中上阶层，追求清静、质朴、舒适、方便的生活方式，向往配套齐全、教育资源优越、环境良好的高品质社区。其次，研究项目所在区域及项目本身独特之处。本项目区域具有得天独厚的清新优雅的自然环境与四季温暖的气候环境，并且在地理位置上，与城市中心的距离在一小时车程，比较远离了城市喧嚣与拥堵，但又不至于造成在市中心工作的人员花费太长时间在路途上。该区域的市政及其他科教文卫设施也是非常先进的，已经可以在客观条件上满足目标客户的需求。而本项目也主要是以开发宜居的社区为宗旨。最后，研究开发企业品牌内涵和企业理念。本企业一直坚守"远见、心建、共建未来"的开发理念，致力于为居住者提供可安享"心的归属"的幸福家园。综合以上三个有利条件，本案可以树立"自然、健康、悠闲、现代、高品质"的形象，带给居住者轻松又便捷的生活方式。项目主题形象提炼见表 3-12。

表 3-12　　深圳某项目主题形象提炼过程

核心客户需求	舒适的居住环境、丰富的文化生活、完善的配套设施、成熟的教育配套
延伸客户需求	享受、安宁、质朴、品质
产品自身特色	自然、现代、安逸、离尘不离市的区位
企业品牌形象	健康、发展、人性化、高素质
项目主题形象	高品质、齐配套、自然、健康、悠闲、现代
主题形象概述	"享受优雅的现代生活"

三、项目产品类型定位

本案整个项目容积率 1.6，以每栋 18 层、户型面积 80~100 平方米的 2 室 2 厅的 30 栋小高层为主导产品；以每栋 6 层、户型面积 90~130 平方米的 3 室 2 厅的 40 栋多层为辅助产品。为满足目标客户的不同层次需求，本项目还规划建设 30 栋户型面积 150~160平方米、每栋四层的洋房，并以 120 套联排别墅提升项目档次。项目物业形态定位见表 3-13，项目户型、面积定位见表 3-14。

表 3-13　　深圳某项目物业形态定位

物业形态	所占比例	建筑面积（平方米）	备注
小高层	55%	307 398.9	层数十八层 三梯六户
多层	25%	139 726.8	层数六层 一梯四户

表3-13(续)

物业形态	所占比例	建筑面积（平方米）	备注
洋房	15%	83 836.05	层数四层 一梯两户
联排别墅	5%	27 945.35	单位面积220平方米
合计	100%	558 907	

表3-14　　深圳某项目户型、面积定位

户型	单位户型建筑面积（平方米）	数量（套）	占总建面比例（%）
2室2厅	80~90	3 500	53%
3室2厅	90~110	600	13%
	110~130	550	14%
洋房	150~160	550	15%
联排别墅	220	120	5%

四、项目产品价格定位

1. 小高层价格定位

拟定本案小高层价格时，选取该区域内规模及物业形态相近的热销楼盘××雅居、××谷地及××花园作为参照项目，运用市场参照定价法来计算本案的预估价格，见表3-15。

表3-15　　深圳某项目小高层价格定位　　单位：元/平方米

××雅居			××谷地			××花园		
均价	差异化	差异化价格	均价	差异化	差异化价格	均价	差异化	差异化价格
8 000	区域位置	-300	7 600	交通	300	7 700	物业服务	200
	品牌形象	100		建筑规模	100		社区内硬件配套	200

以××雅居为参考的定价：8 000-300+100=7 800元/平方米

以××谷地为参考的定价：7 600+300+100=8 000元/平方米

以××花园为参考的定价：7 700+200+200=8 100元/平方米

同时，由于客户对本开发企业的认知度比较高，另外考虑到本项目开盘时间为一年半后，结合目前房地产市场供需状况和未来价格走势预测，本案小高层价格在开盘时初步定价为7 900~8 400元/平方米。

2. 别墅价格定位

别墅采取成本加利润定价法，见表 3-16。

表 3-16　　深圳某项目别墅价格定位　　单位：元/平方米

序号	名称	别墅成本估算
1	建筑面积分摊土地费用	5 500
2	各种规费	800
3	基础水电路政分摊	200
4	建筑安装成本	3 000
5	园林绿化分摊	260
6	广告营销分摊	200
7	设计、监理费分摊	560
8	财务、管理费用分摊	240
9	各种税费	350
10	小计	11 110
11	预期利润	50%
12	合计	16 665

暂定别墅预期利润为 50%，根据成本估算，得出别墅价格为 16 665 元/平方米。同时考虑本开发商的知名品牌效应及该地段无后续别墅项目退出，本项目面市时无其他竞争产品等因素，可以将本项目别墅价格定为 16 665~20 000 元/平方米。

3. 洋房价格定位

由于洋房可比项目比较少，根据该项目中对洋房的档次和形象定位，洋房的价格应该位于多层与别墅之间。市场上某在售项目拥有小高层、多层与别墅，其多层与本案洋房有一定的可比性，其多层与别墅的价格比例为 50%，本案参照该比例，可以将洋房价格定为 8 300~10 000 元/平方米。

3.3 房地产项目设计建议

3.3.1 房地产项目设计建议实训的目的及任务

（1）实训的目的

①掌握房地产项目设计建议的基础知识与分析方法。

②运用房地产项目设计建议的基础知识与分析方法，对所模拟的项目进行容积率、园林设计、开发周期等建议。

（2）实训的任务

①熟悉项目设计关键指标，掌握设计指引撰写所达到的深度。

②利用所学知识对模拟项目的容积率、规划设计、开发周期等给出合理建议。

3.3.2 房地产项目设计实训的知识准备

房地产项目设计建议与进度分析主要包括项目规划设计及项目营销设计，具体包含但不仅仅包含以下内容：一是项目整体容积率建议；二是分期开发次序建议；三是首期开发形态、户型、面积建议；四是外立面建议；五是园林设计建议；六是配套设施建议（包括商业街、商场、酒店、会所、学校、医院等）；七是营销推广建议。

在房地产项目前期定位环节，房地产项目的规划设计与进度建议都只是大致的分析，具体的决策还需在项目工程部门进行专业性论证。

3.3.2.1 房地产项目容积率建议

（1）容积率概念

房地产容积率是指一个项目的总建筑面积与用地面积的比率。容积率计算公式：

容积率=地面建筑面积（若地下建筑有经营性用地也要计入建筑面积）/规划用地面积

（2）容积率理论基础

土地成本在房地产项目成本中属于固定成本，在建筑密度等项目其他条件不变的前提下，建筑物的层数越多，容积率越高，土地成本及基础工程、地基处理费等分摊下来就越少，单位面积造价就会降低。当建筑物层数达到一定程度时，就需要加固基础、加强抗震、增加电梯及其他公共设施，单位面积造价就会开始上升。所以，开发商需要计算利润最大化的层高值。

（3）容积率的运用

对于房地产开发商来说，容积率决定地价成本在房屋总价中占的比例，而对于住户来说，容积率直接影响居住的舒适度。绿化率也是直接影响住户居住舒适度的指标。一般而言，对于一个项目，容积率越高，绿化率越低，建筑密度越高，开发商可用于回收资金的面积就越多，但对于住户而言舒适度就越差。房地产开发商设计容积率主要是考虑该项目是为了赚更多的钱还是更适合人的居住需求。当然，容积率低的社区，房屋单价也要高一些。

我国房地产项目的容积率、建筑密度和限高、绿化率等一般是由国家规定了的（见表3-17），在土地拍卖的时候就已经确定了，开发商需要做的就是选择什么产品适合哪种容积率的问题，开发商一般在开发项目的时候会选择物业形态组合的方式再中和容积率与舒适度的问题。

表 3-17　　　　　　各种建筑形态容积率参考

建筑形态	容积率	备注
独栋别墅	0.5	低于 0.3 属于高档独栋别墅；穿插联排别墅或者双拼别墅容积率会缓解独栋别墅密集的问题。
联排别墅、双拼别墅	0.5~0.8	可以组合 3~5 层的低层楼房。
多层	0.8~1.2	如果全部是多层属于环境非常高档的社区；可以组合联排别墅就属于环境一般的项目；若可以组合小高层是一大卖点。
	1.2~1.5	如果全是多层，环境一般；可以组合小高层来改善环境。
多层与小高层组合	1.5~2.0	正常
小高层	2.0~2.5	正常
小高层与高层（18 层以下）组合	2.5~3.0	正常
高层（高度 100 米以内）	3.0~6.0	一般

对于住户而言，一个舒适的住宅小区，高层容积率应不超过 5，多层应不超过 3，绿化率应不低于 0.3。对于开发商而言，在法律法规范围内，其以节约成本、追求利润为目标，所以，受成本限制，有些项目是没有达到舒适度的容积率水平的。

（4）项目容积率的选择

在规划局给定的地块容积率范围内，开发商可以通过容积率公式来选择物业形态。如果物业形态已经确定的情况下，可以选择周边具有竞争性及可比性项目的容积率做参照，根据项目本身的特征及盈利需求来确定自己项目的容积率。

示例

深圳某项目容积率建议

项目总建筑面积为 558 907 平方米，根据《深圳市城市规划标准与准则》的指导条款及本项目的物业形态配比，利用市场比较法，建议项目的整体容积率为 1.8。

本案周边可竞争项目南山居、半岛城邦、美地花园、阳光谷地四个项目容积率为 1.8~2.2，本案产品形态丰富，通过合理的配比，降低整个项目的容积率，使得环境优势表现得更加明显，从而提高项目的竞争力。同时，低容积率也比较符合本项目的中高端的档次定位。另外，在产品形态符合目标客户选择的前提下，选择 1.8 这样合理的容积率也基于盈利的考虑。

3.3.2.2　*房地产项目分期开发次序建议*

不同于其他商品，房地产项目工程量大、开发周期比较长。因此，在项目初期应该对项目总开发周期、项目分期开发批次、每一批次开发多少面积、每一批次的入市时间及哪种物业形态要有大致规划。

示例

深圳某项目开发周期建议

本案计划开发周期为10年，分期开发情况见表3-18。

表3-18 深圳某项目开发周期建议

项目期数	开发面积（平方米）	产品类型	所占比例
一期	60 000	小高层、多层	10.91%
二期	70 000	多层、小高层、洋房	12.73%
三期	100 000	多层、小高层、洋房	18.18%
四期	110 000	小高层	20.00%
五期	100 000	洋房、多层	18.18%
六期	80 000	洋房、多层	14.55%
七期	30 000	联排别墅	5.45%
合计	550 000		100.00%

3.3.2.3 首期形态、户型、面积建议

首期开发形象直接影响营销效果。因此，首期开发应该直接面对核心目标客户，以取得良好的营销效应。

示例

深圳某项目首期开发建议

本项目拟建的位置是一个未经过土地开发的一级土地，整体环境欠佳，周边配套暂时也是不完善的，但自然景观尚可以利用。首期开发针对本案核心客户——中端客户，客户房屋面积需求为70~130平方米。项目首期开发建议如表3-19所示。

表3-19 深圳某项目首期开发建议

产品类型	比例	备注	户型、面积	购房总价
小高层	70%	每栋层数18层、3梯6户	2室2厅、80~90平方米	70万~85万元
多层	30%	每栋层数6层、1梯4户	3室2厅、90~130平方米	110万~130万元

另外，建议首期项目修建学校及商业配套，以满足客户的硬性需要，树立教育先行的形象，并满足前期住户对基本生活配套的需要。

3.3.2.4 建筑立面建议

建筑立面建议是在项目建筑立面设计完成前提出的。建筑立面应该符合项目的主

体形象定位。

示例

深圳某项目建筑立面建议

本案建筑可采用简单典雅的造型，结合本案建筑形态丰富的特点，以高低错落的起伏感及韵律感来体现轻快、精致的现代化风格。

建筑外墙色彩以浅黄色与乳白色来体现宁静素雅的风格。建筑用错落有致的弧形阳台来体现技术的精致之美。

3.3.2.5　园林景观设计建议

园林景观设计建议是结合项目开发的主体形象，创造特色景观园林的建议，该建议是在项目景观设计完成之前提出的。

示例

深圳某项目园林景观设计建议

园林景观设计必须结合建筑的平面布局并充分利用地形特征，使建筑与户外景观有机融合。结合本案走中高端路线的规划，园林景观设计做如下建议：

（1）由于项目开发周期长，分期组团开发的特点，本案的园林景观设计中各组团应形成一个小的园林空间主题，并配备与主题相关的诸如雕塑、喷泉、花架、座椅等设施。

（2）植物的布局设计需要强调色彩的差异、高低层次的差异及季节的变化，营造缤纷灿烂的环境，并充分利用植物的布置来减少噪音及遮挡不良视野。

（3）充分利用凉亭、景墙、花坛、奇石、假山等人文景观对植物景观进行细节的调配。通过山石、树木、花草、水路、风车等元素相互搭配色彩的组合，演绎现代园林的精髓。

（4）儿童游乐场的布置尽量适合不同年龄儿童的需求。另外，为适合目标客户群社交的需要，还需提供绳网、木梯、石质象棋等集体活动、户外运动及娱乐活动等场所。

3.3.2.6　配套设施建议

配套设施包括商业街、商场、酒店、会所、学校、医院等各类商业、娱乐、教育、医疗设施，这是为了满足居住者日常生活的需要，能给居住者带来便捷的生活保障，也是客户购买住房的主要考虑因素之一。

示例

深圳某项目配套设施建议

由于本案所在区域配套设施并未成熟，将在一段时间内生活配套无法全部落实，客户对社区内配套有较强的依赖。为了解决目标客户的后顾之忧，需要社区内部及周边提供完善的配套设施。

项目配套设施建议见表3-20。

表3-20 深圳某项目配套设施建议

设施名称	数量（个、家）	面积（平方米）
超市	1~2	500~1 000
银行	3~4	200~400
菜市场	2~3	2 000
公共交通站台	2~3	300
酒店、饭店	4~5	2 000~3 000
24小时便利店	2~3	150~250
诊所	2	200~400
药店	2~3	200~400
美容美发店	2~3	150~250
书店	1~2	200~400
杂货店	1	100

项目娱乐设施建议见表3-21。

表3-21 深圳某项目娱乐设施建议

设施名称	数量（个、家）	面积（平方米）
会所	1	1 500~2 000
健身房	1	150~200
棋牌、乒乓球室	5	100~200
电影院	1	100
篮球场、排球场	4	2 000
网球场	4	2 500
游泳池	2	1 800

项目教育设施建议见表3-22。

表3-22　　　　深圳某项目教育设施建议

设施名称	数量（个、家）	占地面积（平方米）
幼儿园	1	2 000
引进外国语学校（中小学）	1	4 000

另外，建议配置一条集娱乐休闲与商业于一体的商业街，既可以突出项目配套的完善性，还可以较好地挖掘项目潜在的商业价值。

3.3.2.7　营销推广建议

房地产项目前期定位中的营销推广建议主要是针对前期项目定位中的项目特色及项目营销推广的困难点提出建议。其包括预测项目营销推广可能遇到的困难、提出营销中应该突出的项目特色、首期营销的着重点、项目分期营销的进度等方面。

示例

深圳某项目营销推广建议

一、项目营销推广可能遇到的困难预测

1. 项目所在区域属于未开发区域，形象不佳。

2. 由于项目体积庞大，开发周期长带来的销售速度的压力。

二、营销推广思路

抓住品牌优势，突出项目形象，营造项目品牌，走特色营销道路。根据本项目的定位，配套与教育先行是本项目的两大卖点。配套可以重塑客户对于这一区域的形象，教育可以满足核心客户的需求，教育宣传可以突出引进著名的蒙氏教育机构下属幼儿园及著名的私立学校。

三、首期营销建议

1. 关于售楼部、沙盘与样板间

售楼部、沙盘与样板间的建设和服务应该体现作为一个品牌开发商应有的综合实力和精神，精致而不浮夸，体现出本项目现代、纯美、优雅向上的生活形态。

2. 营销现场

在销售现场及参观区域，突出本项目的细致化与人性化。比如，参观区域播放立体的大自然声音的音乐，让客户体会到仿佛置身花鸟丛中的感受；给客户提供舒适的休息场所及点心，让客户体会到被关心的感受，等等。

3. 不同营销阶段策略（表 3-23）

表 3-23　　深圳某项目不同营销阶段策略

阶段	目的	营销关键点
企业品牌导入	推广企业品牌，展示企业实力，突出品牌特色，增强客户购买信心	紧紧围绕“远见、心建、共建未来”的开发理念
项目导入阶段	借助开发商品牌，树立项目品牌形象	项目未动，配套先行
项目持续销售阶段	吸引目标客户及进行延伸客户的开发	性价比高，品质优秀

3.3.3 房地产项目设计建议实训的组织

（1）指导者工作

①通过案例，向受训者讲授关于房地产项目规划设计及开发、营销进度的知识和方法。

②指导受训者根据产品定位信息及市场信息对所模拟项目的规划设计和建设、营销进度给予建议。

（2）受训者工作

①学习关于房地产项目规划设计及开发、营销进度的知识和方法。

②根据产品定位信息及市场信息对所模拟项目的规划设计和建设、营销进度给予建议。

③撰写一份房地产项目前期定位报告。

3.3.4 房地产项目设计实训的步骤

房地产项目设计实训的步骤见图 3-4。

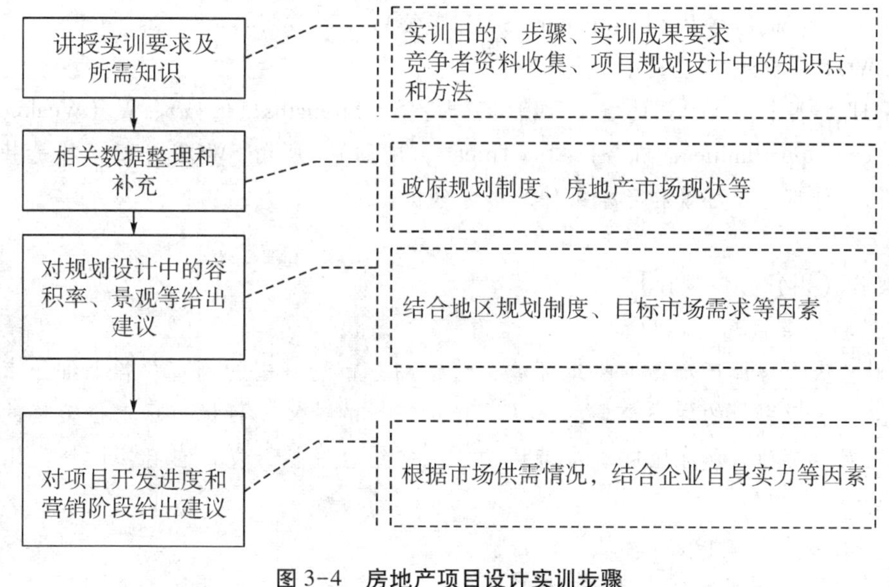

图 3-4　房地产项目设计实训步骤

3.4 房地产项目前期定位的实验成果

房地产项目前期定位包括三个实训阶段，受训者以小组为单位提交每个阶段的实训成果。实训成果包括报告封面、内容以及附件（附件包括调研计划、调研大纲或者问卷、调研分析报告、照片、音频及视频资料）。

根据受训者业务水平，实训的实验成果产出分为高级阶段、中级阶段、初级阶段、入门级成果。以下成果为某应用型高校学生入门级成果示例（备注：三个实验并非同一组，不具有衔接性）。

某高校学生实训阶段成果一

实验题目

实验（训）项目名称	房地产项目市场细分及目标市场选择	指导教师	
实验（训）日期		所在分组	

实验概述

【实验（训）目的及要求】

1. 熟悉并运用房地产市场细分及目标市场选择的程序及方法。

2. 实验分组，5~6 名成员，分工合作，对市场进行细分，并逐一对细分市场进行研究，确定目标市场，共同完成本阶段实训任务。

【实验（训）原理】

1. STP 战略

STP 是三个英文单词的首字母缩写，即：S（Segmentation，市场细分）、T（Targeting，目标市场选择）、P（Positioning，产品定位）。

2. SWOT 分析法

SWOT 是四个英文单词的首字母缩写，即：S（Strengths，优势）、W（Weaknesses，劣势）、O（Opportunities，机会）、T（Threats，威胁）。所谓 SWOT 分析，就是基于研究对象内、外部竞争环境和竞争条件的形势分析。

实验内容

【实验（训）方案设计】

1. 实验任务目标

针对重庆市房地产市场的特定环境，通过细分市场基础的判定、各个细分市场轮廓的建立、有吸引力的细分市场的确认、目标市场的选择、目标市场定位策略的建立等步骤来对模拟项目所在区域进行市场细分，并结合模拟开发商自身实际情况来选定目标市场。

2. 实验要点及流程

（1）要点：市场细分、目标市场选择。

(2) 流程：相关数据整理与补充收集→进行市场细分→估算市场规模→选择目标市场→目标市场（客户）描述。

3. 仪器设备

投影仪、电脑。

【实验（训）过程】(实验（训）步骤、记录、数据、分析)

一、政策环境分析

1. 我国房地产业发展的政策导向

(1) 2014年土地政策导向

2014年是全面贯彻落实党的十八届三中全会精神、全面深化改革的第一年，改革任务重大而艰巨。中央经济工作会议和城镇化工作会议又对2015年经济工作的主要任务和今后城镇化发展方向提出了明确要求，我们判断，2014年国土资源部重点关注的政策领域为：①继续坚持最严格的耕地和基本农田保护制度；②全面推进节约集约用地政策；③推进不动产统一登记制度；④继续深化征地制度改革；⑤保障农户宅基地用益物权；⑥继续深入推进土地有偿使用制度改革。

(2) 2015年金融政策导向

就总体而言，2014年房产税征收会渐行渐近，高端楼市或将受到房产税的强力冲击。中国地产在房地产领域更注重于用市场化手段或规律来调整2015年发展思路，把握经济运行的发展脉络做出准确的投资。

2014年，房地产形势总体会呈现先热后平，升温后稳的趋势，市场分化的距离会逐渐拉平。

2015年，扩容房产税将成为楼市调控的主要手段。2015年房地产市场应该注意，在政府的强力维稳下，楼市出现阶段性的波动与调整不可避免。

2015年，房地产长效机制建设有望取得实质进展。在2014年的房地产调控中，诸多信号表明，房地产政策正处于调整进行时，市场化发展将成导向，政策诉求将由短期化趋向长期化，地方调控的自主权将增加，终将重塑房地产新格局。

2. 我国房地产发展的趋势展望

2014年，中国房地产市场政策走势趋向于稳的基调，局部出现微调与收紧现象。2015年的楼市表现可能形式多变、错综复杂，在政府的强力维稳下，楼市短期的小幅调整或不可避免。但总体保持平稳微调，市场分化背离延续，房价稳中有升。

3. 重庆市房地产运行的基本情况及发展趋势展望

供应量预测：延续2014年高供应量现状。领域机构预测，在存量充足的情况下，2015年供应量仍将维持高供应现状，保守估计约2 400万平方米，与2014年一致。

需求量预测：刚性需求还是主流，需求量有所回落。预计未来5年，重庆依然以刚需客户为主。今年市场需求或将有所回落，但仍然保持高位，保守估计约2 200万平方米，供求关系依然趋于平衡。

政策预测：以优化政策为主。据预测，2014年国家不会有大的新政策出现，更多的是让政策落地，得到优化。

房价走势预测：整体平稳，会出现“合情合理”上扬。从2012年开始，重庆的供求关系一直趋于平衡，这一现象短期会持续下去。因此，房价的涨幅在“情理之中”。

二、宗地现状分析

1. 本地块所在区域的性质和功能特征

本区域为大众楼盘最为集中的片区，其定位为平实的日常生活区。区域内设施主要是为满足居民日常生活的小型购物场所及小型娱乐场所。

2. 项目地理位置、概况

项目位于重庆市沙坪坝区井口工业园区（原“渝州大学”老校区，具有50多年的历史，积淀了深厚的人文气息）。该项目面积约17万平方米，毗邻嘉陵江，地势绵延起伏，北边有缙云山及北温泉度假村。远离市区，环境幽雅、清静，绿化率好，树木茂盛。

本案处在沙坪坝区近郊，随着城市的发展这里将慢慢成为人们回归自然的场所。其自然环境优美，交通设施较为方便，没有主城区的喧哗吵闹，拥有静谧和平实的生活气息。随着城市基础设施建设力度的不断加大、城市经济实力不断提高，这里将有巨大的发展前景。该项目目前还处在待开发中，基本配套等设施还不健全。

总的来说，本案位于主城区近郊，环境清幽、风景宜人，适合建造住宅项目。

3. 项目周边环境分析（略）

4. 项目SWOT分析（略）

三、判定细分市场的基础

通过对重庆市房地产市场的细分，研究和发现企业的目标市场，了解和掌握该项目区域内消费者的需求，确定企业的市场定位，准确制定细分市场的相应策略，为下一阶段针对目标市场内特定消费者的需求组织生产和销售，并运用营销组合来满足目标市场消费者的需求等各项工作打下扎实的基础。

1. 居民对购房因素的关注程度

抽样调查结果见表3-24、表3-25。

表3-24　　重庆市购房者对楼价的选择

商品住宅售价（元/平方米）	5 000以下	5 001~6 000	6 001~7 000	7 001~8 000	8 001~9 000
被访者比例	8.8%	57.1%	22.2%	7.7%	4%

表3-25　　重庆市居民购房因素的重视程度

因素（按重要性排序）	比例
价格	81.23%
地段	66.52%
楼宇素质	56.00%
交通	57.62%
配套设施	51.30%

表3-25(续)

因素（按重要性排序）	比例
小区环境	41.20%
付款方式	25.80%
楼层	22.00%
物业管理费	13.66%
发展商知名度	12.90%

以上调查资料表明：重庆市居民购房考虑的主要因素还是价格，而可以承受的房价是5 000~7 000元/平方米。这些都是与居民的收入水平密切相关的，2015年重庆全体居民人均可支配收入20 110元，其中，城镇常住居民人均可支配收入27 239元，与房价之间的矛盾还是很大的。

2. 职业变量

人们的工资收入水平主要取决于他们所从事的职业，以职业区别作为市场细分的一个变量，对于我们研究和分析消费者的市场分布情况是很有帮助的。抽样调查结果表明：重庆市欲购房者中在国有企业和私营企业工作的居多，占67%，而且大多数是属于白领阶层，以中高层管理者和专业技术人员为主。其次是个体经营者，占22%。（各职业占比图略）

3. 年龄变量

目前，重庆市购房者呈年轻化趋势。对欲购房者的年龄状况进行分析和研究，有助于了解重庆市居民购房消费的这一新动向，这对市场的细分是很有帮助的。抽样调查显示：重庆市欲购房者主要是中青年人，年龄为20~40岁，占80%。（各年龄阶段占比图略）

4. 用途变量

不同的消费群体购房的目的不同，其中改善居住条件和环境是主要因素之一，但并不是唯一因素。有些消费者购房是为了投资，保值增值；有些是为了馈赠亲友。而投资者中有些是为了资产保值，有些是为了炒房（资产增值），有些是为了出租。抽样调查显示：重庆市购房者购房目的是自住和投资（保值、增值）。（购房目的占比图略）

通过对以上四个变量的界定和分析，采用综合的方法加以整合，力求使重庆房地产市场的细分更加明确和准确，同时对目标市场的界定也更加明确和准确。

四、建立各个细分市场的轮廓

在重庆房地产市场中建立各个细分市场的轮廓，即运用人口特征、购房心理、购房行为特征等变量，对各个细分市场进行深入分析，并运用不同的细分市场方法对目标市场进行描述。

1. 多变量市场细分（年龄、收入）

表 3-26　　重庆住宅细分市场的轮廓

年龄＼收入水平	低收入 3 500 元/月以下	中等收入 3 501~6 000 元/月	高收入 6 001 元/月以上
青年（35 岁以下）	50%	30%	20%
中年（35~55 岁）	20%	60%	20%
老年（55 岁以上）	70%	20%	10%

从表 3-26 这组细分市场并结合重庆市房价来看，以上 9 个细分市场中具有购房能力的人集中在高中收入的阶层，具体分析如下：

（1）年轻的中等收入者：一般月收入在 3 501~6 000 元，他们往往受过良好的教育，思想新潮，兴趣广泛，喜爱新鲜事物，但经济能力不强，却因结婚安家等因素购买欲望强烈。

（2）中年的中等收入者：是一个比较广阔的市场，上有老下有小，具有迫切的购房需求，但经济能力有限。

（3）老年的中等收入者：随着社会人口的老龄化，这个阶层的消费群体将日益变大，他们大都已无后顾之忧，也愿意将自己多年的积蓄用于购房置业，改善住房环境和条件。但由于这里面大部分人都有节俭习惯，他们的购买行为趋于保守。

（4）年轻的高收入者：这个层面的人数很少，一般为成功的创业者、民营或者外资企业的中高级管理人员、律师、医生、高校高级知识分子等，他们往往具有很强的购房能力，但一般却已具有良好的居住环境和条件，购房置业的欲望并不强烈。

（5）中年的高收入者：企业家、企事业单位高级管理人员、金融家等。这些人已成为社会的中坚阶层，他们的收入高、地位高，但人数少，购房需求有限。

（6）老年的高收入者：这些人也是极为少数的，只有一些退休的企业家、老作家、老艺人、老画家等，他们也大都已经拥有居所，一般情况下是无需添购新房的。

2. 态度、兴趣、用途及生活风格的比较

表 3-27　　重庆市白领与蓝领购房消费特点比较

项目＼职业	白领阶层	蓝领阶层
用途	置业自住、投资、出租、炒卖	改善居住条件、购房入户
户型	3 室 1 厅以上的大单位、复式结构	3 室 1 厅以下的中、小单位
面积	90~200 平方米/套或以上	90 平方米/套或以下
销售价格	6 000~10 000 元/平方米或以上	6 000 元/平方米或以下
个人爱好	时髦、简约或豪华	简单、实用、朴实、耐用
区位	市区高档住宅、郊野花园、山景或江景别墅	城乡结合部、发展起步较晚的区及旧城区里平民社区

从表 3-27 我们可以看到，重庆市的白领与蓝领在购房上的态度、兴趣、选择和用途等方面都是极不相同的，因此必须要区别对待，生产不同的产品来适应和满足他们的不同需求。

五、确认有吸引力的细分市场

从前面的分析我们可以看到：中等收入的中青年占欲购房的人数比例最高。最具吸引力的细分市场是集中在中高收入和中青年这两组共 4 个细分市场上。见表 3-28。

表 3-28　　重庆市最具吸引力的房地产细分市场

收入水平 年龄	中等收入 3 501~6 000 元/月	高收入 6 001 元/月以上
青年（35 岁以下）	青年中等收入	青年高收入
中年（35~55 岁）	中年中等收入	中年高收入

表 3-28 所列的这四个细分市场，也是重庆市多家房地产开发企业的目标市场。但高收入群体绝对量小，市场供应大，故排除在本项目目标市场之外，本项目集中力量开发针对中等收入阶层的市场。

六、选择目标市场

1. 企业发展目标

目标市场的选择要结合企业发展的战略目标和策略来进行。企业的战略目标是力求为社会提供高品质的商品住宅。

2. 目标市场定位策略

如果我们将重庆市的楼盘按质量高低和价格高低划分为高质高价、高质低价、低质高价、低质低价四个类型，就会发现市场上大量存在的是双高或双低的楼盘，甚至低质高价的楼盘也有，而高质低价的楼盘却很少，这是一个市场空缺。

3. 目标市场定位

根据前面的分析，本项目的目标市场定位在中等收入阶层，这一目标市场包括两个细分市场：青年中等收入阶层、中年中等收入阶层。中等收入阶层所需的商品住宅要求为户型设计实用、布局合理、采光通风良好、建造质量符合要求，价格在可以承受的幅度即可。

4. 目标市场的特点

这两个细分市场的特点分析见表 3-29。

表 3-29　　目标市场购房消费特点

细分市场 项目	青年中等收入	中年中等收入
用途	自住居多	自住或投资
家庭规模	2~3 人	3~5 人
受教育程度	接受过高等教育居多	接受过中等教育居多
住宅户型	1 室 1 厅、2 室 1 厅、2 室 2 厅	3 室 1 厅、3 室 2 厅

表3-29(续)

项目 \ 细分市场	青年中等收入	中年中等收入
住宅面积	50~80 平方米	80~100 平方米
销售价格	5 000~6 000 元/平方米	5 000~8 000 元/平方米
家庭月收入	5 000~8 000 元	6 000~10 000 元
喜好	新潮、简约	实用、简单
区位	城区内住宅、公寓小区、交通便利	生活配套设施齐全的开发新区或旧城区改造的新住宅
购买方式	按揭居多	按揭或一次性付款

从上述的分析，我们可以看到这两个细分市场在房屋用途、喜好、家庭收入等方面存在共性；户型和面积以中、小户型居多；青年人的住宅可以多样化一些，环境设计、结构也不必过于呆板，间隔最好是具有可塑性的；中年人则倾向于实用、合理、耐用等性能方面。

【结论】

项目定性（即项目的物业形态）：根据前面的分析，本项目的目标市场定位在青年中等收入阶层、中年中等收入阶层。本项目将致力于为这两个细分市场提供高质低价、满足其实用、舒适、高投资回报率等需求的商品住宅。

某高校学生实训阶段成果二

实验题目

实验（训）项目名称	房地产项目产品定位	指导教师	
实验（训）日期		所在分组	

实验概述

【实验（训）目的及要求】

1. 熟悉并运用房地产项目产品定位的程序及方法。

2. 实验分组，5~6 名成员，分工合作，共同完成本阶段实训任务。

【实验（训）原理】

STP 战略

STP 是三个英文单词的首字母缩写，即：S（Segmentation，市场细分）、T（Targeting，目标市场选择）、P（Positioning，产品定位）。

实验内容

【实验（训）方案设计】

1. 实验任务目标

运用所学房地产项目产品定位的方法，对所模拟的项目进行定位，包括项目开发主题定位、产品类型定位、产品档次定位、产品价格定位。

2. 实验要点及流程

(1) 要点：分析客户需求及市场切入点，完成本项目产品的初步定位。

(2) 流程：相关数据整理和补充→项目主题定位→项目产品类型和档次定位→项目价格定位→其他因素定位。

3. 仪器设备

投影仪、电脑。

【实验（训）过程】（实验（训）步骤、记录、数据、分析）

一、区域个案调查（见表3-30）（仅列一例，其他略）

表3-30　　竞争对手情况一览表

<table>
<tr><td>楼盘名称</td><td colspan="3">仙山流云</td><td rowspan="3">附楼盘照片或者效果图</td></tr>
<tr><td>位置</td><td colspan="3">重庆市沙坪坝区井口镇先锋街67号</td></tr>
<tr><td>开发商</td><td colspan="3">重庆欣美房地产开发有限公司</td></tr>
<tr><td rowspan="6">项目概况</td><td>占地面积</td><td>166 667平方米</td><td>建筑面积</td><td>94 000平方米</td></tr>
<tr><td>容积率</td><td>高层：3.8
洋房：0.9</td><td>绿化率</td><td>45%</td></tr>
<tr><td>规划户数</td><td>600套</td><td>建筑结构</td><td>框架</td></tr>
<tr><td>建筑外观</td><td>青灰色为主</td><td>建筑风格</td><td>中国民国复古风格</td></tr>
<tr><td>主要户型</td><td>3室1厅</td><td>户型面积</td><td>70~120平方米</td></tr>
<tr><td>项目整体规划</td><td colspan="3">高层项目由5栋20层的电梯组成，洋房项目由5栋8层的电梯组成，分两年开发完成，第一年开发，第二年销售</td></tr>
<tr><td rowspan="3">周边配套</td><td>学校</td><td>二塘小学、莲光小学</td><td>娱乐</td><td>溜冰场、先锋街旁众多小型娱乐场所</td></tr>
<tr><td>商业</td><td>联华超市、瀚文超市、莘莘超市</td><td>交通</td><td>公交路线：248、221、566、501、502、505</td></tr>
<tr><td>医院</td><td>沙坪坝廖勇诊所、东华医院、嘉陵医院</td><td>银行</td><td>中国工商银行</td></tr>
<tr><td rowspan="2">物业</td><td>物业类型</td><td colspan="3">带电梯的高层中档住宅以及带电梯的江景洋房高档住宅</td></tr>
<tr><td>物业档次</td><td>中高档</td><td>物业管理费用</td><td>2元/平方米</td></tr>
<tr><td>分摊率</td><td>21%</td><td>工程状况</td><td colspan="2">现房</td></tr>
<tr><td>装修标准</td><td>毛坯</td><td>交楼日期</td><td colspan="2">2015年9月28日</td></tr>
<tr><td>内部商业业态</td><td>较为齐全的基本配套设施，如：超市、商铺、诊所等</td><td>商业面积</td><td colspan="2">30 000平方米</td></tr>
</table>

表3-30(续)

<table>
<tr><td rowspan="3">价格</td><td rowspan="3">住宅</td><td>起价</td><td>6 000 元</td><td rowspan="3">商铺</td><td>起价</td><td>80 万元</td><td rowspan="3">车位</td><td>个数</td><td>500 个</td></tr>
<tr><td>均价</td><td>7 000 元</td><td>均价</td><td>120 万元</td><td>价格</td><td>15 万元</td></tr>
<tr><td>层价差</td><td>800 元</td><td>租金</td><td>6 000~
8 000 元</td><td>租金</td><td>450~
500 元</td></tr>
<tr><td>销售率</td><td colspan="2">100%</td><td colspan="2">综合点评</td><td colspan="5">优点：较为齐全的配套、优美的小区环境、开发商有实力值得信赖。房价价位适中，且依山傍水，动静分区，是一个综合性的中高档小区。
不足：周边商业气氛不浓烈，附近只有两家超市，且规模不大，只能满足日常需求，距大型商圈又太远。交通状况令人堪忧，通过该地块的公交线路较少，形势较单一。</td></tr>
</table>

二、项目定位

结合竞争对手情况和上一实验中分析出的客户需求情况，对本项目产品做以下定位：

1. 项目开发主题定位

纵观整个板块，本项目要如何避免同质性，提高项目综合能力是我们最需要关注的方面，既然已经有了较好的地理优势以及市场空白点，就应该抓住此点来进行深度挖掘。据调查，该项目周边并无较为规范化的小区，我们选择集绿化、配套、物业为一体来进行诉求，以此来增强项目的综合竞争力，不仅可以避免产品同质化，而且还迎合了当今的消费潮流，提升项目品质，一举三得。根据板块内其他情况来看，本项目定位于中高档为佳，主要消费群体为25~35岁的年轻公司白领，户型以90~100平方米的3室1厅为主来进行开发建设。

2. 项目产品档次定位

本项目总体定位为中高档楼盘，鉴于我们所比较的竞争项目价格均价7 000元/平方米左右，我们建议采用低开高走的方式，上市价格定位在6 500元/平方米左右，均价也控制在7 000元/平方米。具体均价可根据届时实际情况来进行调整，低开高走的方式有利于适应市场上扬的趋势。

3. 项目产品类型定位（见表3-31）

表3-31　　本项目产品类型

物业形态	占地面积（平方米）	占总地块面积比率	总体体量	户型配比	容积率
高层	2 600	0.02	1 040 人	80%（3室）为主	3.8
洋房	1 500	0.01	160 人	3室	0.9
商业	30 000	0.18	1 800 人		

由于户型设计要讲究方正、实用，减少无谓的空间浪费；每种户型尽量留有自行组合空间的余地；每户均有良好朝向及景观，通风及采光良好，平面布局紧凑；各房

间大小适度，动静分区、洁污分区合理，空间比例适中；厨卫设计充分考虑人体尺度及行为习惯，厨房及卫生间有良好的采光及通风，充分考虑业主的储藏、更衣、洗衣、晾衣等生活需求。所以，通过实地调研、问卷调查的结果分析及我们小组讨论得出：高层建筑在设计上建议可以适当采用“品字”结构或者“蝶式”结构，这样就能在保证总项目面积的同时降低了单户的面积，通过单户面积的降低减少了顾客购买总款的压力，并且在通风、视野、阳光这三个方面加以注意，使得项目的正南正北的房型能够得到完美的体现，从而为销售提供有利的支持。

项目户型面积及房间面积分配见表3-32。

表3-32　　项目户型面积及房间面积分配表　　单位：平方米

<table>
<tr><td rowspan="2">面积、户型</td><td>120</td><td>100</td><td>90</td><td>80</td><td>70</td></tr>
<tr><td>3室1厅2卫</td><td>3室1厅2卫</td><td>3室1厅1卫</td><td>2室1厅1卫</td><td>1室1厅1卫</td></tr>
<tr><td>客厅</td><td>30</td><td>30</td><td>29</td><td>25</td><td>25</td></tr>
<tr><td>大卧室</td><td>24</td><td>20</td><td>20</td><td>18</td><td rowspan="2">18</td></tr>
<tr><td>小卧室</td><td>15</td><td>12</td><td>12</td><td>12</td></tr>
<tr><td>书房</td><td>10</td><td>9.5</td><td>8</td><td>—</td><td>—</td></tr>
<tr><td>大卫</td><td>7.5</td><td>6.5</td><td rowspan="2">7</td><td rowspan="2">7</td><td rowspan="2">8</td></tr>
<tr><td>小卫</td><td>6</td><td>5</td></tr>
<tr><td>厨房</td><td>13.3</td><td>10</td><td>7</td><td>10</td><td>10</td></tr>
<tr><td>阳台</td><td>14.2</td><td>7</td><td>7</td><td>8</td><td>9</td></tr>
</table>

4. 项目价格定位（见表3-33）

表3-33　　项目价格初步定位　　单位：元

物业类型 价格区间	高层	洋房	商业
6 000~10 000（住宅） 6 000~150万（商铺）	6 000~8 000	8 500~10 000	6 000~8 000（出租） 80万~150万（出售）

【结论】

概括本项目产品定位为：价位适中，依山傍水，动静分区，是一个综合性的中高档小区。

某高校学生实训阶段成果三

实验题目

实验（训）项目名称	房地产项目设计建议	指导教师	
实验（训）日期		所在分组	

实验概述

【实验（训）目的及要求】

1. 掌握和运用房地产项目设计建议的基础知识与分析方法。

2. 实验分组，每组5名同学，共同完成本阶段任务。

【实验（训）原理】

STP战略

STP是三个英文单词的首字母缩写，即：S（Segmentation，市场细分）、T（Targeting，目标市场选择）、P（Positioning，产品定位）。

实验内容

【实验（训）方案设计】

1. 实验任务目标

运用房地产项目设计建议的基础知识与分析方法，对所模拟项目的容积率、园林设计、开发周期等进行建议。

2. 实验要点及流程

（1）要点：结合目标客户需求，完成本项目的规划建议。

（2）流程：相关数据整理和补充→项目容积率建议→项目规划设计建议→项目开发周期建议→项目营销建议→项目园林规划建议→其他因素定位。

3. 仪器设备

投影仪、电脑。

【实验（训）过程】（实验（训）步骤、记录、数据、分析）

一、项目容积率建议

区域内可竞争项目的容积率基本为1.8~2.0，本案产品形态丰富，通过合理的配比，可降低整个项目的容积率，从而使环境优势表现得更加明显，提高项目的竞争力。另外，在产品形态符合目标客户选择的前提下，选择合理的容积率也基于盈利的考虑。项目总建筑面积为55万平方米，根据《重庆市城市规划标准与准则》的指导条款及本项目的物业形态配比，利用市场比较法，建议项目的整体容积率为1.8。

二、项目开发进度、开发次序建议

本项目开发周期为两期，开发时间为6年，项目产品总量及开发建议、开发进度见表3-34、表3-35、表3-36、表3-37、表3-38。

表3-34　　产品总量表

产品类型	建筑面积（平方米）	所占总建筑面积的比例	备注
高层	149 850	60%	平均每幢层数28层，2梯6户
小高层	99 900	40%	平均每幢层数12层，1梯4户

表 3-35　　一期开发建议表

	开发产品类型	户型	面积（平方米）	数量（套）	总面积（平方米）	占开发总建面比例	占地面积（平方米）	占总占地面积比例
一期	高层	3 室 2 厅 2 卫	100~120	560	61 600	41.1%	220	24.6%
		2 室 2 厅 1 卫	90~100	560	53 200	35.5%	190	21.3%
		2 室 2 厅 1 卫	70~90	560	44 800	29.8%	160	17.9%

表 3-36　　一期开发进度计划表

进度计划＼时间	第一阶段	第二阶段	第三阶段	第四阶段
商业区	场地基土方	平整场地，修建配套	完善配套	通水通电
公建、绿化	平整场地	铺绿化，购置公建设备	安置公建设备	
娱乐设施	平整场地	修建	安置娱乐设备	
高层	平整场地，挖地基土方	修建	修建	通水通电

表 3-37　　二期开发建议表

	开发产品类型	户型	面积（平方米）	数量（套）	总面积（平方米）	占开发总建面比例	占地面积（平方米）	占总占地面积比例
（二期）	小高层	3 室 2 厅 2 卫	100~120	240	26 400	26.4%	100~120	10.5%
		3 室 2 厅 2 卫	80~100	240	21 600	21.6%	80~100	8.6%
		2 室 2 厅 2 卫	80~100	240	22 320	22.3%	80~100	8.9%
		2 室 2 厅 2 卫	70~85	240	18 720	18.7%	70~80	7.4%

表 3-38　　二期开发进度计划表

进度计划＼时间	第一阶段	第二阶段	第三阶段	第四阶段
商业区	场地基土方	平整场地，修建配套	完善配套	通水通电
公建、绿化	平整场地	铺绿化，购置公建设备	安置公建设备	
娱乐设施	平整场地	修建	安置娱乐设备	

表3-38(续)

进度计划＼时间	第一阶段	第二阶段	第三阶段	第四阶段
小高层	平整场地，挖地基土方	修建	修建	通水通电

三、首期形态、户型、面积建议（略）

四、建筑立面建议（略）

五、园林景观设计建议（略）

六、配套设施建议（略）

七、营销推广建议（略）

【结论】（略）

3.5 房地产项目前期定位的考核方法

在实训教学过程中，正确有效的考核方式是促进、巩固教学效果的重要内容，是提高实训质量的重要方法。本实验过程的考核方式如下：

3.5.1 考核内容

（1）受训者对房地产项目前期定位环节的基本知识、操作技能、技巧运用的理解掌握程度。

（2）受训者运用所学知识解决房地产项目前期定位遇到问题的综合能力。

（3）受训者遵守实训纪律要求、实训态度等职业道德的情况。

（4）受训者团队意识、团队合作等职业配合技能。

3.5.2 考核原则

（1）考核标准是客观的、统一的，须防止主观的、随意的判定。

（2）成绩的评定能够真实反映受训者的知识、技能、技巧的实际水平。

（3）成绩的评定要体现受训者的工作态度。

（4）成绩的评定须加入对团队合作的考核。

（5）考核评分标准做到公开透明，使学生明白考核的重点和要点。

3.5.3 房地产项目前期定位考核方式

（1）课程考核

课程考核是对实训课程的过程考核，主要从受训者的出勤率、实训参与情况、课堂表现三个方面评定受训者的实训成绩。

（2）阶段考核

阶段考核是根据项目定位三个实训内容，在每个实训版块结束后，对受训者阶段实训成绩进行评定，由于三个版块重要程度不相同，建议实训指导者可参照以下比例进行评分：

①项目市场细分与目标市场选择：占比 45%。

②项目产品定位：占比 35%。

③项目规划设计建议：占比 20%。

（3）实训报告考核

项目前期定位实训环节完成后，需要由受训者提交本实训过程的实训报告，实训指导者根据其实训报告体现的学习态度、规范性、创新性、逻辑性等进行综合评分。参考评分标准如下：

①优秀（90 分以上）

√叙述详细，概念正确，文理通顺，结构严谨，条理清楚，逻辑性强。

√对实训问题的分析详细、透彻、规范、全面。

√所开发项目的针对性强。

√独立完成，无抄袭。

√对实训的心得体会深刻、有创意，有理有据，能提出并解决问题。

√学习态度认真，规定时间内圆满完成报告。

②良好（80~90 分）

√叙述详细，概念正确，文理通顺，结构严谨，条理清楚，逻辑性强。

√对实训问题的分析详细、透彻、规范、全面。

√所开发项目有针对性。

√独立完成，无抄袭。

√对实训的心得体会深刻、有创意，有理有据，能提出并解决问题。

√学习态度认真，规定时间内圆满完成报告。

③中等（70~80 分）

√叙述详细，概念正确，文理通顺。

√对实训问题的分析详细、规范。

√所开发项目有针对性。

√独立完成，无抄袭。

√对实训的心得体会深刻，有理有据，能提出并解决问题。

√学习态度认真，规定时间内圆满完成报告。

④及格（60~70 分）

√叙述简单，没有抄袭。

√对实训问题有简单的分析和描述。

√所开发项目有针对性。

√对实训的心得体会不深刻，论述不充分。

√学习态度比较认真，规定时间内完成报告。

⑤不及格（60 分以下，或具备下面一项者）

√不提交报告。

√内容太简单、太空泛。

√基本上是抄袭的。

3.5.4 考核成绩的计算

实训指导者对受训者的成绩评定可以参考表 3-39。

表 3-39　　房地产项目前期定位的考核成绩计算方式

考核点名称	课程考核	阶段考核	实训报告考核
考核点占比	30%	30%	40%
考核内容	出勤率、实训参与情况、课堂表现	技能操作水平	见实训报告评分标准
备注：各考核内容需加入团队核分，即由受训小组组长根据小组成员的贡献情况对各成员进行梯度评分，该评分将作为实训指导者对个人成绩评分的一个参考标准。			

问题与思考

1. 什么是房地产市场细分？
2. 房地产市场细分有哪些意义？
3. 房地产市场细分的依据有哪些？
4. 如何做出房地产目标市场的选择（即客户定位）？
5. 房地产项目产品定位包括哪些基本内容？
6. 如何对房地产项目产品定位里的各因素进行定位？
7. 房地产项目设计建议包括哪些主要内容？
8. 什么是容积率？怎样计算项目容积率？
9. 房地产项目的配套设施设计应该考虑哪些因素？
10. 在什么情况下房地产项目定位可以走低端路线又不影响企业品牌形象？

拓展训练

组织房地产项目前期定位答辩

任务：不同小组两两组合，模拟房地产企业策划部与设计管理部分别对两组项目前期定位进行答辩。

步骤：

1. 一组模拟公司策划部成员作为答辩方，另一组模拟设计管理部组成答辩委员会（交换进行）。

2. 答辩方将市场定位结论制成 PPT 并向答辩委员会宣讲。

3. 答辩委员会在认真研读策划部的市场定位报告后，对报告中的问题进行提问并提出建议。

4. 答辩方对于答辩过程中答辩委员会提出的问题进行论证，对提出的建议进行修改。

5. 通过答辩完善实训报告。

参考文献

[1] 余源鹏. 房地产项目可行性研究实操一本通 [M]. 北京：机械工业出版社，2007.

[2] 王勇. 投资项目可行性分析——理论精要与案例解析 [M]. 2 版. 北京：电子工业出版社，2014.

[3] 章鸿雁. 房地产策划与开发模拟实训教程 [M]. 北京：电子工业出版社，2010.

[4] 王涯茜，雷晓莹. 房地产开发与经营 [M]. 西安：西安交通大学出版社，2014.

[5] 刘亚臣. 房地产经营管理 [M]. 大连：大连理工大学出版社，2014.

[6] 陈倍麟. 商业地产项目定位与建筑设计 [M]. 大连：大连理工大学出版社，2013.

[7] 徐霞，等. 建设项目可行性研究与申请报告案例与分析 [M]. 北京：化学工业出版社，2010.

[8] 王勇. 浅议建设项目前期可行性研究改造的项目化管理 [J]. 建筑经济，2010 (9).

[9] 注册咨询工程师（投资）考试教材编审委员会. 项目决策分析与评价 [M]. 北京：中国计划出版社，2007.

[10] 王鹏. 房地产项目定位分析模型设计 [J]. 商业时代，2007 (2)：96-97.

[11] 汤立. 房地产项目目标市场定位研究 [D]. 长沙：中南大学，2007.

[12] 曾新云. 房地产项目整体定位与经济评价 [J]. 运筹与管理，2009 (5)：158-162.

[13] 张国安，程庆辉. 基于市场比较法的房地产项目定价研究 [J]. 科技进步与对策，2009 (21)：39-42.

[14] 张宏生. 基于 STP 战略理论的商业地产营销应用研究 [D]. 西安：西安建筑科技大学，2006.

4　房地产开发项目投资分析

📖本章导读

· 掌握房地产开发项目投资分析的步骤。
· 掌握房地产开发项目基础财务数据估算的内容。
· 掌握房地产开发项目基础财务数据估算的步骤、方法及依据。
· 掌握房地产开发项目投资分析基本财务报表的汇编。
· 掌握房地产开发项目投资分析基本指标的计算及其评判标准。

案例导入

AF 房地产开发项目概况

一、项目规划设计要点

某房地产公司拟在老城区开发一楼盘，根据规划局关于该地块规划设计方案的批复，其规划设计要点如下：

(1) 建筑用地：占地面积为 5 200 平方米。

(2) 建筑面积：规划地上总建筑面积为 23 900 平方米，其中商铺 2 100 平方米，高层住宅 13 300 平方米，多层住宅 8 500 平方米；项目计划居住 207 户，每户约 3.5 人。地下建筑面积 5 500 平方米，约 125 个车库。

(3) 建筑密度：≤50%。

(4) 容积率：6.8。

(5) 绿化率：绿地面积约 1 400 平方米，绿化率≥25%。

(6) 道路面积：约 1 040 平方米。

(7) 规划用途：商住综合楼。

二、项目拆迁情况及还建安置情况

根据规划要求及实际调查情况，本项目拆迁总建筑面积为 4 800 平方米，就地安置拆迁户，根据测算，还建总建筑面积为 6 240 平方米。项目计划将规划建设的多层住宅用于安置拆迁户，则还建后，多层住宅面积还剩 2 260 平方米可供销售。

本项目涉及拆迁户 117 户，根据协议，给予每户搬迁费 400 元；给予每户 20 元/平方米的过渡补偿费，共补偿 18 个月；给予每户 30 元/平方米的拆房费；旧房收购费 120 元/平方米。

三、项目有关建设进度计划及销售计划

项目总工期为 36 个月（2016 年 1 月至 2019 年 1 月），计划第一年完成总工程量的

50%，第二年完成总工程量的43%，第三年完成总工程量的7%。项目从第二年开始预售，预计第二年预售可供销售面积的60%，第三年售完剩余面积。项目价格预计高层6 300元/平方米，多层7 000元/平方米，商铺16 000元/平方米，车位18万元/个。

四、项目筹资计划

项目投资所需资金主要由资本金、借款和预售收入再投入三部分组成，项目现拥有资本金4 200万元。

问：该房地产开发项目总投资约为多少？项目盈利能力、清偿能力、财务生存能力怎么样？项目风险如何？

4.1 房地产开发项目投资分析基础财务数据估算

4.1.1 房地产开发项目投资分析基础财务数据估算实训的目的与任务

（1）实训的目的

①掌握房地产开发项目基础财务数据构成。

②掌握各项目基础财务数据的估算方法及依据。

③掌握项日基础财务数据估算的步骤。

④熟悉房地产项目开发相关政策法规。

（2）实训的任务

①根据项目经济技术参数收集类似项目资料、项目所在地市场经济资料、项目所在地与房地产项目开发相关政策法规，为估算基础财务数据做准备。

②整理筛选出有效资料后，选用适用的方法估算基础财务数据，并编制辅助财务报表。

4.1.2 房地产开发项目投资分析基础财务数据估算实训的知识储备

项目基础财务数据估算是分析房地产开发项目经济效益的基础和前提，基础财务数据估算的完整性、合理性、准确性将直接影响项目经济评价指标的计算结果，从而对项目投资决策产生影响。因此，科学、合法、实事求是地估算项目的基础财务数据尤为重要。房地产开发项目涉及的基础财务数据有投资与费用、经营成本、收入、增值税金及附加、利润、所得税等。

4.1.2.1 投资与费用

房地产项目开发活动中的投资与费用，与一般工业生产活动有较大差异。对于开发销售模式的房地产开发项目而言，开发企业所投入的开发建设资金具有流动资金的性质，投资的大部分形成建筑物或构筑物等房地产商品，并通过项目建设过程中预出售或建成后的出售活动，转让这些资产的所有权以收回投资。开发过程中开发企业所形成的固定资产大多数情况下很少甚至是零。所以，在开发销售模式的房地产开发项目中，基本上所有的投资均一次性地转移到房地产产品成本中并通过售价收回。因此，计算开发销售模式的房地产开发项目的利润时，损益表中的“成本费用”指的就是项目建设期的投资与费用。

对于开发经营或出租模式的房地产开发项目，其投资与费用的概念与一般工业项目相同，房地产开发企业在项目建设期的建设投资形成企业的固定资产，并在项目经营期计提折旧。所以，计算开发经营或出租模式的房地产开发项目的利润时，损益表中的“成本费用”指的就是项目经营期的经营成本。

(1) 投资

房地产开发项目建设总投资由建设投资、建设期利息和流动资金投资构成。建设投资是指房地产开发项目从筹建开始到全部竣工为止所发生的全部资金投入。房地产开发项目建设投资一般包括土地费、前期工程费、建筑安装工程费、基础设施建设费、公共配套设施建设费、开发期税费、管理费、基本预备费、涨价预备费、销售费等。建设期利息是指项目建设期内用于建设投资的借款利息。流动资金投资是指开发经营或出租模式的房地产开发项目在项目建成后投入运营前为启动项目而垫支的用于经营期周转使用的运营资金投资。项目建设总投资构成如图 4-1 所示。

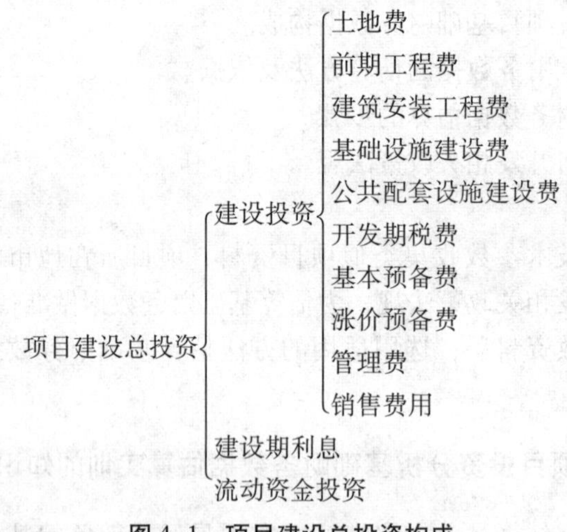

图 4-1　项目建设总投资构成

①土地费

土地费是建设项目取得其所需土地的使用权，必须支付的征地补偿费、土地使用权出让金（转让金）或租用土地使用权的费用。

征地补偿费是指建设征用土地时，依据《中华人民共和国土地管理法》等规定，按照被征用土地的原用途给予被征用土地的单位的各项费用，包括土地补偿费、安置补助费、地上附着物和青苗补偿费以及其他补偿费。土地使用权出让金（转让金）是指政府将土地使用权出让给土地使用者，并向受让人收取的政府放弃若干年土地使用权的全部货币或其他物品及权利折合成货币的补偿。租用土地使用权费用是指在建设期支付的租地费用以及建设期间的临时用地补偿费。

②前期工程费

前期工程费主要指取得土地开发权之后，项目开发前期发生的规划设计费、可行性研究费、水文地质勘测费、“三通一平”费、临时设施建设费等费用。

规划设计费是指项目立项后的总体规划设计费、单体设计费、管线设计费、改造设计费、制图费、晒图费、规划设计模型制作费、方案评审费等。一般情况，规划及设计费按建筑安装工程费的3%估算。

水文地质勘测费是指水文、地质、文物和地基勘察费，沉降观测费，日照测试费，拨地钉桩验线费，复线费，定线费，放线费，建筑面积丈量费等。水文地质勘测费可根据所需工作量结合有关收费标准估算。

可行性研究费是指项目前期对项目的技术、经济合理性进行研究而发生的费用，一般按总投资的0.5%~1%估算。

“三通一平”费主要包括地上原有建筑物、构筑物拆除费用，场地平整费，接通红线外施工用临时给排水（含地下排水管、沟开挖铺设费用）、供电、道路（含按规定应交的占道费、道路挖掘费）等设施的设计、建造、装饰费等。这些费用可以根据实际工作量，参照有关计费标准估算。

临时设施建设费主要包括工地甲方临时办公室、临时场地占用费，临时借用空地租费，以及沿红线周围设置的临时围墙、围栏等设施的设计、建造、装饰等费用。这些费用可以根据实际工作量，参照有关计费标准估算。注意，临时设施内的资产，如空调、电脑、办公桌等不属于临时设施费。

③建筑安装工程费

建筑安装工程费是指直接用于建筑安装工程建设的总成本费用，主要包括建筑工程费（建筑、特殊装修工程费）、设备及安装工程费（给排水、电气照明、电梯、空调、燃气管道、消防、防雷、弱电等设备及安装费）以及室内装修工程费等。在可行性研究阶段，建筑安装工程费可采用单位指标估算法（建筑面积×单位面积造价）估算。

④基础设施建设费

基础设施建设费是指开发项目在开发过程中所发生的各项基础设施支出，主要包括开发项目内道路、供水、供电、供气、排污、排洪、通信、照明等社区管网工程费和环境卫生、园林绿化等园林环境工程费，通常采用单位指标估算法来计算。

⑤公共配套设施费

公共配套设施费主要指开发项目在开发过程中所发生的各项公共配套设施支出，主要包括居委会、派出所、幼儿园、公厕、物管用房、停车场等工程费，其费用可参照建筑安装工程费的估算方法。

⑥开发期税费

开发期税费是指开发期间政府或有关部门收取的费用，又称规费。在一些大中城市，这部分费用在开发建设项目投资构成中占较大比重。开发期税费一般包括：建筑工程招投标管理费、建筑工程标底编制费、建筑工程标底审核费、建筑工程决算审计费、城市道路占用费、城市道路挖掘费、建筑工程质量监督管理费、市容环保费、建筑工程规划许可证费、施工许可证费、墙改基金、人防工程建设费、白蚁防治费、防雷检测费、散装水泥专项基金、工程定额测定编制费等。但应注意，不同项目、不同地方的开发期税费及其收费依据是有差别的，且某些项目是变化的。

⑦基本预备费

基本预备费是指在项目投资估算和设计概算内难以预料的费用。基本预备费包括：在批准的初步设计范围内，技术设计、施工图设计及施工过程中所增加的工程费用；设计变更、局部地基处理等增加的费用；一般自然灾害所造成的损失和预防自然灾害所采取措施的费用，购买工程保险的项目此费用应适当降低；竣工验收时为鉴定工程质量，对隐蔽工程进行必要的挖掘和修复费用；超长、超宽、超重引起的运输增加费用等。可行性研究阶段，基本预备费计算公式为：

基本预备费=（土地使用费+前期工程费+建筑安装工程费+基础设施建设费+公共配套设施建设费）×基本预备费费率

⑧涨价预备费

涨价预备费是指对于建设工期较长的项目，由于在建设期内可能发生材料、设备、人工等价格上涨而引起投资增加。可行性研究阶段，涨价预备费计算公式为：

涨价预备费=（土地使用费+前期工程费+建筑安装工程费+基础设施建设费+公共配套设施建设费）×涨价预备费费率

⑨管理费

管理费是指企业行政管理部门为组织和管理生产经营活动而发生的费用。管理费可按建设项目规模、建设周期和定员标准合理确定人均开支额，以费用金额计算；也可按不同投资规定，分别制定不同的管理费率，以投资额为基数计算。

⑩销售费用

销售费用是指为销售、出租、转让开发产品而发生的费用，主要包括广告宣传及市场推广费、销售代理费和其他销售费用。一般按销售收入的3%~6%计算。

（2）建设期利息

建设期利息是指在项目建设期内用于建设投资的借款利息。为了简化计算，在编制投资估算时通常假定借款均在每年年中支用，借款当年按半年计息，其余各年份按全年计息。各年利息计算公式为：

各年应计利息=（年初借款本息累计+当年借款额/2）×年利率

（3）流动资金投资

流动资金投资是指开发经营或出租模式的房地产开发项目在项目建设期末、运营期初，为启动项目、维持项目正常生产运营而垫支的用于经营期周转使用的运营资金。其一般在项目正式运营前开始筹措，在项目运营期初投入，项目寿命期末收回，期初投入额与期末投入额相等。项目流动资金的需要量可根据项目特点按建设投资的比列、经营成本的比列、年营业收入的比列或单位产量占用流动资金的比列来估算。

4.1.2.2 经营成本

对于开发经营或出租模式的房地产开发项目，还需估算其经营期的总成本费用。会计学上将总成本费用按部门归纳为生产成本和期间费用两部分，生产成本包括直接材料费、工资和其他直接费用，期间费用包括管理费用、财务费用和营业费用。总成本费用构成如图所 4-2 所示。

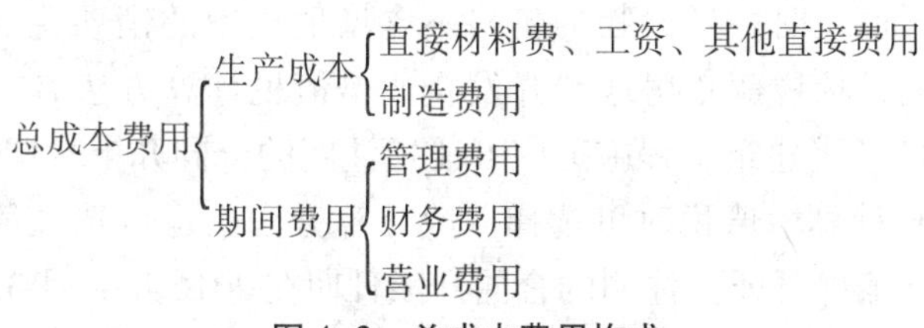

图 4-2 总成本费用构成

房地产开发项目投资分析中按照费用的经济性质将运营期内的成本费用分为外购材料成本、外购燃料动力成本、工资及福利费用、折旧费用、修理费用、维简费用、摊销费用、利息和其他费用几大类。在填列现金流量表时，现金流量表中的经营成本与会计核算中的总成本费用的关系为：

经营成本=总成本费用-折旧费-维简费-摊销费-利息支出

项目投资分析中，现金流量表中的经营成本之所以要剔除折旧费、维简费、摊销费和利息支出，是因为：①现金流量表中现金收支在何时发生就在何时计入，不作分摊。由于固定资产投资已在其发生时作为一次性支出被计为现金流出，所以不能再以折旧和摊销的方式计为现金流出，否则会发生重复计算。因此，作为经常性支出的经营成本中不包括折旧费和摊销费，同理也不包括维简费。②全部投资现金流量表是以全部投资作为计算基础，不分投资资金来源，利息支出不作为现金流出；资本金现金流量表虽然考察的是资本金的盈利能力，需分析借款对资本金盈利能力的影响，但资本金现金流量表中已将利息支出单列，因此，经营成本中不应再包括利息支出。

4.1.2.3 收入

收入是项目建成后收回投资、补偿成本、上缴税金、偿还债务、保证企业正常经营活动的前提，同时也是估算增值税税金及附加、土地增值税、利润总额和所得税的基础数据。房地产开发项目的收入包括销售收入、出租收入和自营收入。收入是按市场价格计算的，房地产开发投资企业的产品只有在市场上被出售、出租或自我经营，才能称为给企业或社会带来收益的劳动成果。因此，收入比企业完成的开发工作量更能反映房地产开发投资项目的真实经济效果。

销售收入=销售房屋面积×房屋销售单价

出租收入=出租房屋建筑面积×房屋租金单价

自营收入=营业额-营业成本-自营中的商业经营风险回报

4.1.2.4 增值税税金及附加

增值税税金是根据商品或劳务的流转额征收的税金，属于流转税的范畴。房地产开发企业涉及的增值税税金及附加主要有增值税、土地增值税、城市维护建设税、教育附加费等，增值税税金及附加也属于项目现金流出项目。

(1) 增值税

增值税是对商品生产、流通、劳务服务中多个环节的新增价值或商品的附加值征收的一种流转税，有增值才征税，没有增值不征税。在房地产项目投资分析中，增值税可作为价外税不出现在现金流量表中，也可作为价内税出现在现金流量表中。当现金流量表中不包括增值税时，产出物的价格不含增值税中的销项税额，投入物的价格中也不含增值税中的进项税额。房地产开发企业增值税计算方法有一般计算法和简易计算法两种。老项目（《建筑工程施工许可证》注明的合同开工日期在2016年4月30号前的房地产项目）计算增值税时可选择一般计算方法，也可选择简易计算方法。新项目（《建筑工程施工许可证》注明的合同开工日期在2016年4月30号后的房地产项目）计算增值税时，只能选择一般计算方法。

简易计算方法计算增值税的公式为：

增值税应纳税额=营业收入（含税销售额）÷（1+5%）×5%

一般计算方法计算增值税的公式为：

增值税应纳税额=销项税额-进项税额

销项税额=［营业收入（含税销售额）-可抵扣费用］÷（1+增值税率）×增值税税率

计算式中的可抵扣费用为房地产开发企业受让土地时向政府部门支付的土地出让金，但只能凭省级以上（含省级）财政部门监（印）制的财政票据抵扣。另外，计算式中的增值税税率指房地产开发企业适用税率为11%。

进项税额=投入物（含税额）÷（1+增值税税率）×增值税税率

计算式中的增值税税率与企业所购买的产品或服务所属行业有关，其中建筑施工企业适用的增值税税率为11%，广告公司等生活服务类企业适用的增值税税率为6%，其他企业适用的增值税税率为17%。在进行房地产开发项目投资分析时，为简化计算，可用简易计算方法求增值税应纳税额。

（2）土地增值税

土地增值税是指转让国有土地使用权、地上的建筑物及其附着物并取得收入的单位和个人，以转让所取得的收入包括货币收入、实物收入和其他收入减除法定扣除项目金额后的增值额为计税依据向国家缴纳的一种税赋，不包括以继承、赠与方式无偿转让房地产的行为。纳税人为转让国有土地使用权及地上建筑物和其他附着物产权、并取得收入的单位和个人。课税对象是指有偿转让国有土地使用权、地上建筑物及其附着物所取得的增值额。土地价格增值额是指转让房地产取得的收入减除规定的房地产开发成本、费用等支出后的余额。计算土地增值额时允许扣除的项目包括：取得土地使用权所支付的金额，包括纳税人为取得土地使用权所支付的地价款和按国家统一规定缴纳的有关费用；开发土地和新建房及配套设施的成本，包括土地征用及拆迁补偿费、前期工程费、建筑安装工程费、基础设施费、公共配套设施费、开发间接费；旧房及建筑物的评估价格；与转让房地产有关的税金等。

当前我国的土地增值税实行四级超率累进税率，对土地增值率高的多征，增值率低的少征，无增值的不征。土地增值税的税率取值如表4-1所示。

表 4-1 土地增值税税率取值表

级数	计税依据	适用税率
1	增值额小于扣除项目金额 50%的部分	30%
2	增值额大于扣除项目金额 50%，小于扣除项目金额 100%的部分	40%
3	增值额大于扣除项目金额 100%，小于扣除项目金额 200%的部分	50%
4	增值额大于扣除项目金额 200%的部分	60%

（3）城市维护建设税

城市维护建设税是我国为了加强城市的维护建设，扩大和稳定城市维护建设资金的来源，对有经营收入的单位和个人征收的一个税种。一般来说，城镇规模越大，所需要的建设与维护资金越多。与此相适应，城市维护建设税规定，纳税人所在地为城市市区的，税率为 7%；纳税人所在地为县城、建制镇的，税率为 5%；纳税人所在地不在城市市区、县城或建制镇的，税率为 1%。城市维护建设费计算公式为：

城市维护建设税应纳税额 = 增值税应纳税额×适用税率

（4）教育附加费

教育附加费是对缴纳增值税、消费税的单位和个人征收的一种附加费。其作用是发展地方性教育事业，扩大地方教育经费的资金来源。教育费附加的征收率为 3%，其计算公式为：

应纳教育费附加 = 增值税应纳税额×3%

4.1.3 房地产开发项目投资分析基础财务数据估算实训的组织

（1）指导者工作

①向受训者介绍房地产开发项目投资分析基础财务数据估算的实训内容。

②向受训者介绍房地产开发项目投资分析基础财务数据估算的实训步骤。

③向受训者介绍房地产开发项目投资分析基础财务数据估算的相关知识。

④要求受训者根据市场情况、政策法规、项目定位、工程进度、销售计划估算基础财务数据。

（2）受训者工作

①掌握房地产开发项目投资分析基础财务数据估算的相关知识。

②根据市场情况、政策法规、项目规划设计要点、工程进度、销售计划、筹资计划估算基础财务数据，并汇编项目投资分析辅助财务报表。

4.1.4 房地产开发项目投资分析基础财务数据估算实训的步骤

房地产开发项目投资分析基础财务数据估算实训步骤见图 4-3。

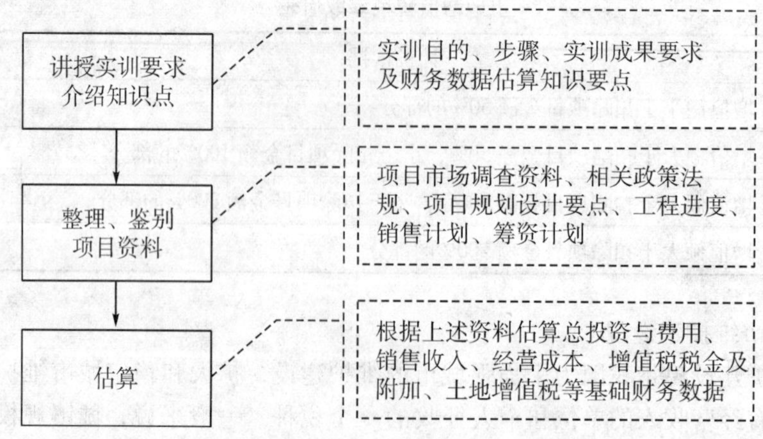

图 4-3 基础财务数据估算实训步骤

示例：AF 房地产开发项目投资分析基础财务数据估算

AF 房地产开发项目

（数据资料接本章导入案例）

一、投资与总成本费用估算

1. 土地费用估算

本项目土地费用包括土地使用权出让金和拆迁安置补偿费两部分。

土地每平方米出让金为 5 000 元，土地面积为 5 200 平方米，土地使用权出让金共为：

5 000×5 200=2 600 万元

拆迁安置补偿费估算如表 4-2 所示。

表 4-2 拆迁安置补偿费估算表

项目	金额	计算依据
1. 拆迁户过渡补偿费	20×18×4 800=172.8 万元	拆迁协议
2. 搬迁费	400×117=4.68 万元	拆迁协议
3. 拆房费	30×4 800=14.4 万元	拆迁协议
4. 旧房收购费	120×4 800=57.6 万元	拆迁协议
5. 水电拆迁费	6 万元	
6. 清除垃圾障碍费	7 万元	
7. 不可预见费	13.124 万元	1~6 项之和的 5%
合计	275.6 万元	

所以土地费用合计为：

2 600+275.6=2 875.6 万元

2. 前期工程费估算

本项目前期工程费估算如表 4-3 所示。

表 4-3 前期工程费估算表

序号	项目	金额	计算依据
1	规划设计费	123.48 万元	建安工程费×3%
2	水文、地质勘测费	20.58 万元	建安工程费×0.5%
3	可行性研究费	61.74 万元	建安工程费×1.5%
4	"三通一平"费	102.9 万元	建安工程费×2.5%
5	场地平整费	31.2 万元	60 元/平方米
总计		339.9 万元	

3. 建筑安装工程费估算

参照类似工程的投资费用，用单位指标估算法得到该项目的建筑安装工程费，估算结果如表 4-4 所示。

表 4-4 建筑安装工程费估算表

序号	项目	建筑面积	单价	金额
1	多层住宅建设费	8 500 平方米	1 400 元/平方米	1 190 万元
2	商场及高层住宅建设费	15 400 平方米	1 900 元/平方米	2 926 万元
	合计			4 116 万元

4. 基础设施费估算

本项目基础建设费估算结果如表 4-5 所示。

表 4-5 基础设施费估算表

序号	项目	计价数量	单价	金额
1	供电工程	23 900 平方米	65 元/平方米	155.35 万元
2	供水工程	23 900 平方米	15 元/平方米	35.85 万元
3	道路工程	1 040 平方米	42 元/平方米	4.368 万元
4	绿化工程	1 400 平方米	5.4 元/平方米	0.756 万元
5	其他工程	4 116 万元	建筑安装工程费×2%	82.32 万元
合计				278.64 万元

5. 开发期税费估算（行政事业性收费估算）

房地产项目开发过中涉及一些政府或其他有关部门收取的费用，俗称"规费"，估算结果如表 4-6 所示。

表 4-6　　开发期税费估算表

序号	项目	金额	估算说明（估算依据）
1	分散建设市政公用设施建设费	4 932. 3 万元	建筑安装工程费×12%
2	供水管网补偿费	10. 87 万元 12. 6 万元	住宅：0. 3 吨/人，600 元/吨 商铺：0. 1 吨/人，600 元/吨
3	供电用电负荷费	39. 74 万元 8. 4 万元	住宅：4kVA/户，480 元/ kVA 商铺：4kVA/百平方米，1 000 元/kVA
4	其他	82. 32 万元	建安工程费×2%
合计		650. 03 万元	

6. 不可预见费估算

不可预见费一般按工程费用（即土地费、前期工程费、建筑安装工程费和基础设施费之和）的一定比例（3%~5%）估算，本项目按工程费用的 3%估算不可预见费，其费用为：

（2 875. 6 万元+339. 9 万元+4 116 万元+278. 644 万元）×3%＝228. 3 万元

7. 管理费估算

管理费为土地费、前期工程费、建筑安装工程费、基础设施费之和的 3%，则管理费为：

（2 875. 6 万元+339. 9 万元+4 116 万元+278. 644 万元）×3%＝228. 3 万元

8. 销售费用估算

销售费用主要包括：广告宣传及市场推广费，占销售收入的 2%；销售代理费，占销售收入的 2%；其他销售费用，占销售收入的 1%。销售费用合计为销售收入的 5%，共 778. 55 万元。销售收入估算见表 4-8。

9. 建设期利息估算

本项目的贷款方案为第 1 年贷款 4 000 万元，贷款利率为 6. 5%，建设期内只还利息，建设期末即第 3 年年末还清本息。建设期借款利息计算如下：

第 1 年应计利息：（0+4 000÷2）×6. 5%＝130 万元

第 2 年应计利息：（4 000+0÷2）×6. 5%＝260 万元

第 3 年应计利息：（4 000+0÷2）×6. 5%＝260 万元

因此，财务费用合计为 650 万元。

10. 投资与总成本费用汇总表

投资与总成本费用汇总如表 4-7 所示。

表 4-7　　投资与总成本费用汇总表

序号	项目	估算金额
1	土地费用	2 875. 6 万元
2	前期工程费用	339. 9 万元

表4-7(续)

序号	项目	估算金额
3	建筑安装工程费用	4 116 万元
4	基础设施建设费	278.64 万元
5	开发期税费	650.03 万元
6	不可预见费	228.3 万元
7	管理费	228.3 万元
8	销售费用	778.55 万元
9	建设期利息	650 万元
	总计	10 145.32 万元

二、收入估算

根据市场调查，该项目各部分的销售单价为：多层 7 000 元/平方米，高层 6 300 元/平方米，商铺 16 000 元/平方米，车位 18 万元/个。

本项目销售计划为建设期第 2 年销售 60%，第 3 年销售 40%。另因多层住宅中有 6 240平方米用于还建，所以多层住宅可供销售面积为 2 260 平方米。

销售收入估算结果如表 4-8 所示。

表 4-8 **销售收入估算表**

年份	销售比例		销售数量	销售单价	销售额	合计
第 1 年						
第 2 年	住宅	高层：60%	7 980 平方米	0.63 万元	5 027.4 万元	9 342.6 万元
		多层：60%	1 356 平方米	0.7 万元	949.2 万元	
	商铺：60%		1 260 平方米	1.6 万元	2 016 万元	
	车位：60%		75 个	18 万元	1 350 万元	
第 3 年	住宅	高层：40%	5 320 平方米	0.63 万元	3 351.6 万元	6 228.4 万元
		多层：40%	904 平方米	0.7 万元	632.8 万元	
	商铺：40%		840 平方米	1.6 万元	1 344 万元	
	车位：40%		50 个	18 万元	900 万元	
合计						15 571 万元

三、增值税税金及附加估算

增值税税金及附加估算如表 4-9 所示。

表 4-9 增值税税金及附加估算表

序号	类别	计算依据	计算期（年）		
			1	2	3
1	增值税	简化计算		444.89 万元	296.59 万元
2	城市维护建设税	增值税×7%		31.14 万元	20.76 万元
3	教育附加费	增值税×3%		13.35 万元	8.9 万元
合计				489.37 万元	326.25 万元

四、土地增值税估算

土地增值税估算如表 4-10 所示。

表 4-10 土地增值税估算表

序号	项目	计算依据	估算金额
1	销售收入		15 571 万元
2	扣除项目金额	（2.1）至（2.2）之和	11 975.47 万元
2.1	投资与总成本费用		10 145.32 万元
2.2	增值税税金及附加		815.62 万元
2.3	其他扣除项目	取（2.1）项的 10%	1 014.53 万元
3	增值额	（1）－（2）	3 595.53 万元
4	增值率	（3）÷（2）×100%	33.39%
5	增值税率	（4）≤50%	30%
6	土地增值税		1 078.66 万元

4.2 房地产开发项目投资分析经济评价

4.2.1 房地产开发项目投资分析经济评价实训的目的与任务

（1）实训的目的

①掌握衡量项目盈利能力、清偿能力的指标计算及其评判项目可行性的准则。

②掌握基本财务报表的编制。

③掌握项目资金平衡能力分析的方法。

④掌握项目风险分析的方法。

（2）实训的任务

①编制现金流量表和利润表，计算衡量项目盈利能力和清偿能力的指标，评价项

目的盈利能力和清偿能力。

②编制项目资金来源与运用表，分析项目的资金平衡能力。

③对项目进行风险分析，评价项目的抗风险能力。

4.2.2 房地产开发项目投资分析经济评价实训的知识储备

房地产开发项目投资分析的目的是对项目进行经济评价，衡量项目的盈利能力、清偿能力、资金平衡能力和风险大小，进而为项目投资决策提供依据。估算出项目基础财务数据后，应编制财务报表并根据财务报表计算评价指标，从而对项目进行经济评价。房地产开发项目投资决策的科学性、准确性，不仅与基础数据的完整性和可靠性有关，还与选取的评价指标体系是否合理有关。衡量项目经济效益的指标具有多样性，每一个指标都只能反映项目某一方面的经济特征，只有选取正确的评价指标体系，才能全面、科学地评价项目的经济效益。在项目投资分析时，根据指标性质，可将评价指标分为盈利能力评价指标、清偿能力评价指标和资金平衡能力评价指标，如表4-11所示。

表4-11　　　　项目经济评价指标

评价指标	具体指标
盈利能力评价指标	总投资收益率、资本金净利润率、静态（动态）投资回收期、内部收益率、净现值、净现值率、净年值
清偿能力评价指标	利息备付率、偿债备付率、资产负债率
资金平衡能力评价指标	累计盈余资金

计算上述指标时按是否考虑资金的时间价值，可将评价指标分为静态评价指标和动态评价指标。静态评价指标是指在不考虑资金的时间价值的情况下直接用项目的现金流量计算的评价指标。静态评价指标具有计算简单的优点，但因没有考虑时间对资金价值的影响，有时用静态评价指标评价项目可能会做出错误的决策。因此，静态评价指标一般只适用于评价计算期较短的项目或对项目进行初步可行性分析。与计算静态评价指标不同，计算动态评价指标前要对发生在不同时点的现金流进行等值化处理，计算出不同时点现金流量在同一时点的价值。动态评价指标能较全面地反映项目在整个计算期的经济效果，适用于评价计算期较长的项目或对项目进行详细可行性分析。

4.2.2.1 经济评价指标计算

（1）盈利能力分析指标

①静态投资回收期（P_t）

静态投资回收期是指在不考虑资金时间价值的情况下，从项目投资建设之日起，用项目各年的净收入抵偿项目全部投资所需要的时间，是反映项目盈利水平的静态指标。用 P_t 表示静态投资回收期，则其计算公式为：

$$\sum_{t=0}^{P_t}(CI-CO)_t=0$$

式中：P_t——静态投资回收期

CI——项目现金流入

CO——项目现金流出

由计算公式可知，静态投资回收期就是累计净现金流量等于零的时点，但在实际项目评价中累计净现金流量等于零时点往往不出现在自然年份。这时可通过现金流量表用下式计算静态投资回收期：

P_t=（T-1）+（T-1）年累计净现金流量的绝对值/T年的净现金流量

式中：T——累计净现金流量首次出现正值的年份

另外，若项目投产后各年的净现金流量均相同，则可用下式计算静态投资回收期：

P_t=建设期+I/A

式中：I——项目投资

A——项目建成后各年的净现金流量

项目投资决策都面临着未来不确定性因素的影响，且这种不确定因素带来的风险会随时间的推移而增加，项目投资者必然希望能尽早收回投资，所以用静态投资回收期评价项目可行性的判别准则为：设基准静态投资回收期为Pc，若$Pt \leqslant Pc$，说明项目投资能在规定的时间内收回，项目可行；若$Pt>Pc$，则项目不可行。

静态投资回收期具有计算简单、方便的优点，但因计算该指标时未考虑资金时间价值和项目投资回收期后各年的现金流量情况，所以用静态投资回收期评选方案时可能会做出错误的决策。一般情况，静态投资回收期只作为评价方案可行性的辅助指标。

②动态投资回收期（P_t'）

动态投资回收期是在考虑了资金时间价值的情况下，从建设之日起用项目各年的折现净现金流量回收项目投资现值所需要的时间，是反映项目盈利水平的动态指标。若用P_t'表示动态投资回收期，则其计算公式为：

$$\sum_{t=0}^{P_t'}(CI-CO)_t(1+i_c)^{-t}=0$$

式中：P_t'——动态投资回收期

i_c——基准收益率或折现率

从公式可知，动态投资回收期就是累计折现净现金流量等于零的时点。与静态投资回收期的计算方法相同，可通过现金流量表用下式计算动态投资回收期：

$P_t'=(T-1)+(T-1)$年累计折现净现金流量绝对值/T年折现净现金流量

式中：T——累计折现净现金流量首次出现正值的年份

用动态投资回收期评价方案可行性时的判别准则为：设基准动态投资回收期为P_t'，若$P_t' \leqslant P_c'$，说明项目投资能在规定的时间内收回，项目可行；若$P_t'>P_c'$，则项目不可行。

③总投资收益率（ROI）

总投资收益率（Return on Investment，ROI）是指项目在达到设计生产能力投产后正常年份的年息税前利润或项目运营期内年均息税前利润与项目总投资之比，是表示项目总投资盈利水平的静态指标。其计算公式为：

$$ROI=\frac{EBIT}{TI}\times 100\%$$

式中：*ROI*——项目总投资收益率

EBIT——项目投产后正常年份的年息税前利润或运营期内年均息税前利润

TI——项目总投资，包括建设投资、建设期利息和流动资金投资

计算式中息税前利润中的“息”指的是项目经营期的利息支出，“税”指的是所得税。所以：

EBIT=利润总额+利息支出

或　*EBIT*=年营业收入-总成本费用-经营税金及附加+利息支出

计算式中之所以要加上利息支出是因为总成本费用中已包含利息支出。当计算出的总投资收益率高于行业总投资收益率参考值时，说明项目盈利能力满足要求，项目可行。

④资本金净利润率（*ROE*）

资本金净利润率（Return on Equity，ROE）是指项目在达到设计生产能力投产后正常年份的年净利润或运营期内年均净利润与项目资本金之比，是表示项目资本金盈利水平的静态指标。其计算公式为：

$$ROE=\frac{NP}{EC}\times 100\%$$

式中：*ROE*——项目资本金净利润

NP——项目投产后正常年份的年净利润或运营期内年均净利润

EC——项目资本金

当计算出的资本金净利润率高于行业资本金净利润率参考值时，说明项目盈利能力满足要求，项目可行。

⑤净现值（*NPV*）

净现值（Net Present Value，NPV）是指在考虑资金时间价值的情况下，以基准折现率 i_c 求得的项目各年净现金流量现值之和，是反映项目在寿命期内盈利能力的动态评价指标。其计算公式为：

$$NPV=\sum_{t=0}^{n}(CI-CO)_t(1+i_c)^{-t}$$

式中：*NPV*——项目净现值

$(CI-CO)_t$——项目 t 时点的净现金流量，净流入带正号，净流出带负号

$(1+i_c)^{-t}$——t 时点的折现系数

n——项目寿命期

NPV 指标的优点：*NPV* 指标计算考虑了资金的时间价值，且全面考虑了项目在整个寿命期内的现金流量情况。*NPV* 指标能够直接以货币额表示项目的盈利水平，是反映项目盈利能力的绝对评价指标，其经济意义明确，容易判断项目的可行性。

NPV 指标的缺点：不能说明项目单位投资的获利能力；用于现值的基准收益率较难确定；评价寿命期不同的两个互斥项目时较难做出选择。

用 NPV 指标评价项目可行性的判别准则为：$NPV>0$，说明项目的盈利水平大于基准收益率，项目可行；$NPV=0$，说明项目的盈利水平等于基准收益率，可考虑勉强接受项目；$NPV<0$，说明项目的盈利水平小于基准收益率，项目不可行。

⑥内部收益率（IRR）

内部收益率（Internal Rate of Return，IRR）是使项目在寿命期内各年净现金流量现值之和等于零时的折现率，即使项目寿命期内现金流入折现值之和等于现金流出折现值之和的折现率。其计算公式为：

$$NPV(IRR) = \sum_{t=0}^{n} (CI - CO)_t (1 + IRR)^{-t} = 0$$

式中：IRR——项目内部收益率

由 NPV 计算式可知，对于在寿命期内净现金流量正负号只变换一次的常规项目来说，NPV 是折现率的一元 n 次递减函数，如图 4-4 所示。

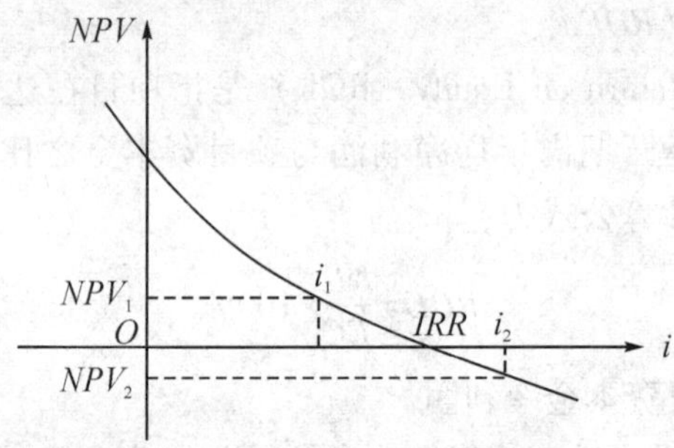

图 4-4　NPV 与折现率关系图

常规项目的 NPV 随折现率 i 增大而减小，且只存在唯一的折现率 i 使得 NPV 等于零，这个折现率即为内部收益率 IRR。但是由公式可知，要求项目的 IRR，需要解一元多次方程，不易求解。在实际工作中，可以用线性内插法求解 IRR。计算方法如下：

通过试算找到两个折现率 i_1 和 i_2，$i_1<i_2$，且以 i_1 为折现率计算的 NPV_1 略大于 0，以 i_2 为折现率计算的 NPV_2 略小于 0。那么使得 $NPV=0$ 的 IRR 一定在 i_1 与 i_2 之间，如图 4-4 所示。此时 IRR 的计算式为：

$$IRR=i_1+\frac{NPV_1}{NPV_1+|NPV_2|}(i_2-i_1)$$

对于在寿命期内净现金流量正负号多次变换的非常规项目，解一元多次方程时可能不止一个解，经研究证明若非常规项目存在唯一的折现率使 NPV 等于零，则该折现率为 IRR；若非常规项目存在多个折现率使 NPV 等于零，则这些折现率都不是 IRR，即非常规项目不存在 IRR。

用 IRR 评价项目可行性时的评判准则为：若 $IRR>i_C$，项目可行；若 $IRR=i_C$，项目勉强可行；若 $IRR<i_C$，项目不可行。

IRR 的经济意义表示的是项目占用的尚未回收投资的获利能力，而非项目初始投资的获利能力。如某项目现金流量表如表 4-12 所示，用线性内插法求得该项目的内部收益率为 20.53%。

表 4-12　　某项目现金流量表

年	0	1	2	3	4	5
净现金流量	-100	25	30	35	40	50

用此项目的内部收益率 20.53%计算复利条件下该项目的投资回收过程如表 4-13 及图 4-5 所示。由计算过程可知，该项目在整个寿命期内及内部收益率为 13.5%的复利条件下始终存在尚未回收的投资，而在寿命期期末，投资刚好回收完。所以 *IRR* 表示的是复利条件下项目尚未回收投资的获利能力。

表 4-13　　项目投资回收表

年	0	1	2	3	4	5
t 时点净现金流量	-100	25	30	35	40	50
t 期期初未收回投资	—	100	95.53	85.14	67.62	41.5
t 期应计利息	—	20.53	19.61	17.48	13.88	8.5
t 期期末未收回投资	—	95.53	85.14	67.62	41.5	0

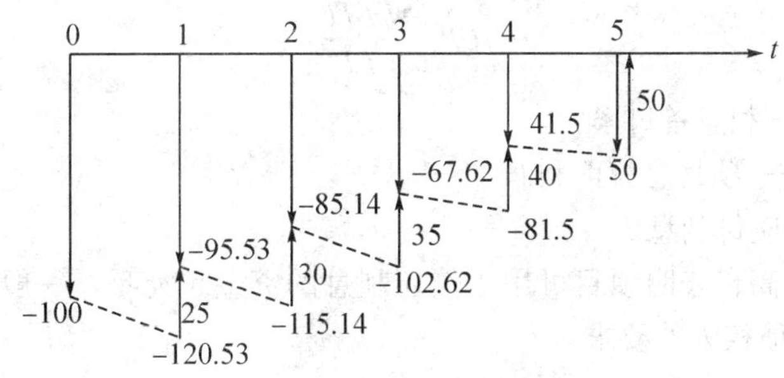

图 4-5　项目投资回收图

⑦净现值率（*NPVR*）

净现值率（Net Present Value Rate，NPVR）是指项目净现值与项目投资现值之比，是衡量项目单位投资获利能力的指标。有时两个项目的投资额相差较大，直接用 *NPV* 指标评价两个项目的优劣较难做出选择，这时可用 *NPVR* 指标来辅助评价项目的优劣。*NPVR* 表示单位投资能带来的净现值，若 *NPVR* 较大，说明项目单位投资能带来较多的净现值，项目较优。*NPVR* 的计算式为：

$$NPVR = \frac{NPV}{\sum_{t=0}^{m} I_t(P/F, i_c, t)}$$

式中：I_t——t 时点的投资

m——建设期

用 *NPVR* 评价项目可行性的评判准则为：$NPVR \geqslant 0$，项目可行；$NPVR<0$，项目不可行。

⑧净年值（*NAV*）

净年值（Net Annual Value，NAV）又称等额年金，是指在复利条件下用基准折现率将项目寿命期内各年不等的净现金流量等值换算成各年年末相等的等额年值。其计算式为：

$$NAV = [\sum_{t=0}^{n}(CI - CO)_t(1 + i_c)^{-t}](A/P, i_c, n)$$

或

$$NAV = NPV(A/P, i_c, n)$$

式中：(*A/P*，*iC*，*n*)——资本回收系数

NAV 指标可直接用于评价寿命期不同的互斥方案，克服了 *NPV* 指标不能评价寿命期不同的互斥项目这一缺点。从 *NAV* 指标的计算式可知，*NAV* 与 *NPV* 始终同号，所以用 *NAV* 指标评价项目可行性的判别准则为：$NAV \geq 0$，项目可行；$NAV<0$，项目不可行。

（2）清偿能力分析指标

①利息备付率（*ICR*）

利息备付率（Interest Coverage Ratio，ICR）是指项目在借款偿还期内各年可用于支付利息的息税前利润与当期应付利息的比值，是项目债权人较为关心的一个指标。其计算式为：

$$ICR = \frac{EBIT}{PI}$$

式中：*ICR*——利息备付率

EBIT——项目息税前利润

PI——应付利息

利息备付率越高，表明项目可用于偿还利息的资金越充足。一般利息备付率应大于1，且满足项目债权人的要求。

②偿债备付率（*DSCR*）

偿债备付率（Debt Service Coverage Ratio，DSCR）是指项目在借款偿还期其内各年可用于还本付息的资金与当期应还本付息金额的比值，是项目债权人较为关心的一个指标。项目各年可用于还本付息的资金有税后利润和总成本费用中列支的折旧费用、摊销费用和利息费用。项目各年应还本付息额包括根据贷款合同当年应换本金及总成本费用中列支的利息费用。偿债备付率的计算式为：

$$DSCR = \frac{EBITDA - T_{AX}}{FD}$$

式中：*DSCR*——偿债备付率

EBITD——息税前利润加折旧和摊销

TAX——企业所得税

FD——应还本付息额

根据项目损益表，有：

EBITDA=税后利润+利息费用+折旧+摊销

偿债备付率越高，表明项目可用于偿还本息的资金越充足。一般偿债备付率应大

于1，且满足项目债权人的要求。

（3）项目资金平衡能力分析指标

项目资金平衡能力分析主要考察项目在整个计算期内的资金充裕程度，分析项目的财务可持续性和生存能力，可通过以下两个方面分析项目的财务生存能力。

①项目在经营期是否有足够的净现金流量维持正常运营

项目运营期间各项经济活动拥有足够的经营净现金流量是项目财务可持续的基本条件。一般应特别注意分析项目运营前期的财务净现金流量，因为项目运营前期还本付息压力较大。通常通过现金流量表分析项目的净现金流量。

②项目各年累计盈余资金是否大于等于零

项目在整个寿命期内各年累计盈余资金大于等于零是项目财务生存的必要条件。一般允许项目营运期个别年份的净现金流量出现负值，但不允许项目寿命期内任一年份的累计盈余资金出现负值。因为项目累计盈余资金出现负值意味着项目现金流断裂，无法维持正常生产运营活动，这时必须快速适时地进行短期融资，但是较大或较频繁的短期融资，可能导致项目后期累计盈余资金无法实现正值，使项目难以持续运营。一般通过项目资金来源与运用表分析项目各年的累计盈余资金。

4.2.2.2 财务报表编制

（1）辅助财务报表

①投资与总成本费用估算表

投资与总成本费用估算表用于估算房地产开发项目的各项投资与成本金额。投资与总成本费用估算表如表4-14所示。

表4-14 投资与总成本费用估算表

序号	项目	估算金额
1	开发建设投资	
1.1	土地费用	
1.2	前期工程费用	
1.3	建筑安装工程费用	
1.4	基础设施建设费	
1.5	公共配套设施建设费	
1.6	开发期税费	
1.7	不可预见费	
1.8	管理费用	
1.9	销售费用	
1.10	建设期利息	
2	流动资金	
3	项目总投资	

②投资计划与资金筹措表

投资计划与资金筹措表用于估算各期投资额及计划资金筹措额和渠道，每期筹措的资金应满足每期投资所需。投资计划与资金筹措表如表 4-15 所示。

表 4-15　　投资计划与资金筹措表

序号	项目	合计	1	2	3	…	n
1	总投资						
1.1	建设投资						
1.2	建设期利息						
1.3	流动资金						
2	资金筹措						
2.1	项目资本金						
2.1.1	用于建设投资						
2.1.2	用于流动资金						
2.1.3	用于建设期利息						
2.2	债务资金						
2.2.1	用于建设投资						
2.2.2	用于流动资金投资						
2.2.3	用于建设期利息						
2.3	收入再投入						
2.3.1	用于建设投资						
2.3.2	用于流动资金投资						
2.3.3	用于建设期利息						

（2）基本财务报表

①损益表

损益表用于估算项目利润总额、所得税及净利润，并计算总投资收益率、资本金净利润率等盈利能力分析指标。

利润是房地产开发企业进行项目开发与投资的最终目标，一般企业的利润总额等于营业利润加上投资净收益、补贴收益和营业外收支的代数和。其中：

营业利润=主营业务利润+其他业务利润-（管理费用+营业费用+财务费用）

主营业务利润=主营业务收入-（主营业务成本+主营业务税金及估价）

在对房地产开发项目进行经济分析时，为简化计算，假定不发生其他利润，也不考虑投资净收益、补贴收益和营业外收支净额，本期发生的总成本等于主营业务成本、管理费用、营业费用、财务费用之和，项目的主营业务收入为本期的销售（营业收入），主营业务税金及附加为本期的增值税税金及附加。则利润总额的计算式为：

利润总额=销售收入-增值税税金及附加-总成本费用

或　利润总额=营业收入-增值税税金及附加-土地增值税-总成本费用

根据税法规定，国家会以所得税的形式无偿征收利润总额中的一部分作为国家或地方政府的财政收入。一般情况下，纳税人每一纳税年度的所得税等于应纳税额乘以所得税税率；其中，应纳税额等于利润总额减去纳税人前五年的亏损。在对房地产开发项目进行经济分析时，为简化计算，可以利润总额作为所得税的计税基础。所得税的计算式为：

所得税应纳税额=利润总额×所得税税率

所得税是项目的现金流出项，提取所得税后的利润称为净利润。净利润计算式为：

净利润=利润总额-所得税

开发出售模式房地产开发项目损益表见表4-16。

表4-16　开发出售模式房地产开发项目损益表

序号	项目	合计	1	2	3	…	n
1	销售收入						
2	总成本费用						
3	增值税税金及附加						
4	土地增值税						
5	利润总额						
6	所得税						
7	税后利润						
7.1	盈余公积金						
7.2	应付利润						
7.3	未分配利润						
计算指标：1. 总投资收益率（%） 2. 资本金净利润率（%）							

表中：利润总额=销售收入-总成本费用-增值税税金及附加-土地增值税

开发经营或出租模式房地产开发项目损益表见表4-17。

表4-17　开发经营或出租模式房地产开发项目损益表

序号	项目	合计	1	2	3	…	n
1	出租收入（营业收入）						
2	经营成本						
3	增值税税金及附加						
4	利润总额						
5	所得税						
6	税后利润						
6.1	盈余公积金						

表4-17(续)

序号	项目	合计	1	2	3	…	n
6.2	应付利润						
6.3	未分配利润						
计算指标：1. 总投资收益率（%） 2. 资本金净利润率（%）							

表中：利润总额=出租收入（营业收入）-经营成本-增值税税金与附加

②现金流量表

按照投资计算的基础不同，现金流量表分为全部投资现金流量表和资本金现金流量表。两种现金流量表中的增值税税金及附加是增值税额、城市维护建设税额、教育附加费之和，其中增值税额是否出现在现金流量表中与现金流量表中投入物和产出物的价格是否为含税价格有关。若现金流量表中投入物和产出物的价格是含税价格，则增值税额应出现在现金流量表中；若现金流量表中投入物和产出物的价格是不含税价格，则增值税额不应出现在现金流量表中。

流动资金一般在项目正式运营前开始筹措，在项目运营期初投入，项目寿命期末收回，期初投入额与期末收回额相等。项目流动资金的需要量可根据项目特点按建设投资的比列、经营成本的比列、年营业收入的比列或单位产量占用流动资金的比列来估算。

填写现金流量时应注意：按照项目投资分析的习惯，投资发生在建设期每个计息周期的期初，运营期内经常性收益和费用发生在运营期每个计息周期的期末；现金流量表中的现金流表示的是项目在每一计息周期实际发生的现金流出量和现金流入量，所以两种现金流量表中的运营成本都不应包括折旧、摊销、维简等费用。另外，不管是全部投资现金流量表中的运营成本还是资本金现金流量表中的运营成本，都不包括利息费用。因为全部投资现金流量表考察的是项目全部投资的盈利能力，不分投资资金来源，所以利息费用不作为现金流出；资本金现金流量表虽然考察的是资本金的盈利能力，要考虑借款对资本金盈利能力的影响，但是资本金现金流量表中已将利息费用单列，所以运营期运营费用中不应再包含利息费用。全部投资现金流量表见表4-18，资本现金流量表见表4-19。

表4-18　全部投资现金流量表

序号	项目	合计	1	2	3	…	n
1	现金收入						
1.1	销售收入						
1.2	出租收入						
1.3	自营收入						
1.4	其他收入						
1.5	回收固定资产余值						

表4-18(续)

序号	项目	合计	1	2	3	…	n
1.6	回收流动资金						
2	现金流出						
2.1	开发建设投资						
2.2	流动资金投资						
2.3	运营成本						
2.4	增值税税金及附加						
2.5	土地增值税						
2.6	所得税						
3	净现金流量						
4	累计净现金流量						
计算指标：1. 财务内部收益率（%） 2. 财务净现值（$i_c = 10\%$） 3. 投资回收期（年）							

填写全部投资现金流量表时应注意，全部投资现金流量分析是不分投资资金来源，以全部投资作为计算基础（即假定全部投资均为自有资金），用以计算全部投资财务内部收益率、财务净现值及投资回收期等评价指标，其目的是考察方案设计本身的盈利能力，为各个方案进行比较建立共同基础，所以全部投资现金流量表中“所得税=息税前利润×所得税税率”。

表 4-19　　资本金现金流量表

序号	项目	合计	1	2	3	…	n
1	现金收入						
1.1	销售收入						
1.2	出租收入						
1.3	自营收入						
1.4	其他收入						
1.5	回收固定资产余值						
1.6	回收流动资金						
2	现金流出						
2.1	资本金						
2.2	流动资金						
2.3	运营成本						
2.4	增值税税金及附加						

表4-19(续)

序号	项目	合计	1	2	3	…	n
2.5	土地增值税						
2.6	所得税						
2.7	借款本金偿还						
2.8	借款利息支付						
3	净现金流量						
4	累计净现金流量						
计算指标：1. 资本金财务内部收益率（%） 2. 资本金财务净现值（$i_c=10\%$）							

资本金是项目投资者自己拥有的资金。资本金现金流量表从投资者整体的角度出发，以投资者的出资额作为计算基础，把借款本金偿还和利息支付作为现金流出，用以计算资本金财务内部收益率、财务净现值等评价指标，考察项目资本金的盈利能力，此时应考虑利息支出对资本金盈利能力的影响，所以资本金现金流量表中“所得税=净利润×所得税税率”。

资本金现金流量表主要考察资本金的盈利能力和向外部借款是否有利。在对拟建项目进行投资分析时，要分别对两种现金流量表进行审查和分析，并根据分析人员所估算的基础数据编制两种现金流量表，然后计算相应的分析指标。资本金现金流量表中的借款本金偿还、借款利息支付来自于借款还本付息表。

③借款还本付息表

借款还本付息表是估算每期借款及借款累计、每期应计利息、每期还本付息额和还本付息资金来源，并计算利息备付率和偿债备付率等清偿能力分析指标。借款还本付息表见表4-20。

表4-20　　借款还本付息表

序号	项目	合计	1	2	3	…	n
1	借款						
1.1	期初借款累计						
1.2	本期借款						
1.3	本期应计利息						
1.4	期末借款本息累计						
2	还本付息						
2.1	还本						
2.2	付息						
3	还本付息资金来源						

表4-20(续)

序号	项目	合计	1	2	3	…	n
3.1	净利润						
3.2	折旧						
3.3	摊销						
计算指标：1. 利息备付率 2. 偿债备付率							

④资金来源与运用表

资金来源与运用表是反映房地产投资项目在计算期内各年的资金盈余或短缺情况，以及项目的资金筹措方案和贷款偿还计划的财务报表，它为项目资产负债表的编制及资金平衡分析提供了重要的财务信息。资金来源与运用表见表4-21。

表4-21　　资金来源与运用表

序号	项目	合计	1	2	3	…	n
1	资金来源						
1.1	销售收入						
1.2	出租收入						
1.3	自营收入						
1.4	资本金						
1.5	长期借款						
1.6	短期借款						
1.7	回收固定资产余值						
1.8	回收流动资金						
1.9	净转售收入						
2	资金运用						
2.1	开发建设投资						
2.2	建设期利息						
2.3	流动资金						
2.4	运营成本						
2.5	增值税税金及附加						
2.5	土地增值税						
2.7	所得税						
2.8	应付利润						
2.9	借款本金偿还						

表4-21(续)

序号	项目	合计	1	2	3	…	n
2.10	借款利息支付						
3	盈余资金（1）-（2）						
4	累计盈余资金						

资金来源与运用表给出的盈余资金表示当年资金来源（现金流入）多于资金运用（现金流出）的数额。当盈余资金为负值时，表示该年的资金短缺数。资金平衡分析时，一般不强求每年的盈余资金大于等于零，但要求从投资开始至项目寿命期末项目每一年的累计盈余资金必须大于零或等于零。每期的盈余资金不小于零是项目投资实施的必要条件，因而，房地产投资项目资金平衡分析关注的重点是资金来源与运用表的累计盈余栏目。

（3）财务报表之间的关系

财务报表是财务分析体系中重要的组成部分。各种财务报表之间有着密切的联系。

投资与费用估算表为其他报表的编制提供基础数据。损益表与现金流量表都是为进行项目盈利能力分析提供基础数据的报表，不同的是，通过利润表计算的是衡量项目盈利能力的静态指标；通过现金流量表计算的是衡量项目盈利能力的动态指标。同时，利润表也为现金流量表的填列提供了一些基础数据。借款还本付息表、投资计划与资金筹措表、资金来源与运用表都是为进行项目清偿能力分析提供基础数据的报表。根据借款还本付息表或资金来源与运用表可以计算清偿能力分析指标。另外，通过资金来源与运用表可以进行项目的资金平衡能力的分析。

4.2.3 房地产开发项目投资分析经济评价实训的组织

（1）指导者的工作

①向受训者介绍房地产开发项目投资分析经济评价的实训内容；

②向受训者介绍房地产开发项目投资分析经济评价的实训步骤；

③向受训者介绍房地产开发项目投资分析经济评价的相关知识；

④要求受训者根据基础财务数据汇编基本财务报表，并计算经济评价指标，分析项目的盈利能力、清偿能力、财务生存能力和风险大小。

（2）受训者的工作

①掌握房地产开发项目投资分析经济评价的相关知识；

②根据基础财务数据汇编基本财务报表，并计算经济评价指标，分析项目的盈利能力、清偿能力、财务生存能力和风险大小。

4.2.4 房地产开发项目投资分析经济评价实训的步骤

房地产开发项目投资分析经济评价实训步骤见图4-6。

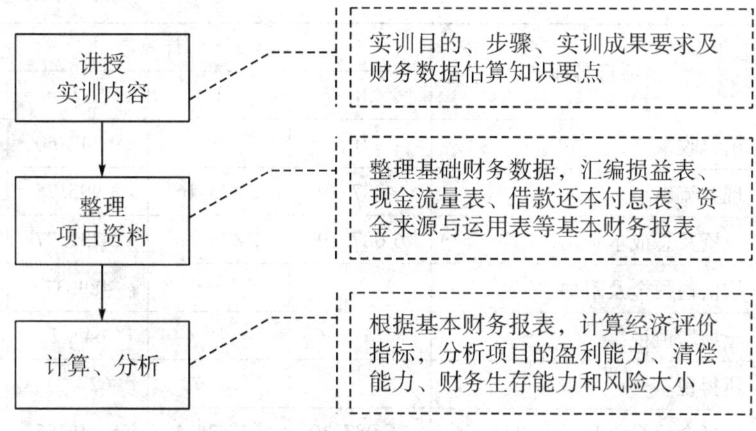

图 4-6 房地产开发项目投资分析经济评价实训步骤

示例

AF 房地产开发项目投资分析经济评价

（数据资料接 4.1 节示例）

一、编制损益表及盈利能力分析（表 4-22）

表 4-22 投资损益表 单位：万元

序号	项目	合计	计算依据	计算期		
				1	2	3
1	销售收入	15 571		0	9 342. 60	6 228. 40
2	投资及总成本费用	10 145. 32		0	6 087. 19	4 058. 13
3	增值税税金及附加	815. 62		0	489. 37	326. 25
4	土地增值税	1 078. 66		0	647. 2	431. 46
5	利润总额	3 531. 4		0	2 118. 84	1 412. 56
6	所得税	882. 85	（5）×0. 25	0	529. 71	353. 14
7	税后利润	2 648. 55		0	1 589. 13	1 059. 42

总投资收益率＝3 531. 4÷3÷10 145. 32×100%＝8. 7%

资本金净利润率＝2 648. 55÷3÷4 200×100%＝21. 02%

二、编制现金流量表及盈利能力分析

1. 全部投资现金流量表（表 4-23）

表 4-23 全部投资现金流量表 单位：万元

序号	项目名称	计算期			
		0	1	2	3
1	现金流入	0	0	9 342. 6	6 228. 4

表4-23(续)

序号	项目名称	计算期			
		0	1	2	3
1.1	销售收入	0	0	9 342.60	6 228.40
2	现金流出	6 087.19	1 826.16	3 995.75	1 175.85
2.1	投资及总成本费用	6 087.19	1 826.16	2 231.97	
2.2	增值税税金及附加			489.37	326.25
2.3	土地增值税			647.2	431.46
2.4	所得税			627.21	431.46
3	净现金流量（1）-（2）	-6 087.19	-1 826.1	5 346.85	5 052.55
4	折现系数	1.00	0.91	0.83	0.75
5	折现净现金流量	-6 087.19	-1 661.81	4 437.89	3 789.41
6	累计折现净现金流量	-6 087.19	-7 749	-3 311.11	478.3

注：表中的所得税=*EBIT*×所得税税率

NPV=478.3 万元

IRR=12.91%

静态投资回收期=（3-1）+2 566.5/5.52.55=2.51 年

动态投资回收期=（3-1）+3 311.11/3 789.41=2.87 年

2. 资本金现金流量表（表4-24）

表4-24　　资本金现金流量表　　单位：万元

序号	项目名称	计算期			
		0	1	2	3
1	现金流入	0	0	9 342.60	6 228.40
1.1	销售收入		0	9 342.60	6 228.40
2	现金流出	2 087.19	1 956.16	4 063.19	5 307.48
2.1	资本金	2 087.19	1 826.16	286.65	
2.2	预售收入再投入			1 945.32	
2.3	贷款本金偿还				4 000
2.4	贷款利息偿还		130	260	260
2.4	增值税税金及附加			489.37	326.25
2.5	土地增值税			647.2	431.46
2.6	所得税			529.71	353.14
3	净现金流量	-2 087.19	-1 956.16	5 184.35	857.55
4	折现系数	1.00	0.91	0.83	0.75

表4-24(续)

序号	项目名称	计算期			
		0	1	2	3
5	折现值	−2 087. 19	−1 778. 33	4 284. 59	644. 29
6	累计折现值	−2 087. 19	−3 865. 52	419. 07	1 063. 36

注：*NPV*=1 063. 36 万元

IRR=27. 11%

静态投资回收期=（2−1）+4 043. 35/5 184. 35=1. 78 年

动态投资回收期=（2−1）+3 865. 52/4 284. 59=1. 9 年

三、项目清偿能力及资金平衡能力分析

1. 投资计划与资金筹措

本项目总计需要 10 145. 32 万元。所需资金来源共有三个渠道：①企业自有资本金；②银行贷款；③预售收入用于再投资部分。

本项目开发商投资资本金 4 200 万元作为启动资金，其中第一年投入约 50%，第二年投入约 44%，第三年投入约 6%；从银行贷款 4 000 万元，全部于第一年投入；不足款项根据实际情况通过销售收入解决。具体投资计划与资金筹措表如表 4−25 所示。表 4−25 中每年建设投资所需资金由建设进度计划根据投资与总成本费用估算表中的总投资成本费用合计计算得到。

表 4−25　　投资计划与资金筹措表　　单位：万元

序号	项目	合计	计算期			
			0	1	2	3
1	建设投资	10 145. 32	6 087. 19	1 826. 16	2 231. 97	
2	资金筹措	10 145. 32				
2. 1	自有资金	4 200	2 087. 19	1 826. 16	286. 65	
2. 2	借贷资金	4 000	4 000	0	0	
2. 3	预售收入再投入	1 945. 32	0		1 945. 32	

2. 借款还本付息估算

本项目长期借款 4 000 万元，建设期内只还利息，建设期末还清本息，贷款利率为 6. 5%。借款还本付息表如表 4−26 所示。

表 4−26　　借款还本付息表　　单位：万元

序号	项目	合计	计算期		
			1	2	3
1	借款还本付息				
1. 1	年初借款累计		0	4 000	4 000

表4-26(续)

序号	项目	合计	计算期		
			1	2	3
1.2	本年借款	4 000	4 000		
1.3	本年应计利息	650	130	260	260
1.4	年末借款累计		4 000	4 000	0
2	当期还本付息				
2.1	还本	4 000			4 000
2.2	付息	650	130	260	260
3	还本付息资金来源				
3.1	投资回收	4 000			4 000

3. 资金来源与运用分析（表4-27）

表4-27　**资金来源与运用表**　单位：万元

序号	项目名称	计算期			
		0	1	2	3
1	资金来源	6 087.19	1 826.16	9 629.25	6 228.40
1.1	销售收入	0	0	9 342.60	6 228.40
1.2	资本金	2 087.19	1 826.16	286.65	
1.3	银行借款	4 000			
2	资金的运用	6 087.19	1 826.16	3 803.19	5 047.48
2.1	建设投资	6 087.19	1 826.16	2 231.97	
2.2	借款还本				4 000
2.3	增值税税金及附加			489.37	326.25
2.4	土地增值税			647.2	431.46
2.5	所得税			529.71	353.14
3	盈余资金（1）-（2）			5 731	1 117.55
4	累计盈余资金	0	0	5 731	6 848.55

表4-27中“资本金”一项的数据及“建设投资”一项的数据来源于表4-25，“借款还本”一项的数据来源于表4-26。

从表4-27可以看出，本项目每年累计盈余资金均大于零或等于零，即在项目运营过程中，不会出现资金断裂的情况，故从资金平衡角度分析，该项目是可行的。

四、风险分析

本项目的风险主要来自于建设投资、销售价格（即销售收入）、建设进度、销售进度、贷款利率等因素的影响，其中建设投资、销售收入对项目风险影响较大。对项目进行单因素敏感性分析，分别计算收入、投资在±20%范围内变化对 *IRR* 和 *NPV* 的影响，如表 4-28、表 4-29 所示。

表 4-28　　建设投资、销售收入对 *IRR* 的影响分析

变化幅度 \ 变化项目	销售收入	建设投资
20%	27. 88%	2. 82%
15%	24. 49%	5. 28%
10%	21%	7. 9%
5%	17. 41%	10. 7%
0%	13. 7%	13. 7%
-5%	9. 85%	16. 92%
-10%	5. 87%	20. 39%
-15%	1. 72%	24. 15%
-20%	-2. 61%	28. 24%

根据表 4-28，采用线性内插法计算出收入变化幅度临界点为-4. 81%，建设投资变化幅度临界点为 6. 25%。也就是说，当销售收入下降幅度超过 4. 81%，或建设投资上涨幅度超过 6. 25%时，本房地产开发项目的 *IRR* 小于基准收益率 10%，项目将由可行变为不可行。

表 4-29　　建设投资、销售收入对 *NPV* 的影响分析　　单位：万元

变化幅度 \ 变化项目	销售收入	建设投资
20%	3 077. 15	-1 321. 37
15%	2 457. 12	-841. 77
10%	1 837. 08	-362. 18
5%	1 217. 05	117. 42
0%	607. 98	607. 98
-5%	-23. 01	1 076. 62
-10%	-643. 05	1 556. 21
-15%	-1 263. 08	2 035. 81
-20%	-1 883. 11	2 515. 41

根据表 4-29，采用线性内插法计算出收入变化幅度临界点为-4. 82%，建设投资变化幅度临界点为 6. 23%。也就是说，当销售收入下降幅度超过 4. 82%，或建设投资上涨幅度超过 6. 23%时，本房地产开发项目的 *NPV* 小于 0，项目将由可行变为不可行。

销售收入和建设投资对 *IRR* 和 *NPV* 的敏感性分析图如图 4-7、图 4-8 所示，两图中两条直线的斜率相差不大，说明本项目投资效果对销售收入和建设投资两个因素变化的敏感度是一样的。

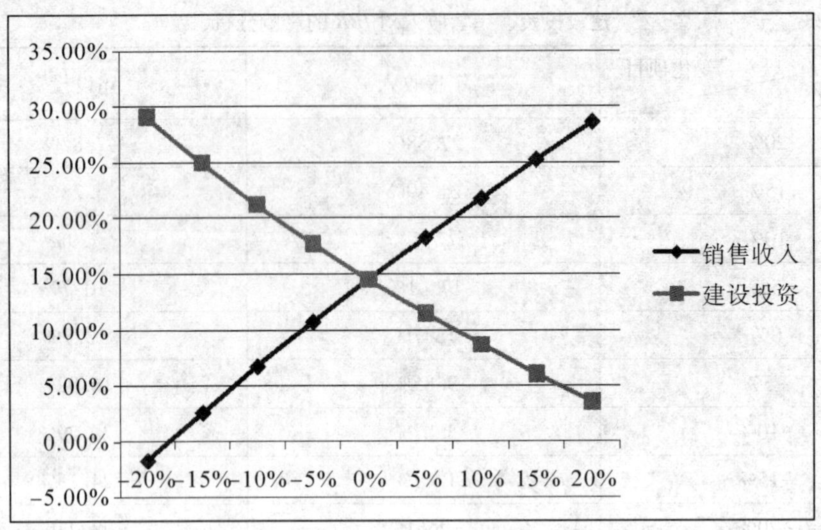

图 4-7　销售收入与建设投资对 *IRR* 的影响

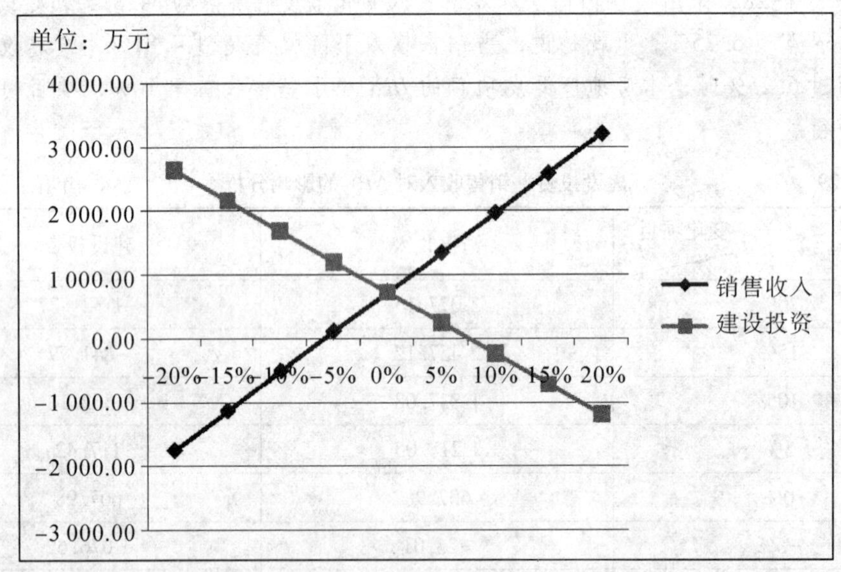

图 4-8　销售收入与建设投资对 *NPV* 的影响

五、结论

通过上述分析，项目的盈利能力高于行业基准要求，清偿能力较好，但项目允许销售收入和建设投资变动的范围较小，所以项目基本可行，但需改进。

4.3 房地产开发项目投资分析的实训成果

根据受训者业务水平，实训的实验成果产出分为高级阶段、中级阶段、初级阶段、入门级成果。以下成果为入门级成果示例（说明：示例为某应用型高校学生实训成果，部分内容尚待推敲、修改和完善）。

某高校学生房地产投资分析入门级实训模板

实验（训）项目名称	房地产开发项目投资分析	指导教师	
实训日期		所在分组	

实验概述

【实验（训）目的及要求】

1. 掌握房地产开发项目基础财务数据构、估算步骤、估算方法及依据。
2. 掌握衡量项目盈利能力、清偿能力的指标计算及其评判项目可行性的准则。
3. 掌握财务报表的编制。
4. 掌握项目资金平衡能力分析方法、风险分析方法。

【实验（训）原理】

资金的时间价值，资源的稀缺性，效益最大化原则。

实验内容

【实验（训）方案设计】

1. 实验任务

掌握财务数据估算、财务评价的流程以及财务报表的编制，并针对指标计算结果对项目可行性进行综合评价。

2. 实验要点及流程

投资与费用估算→投资与总成本费用估算汇总→销售收入、税金估算→投资计划与资金筹措估算→借款还本付息估算→利润估算→现金流量分析→资金来源与运用分析→风险分析→项目综合评价。

3. 仪器设备

投影仪、电脑。

【实验（训）过程】（实验（训）步骤、记录、数据、分析）

一、项目基础财务数据估算

1. 投资与总成本费用估算

(1) 土地费用估算

土地每平方米出让金为__________元，土地面积__________平方米，土地使用权出让金共为__________元。

(2) 前期工程费估算

本项目前期工程费估算表如表 4-30 所示。

表 4-30　　前期工程费估算表

序号	项目	金额（万元）	计算依据
1	规划设计费		建筑安装工程费×3%
2	水文、地质勘测费		建筑安装工程费×0.5%
3	可行性研究费		建筑安装工程费×1.5%
4	“三通一平”费用		建筑安装工程费×2.5%
5	场地平整费		
	总计		

(3) 建筑安装工程费估算

参照类似工程的投资费用，用单位建筑工程投资估算法得到该项目的建筑安装工程费估算表，如表 4-31 所示。

表 4-31　　建安工程费估算表

序号	项目	建筑面积（平方米）	单价：元/平方米	金额（万元）
1	多层住宅建设费			
2	商场及高层住宅建设费			
	合计			

(4) 基础设施费估算（表 4-32）

表 4-32　　基础设施费估算表

序号	项目	计价数量	单价：元/平方米	金额
1	供电工程			
2	供水工程			35.85 万元
3	道路工程			4.368 万元
4	绿化工程			0.756 万元
5	其他工程		建筑安装工程费的 2%	82.32 万元
	合计			278.64 万元

(5) 开发期税费估算（行政事业性收费估算）

房地产项目开发过中涉及一些政府或其他有关部门收取的费用，俗称“规费”，其估算表如表 4-33 所示。

表 4-33 开发期税费估算表

序号	项目	金额（万元）	估算说明（估算依据）
1			
2			
3			
4			
	合计		

（6）不可预见费估算

（7）管理费用估算

取上述（1）~（4）项之和的3%。

（8）销售费用估算

（9）建设期利息估算

（10）投资与费用汇总表（表 4-34）

表 4-34 投资与费用汇总表

序号	项目	估算金额（万元）
1	土地费用	
2	前期工程费用	
3	建筑安装工程费用	
4	基础设施建设费	
5	开发期税费	
6	不可预见费	
7	管理费	
8	销售费用	
9	建设期利息	
	总计	

2. 收入、利润、税金估算

(1) 收入估算（表 4-35）

表 4-35　　　　销售收入估算表

年份	销售比例		销售数量	销售单价	销售额	合计
第 1 年						
第 2 年	住宅	高层:				
		多层:				
	商铺:					
	车位:					
第 3 年	住宅	高层:				
		多层:				
	商铺:					
	车位:					
合计						

(2) 增值税税金及附加估算（表 4-36）

表 4-36　　　　增值税税金及附加估算表

序号	类别	计算依据	计算期（年）		
			1	2	3
1	增值税				
2	城市维护建设税	增值税×7%			
3	教育附加费	增值税×3%			
	合计				

(3) 土地增值税估算（表 4-37）

表 4-37　　　　土地增值税估算表

序号	项目	计算依据	计算过程
1	销售收入		
2	扣除项目金额	(2.1) 至 (2.3) 之和	
2.1	投资与总成本费用		
2.2	增值税税金及附加		
2.3	其他扣除项目	取 (2.1) 项的 10%	
3	增值额	(1) - (2)	

表4-37(续)

序号	项目	计算依据	计算过程
4	增值率	(3) ÷ (2) ×100%	
5	增值税率		
6	土地增值税		

3. 投资计划与资金筹措

本房地产开发项目所需资金来源共有三个渠道：①企业自有资本金；②银行贷款；③预售收入用于再投资部分。投资计划与资金筹措见表4-38。

表4-38 投资计划与资金筹措表

序号	项目	合计	计算期			
			0	1	2	3
1	建设投资					
2	资金筹措					
2.1	自有资金					
2.2	借贷资金					
2.3	预售收入再投入					

4. 借款还本付息估算

本项目长期借款__________万元，借款利率__________，借款还本付息计为__________，借款还本付息表如表4-39所示。

表4-39 借款还本付息表

序号	项目	合计	计算期		
			1	2	3
1	借款还本付息				
1.1	期初借款累计				
1.2	本期借款				
1.3	本期应计利息				
1.4	期末借款累计				
2	当期还本付息				
2.1	还本				
2.2	付息				
3	还本付息资金来源				
3.1	投资回收				

二、项目经济评价

1. 损益表与静态盈利能力分析（表 4-40）

表 4-40 投资利润表

序号	项目	合计	计算依据	计算期		
				1	2	3
1	销售收入					
2	投资及费用					
3	增值税税金及附加					
4	土地增值税					
5	利润总额					
6	所得税		（5）×0.25			
7	税后利润					

总投资收益率=

资本金净利润率=

2. 现金流量表与动态能力分析

（1）全部投资现金流量表（$i_c=10\%$）（表 4-41）

表 4-41 全部投资现金流量表

序号	项目名称	计算期			
		0	1	2	3
1	现金流入				
1.1	销售收入				
2	现金流出				
2.1	投资及总成本费用				
2.2	增值税税金及附加				
2.3	土地增值税				
2.4	所得税				
3	净现金流量（1）-（2）				
4	折现净现金流量				
5	累计折现净现金流量				

NPV=

IRR=

静态投资回收期=

动态投资回收期=

（2）资本金现金流量表（表 4-42）

表 4-42 资本金现金流量表

序号	项目名称	计算期			
		0	1	2	3
1	现金流入				
1. 1	销售收入				
2	现金流出				
2. 1	资本金				
2. 2	预售收入再投入				
2. 3	贷款本金偿还				
2. 4	贷款利息偿还				
2. 4	增值税税金及附加				
2. 5	土地增值税				
2. 6	所得税				
3	净现金流量				
4	折现值				
5	累计折现值				

NPV=

IRR=

静态投资回收期=

动态投资回收期=

3. 资金来源与运用分析（表 4-43）

表 4-43 资金来源与运用分析

序号	项目名称	计算期			
		0	1	2	3
1	资金来源				
1. 1	销售收入				
1. 2	资本金				
1. 3	银行借款				
2	资金的运用				
2. 1	建设投资				
2. 2	借款还本				
2. 3	增值税税金及附加				
2. 4	土地增值税				

表4-43(续)

序号	项目名称	计算期			
		0	1	2	3
2.5	所得税				
3	盈余资金（1）-（2）				
4	累计盈余资金				

4. 风险分析

5. 分析结论

4.4 房地产开发项目投资分析实训的考核方法

开发销售模式房地产开发项目投资分析考核方法如表4-44所示，开发经营或出租模式的房地产开发项目投资分析考核方法可类比此方法并适当调整比例。

表4-44　实训考核方法

序号	实训内容	权重	要求及标准
1	建设投资估算	4分	建设投资构成完成，各项目估算依据合理，结果计算准确，4分
2	销售收入估算	2分	估算方法合理，结果计算准确，2分
3	增值税税金及附加估算	2分	税率取值正确，结果计算准确，2分
4	土地增值税估算	2分	计算增值额时所取扣除项目符合法规规定，增值税率取值正确，结果计算准确，2分
5	编制投资计划与资金筹措表	10分	表格完整表达项目投资去向及筹资渠道，4分； 各期投资额根据项目的经济技术指标确定，4分； 各期筹集资金满足各期投资所需，2分
6	编制借款还本付息表	15分	表格完整表达各期借款额、各期借款累计、各期应计利息及各期还本付息额及资金来源，5分； 表格各期数据填列正确，5分； 利息备付率及偿债备付率计算正确，5分
7	编制损益表及指标计算	10分	损益表编制正确，数据填列正确，5分； 总投资收益率、资本金净利润率计算正确，5分

表4-44(续)

序号	实训内容	权重	要求及标准
8	编制现金流量表及指标计算	20分	全部投资（资本金）现金流量表编制正确且各项目填列正确，10分；投资回收期、*NPV*、*IRR* 计算正确，10分
9	编制资金来源与运用表，并分析项目资金平衡能力	15分	表格完整表达项目的资金来源与运用，表明各期盈余及累计盈余资金，5分；各期、各项目数据填列正确，5分；资金平衡能力分析正确，5分
10	风险分析	15分	确定影响项目的风险因素，选择合适的方法对项目进行风险分析并得出结论，15分
11	综合评价项目可行性	5分	综合分析有理有据，并给出项目是否可行的结论，5分

问题与思考

1. 评价两个互斥的方案时，若用 *NPV* 评价的结果与用 *IRR* 评价的结果刚好相反，该如何取舍？

2. 开发销售模式的房地产开发项目与开发经营或出租模式的房地产开发项目在进行投资分析时，建设投资的处理上有没有不同的地方？若有，请举例。

3. 进行开发经营或出租模式的房地产开发项目投资分析时，什么时候成本费用中应包含折旧、摊销等费用，什么时候成本费用中不应包含折旧、摊销等费用？

拓展训练

设计一个开发经营模式的房地产开发项目，并对其进行投资分析。注意以下问题：

（1）合理估计项目经营期。

（2）建设投资的处理与开发销售模式有何不同。

（3）合理估算经营收入及经营成本，并考虑通货膨胀的影响。

参考文献

［1］王勇，陈延辉. 项目可行性研究与评估——典型案例精解［M］. 北京：中国建筑工业出版社，2008.

［2］王勇，白思俊. 投资项目可行性分析——理论精要与案例分析［M］. 北京：中国建筑工业出版社，2012.

［3］刘晓君. 工程经济学［M］. 北京：中国建筑工业出版社，2015.

［4］陈琳，谭建辉. 房地产项目投资分析［M］. 北京：清华大学出版社，2012.

［5］余源鹏. 房地产项目可行性研究实操一本通［M］. 北京：机械工业出版社，2015.

[6] 林文俏，姚燕. 建设项目投资财务分析评价［M］. 广州：中山大学出版社，2014.

[7] 徐霞. 建设项目可行性研究与申请报告案列与分析［M］. 北京：化学工业出版社，2008.

[8] 苏益. 投资项目评估［M］. 北京：清华大学出版社，2011.

[9] 张青. 项目投资与融资分析［M］. 北京：清华大学出版社，2012.

5 房地产项目管理

📖本章导读

· 掌握招标文件的主要内容和特点，能运用相关知识编制招标文件。
· 掌握招标的方式，熟悉招标流程。
· 熟悉《中华人民共和国合同法》和房地产项目合同管理工作的专业知识。
· 掌握合同的签订、分类登记、检查、归档整理的规范、要求等。
· 熟悉房地产项目竣工验收的内容、程序、提交文件等相关知识。
· 掌握房地产项目竣工验收的实际操作能力。

案例导入

广州富力地产的项目管理

2002年2月28日，广州富力地产以32亿元投得北京市东三环内，紧邻CBD南的广渠门东五厂地块，这是当时全国有史以来最大的公开招标地块项目。此地块距离北京最高档的CBD很近，地段位置优越，被业内人士称为北京住宅用地的“地王”。但当时在这个区域内的住宅项目林立，有已经销售的“后现代城”和“金港国际”，以及正在准备上市的“苹果社区”和“富顿中心”等，众多项目短兵相接，商战已是箭在弦上。广州富力地产凭借丰富的项目管理经验，以惊人的项目运作速度，创造了当年签合同、盖楼、卖楼、收款的地产开发“奇迹”，在瞬息万变的市场中以快制快取得成功。

那么，广州富力地产的工程项目管理经验从何而来？房地产项目管理又有哪些具体内容？

（案例来源：根据相关公开资料整理。）

5.1 房地产项目的招标管理

5.1.1 房地产项目的招标管理实训的目的及任务

（1）实训的目的

①掌握招标文件的主要内容和特点。

②掌握招标方式，熟悉招标流程。

(2) 实训的任务

运用相关知识规划方案设计招标文件，编制设计单位招标文件。

5.1.2 房地产项目的招标管理实训的知识准备

5.1.2.1 房地产项目涉及的招标种类

5.1.2.1.1 工程勘察、设计招标

(1) 勘察、设计招标的范围

一般情况下，招标人依法可以将某一阶段的设计任务或几个阶段的设计任务通过招标方式发包，委托选定的企业实施。

招标人应根据工程项目的具体特点决定发包的范围，实行勘察、设计招标的工程项目，可以采取设计全过程总发包的一次性招标，也可以采取分单项、分专业的分包招标。中标单位承担的初步设计和施工图设计，经发包方书面同意，也可以将非建设工程主体部分设计工作分包给具有相应资质条件的其他设计单位，且这些设计单位就其完成的工作成果与总承包方一起向发包方承担连带责任。

勘察任务可以单独发包给具有相应资质条件的勘察单位实施，也可以将其工作内容包括在设计招标任务中。由于通过勘察工作取得的工程项目建设所需的技术基础资料是设计的依据，直接为设计服务，同时必须满足设计的需要，因此，将勘察任务包括在设计招标的范围内，由具有相应能力的设计单位来完成或由该设计单位再去选择承担勘察任务的分包单位，对招标人较为有利。

(2) 勘察、设计招标的特点

勘察、设计招标的特点表现为承包任务是投标人通过自己的智力劳动，将招标人对建设项目的设想变为可实施的蓝图。因此，设计招标文件只能简单介绍工程项目的实施条件、预期达到的技术经济指标、投资限额、进度要求等。投标人按规定分别报出工程项目的构思方案、实施计划和报价，招标人通过开标、评标程序对各方案进行比较后确定中标人。

设计招标的主要特点表现为：

①招标文件内容上：设计招标文件中仅提出设计依据、工程项目应达到的技术指标、项目限定的工作范围、项目所在地的基本资料、要求完成的时间等内容。

②对投标书的编制要求上：投标人首先提出设计构思和初步方案，并论述该方案的优点和实施计划，在此基础上提出报价。投标人应当按照招标文件、建筑方案设计文件编制投标文件。

③开标形式上：由各投标人自己说明投标方案的基本构思和意图以及其他实质性内容，或开标即对投标的设计文件做保密处理，即先进行编号，然后交评委评审。

④评标原则上：评标时不过分追求投标价的高低，评标委员应更多关注所提供方案的合理性、科学性、先进性、造型的美观性以及设计方案对建设目标的影响。

勘察招标的主要特点表现为：

①合同选用上：由于勘察是为设计提供地质技术资料的，勘察深度要与设计相适

应，且补勘、增孔的可能性很大，所以用固定总价合同不适合。

②评标重点不是报价：勘察报告的质量影响建设项目质量，项目勘察费与项目基础的造价或项目成本相比是很小的。低勘察费可能影响到工作质量、工程总造价、工程质量，是得不偿失的，因此，勘察评标的重点不是报价。

③勘察人员、设备及作业制度很关键：勘察人员主要是采样人员和分析人员，他们的工作经验、工作态度、敬业精神直接影响勘察质量；设备包括勘察设备和内业的分析仪器，这是勘察的前提条件；作业制度是勘察质量的有效保证，这应是评标的重点。

（3）勘察、设计招标的方式

招标文件对投标人所提出的要求只是简单介绍工程项目的实施条件、应达到的技术经济指标、总投资限额、进度要求等，投标人根据相应的规定和要求分别报出工程项目的设计构思方案实施计划和工程概算，招标人通过开标、评标等程序对所有方案进行比较选择后确定中标人，然后由中标人根据预定方案去实现。鉴于设计任务本身的特点，设计招标应采用设计方案竞选的方式招标，在招标方式上可分为公开招标和邀请招标。

勘察招标是对建设工程的工程测量、水文地质的勘察招标，在招标方式上也可分为公开招标和邀请招标。

（4）设计招标文件的主要内容

①投标须知。其包括工程名称、地址、竞选项目、占地范围、建筑面积、竞选方式等。

②设计依据文件。其包括经过批准的设计任务书、项目建议书或者可行性研究报告及有关审批文件的复印件。

③项目说明书。其包括工程内容，设计范围或深度，设计图内容、张数和图幅，建设周期和设计进度等方面的要求，并告知工程项目的总投资限额。

④拟签订合同的主要条款和要求。

⑤设计基础资料。其包括可供参考的工程地质、水文地质、工程测量等建设场地勘察成果报告；供水、供电、供气、供热、环保、市政道路等方面的基础资料以及城市规划管理部门确定的规划控制条件和用地红线图；设计文件的审查方式。

⑥招标文件答疑、组织现场踏勘和召开标前会议的时间和地点。

⑦投标文件送达的截止时间。

⑧投标文件编制要求及评标原则。

⑨未中标方案的补偿办法。

⑩招标可能涉及的其他有关内容。

（5）勘察招标文件的主要内容

勘察招标文件的主要内容包括投标须知、项目说明书、勘察任务书、合同主要条件、基础资料和技术标准、投标文件格式等。其中，勘察任务书是最主要的文件，其对项目勘察的范围、进度要求、勘察内容及成果要求等具体工作进行描述。

5.1.2.1.2　工程监理招标

（1）监理招标的特点

①招标宗旨是对监理单位能力的选择

监理服务是监理单位的高智能投入，服务工作完成的好坏不仅依赖于执行监理业务是否遵循了规范化的管理程序和方法，更多地取决于参与监理工作人员的业务专长、经验、判断能力、创新能力以及风险意识。因此，选择监理单位时，关注的是能力竞争，而不是价格竞争。

②报价在选择中居于次要地位

工程项目的施工、物资供应招标选择中标人的原则是：在技术上达到标准要求的前提下，主要考虑价格的竞争性。而监理招标对能力的选择放在第一位，因为当价格过低时监理单位很难把招标人的利益放在第一位，为了维护自己的经济利益采取减少监理人员数量或多派业务水平低、工资低的人员，其后果必然导致对工程项目的损害。另外，监理单位提供高质量的服务，往往能使招标人获得节约工程投资和提前投产的实际效益。因此，在选择原则上以技术方面的评审为主，选择最佳的监理公司，而不应以价格最低为主要标准。

③邀请投标人较少

选择监理单位时，一般邀请投标人的数量以3~5家为宜。

（2）监理招标的方式

在建设工程监理招标中，由于招标人主要看中的是监理单位的技术水平而非监理报价，因此经常采用邀请招标的方式，一般不发招标公告，发包人开列短名单，只向短名单内的监理公司发出邀请函。

（3）监理招标文件的主要内容

①投标邀请信。投标邀请信是招标人发给短名单内监理单位的信函，应在招标准备阶段完成。

②投标须知。投标须知是供投标人参加投标竞争和编制投标书的主要依据。一般包括的内容有：工程综合说明、委托监理的任务大纲、合格条件与资格要求、招标投标程序、评标考虑的要素和评标原则，等等。

③合同草案。通常招标人与中标人签订的监理委托合同应采用建设部和国家工商行政管理总局联合颁布的《建设工程委托监理合同》标准化文本，合同的标准条件部分不得改动，结合委托监理任务的工程特点和项目地域特点，双方可针对标准条件中的要求予以补充、细化和修改，视为专用条款。在编制招标文件时，为了能使投标人明确义务和责任，合同中专用条款的内容均应写明。招标文件中的专用条款内容只是编写投标书的依据，如果通过投标、评标和合同谈判，发包人同意接受投标书中的某些建议，双方协商达成一致修改专用条款的约定后再签订合同。

④工程技术文件。工程技术文件是投标人完成委托监理任务的依据，一般包括的内容有：工程项目建议书，工程项目批复文件，可行性研究报告及审批文件，应遵守的有关技术规定，必要的设计文件、设计施工图和有关资料。

⑤投标文件的格式。招标文件中给出的标准化法律文书通常包括的内容有：投标

书格式、监理大纲的主要内容要求、投标单位对投标负责人的授权书格式、履约保函格式。

5. 1. 2. 1. 3　工程施工招标

(1) 建设工程施工招标的形式及特点

工程施工招标是指工程施工阶段的招标活动全过程，它是目前国内一些工程项目建设经常采用的一种招标形式。其特点是招标范围灵活化、多样化，有利于施工的专业化。工程项目招标可以是全部工作一次性发包，也可以把工作分解成几个独立的内容分别发包。如果招标人不擅管理，则招标人可将项目的全部施工任务发包给一个中标人，仅与一个中标人签订合同，这样施工过程中管理工作比较简单，但有能力参与竞争的投标人较少。如果招标人有足够的管理能力，也可以将全部施工内容分解成若干个单位工程和特殊专业工程分别发包，一是可以发挥不同投标人的专业特长，增强投标的竞争性；二是每个独立合同比总承包合同更容易落实，即使出现问题也易于纠正或补救。但招标发包的数量要适当，标段太多会给招标工作和施工阶段的管理协调带来困难。因此，分标段招标的原则是有利于吸引更多的投标者来参加投标，以发挥各个承包商的特长，降低工程造价，保证工程质量，加快工程进度，同时又要考虑到便于工程管理，减少施工干扰，使工程能有条不紊地进行。

(2) 影响施工招标范围的主要因素

①工程特点。准备招标的工程如果场地比较集中，工程量不大，技术上不是特别复杂，一般不用分标。而当工作场面分散、工程量较大，或有特殊的工程技术要求时，则可以考虑分标。

②对工程造价的影响。一般来说，一个工程由一家承包商施工，不但干扰少、便于管理，而且由于临时设施少，人力、机械设备可以统一调配使用，从而获得比较低的工程报价。但是，如果是一个大型的、复杂的工程项目，则对承包商的施工经验、能力、设备等方面都要求很高，在这种情况下，如果不分标就可能使有能力参加此项目投标的承包商数大大减少，投标竞争对手的减少，很容易导致报价上涨，从而不能获得合理的报价。

③专业化问题。尽可能按专业划分标段，有利于发挥承包商的特长，增加对承包商的吸引力。

④施工现场的施工管理问题。在确定招标范围时要考虑施工现场管理中的两个问题：一是工程进度的衔接；二是施工现场的布置。

工程进度的衔接很重要，特别是关键线路上的项目一定要选择施工水平高、能力强、信誉好的承包商，以保证能按期或提前完成任务，防止影响其他承包商的工程进度，以避免引起不必要的索赔。

从现场布置角度看，则承包商越少越好。确定招标范围时一定要考虑施工现场的布置，不能有过大的干扰。对各个承包商的料场分配、附属企业、生活区安排、交通运输、弃渣场地等都应在事先有所考虑。

⑤其他因素。影响工程招标范围的因素还有很多，如资金问题，当资金筹措不足时，只有实行分标招标，先进行部分工程的招标。

(3) 建设工程施工招标的方式

目前国内、外市场上使用的建设工程招标方式主要有以下两种：

①公开招标。公开招标是指招标人通过报刊、广播、电视、网络或其他媒介，公开发布招标公告，招揽不特定的法人或其他组织参加投标的招标方式。公开招标一般对投标人的数量不予限制，故也称为“无限竞争性招标”。

公开招标的优势：由于公开招标是无限竞争性招标，竞争相当激烈，使招标人能切实做到“货比多家”，有充分的选择余地，有利于招标人获得最合理的投标报价，取得最佳投资效益。公开招标竞争范围广，往往打破国界，有利于学习国外先进的工程技术及管理经验；有利于提高各家工程承包企业的工程建造质量、劳动生产率及投标竞争能力。采用公开招标能够保证所有合格的投标人都有机会参加投标，都以统一的客观衡量标准衡量自身的生产条件，促使各家施工企业在竞争中按照国际先进水平来展示自己。公开招标是根据预先制定并众所周知的程序和标准公开而客观地进行的，因此一般能防止招标投标过程中作弊情况的发生。

公开招标的弊端：公开招标所需费用较大，时间较长。同时，公开招标需准备的文件较多、工作量较大且各项工作的具体实施难度较大。

公开招标主要适用于：政府投资或融资的建设工程项目；使用世界银行、国际性金融机构资金的建设工程项目；国际上的大型建设工程项目；关系社会公共利益、公共安全的基础设施建设工程项目及公共事业项目等。

②邀请招标。邀请招标是指招标人以投标邀请书的方式直接邀请若干家特定的法人或其他组织参加投标的招标形式。邀请招标对投标人的数量是有限制的，故也称为“有限竞争性招标”。招标人采用邀请招标方式时，特邀的投标人一般不应少于 3 家。被邀请的投标人必须是资信良好、能胜任招标工程项目实施任务的单位。

邀请招标的优势：招标所需的时间较短，且招标费用较少。一般而言，由于邀请招标时，被邀请的投标人都是经招标人事先选定具备招标工程投标资格的承包企业，故无须再进行投资人资格预审；又由于被邀请的投标人数量有限，可相应减少评标阶段的工作量及费用开支，因此，邀请招标能以比公开招标更短的时间、更少的费用结束招标投标过程。另外，投标人不易串通抬价。因为邀请招标不公开进行，参与投标的承包企业不清楚其他被邀请人，所以，在一定程度上能避免投标人之间进行接触，使其无法串通抬价。

邀请招标的弊端：不利于招标人获得最优报价，取得最佳投资效益。这是由于邀请招标时，由招标人选择投标人，招标人的选择相对于广阔、发达的市场不可避免地存在一定局限性，加上邀请招标的投标人数量既定、竞争有限，可供招标人比较、选择的范围相对狭小，也就不易使招标人获得最合理的报价。

邀请招标主要适用于：私人投资建设的项目，中、小型建设工程项目。

(4) 建设工程施工招标文件的主要内容

①投标须知。投标须知中主要包括：总则、招标文件、投标报价说明、投标文件的编制、投标文件的递交、开标、评标、授予合同。

②合同条件。其包括合同通用条件和专用条件。其中合同通用条件可以采用国家

工商行政管理总局和建设部最新颁发的《建设工程施工合同（示范文本）》中的“通用条款”。

③合同协议条款。其内容包括：合同文件、双方一般责任、施工组织设计和工期、质量与验收、合同价款与支付、材料和设备供应、设计变更、竣工与结算、争议、违约和索赔。

④合同格式。其内容包括：合同协议书格式、银行履约保函格式、履约担保书格式、预付款银行保函格式。

⑤技术规范。其内容包括：工程建设地点的现场自然条件、现场施工条件、本工程采用的技术规范。

⑥投标书及投标书附录。

⑦工程量清单与报价表、辅助资料表。

⑧设计施工图及勘察资料。

5.1.2.1.4　材料及设备招标

材料及设备招标是指采购主体对所需要的工程设备、材料向供货商进行询价或通过招标的方式设定包括商品质量、期限、价格为主的标的，邀请若干供货商通过投标报价进行竞争，采购主体从中选择优胜者并与其达成交易协议。

（1）建设工程材料及设备采购的范围

材料及设备采购的范围主要包括建设工程中所需要的大量建材、工具、用具、机械设备、电气设备等，大致分为工程用料、暂设工程用料、施工用料、正式工程的机电设备、其他辅助办公和实验设备等。

（2）材料及设备采购的方式

材料及设备采购方式可分为公开招标、邀请招标、询价和直接订购。采用公开招标或邀请招标的方式一般适用于购买大宗建筑材料或订购大型设备，且标的金额较大、市场竞争激烈的情况。

①公开招标。国务院发展改革部门确定的国家重点建设项目和各省、自治区、直辖市人民政府确定的地方重点建设项目，其货物采购应当公开招标。

②邀请招标。邀请招标适用于：货物技术复杂或有特殊要求，只有少量几家潜在投标人可供选择的；涉及国家安全、国家机密或者抢险救灾，适宜招标但不宜公开招标的；拟公开招标的费用与拟公开招标的节资相比，得不偿失的；法律、行政法规规定不宜公开招标的其他情形。

③询价。询价是指对 3 家以上供货商就标的物进行价格比较以获得最合理价格，选择其中一家签订供货合同。一般适用于材料设备价值较小的标准规格产品。

④直接订购。这是一种非竞争性的采购方式。在某些特殊情况下，由于需要某些特定机械设备早日交货，可采用此法，以避免由于时间延误而增加开支。

（3）材料及设备招标的程序

一般程序包括：

①办理委托招标。

②确定招标方式。

③编制实施计划筹建项目评标委员会。

④编制招标文件。

⑤刊登招标公告或发投标邀请函。

⑥资格预审。

⑦发售招标文件。

⑧投标。

⑨开标。

⑩阅标、询标。

⑪评标、定标。

⑫发中标和落标通知书。

⑬签订合同。

（4）材料及设备招标文件的内容组成

①投标邀请书。其包括招标项目名称，建设工程名称及简介，招标材料，设备简要内容（设备主要参数、数量、要求交货期、交货地点等），投标截止时间和地点，开标时间和地点的说明及提交投标保证金和联络方式等其他有关内容。

②投标资料表。

③投标人须知。其包括对招标文件的说明及对投标者投标文件的基本要求，评标、定标的基本原则等内容。

④合同条款。合同主要条款包括：合同标的、合同价格、付款、检查验收、索赔、合同争议的解决、违约责任、合同生效及其他等内容。

⑤附件。

⑥招标项目技术要求。其包括招标项目一览表、招标项目技术参数及质量要求、图样及包装要求等。

5.1.2.1.5　营销代理机构招标

（1）营销代理机构招标的意义

房地产开发企业开发建设房屋，目的是为了获取利润，而实现目的的重要方式之一就是通过适当的渠道将房屋销售出去，开发商往往精力有限，需要把项目的营销任务委托专业的房地产营销代理机构进行策划和销售。房地产营销代理机构就是专业为房地产公司（开发商）提供房地产专业的楼盘策划、推广、销售代理的服务机构，业务集中在产品定位、地块研究、广告推广、营销策划等。房地产营销代理机构为房地产公司（开发商）提供的主要是智力型的服务。

（2）营销代理机构招标的程序

①招标单位编制招标书。

②招标单位发布招标信息。招标分为公开招标和邀请招标两种方式，公开招标一般用公告发布招标信息，邀请招标一般用邀请函发布招标信息。

③招标单位确认投标单位。招标单位对意向投标单位进行资格审查，包括企业业绩等情况，确认的投标单位要保证有三家以上。

④投标单位领取招标书。

⑤踏勘楼盘现场、解答招标书问题。

⑥投标单位按规定时间密封报送投标书。

⑦开标、评标。

⑧招标单位与中标单位签订合同。

⑨结尾工作。招标单位向未中标单位返回保证金和支付补偿金。

(3) 营销代理机构招标文件的主要内容

①招标公告或招标邀请。

②投标须知。其包括招标单位（业主）简介、地块和项目详介、投资规模和项目进度介绍、日程安排等。

③招标内容及要求。招标内容大致可分为：前期策划、市场调研、营销策划、广告策划、销售代理。

④合同主要条款。

⑤开标事项。

5.1.2.2 房地产项目招标管理的常见流程

房地产项目招标管理流程见图 5-1。

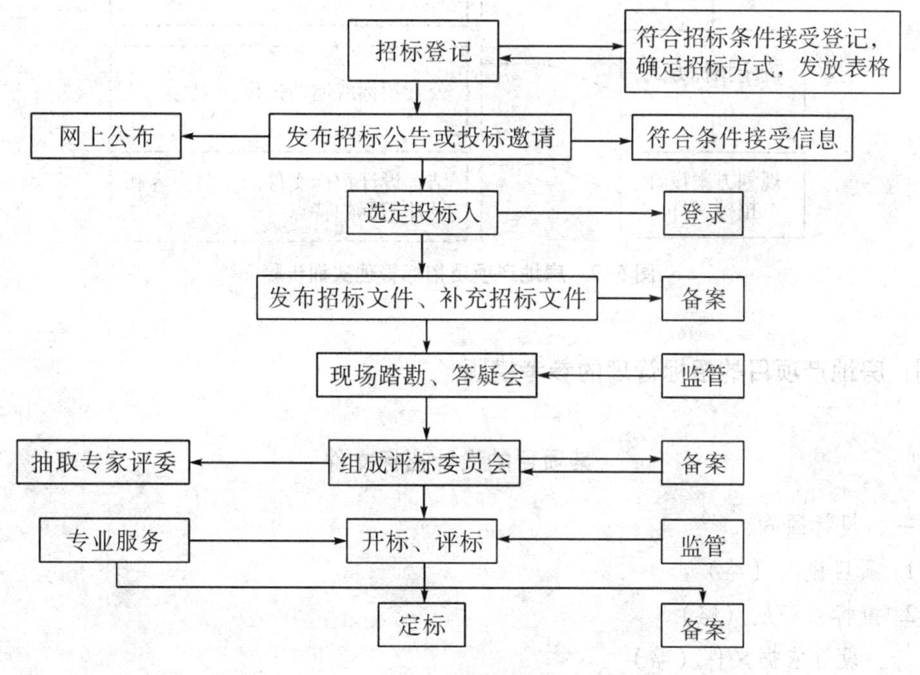

图 5-1 房地产项目标管理流程图

5.1.3 房地产项目的招标管理实训的组织

(1) 指导者工作

①向受训者讲授房地产项目涉及的招标种类和特点。

②介绍房地产项目招标的常见方式，并举案例。

③明确规划方案设计招标作为实训工作。

④要求受训者结合项目实际情况，确定招标方式，规划方案设计招标文件。

(2) 受训者工作

①熟悉规划方案设计招标所涉及的工作。

②对前期实训的项目报建、前期定位、项目投资分析进行整理。

③确定招标方式。

④结合设计方案招标的主要内容，编写招标文件。

5.1.4 房地产项目的招标管理实训的步骤

房地产项目的招标管理实训的步骤见图 5-2。

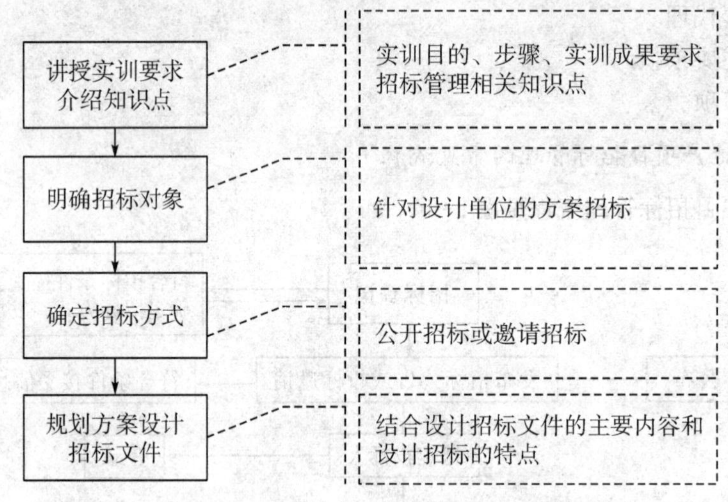

图 5-2 房地产项目招标管理实训步骤

示例：房地产项目的招标管理的参考模版

某项目的设计招标文件

一、投标须知

1. 项目概况（略）

2. 投标人资质（略）

二、设计依据文件（略）

三、项目说明书

1. 设计任务和深度要求

(1) 设计任务

本次方案规划设计工作由总体规划和建筑设计两部分组成，要求这两方面有良好的创意。

①总体规划设计。根据项目的布局要求，结合项目现状，提出项目新的总体规划

设计和改建、扩建方案。

②建筑设计。其包括主体建筑和其他新的建筑群体的建筑设计方案。

(2) 设计成果深度要求

①设计成果规划图，比例1：1 000。

②平、立、剖面图，比例1：200。

③主体建筑立面透视图。

④总体规划模型，比例1：500。

⑤分析图若干。

⑥设计说明（含造价估算及主要技术经济指标）。

四、拟签订合同的主要条款和要求

第一条，本合同依据下列文件签订（略）。

第二条，本合同设计项目的内容（略）。

第三条，双方责任（略）。

第四条，违约责任（略）。

第五条，其他（略）。

五、设计基础资料

1. 地质条件（略）

2. 设施配套设计（略）

六、招标文件答疑、组织现场踏勘和召开标前会议的时间和地点

1. 召开标前会议

时间：××××年××月××日

地点：略

2. 组织现场踏勘

时间：××××年××月××日

地点：略

3. 招标文件答疑

时间：××××年××月××日

地点：略

七、投标文件送达的截止时间

自领取项目设计任务书之日起××天内完成全部设计。即××××年××月××日。

八、投标文件编制要求及评标原则

1. 编制要求（略）

2. 评标原则（略）

九、未中标方案的补偿办法（略）

十、招标可能涉及的其他有关内容（略）

5.2 房地产项目的合同管理

5.2.1 房地产项目的合同管理实训的目的及任务

（1）实训的目的

①熟悉《中华人民共和国合同法》和房地产项目合同管理工作的专业知识。

②掌握合同的签订、分类登记、检查、归档整理的规范、要求等。

（2）实训的任务

拟写土建施工合同书。

5.2.2 房地产项目的合同管理实训的知识准备

5.2.2.1 房地产项目管理合同的分类

5.2.2.1.1 建设工程勘察、设计合同

建设工程勘察合同是指根据建设工程的要求，查明、分析、评价建设场地的地质地理环境特征和岩土条件，编制建设工程勘察文件的协议。

建设工程设计合同是指根据建设工程的要求，对建设工程所需的技术、经济、资源、环境等条件进行综合分析、论证，编制建设工程设计文件的协议。

（1）勘察合同的主要内容

①委托任务的工作范围。

②发包人应提供的勘察依据文件和资料、现场的工作条件。

③发包人和勘察人的责任。

④勘察费用的支付。

⑤勘察合同的工期。

⑥勘察成果资料的检查验收。

⑦违约责任。

⑧合同争议解决方式。

（2）设计合同的主要内容

①委托任务的工作范围。

②发包人应提供的文件和资料。

③发包人和设计人的责任。

④设计费用的支付管理。

⑤设计合同生效、终止与期限。

⑥违约责任。

⑦合同争议解决方式。

5.2.2.1.2 建设工程委托监理合同

建设工程委托监理合同属于委托合同的范畴，是工程发包人将项目建设过程中与

第三方所签订的合同履行管理任务，以合同方式委托监理人负责监督、协调和管理而订立的合同。

《建设工程委托监理合同（示范文本）》由建设工程委托监理合同、建设工程委托监理合同标准条件和建设工程委托监理合同专用条件三部分组成。

（1）建设工程委托监理合同。这是一个总的协议，是纲领性的法律文件。

（2）建设工程委托监理合同标准条件。其内容具有较强的通用性，适用于各类建设项目工程监理，主要内容有：监理人的工作，合同双方的权利、义务与责任，监理酬金，监理合同的变更、终止与解除，争议的解决。

（3）建设工程委托监理合同专用条件。这是对具体工程而言，结合地域特点、专业特点和委托监理项目的工程特点，对标准条件中的某些条款的补充和修正。

5.2.2.1.3 建设工程施工合同

建设工程施工合同是建设单位和施工单位为完成商定的土木工程、设备安装、管道线路铺设、装饰装修和房屋修缮等建设工程项目，明确双方的权利和义务关系的协定。

《建设工程施工合同（示范文本）》包括协议书、通用条款、专用条款三个部分，以及承包人承揽工程项目一览表、发包人供应材料设备一览表、工程质量保修书三个附件。

（1）协议书。协议书是施工合同的纲领性文件。

（2）通用条款。通用条款是根据法律、行政法规规定及建设工程施工的需要订立，通用于建设工程施工的条款。其主要内容有：合同双方的义务，合同价款与支付条款，合同进度条款，合同的质量条款，不可抗力、保险与担保，变更、索赔与合同争议的解决，合同的解除与终止，违约责任，材料采购等。

（3）专用条款。专用条款是发包人与承包人根据法律、行政法规规定，结合具体工程实际，经协商达成一致意见的条款，是对通用条款的具体化、补充或修改。

5.2.2.1.4 建设工程材料设备合同

建设工程材料设备合同是指具有平等主体的自然人、法人、其他组织之间为实现建设工程材料设备买卖，设立、变更、终止相互权利和义务关系的协议。

建筑工程材料设备合同的主要内容分为约首、合同条款和约尾三部分。

（1）约首。写明采购方和供货方的单位名称、合同编号和签订地点。

（2）合同条款。主要内容包括：

①合同标的，包括产品的名称、品种、商标、型号、规格、等级、花色、生产厂家、订购数量、合同金额、供货时间及每次供应数量等。

②质量要求的技术标准、供货方对质量负责的条件和期限。

③交（提）货地点和方式。

④运输方式及到站、港和费用的负担责任。

⑤合理损耗及计算方法。

⑥包装标准、包装物的供应与回收。

⑦验收标准、方法及提出异议的期限。

⑧随机备品、配件工具数量及供应办法。

⑨结算方式及期限。

⑩如需提供担保，另立合同担保书作为合同附件。

⑪违约责任。

⑫解决合同争议的方法。

⑬其他约定事项。

（3）约尾。最终签字盖章使合同生效的有关内容，包括签字的法定代表人或委托代理人姓名、开户银行和账号、合同的有效起止日期等。

5.2.2.1.5 营销代理机构合同

营销代理机构合同是指房地产企业（开发商）与营销代理机构签订的管理任务，营销代理机构为房地产企业（开发商）提供房地产营销服务及相关事宜的合同（协议）。

营销代理机构合同的内容主要包括：

①代理范围、期限和方式。

②甲、乙双方的权利和义务。

③违约责任。

④代理的收费标准及支付方式。

⑤合同争议的解决。

⑥合同的终止与解除。

5.2.2.2 合同管理流程

合同管理流程见图 5-3。

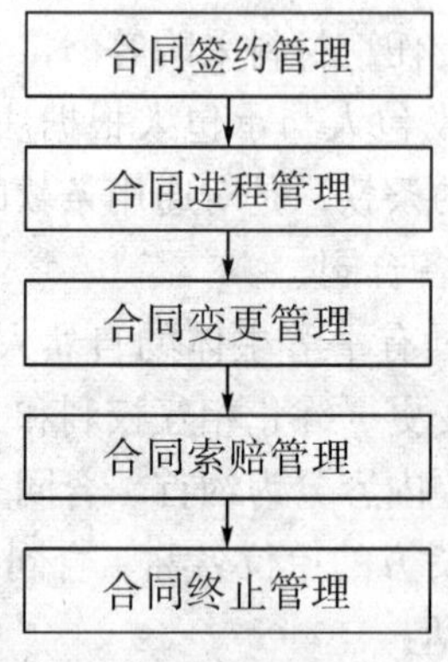

图 5-3 合同管理流程图

5.2.3 房地产项目的合同管理实训的组织

（1）指导者工作

①向受训者讲授房地产项目涉及的合同种类和主要内容。

②介绍合同管理流程，并举案例。

③加强受训者对合同施工文本的理解，拟写土建施工合同书。

（2）受训者工作

①收集整理合同书的相关依据资料。

②确定合同签订对象：总承包单位、专业分包单位、劳务分包单位。

③熟悉《建设工程施工合同（示范文本）》组成内容。

④根据项目实际，拟写土建施工合同书。

5.2.4 房地产项目的合同管理实训的步骤

房地产项目合同管理实训步骤见图5-4。

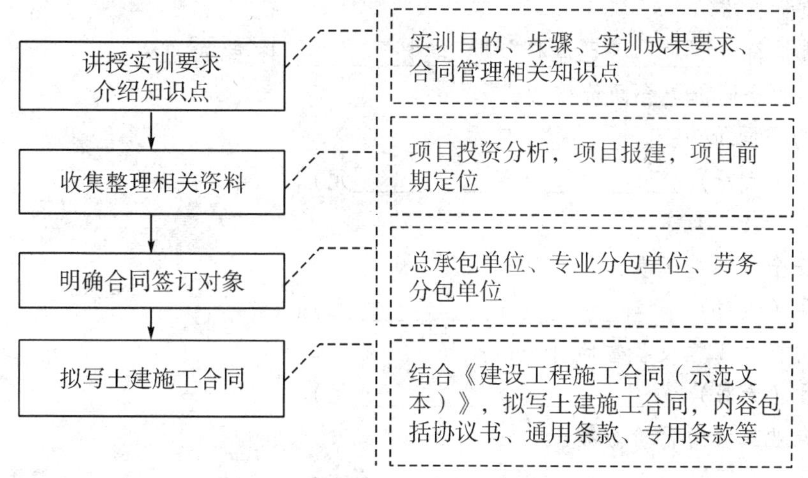

图5-4 房地产项目合同管理实训步骤

示例：房地产项目的合同管理的参考模版

某项目的土建施工合同书

合同协议书

发包人（全称）：××房地产开发有限公司

承包人（全称）：××建设有限公司

根据《中华人民共和国合同法》《中华人民共和国建筑法》及有关法律规定，遵循平等、自愿、公平和诚实信用的原则，双方就工程施工及有关事项协商一致，共同达成如下协议：

一、工程概况

1. 工程名称：天骄名城二期总承包施工工程（Ⅰ标段）。

2. 工程地点：××区××路。

3. 工程立项批准文号：×××××。

4. 资金来源：自筹。

5. 工程内容：所提供施工图范围内的建筑安装工程（发包人另行单独发包工程除外）。

群体工程应附《承包人承揽工程项目一览表》(附件1)。

6. 工程承包范围：所提供施工图范围内的建筑安装工程（发包人另行单独发包工程除外）。

二、合同工期

计划开工日期：××××年××月××日。

计划竣工日期：××××年××月××日。

工期总日历天数：×××天。工期总日历天数与前述计划开竣工日期计算的工期天数不一致的，以工期总日历天数为准。

三、质量标准

工程质量符合“巴渝杯”“三峡杯”标准。

四、签约合同价与合同价格形式

1. 签约合同价为：______亿元。

人民币（大写）______（¥______元）。

其中：

(1) 安全文明施工费：

人民币（大写）______（¥______元）

(2) 材料和工程设备暂估价金额：

人民币（大写）______（¥______元）

(3) 专业工程暂估价金额：

人民币（大写）______（¥______元）

(4) 暂列金额：

人民币（大写）______（¥______元）

2. 合同价格形式：固定总价合同。

五、项目经理

承包人项目经理：梁某。

六、合同文件构成

本协议书与下列文件一起构成合同文件：

(1) 中标通知书（如果有）；

(2) 投标函及其附录（如果有）；

(3) 专用合同条款及其附件；

(4) 通用合同条款；

(5) 技术标准和要求；

(6) 图纸；

(7) 已标价工程量清单或预算书；

(8) 其他合同文件。

在合同订立及履行过程中形成的与合同有关的文件均构成合同文件组成部分。

上述各项合同文件包括合同当事人就该项合同文件所做出的补充和修改，属于同一类内容的文件，应以最新签署的为准。专用合同条款及其附件须经合同当事人签字或盖章。

七、承诺

1. 发包人承诺按照法律规定履行项目审批手续、筹集工程建设资金并按照合同约定的期限和方式支付合同价款。

2. 承包人承诺按照法律规定及合同约定组织完成工程施工，确保工程质量和安全，不进行转包及违法分包，并在缺陷责任期及保修期内承担相应的工程维修责任。

3. 发包人和承包人通过招投标形式签订合同的，双方理解并承诺不再就同一工程另行签订与合同实质性内容相背离的协议。

八、词语含义

本协议书中词语含义与第二部分通用合同条款中赋予的含义相同。

九、签订时间

本合同于××××年××月××日签订。

十、签订地点

本合同在<u>重庆市渝中区新华路4号附1号时代天骄二楼</u>签订。

十一、补充协议

合同未尽事宜，合同当事人另行签订补充协议，补充协议是合同的组成部分。

十二、合同生效

本合同自<u>订立之日起</u>生效。

十三、合同份数

本合同一式×份，均具有同等法律效力，发包人执________份，承包人执________份。

发包人：　（公章）	承包人：　（公章）
法定代表人或其委托代理人： （签字）	法定代表人或其委托代理人： （签字）
组织机构代码：	组织机构代码：
地址：	地址：
邮政编码：	邮政编码：
法定代表人：	法定代表人：
委托代理人：	委托代理人：
电话：	电话：
传真：	传真：
电子信箱：	电子信箱：
开户银行：	开户银行：
账号：	账号：

通用合同条款

通用合同条款是根据法律、行政法规规定及建设工程施工的需要订立，通用于建设工程施工的条款，属国家标准条款。故在此略。

专用合同条款

由于具体实施过程项目的工作内容各不相同，施工现场和外部环境条件各异，故专用条款是反映工程具体特点和要求的约定，是对通用条款的具体化、补充和修改。合同示范文本中的专用条款仅仅提供了一个编制具体合同时的指南，具体内容应由当事人根据工程的实际要求，针对通用条款的内容进行补充或修改。故在此略。

附件

协议书附件：

附件1：承包人承揽工程项目一览表（表5-1）

专用合同条款附件：

附件2：发包人供应材料设备一览表（表5-2）

附件3：工程质量保修书

表5-1　　承包人承揽工程项目一览表

单位工程名称	建设规模	建筑面积（平方米）	结构形式	层数	生产能力	设备安装内容	合同价格（元）	开工日期	竣工日期

表 5-2 发包人供应材料设备一览表

序号	材料、设备品种	规格型号	单位	数量	单价（元）	质量等级	供应时间	送达地点	备注

工程质量保修书

发包人（全称）：

承包人（全称）：

发包人和承包人根据《中华人民共和国建筑法》和《建设工程质量管理条例》，经协商一致就＿＿＿＿＿＿（工程全称）签订工程质量保修书。

一、工程质量保修范围和内容

承包人在质量保修期内，按照有关法律规定和合同约定，承担工程质量保修责任。

质量保修范围包括地基基础工程，主体结构工程，屋面防水工程，有防水要求的卫生间、房间和外墙面的防渗漏，供热与供冷系统，电气管线、给排水管道、设备安装和装修工程，以及双方约定的其他项目。

二、免费保修期限

根据《建设工程质量管理条例》及有关规定，工程的质量保修期如下：

1. 地基基础工程和主体结构工程在设计文件规定的工程合理使用年限内保修结构安全。

2. 屋面防水工程，有防水要求的卫生间、房间和外墙面，门窗框以及其他有防水要求的地方防渗漏保修5年。

3. 空调及制冷系统保修2年。

4. 电气管线、给排水管道、设备安装和装修工程工程保修2年。

5. 室外管网及小区道路等市政公用工程保修2年。

6. 其他工程按照国家《建设工程质量管理条例》执行，但不得少于2年。

质量保修期自工程竣工验收合格之日起计算。

三、缺陷责任期

工程缺陷责任期为××个月，缺陷责任期自工程竣工验收合格之日起计算。单位工程先于全部工程进行验收，单位工程缺陷责任期自单位工程验收合格之日起计算。

缺陷责任期终止后，发包人应退还剩余的质量保证金。

四、质量保修责任

1. 属于保修范围、内容的项目，承包人应当在接到保修通知之日起7天内派人保修。承包人不在约定期限内派人保修的，发包人可以委托他人修理。

2. 发生紧急事故需抢修的，承包人在接到事故通知后，应当立即到达事故现场抢修。

3. 对于涉及结构安全的质量问题，应当按照《建设工程质量管理条例》的规定，立即向当地建设行政主管部门和有关部门报告，采取安全防范措施，并由原设计人或者具有相应资质等级的设计人提出保修方案，承包人实施保修。

4. 质量保修完成后，由发包人组织验收。

五、保修费用

保修费用由造成质量缺陷的责任方承担。

六、双方约定的其他工程质量保修事项

1. 乙方同意在免费保修期满后至工程有效寿命年限内，继续提供适当维修服务，并按最优惠价收取费用。

2. 本保修书作为施工合同附件，由施工合同双方共同签署，在工程使用年限内一直生效。

发包人（公章）：________	承包人（公章）：________
地址：________	地址：________
法定代表人（签字）：________	法定代表人（签字）：________
委托代理人（签字）：________	委托代理人（签字）：________
电话：________	电话：________
传真：________	传真：________
开户银行：________	开户银行：________
账号：________	账号：________
邮政编码：________	邮政编码：________

5.3 房地产项目的竣工验收

5.3.1 房地产项目的竣工验收实训的目的及任务

（1）实训的目的

①熟悉房地产项目竣工验收的内容、程序、提交文件等相关知识。

②掌握房地产项目竣工验收的实际操作能力。

（2）实训的任务

制定某房地产项目综合竣工验收的计划。

5.3.2 房地产项目的竣工验收实训的知识准备

（1）竣工验收的概念

建筑工程竣工验收，是全面考核建设工作，检查工程是否符合设计和工程质量要求的重要环节，对促进建设项目（工程）及时投产，发挥投资效果，总结建设经验有重要作用。建筑工程依照国家有关法律、法规及工程建设规范、标准的规定完成工程设计文件要求和合同约定的各项内容，建设单位已取得政府有关主管部门（或其委托机构）出具的工程施工质量、消防、规划、环保、城建等验收文件或准许使用文件后，组织工程竣工验收并编制完成建设工程竣工验收报告。参与的主体单位有建设单位、勘察单位、设计单位、监理单位、施工单位等。

（2）竣工验收工作的分类

①单项工程竣工验收

单项工程竣工验收是指在一个整体项目中，某一独立的建筑物、构筑物已完成设计图纸及合同约定完成全部的工程内容，具备正常使用条件，根据甲方与承包商合同约定的要求进行的质量验收。

②综合竣工验收

综合竣工验收是指在收到承包商提交的工程竣工验收报告后，经过城建档案管理部门预验收合格后，由甲方组织，政府质监部门（一般为质检站）参与，工程的勘察、设计、监理、总承包商参加的验收。它是工程竣工验收备案和办理房屋产权的必备条件。

（3）房地产项目综合竣工验收的流程

房地产项目综合竣工验收流程见图5-5。

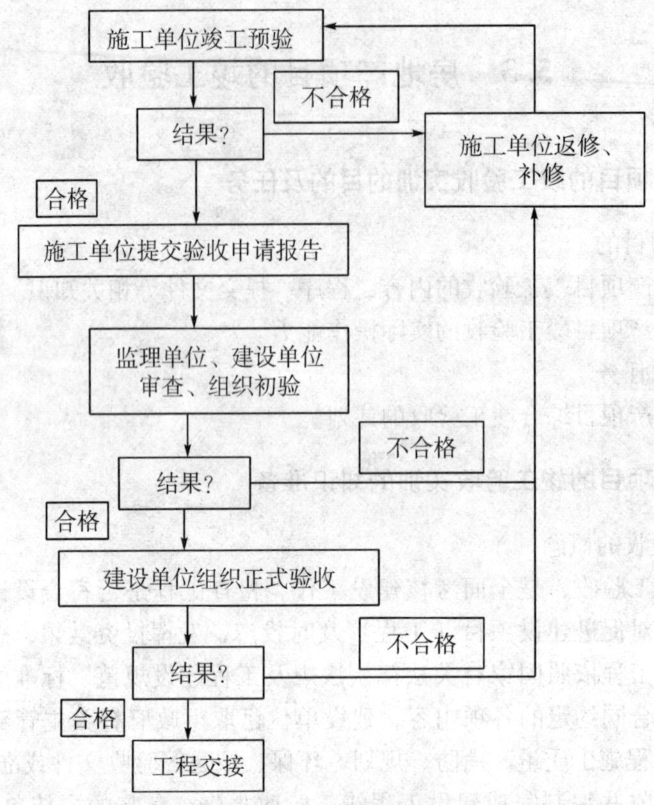

图 5-5　房地产项目综合竣工验收流程

（4）房地产项目竣工验收备案提交的文件（以重庆市为例）

· 建设工程备案申请书、登记表。
· 建筑工程施工许可证。
· 施工图设计文件审查报告、备案书。
· 勘察报告审查意见书。
· 施工单位提供的工程竣工报告。
· 施工单位提供的工程质量检查报告。
· 监理单位提供的工程质量评估报告。
· 勘察单位提供的工程质量评估报告。
· 设计单位提供的设计质量检查报告。
· 重庆市建设工程竣工验收意见书及通知书。
· 市政基础设施的有关质量检测和功能性试验资料。
· 建设工程档案验收意见书及档案移交书。
· 规划部门出具的认可文件和准许使用文件。
· 公安消防部门出具的认可文件和准许使用文件。
· 环保部门出具的认可文件和准许使用文件。
· 气象部门出具的防雷工程竣工验收合格证。

·工程质量监督部门出具的建设工程质量监督报告。

·施工单位提供的建设单位已按合同支付工程款的有关证明。

·重庆市建设工程质量保修书。

·商品住宅质量保修书和商品住宅使用说明书。

·房地产开发行政主管部门核定的《重庆市房地产开发建设项目手册》。

·《重庆市民用建筑节能工程竣工验收备案表》。

·发改委的立项批复文件。

·规划局的建设工程选址意见书。

·规划局的建设工程现场放线通知单。

·规划局的建设工程规划许可证及附页。

·规划局的用地红线图。

·规划局的建设红线图。

·建设单位项目负责人及现场代表责任书。

·监理单位项目总监、监理工程师责任书。

·施工单位有关责任人员名单。

·施工单位项目经理、施工管理负责人、项目技术负责人、项目施工员、项目质检员、项目安全员、项目材料员责任书。

·所属区、县人民政府的农民（居民）建设用地批准书。

5.3.3 房地产项目的竣工验收实训的组织

（1）指导者工作

①向受训者讲授房地产项目竣工验收的概念和主要涉及的单位部门。

②介绍竣工验收流程，并举案例。

③向受训者介绍竣工验收备案应提交的文件，制订某房地产项目综合竣工验收计划。

（2）受训者工作

①明确竣工验收的意义和所涉及的部门。

②了解房地产项目竣工验收备案应提交的文件。

③掌握房地产项目竣工验收基本流程。

④根据项目实际，制订综合竣工验收计划。

5.3.4 房地产项目的竣工验收实训的步骤

房地产项目竣工验收实训步骤见图 5-6。

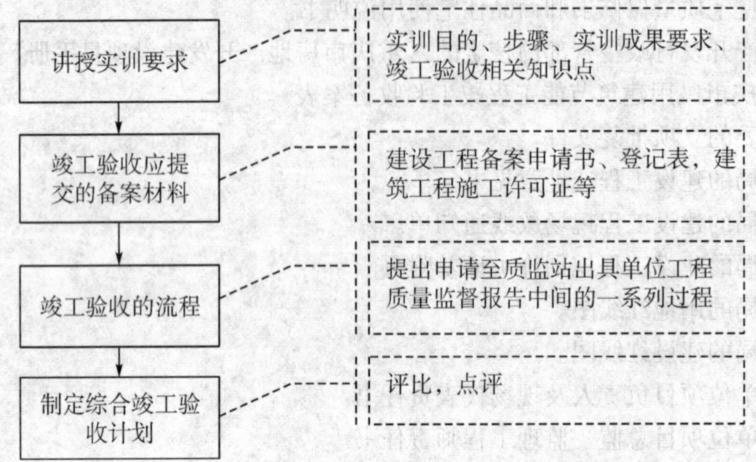

图 5-6 房地产项目竣工验收实训步骤

示例：房地产项目的竣工验收的参考模版

某项目的综合竣工验收计划

一、竣工验收时间

计划××××年××月××日前进行×××工程竣工验收。

二、参与工程验收的有关单位和专家

1. 建设单位

上级主管部门领导、××科学馆相关领导及相关专业管理人员。

2. 相关专家

装修专家、空调专家、智能专家、电梯专家、音响专家等。

3. 设计单位

项目负责、土建、装修、水电、消防、空调、智能、灯光音响、电梯单位等。

4. 监理单位

监理公司领导、总监、土建装修、水电空调、智能灯光等监理工程师。

5. 施工单位

(1) ××省建筑装饰工程有限公司项目经理、专业技术人员。

(2) ××省第四建筑公司项目经理、专业技术人员。

(3) 杰赛科技股份有限公司项目经理、专业技术人员。

(4) 华茂声学工程有限公司项目经理、专业技术人员。

(5) 安顺电梯工程有限公司项目经理、专业技术人员。

6. 质量监督部门

邀请主管该工程的质量监督部门领导进行监督。

三、工程竣工总结和资料

1. 建设单位、监理单位、各专业施工单位都要写工程竣工总结，竣工验收会议结束时，将工程竣工总结交给建设单位。

2. 建设单位在验收前要准备好前期工程档案资料。

3. 各专业施工单位在验收前要准备好工程档案资料和竣工图。

4. 监理单位在验收前要准备好监理档案资料。

四、工程验收实施计划

（一）验收组织

建设单位组织设计、施工、监理等单位和其他相关专家组成验收组，根据工程特点，下设若干个专业组。

1. 验收组（表5-3）

表5-3

组长	××省科协领导
副组长	总监、总包、广东科学馆领导
组员	相关专家、科学馆、设计院、监理、施工等

2. 专业组（表5-4）

表5-4

专业组	组长	组员
土建、装修	监理	相关专家、科学馆、设计院、监理、施工等
水电、空调、消防、电梯	监理	相关专家、科学馆、设计院、监理、施工等
弱电、灯光音响	监理	相关专家、科学馆、设计院、监理、施工等
工程质量控制资料及安全和功能检验资料	监理	相关专家、科学馆、设计院、监理、施工等

（二）验收程序

1. 建设单位主持验收会议。

2. 建设、设计、施工、监理单位介绍工程合同履约情况和在工程建设各个环节执行法律、法规及工程建设强制性标准情况。

3. 审阅建设、施工、监理单位的工程档案资料和竣工图。

4. 验收组实地查验工程质量。

5. 专业组发表意见，验收组形成工程质量验收意见并签名。

（三）质量整改

确定未达到使用功能的部位和存在的主要问题及整改时间。

（四）实地检查质量大体路线

首层大厅→科学会堂→阶梯教室→东附楼首层→室外装饰→202 室→204 室→302 室→304 室→南四楼→屋面→北四楼→317 室→315 室→其他课室等。

5.4　房地产项目管理的实验成果

根据受训者业务水平，实训的实验成果产出分为高级阶段、中级阶段、初级阶段、入门级成果。以下成果为入门级成果示例（说明：示例为某应用型高校学生实训成果，部分内容尚待推敲、修改和完善）。

某高校学生实训阶段成果

实验题目

实验（训）项目名称	规划方案设计招标文件	指导教师	
实验（训）日期		所在分组	

实验概述

【实验（训）目的及要求】

1. 熟悉设计招标文件的内容组成及意义，规划方案设计招标文件。

2. 实验分组，每组 4~5 名同学，针对各组的项目情况完成编制。

【实验（训）原理】

1. 设计招标文件的特点：简单介绍工程项目的实施条件、预期达到的技术经济指标、投资限额、进度要求等。

2. 设计招标文件中仅提出设计依据、工程项目应达到的技术指标、项目限定的工作范围、项目所在地的基本资料、要求完成的时间等内容，而无具体的工作量。

实验内容

【实验（训）方案设计】

一、实验任务目标

1. 熟悉设计招标文件的内容组成及意义。

2. 掌握设计招标文件的特点，针对各组项目实际情况，规划方案设计招标文件。

二、实验要点及流程

1. 要点：重点掌握设计招标文件的主要内容及特点。

2. 流程：针对项目实际情况→按照设计招标文件要求→规划方案设计招标文件。

三、仪器设备

投影仪、电脑。

【实验（训）过程】（实验（训）步骤、记录、数据、分析）

一、投标须知

该项目位于重庆市沙坪坝区井口镇先锋街 67 号重庆工商大学融智学院，根据该市政府宏观规划，经批准，对该项目整体建设重新规划，并改造成中、高档住宅，其项目名称为“仙山流云”。为征集到优秀的规划设计方案，决定面向全市举办该项目方案设计招标活动。

该项目占地总面积约17万平方米，分商业区和住宅区两部分。项目建设规模要求高层共计8栋，建筑面积为88 000平方米，容积率达3.8；洋房共计6栋，建筑面积为14 400平方米，容积率达0.9；约30 000平方米的商业区，其中配有大型超市、百货、电影院等休闲娱乐设施；绿化率达45%；并且有诊所、幼儿园等基本配套。整体布局合理，内部管理智能化。

投标人资质为：甲级工程设计单位。

二、设计依据文件

经过重庆市政府批准的设计任务书、项目建议书或者可行性研究报告及有关审批文件的复印件。

三、项目说明书

1. 设计任务和深度要求

（1）设计任务

本次方案规划设计工作，由总体规划和建筑设计两部分组成，要求这两方面有良好的创意。

①总体规划设计：根据现代中、高档住宅的布局要求，结合该项目现状，提出改建本项目的总体规划设计和改建方案。

②建筑设计：包括住宅主体建筑和商业建筑群体的建筑设计方案。

（2）设计成果深度要求

①设计成果规划图，比例1：1 000。

②平、立、剖面图，比例1：200。

③主体建筑立面透视图。

④总体规划模型，比例1：500。

⑤分析图若干。

⑥设计说明（含造价估算及主要技术经济指标）如表5-5所示。

表5-5　投资与总成本费用估算汇总表　单位：万元

序号	项目	投资
1	土地费用	33 350
2	前期工程费用	1 234.64
3	建筑安装工程费用	16 260
4	公共配套设施费	752
5	不可预见费	2 542.23
6	开发期间税费	63.92
7	管理费	2 542.23

表5-5(续)

序号	项目	投资
8	销售费用	7 395
9	财务费用	7 183.68
	总计	71 323.7

2. 主要技术经济指标

(1) 建筑用地面积

容积率：高层为3.8，洋房为0.9，绿化率为45%。

建筑物总占地面积：4 100平方米。

(2) 计入容积率的建筑面积

住宅面积：64 000平方米。

销售中心：3 000平方米。

(3) 不计入容积率的建筑面积

阳台面积：5 088平方米。

3. 住宅总套数

90平方米以下的套数：520套。

90~120平方米的套数：360套。

4. 停车位

地上停车位：800个。

地下停车位：700个。

四、拟签订合同的主要条款和要求

第一条　本合同依据下列文件签订

1.1　《中华人民共和国合同法》《中华人民共和国建筑法》《建设工程勘察设计市场管理规定》。

1.2　国家及重庆市有关建设工程设计规范和技术规定。

第二条　本合同设计项目的内容

2.1　项目建设为中、高档住宅，户型以70平方米至120平方米的3室1厅为主，配有集百货、休闲娱乐、大型超市等为一体的商业区的规划概念方案，包括本项目地块用地范围内竖向及市政管网规划总平面设计，地块住宅、公共建设及地下车库设计(包括方案设计和初步设计)。

2.2　具体设计项目、规模、阶段、投资及设计费。

2.3　发包人应向设计人提交的有关资料及文件。

2.4　设计人应向发包人交付的设计资料及文件。

第三条　双方责任

3.1　甲方有权要求乙方在设计过程中提供作业图，并有权要求乙方提供结构、给排水、电气、采暖、通风等专业设计说明及计算书。

3.2 发包人按本合同第三条规定的内容，在规定的时间内向设计人提交资料及文件，并对其完整性、正确性及时限负责，发包人不得要求设计人违反国家有关标准进行设计。发包人提交上述资料及文件超过规定期限15天以内，设计人按合同第四条规定交付设计文件时间顺延；超过规定期限15天以上时，设计人员有权重新确定提交设计文件的时间。

3.3 发包人变更委托设计项目、规模、条件或因提交的资料错误，或所提交资料做较大修改，以致造成设计人设计需返工时，双方除需另行协商签订补充协议（或另订合同）、重新明确有关条款外，发包人应按设计人所耗工作量向设计人增付设计费。在未签合同前发包人已同意设计人为发包人所做的各项设计工作，应按收费标准支付相应设计费。

3.4 发包人要求设计人比合同规定时间提前交付设计资料及文件时，如果设计人能够做到，发包人应根据设计人提前投入的工作量，向设计人支付赶工费。

3.5 发包人应为派赴现场处理有关设计问题的工作人员，提供必要的工作、生活及交通等便利条件。

3.6 发包人应保护设计人的投标书、设计方案、文件、资料图纸、数据、计算软件和专利技术。未经设计人同意，发包人对设计人交付的设计资料及文件不得擅自修改、复制或向第三人转让或用于本合同外的项目，如发生以上情况，发包人应负法律责任，设计人有权向发包人提出索赔。

3.7 本项目的后续设计工作（包括但不限于A地块的施工图、B地块的方案深化、初步设计、施工图设计），甲方将优先考虑乙方，并另行签订设计合同。

3.8 发包人指定肖犁女士作为项目联络人，参加协调会议，并及时解答乙方疑问，若甲方需要更改联系人，书面形式通知设计人。

3.9 设计人应按国家技术规范、标准、规程及发包人提出的设计要求，进行工程设计，按合同规定的进度要求提交质量合格的设计资料，并对其负责。

3.10 设计人采用的主要技术标准是：国家及当地技术规范、标准、规程。

3.11 设计合理使用年限为70年。

3.12 设计人按本合同第二条和第四条规定的内容、进度及份数向发包人交付资料及文件。

3.13 设计人交付设计资料及文件后，按规定参加有关的设计审查，并根据审查结论负责对不超出原定范围的内容做必要调整和补充。

3.14 设计人应保护发包人的知识产权，不得向第三人泄露、转让发包人提交的产品图纸等技术经济资料。如发生以上情况并给发包人造成经济损失，发包人有权向设计人索赔。

3.15 设计方指定设计主要负责人作为本项目的总负责人，负责本合同项目各阶段设计工作，并提供乙方设计人员名单和简介。本工程建筑材料、设备的加工订货如需设计人员配合时，设计人应当积极予以协助。设计期间设计方不得随意变更项目总负责人，如需变更，设计方应书面通知甲方，并征得甲方的同意。

3.16 设计方提交的设计成果文件编制深度应满足建设部现行《建设工程设计文

件编制深度规定》的规定，并同时满足政府规划报批所要求的设计文件编制深度。

第四条 违约责任

4.1 在合同履行期间，发包人要求终止或解除合同，设计人未开始设计工作的，不退还发包人已付的订金；已开始设计工作的，发包人应根据设计人已进行的实际工作量，不足一半时，按该阶段设计费的一半支付；超过一半时，按该阶段设计费的全部支付。

4.2 发包人应按本合同第五条规定的金额和时间向设计人支付设计费，每逾期支付一天，应承担支付金额千分之二的逾期违约金。逾期超过30天以上时，设计人有权暂停履行下阶段工作，并书面通知发包人。发包人的上级或设计审批部门对设计文件不审批或本合同项目停缓建，发包人均按4.1条规定支付设计费。

4.3 设计人对设计资料及文件出现的遗漏或错误负责修改或补充。由于设计人员错误造成工程质量事故损失，设计人除负责采取补救措施外，应免收直接受损失部分的设计费。

4.4 由于设计人自身原因，延误了按本合同第四条规定的设计资料及设计文件的交付时间，每延误一天，应减收该项目应收设计费的千分之二。

4.5 合同生效后，设计人要求终止或解除合同，设计人应双倍返还订金。

第五条 其他

5.1 发包人要求设计人派专人留驻施工现场进行配合与解决有关问题时，双方应另行签订补充协议或技术咨询服务合同。

5.2 设计人为本合同项目所采用的国家或地方标准图，由发包人自费向有关出版部门购买。本合同第四条规定设计人交付的设计资料及文件份数超过《工程设计收费标准》规定的份数，设计人另收工本费。

5.3 本工程设计资料及文件中，建筑材料、配件和设备应当注明其规格、型号、性能等技术指标，设计人不得指定生产厂、供应商。发包人需要设计方的设计人员配合加工订货时，所需费用由发包人承担。

5.4 发包人委托设计配合引进项目的设计任务，从询价、对外谈判、国内外技术考察直至建成投产的各个阶段，应吸收承担有关设计任务的设计人参加。出国费用，除制装费外，其他费用由发包人支付。

5.5 发包人委托设计人承担本合同内容之外的工作服务，另行支付费用。

5.6 由于不可抗力因素致使合同无法履行时，双方应及时协商解决。

5.7 本合同发生争议，双方当事人应及时协商解决。也可由当地建设行政主管部门调解，调解不成时，双方当事人同意由仲裁委员会仲裁。双方当事人未在合同中约定仲裁机构，事后又未达成仲裁书面协议的，可向人民法院起诉。

5.8 本合同一式6份，发包人4份，设计人2份。

5.9 本合同经双方签字盖章并在发包人向设计人支付订金后生效。

五、设计基础资料

1. 地质条件

该项目位于沙坪坝区，本区地貌归属于川东平行岭谷低山丘陵区的一部分，全区呈丘陵、台地和低山组合的地貌结构。中部歌乐山海拔高度在550~650米，最高峰歌乐山云顶寺海拔680.25米。嘉陵江由北往东南流经沙坪坝区达19.3千米。气候属于中亚热带季风性湿润气候区，热量和水分资源丰富，最冷月平均气温7.8℃，最热月平均气温28.5℃，年平均气温18.3℃，无霜期341.6天，具有冬暖夏热和春秋多变的特点。全年降水充沛，降水量为1 082.9毫米。中部歌乐山森林区年平均气温比山下低2℃左右。全区水体除嘉陵江外，梁滩河、虎溪河、清水溪、凤凰溪、詹家溪、南溪口溪是区内较大的溪河。

2. 设施配套设计

（1）生活配套系统：图书馆、诊所、活动中心等。

（2）安保系统：采用了智能化管理系统，主要有楼宇可视对讲与防盗门控制系统、出入口管理及周界防范报警系统、闭路电视监控系统、保安巡更管理系统、住户报警系统。

（3）智能化设施：防盗单元门。每个单元住宅楼底设对讲机，每户内设对讲分机。

（4）电梯品牌：品牌电梯。

（5）供气系统：燃气，小区设燃气管网到户。

（6）供水系统：单元楼每户电表设在一楼或地下室，统一抄表。

（7）车库配置：车辆出入及停车场管理系统。

六、招标文件答疑、组织现场踏勘和召开标前会议的时间和地点

1. 召开标前会议

时间：2014年10月11日

地点：我方招标会议室

2. 组织现场踏勘

时间：2014年10月12日

地点：项目现场

3. 招标文件答疑

时间：2014年10月13日

地点：我方招标会议室

七、投标文件送达的截止时间

1. 自领取项目设计任务书之日起60天内完成全部设计，即2014年12月13日。

2. 为确保本次竞赛活动的顺利开展，参赛机构须向我方承诺按时提交设计方案。

八、投标文件编制要求及评标原则

1. 编制要求

在投标文件编制前，应进行必要的调查研究，弄清与工程设计有关的基本条件，收集必要的设计基本资料，进行认真分析。投标设计文件应根据招标书进行编制，由设计说明书、设计图纸、投资估算、透视图四部分组成，除透视图单列外，其他文件的编排顺序如下：

（1）封面，要求写明项目名称、编制单位、编制时间。

（2）扉页，设计文件编制单位行政及技术负责人、具体编制总负责人和相应注册

建筑师及注册结构工程师签字盖章。

(3) 设计文件目录。

(4) 设计说明书。

(5) 设计图纸。

(6) 投资估算。

上述规定适用投标文件正本。投标文件副本不得显示或隐示投标人名称，不需任何人签字盖章。如无特殊约定，投标文件一般为A3缩印本，效果图一般为1号彩图。一些大型或重要的城市建筑根据工程需要加做建筑模型（费用另收）。

2. 评标原则

(1) 遵循公平、公正、科学、择优的原则。

(2) 聘请国内知名专家组成评审委员会，评出3个入围优秀方案。

(3) 在评标活动过程中，可要求投标人对其投标文件中含义不明的内容，通过评标委员会集体询标澄清。

九、未中标方案的补偿办法

经预选审核后，凡属正式邀请参赛并符合方案设计深度要求而未获奖者，给于一次性成本补贴费用4万元人民币。

十、招标可能涉及的其他有关内容

1. 投标文件的补充、修改与撤回

(1) 投标人在提交投标文件以后，在规定的投标截止时间之前，可以书面形式补充修改或撤回已提交的投标文件，并以书面形式通知招标人。补充、修改的内容为投标文件的组成部份。

(2) 投标人对投标文件的补充、修改，应按有关投标文件规定密封、标记和提交，并在投标文件密封袋上清楚标明“补充、修改”或“撤回”字样。

(3) 在投标截止时间之后，投标人不得补充、修改投标文件。

(4) 在投标截止时间至投标有效期满之前，投标人不得撤回投标文件；否则，其投标担保将被没收。

2. 无效标书的界定

有下列情形之一者，投标书无效：

(1) 投标书未密封的。

(2) 未按招标文件要求编制或字迹模糊，辨认不清的。

(3) 未盖单位公章或法定代表人（或其委托代理人）印章的。

(4) 逾期送达的。

(5) 投标单位递交内容不同的两份或两份以上投标书或报价，未声明哪一份有效的。

(6) 投标人在投标函中规定的投标有效期内撤回其投标文件的。

(7) 法律、法规规定的其他废标情况。

5.5　房地产项目管理的考核方法

在实训过程中，正确有效的考核方式是促进、巩固教学效果的重要内容，是提高实训质量的重要方法。本实验过程的考核方式如下：

5.5.1　考核内容

（1）受训者对项目管理实施环节的基本知识、操作技能、技巧运用的理解掌握程度。

（2）受训者对运用所学知识解决房地产项目管理实际问题的综合能力。

（3）受训者遵守实训纪律要求、实训态度等职业道德的情况。

（4）受训者团队意识、团队合作等职业配合技能。

5.5.2　考核原则

（1）考核标准是客观的、统一的，须防止主观的、随意的判定。

（2）成绩的评定能够真实反映受训者的知识、技能、技巧的实际水平。

（3）成绩的评定要体现受训者的工作态度。

（4）成绩的评定须加入对团队合作的考核。

（5）考核评分标准做到公开透明，使学生明白考核重点和要点。

5.5.3　考核方式

（1）课程考核

课程考核是对实训课程的过程考核，主要从受训者的出勤率、实训参与情况、课堂表现三个方面评定受训者的实训成绩。

（2）阶段考核

阶段考核是根据项目管理的三个实训内容，在每个实训版块结束后，对受训者阶段实训成绩进行评定。由于三个版块在实际操作过程中的重要程度不同，建议实训指导者可参照以下比例进行评分：

①项目招标管理：占比40%。

②项目合同管理：占比30%。

③项目竣工验收：占比30%。

（3）实训报告成果考核

项目管理实训环节完成后，需要由受训者提交本实训过程的实训报告，实训指导者根据其实训报告体现的学习态度、规范性、创新性、逻辑性等进行综合评分。参考评分标准如下：

①优秀（90分以上）

√叙述详细，概念正确，文理通顺，结构严谨，条理清楚，逻辑性强。

√对实训问题的分析详细、透彻、规范、全面。

√对所开发项目的针对性强。

√独立完成，无抄袭。
√对实训的心得体会深刻、有创意，有理有据，能提出并解决问题。
√学习态度认真，规定时间内圆满完成报告。
②良好（80~90分）
√叙述详细，概念正确，文理通顺，结构严谨，条理清楚，逻辑性强。
√对实训问题的分析详细、透彻、规范、全面。
√对所开发项目有针对性。
√独立完成，无抄袭。
√对实训的心得体会深刻、有创意，有理有据，能提出并解决问题。
√学习态度认真，规定时间内圆满完成报告。
③中等（70~80分）
√叙述详细，概念正确，文理通顺。
√对实训问题的分析详细、规范。
√对所开发项目有针对性。
√独立完成，无抄袭。
√对实训的心得体会深刻，有理有据，能提出并解决问题。
√学习态度认真，规定时间内圆满完成报告。
④及格（60~70分）
√叙述简单，没有抄袭。
√对实训问题的有简单分析和描述。
√对所开发项目有针对性。
√对实训的心得体会不深刻，论述不充分。
√学习态度比较认真，规定时间内完成报告。
⑤不及格（60分以下，或具备下面一项者）
√不提交报告。
√内容太简单、太空泛。
√基本上是抄袭。

5.5.4 考核成绩的计算

实训指导者对受训者的成绩评定可以参考表5-6。

表5-6　　房地产项目管理的考核成绩计算方式

考核点名称	课程考核	阶段考核	实训报告考核
考核点占比	30%	40%	30%
考核内容	出勤、实训参与情况、课堂表现	技能操作水平	见实训报告评分标准
备注：各考核内容需加入团队核分，即由受训小组组长根据小组成员的贡献情况对各成员进行梯度评分，该评分将作为实训指导者对个人成绩评分的一个参考标准。			

问题与思考

1. 勘察、设计招标，监理招标与施工招标有哪些异同?
2. 勘察、设计招标文件，监理招标文件与施工招标文件主要内容分别有哪些?
3. 监理合同当事人双方都有哪些权利?
4. 设计合同履行过程中哪些情况属于违约行为? 当事人双方各应如何承担违约责任?
5. 施工阶段合同管理的主要工作有哪些?
6. 房地产项目综合竣工验收备案应提交的资料清单有哪些?

拓展训练

1. 房地产监理招标

任务：能根据监理招标的特点和方式编写监理招标文件。

步骤：理解监理招标的特点→明确监理招标与施工招标、设计招标的区别→选择招标方式→确定监理服务的工作范围→结合监理招标文件的主要内容编写监理招标文件。

成果：《监理招标文件》。

2. 房地产监理招标文件的常见内容结构

①投标邀请函。

②投标须知。

③合同草案。

④工程技术文件。

⑤投标文件的格式。

参考文献

[1] 刘黎虹. 工程招投标与合同管理［M］. 北京：机械工业出版社，2011.

[2] 郝永池. 建设工程招投标与合同管理［M］. 北京：北京理工大学出版社，2011.

[3] 全国一级建造师执业资格考试用书编写委员会. 建设工程项目管理［M］. 北京：中国建筑工业出版社，2010.

[4] 全国一级建造师执业资格考试用书编写委员会. 建设工程法规及相关知识［M］. 北京：中国建筑工业出版社，2010.

[5] 全国建设工程招标投标从业人员培训教材编写委员会. 建设工程招标实务［M］. 北京：中国计划出版社，2002.

[6] 建设工程项目管理规范（GB/T50326-2006）.

[7] 全国造价工程师执业资格考试用书编写委员会. 建设工程造价管理［M］. 北京：中国计划出版社，2015.

[8] 伍川生. 工程竣工验收及交付［M］. 天津：天津大学出版社，2015.

[9] 刘伊生. 建设工程招投标与合同管理［M］. 北京：北京交通大学出版社，2014.

[10] 筑龙专题. 建筑工程竣工验收程序及内容［EB/OL］. http：//sg. zhulong. com/topic_ jungongyanshou. html. 2014-12-18.

6 房地产项目营销策划

📖本章导读

·掌握房地产营销推广的销售分期、入市时机选择、销售阶段划分、项目定价策略、营销推广策略以及工作内容等，对房地产营销推广有个总体认识。

·了解房地产营销各阶段的推广手法运用、入市推广策略制定、房地产项目定价策略选择、营销推广提案内容等，能够将房地产营销推广知识进行实际应用。

·了解房地产项目营销推广提案的技巧，对在提案中如何综合运用前述相关章节实训内容成果有所把握。

案例导入

广州碧桂园的营销推广

广州碧桂园某项目占地近667 000平方米，为低密度花园洋房和别墅楼盘，位于广州市番禺区大石镇南浦岛，当时的地理位置较为偏僻，1993年销售情况极不乐观。开发商曾多次邀请一些专家、学者实地考察，希望为销售出谋划策，但一时并无高招。

20世纪90年代各地纷纷开办“贵族学校”，碧桂园集团董事局主席杨国强在一次偶然的机会发现某些“贵族学校”虽然地理位置偏僻、所收取的教育储备金高昂，但是很多有钱人还是争先恐后地把自己的孩子送去读书。因此，他受到启发，决定打破先建房再办学的惯例，采取先办学再建房的模式。经朋友建议，他决定请新闻界的著名策划大师王志纲为碧桂园写一篇文章。

王志纲受邀走访碧桂园后，认为“这个事业不是一篇文章就能做好的。办学，不是权宜之计，而是围棋上的‘生死之劫’，要把它当作一个系统工程的部分，一种全新的生活方式，用全新的策划思路去做。如同《孙子兵法》中的‘围魏救赵’一样，也许反过来救了大势。如果仅仅把它当做一种住宅配套，那就注定要失败”。基于这个思路，杨国强请王志纲担任碧桂园的总策划。王志纲对碧桂园的策划分为两个部分进行：针对碧桂园学校的营销推广和针对碧桂园楼盘的营销推广。

那么，王志纲在对碧桂园的营销推广策划中，如何将学校的营销推广与楼盘的营销推广进行有效地结合呢？

（案例来源：根据相关公开资料整理）

6.1 房地产项目销售实施阶段计划

6.1.1 房地产项目销售实施阶段计划实训的目的与任务

（1）实训的目的

①使受训者了解如何将企业销售回款目标与工程进度、市场销售规律相结合，进行项目销售分阶段计划的时间安排。

②使受训者在制定计划过程中能够对营销宏观政策环境因素、经济环境因素、竞争对手因素、客户因素等有一定的回顾。

③使受训者掌握房地产销售四个阶段的相互衔接。

④使受训者了解房地产预售的相关政策规定及房地产销售的外部环境因素。

（2）实训的任务

①结合企业销售回款目标、工程进度、市场销售规律，进行模拟实训项目分期销售。

②在项目分期确定后，确定各期的销售阶段时间安排。

6.1.2 房地产项目销售实施阶段计划实训的知识准备

6.1.2.1 商品房预售

（1）商品房预售的概念

商品房预售是指房地产开发企业与购房者约定，由购房者交付订金或预付款，而在未来一定日期拥有现房的房产交易行为。其实质是房屋期货买卖，买卖的只是房屋的一张期货合约。它与成品房的买卖已成为我国商品房市场中的两种主要的房屋销售形式。

（2）商品房预售的特征

①商品房预售是一种附加期限的交易行为。买卖双方在合同中约定了一个期限，并把这个期限的到来作为房屋买卖权利和义务发生法律效力或失去效力的依据。

②商品房预售具有较强的国家干预性。由于商品房的预售不同于房屋的实质性买卖，真正的房屋交接尚未形成，因此，国家加强了对商品房预售市场的规范。我国对商品房预售的条件及程序作了规定，而且还要求在预售合同签订后须向当地房地产管理部门办理登记备案手续。

（3）商品房预售的条件

2004年建设部修改后发布的《城市商品房预售管理办法》中指出，商品房预售应当符合下列条件：①已交付全部土地使用权出让金，取得土地使用权证书；②持有建设工程规划许可证和施工许可证；③按提供预售的商品房计算，投入开发建设的资金达到工程建设总投资的25%以上，并已经确定施工进度和竣工交付日期。未取得《商品房预售许可证》的，不得进行商品房预售。

(4) 商品房预售申请提交的资料

开发企业申请预售许可证，应当提交下列证件（复印件）及资料：①商品房预售许可申请表；②开发企业的《营业执照》和资质证书；③土地使用权证、建设工程规划许可证、施工许可证；④投入开发建设的资金占工程建设总投资的比例符合规定条件的证明；⑤工程施工合同及关于施工进度的说明；⑥商品房预售方案。预售方案应当说明预售商品房的位置、面积、竣工交付日期等内容，并应当附预售商品房分层平面图。

(5) 商品房预售现场公示的内容

商品房预售现场公示的内容包括：①商品房预售许可证；②商品房预售面积测绘技术报告书和分摊情况；③房地产开发企业资质证书；④代理销售的房地产经纪机构备案情况；⑤已备案的《商品房买卖合同》示范文本；⑥每套商品房的销售价格；⑦每套商品房的销售情况；⑧其他。

(6) 预售合同的备案

商品房预售，开发企业应当与承购人签订商品房预售合同。开发企业应当自签约之日起 30 日内，向房地产管理部门和市、县人民政府土地管理部门办理商品房预售合同登记备案手续。

(7) 商品房预售资金的监管

商品房预售资金监管是指由房地产行政主管部门会同银行对商品房预售资金实施第三方监管，房地产开发企业须将预售资金存入银行专用监管账户，只能用作本项目建设，不得随意支取、使用。具体监管政策由各地出台。如重庆市规定：房地产开发企业应在与购房人签订购房合同、收取购房款的当日，将按揭购房首付款或一次性付款等购房人已支付的购房款全额存入预售资金监管账户，并向预售资金监管银行提供对应的子账号信息和购房人明细，预售资金监管银行应及时将该笔款项调整到对应子账号中。在办理商品房买卖合同登记备案时，开发企业和预售资金监管银行应按栋、按套提供已销售房屋的《商品房预售资金入账证明》。同一项目（以建设工程规划许可证批准项目名称为准）建设总规模在 10 万平方米以下的，只能设立一个监管账户；项目建设总规模在 10 万平方米（含）以上的，可以设立不超过三个监管账户。项目建设总规模以土地出让合同约定的总建设规模为准，同时规定一个预售许可证，只能设立一个预售资金监管账户。

(8) 商品房交付后的权属登记

预售的商品房交付使用之日起 90 日内，承购人应当依法到房地产管理部门和市、县人民政府土地管理部门办理权属登记手续。开发企业应当予以协助，并提供必要的证明文件。

由于开发企业的原因，承购人未能在房屋交付使用之日起 90 日内取得房屋权属证书的，除开发企业和承购人有特殊约定外，开发企业应当承担违约责任。

6.1.2.2 商品房销售的分期

商品房销售的分期划分应依据工程进度、市场竞争、产品类别、销售价格提升、销售导向等因素来进行综合考虑。

首先，开发规模大、开发产品线不同、规划布局自然划分、资金滚动利用等因素使得开发商对开发项目进行分期开发。商品房预售许可证办理的前提条件之一就是施工进度和项目进度达到一定的规模，因此，商品房销售的分期与工程进度的关联极为紧密。

其次，由于同类产品容易造成竞争，因此对于产品线不同的小项目，如果将不同的产品搭配销售，以达到互补而不竞争的目的，这将有利于销售；若项目规模大、产品线众多、不同产品规模很大，则不可放在一期进行同步销售，否则会造成销售时主题不明确，不利于对某类产品的客户群体进行针对性销售，对于不同的客户认知渠道的把控也不好掌握。为使得销售的主体明确、销售力量集中，往往将不同产品进行分期销售；若项目规模适中，则往往将公寓、普通住宅归为一期，别墅归为一期，办公、商业、酒店归为一期。

再次，开发项目销售既要实现销售数量又要达到较好的利润，价格逐步上涨是普遍操作手法。例如，对于配套不成熟的远郊大盘，初期开盘基本是很低的，价格往往是保本价，这是为了聚集项目的人气、打造项目的关注度。随着人气的聚集，价格也开始通过一次次开盘上涨。这种逐步上涨的价格会带来两个好处：一是已购房者资产增值，能够对后续购房者带来投资该项目的信心；二是该项目通过一次次价格上涨，实现利润最大化。因此，为了更好地提价，分期销售是一个较为实用的手法。每次开盘价格上涨的幅度需要根据开盘的频率和市场供需状况进行综合考虑，开盘频率高、时间间隔近、市场成交量小，则涨幅小；反之，则涨幅大。

最后，销售分期要实现销售导向的目的，即分期、分批有节奏地向市场推出产品，避免一拥而上，出现好房迅速被抢尽、劣房积压的局面。

6.1.2.3 入市时机的选择

在确定入市时机前，应对入市前的市场信息进行进一步了解，主要包括：①竞争对手的项目概况、市场定位、销售价格、销售政策措施、广告推广手法、媒体策略、公关促销活动、销售手段、销售情况、特殊卖点等。②目标客户群。对目标客户进一步细化，了解其需求情况。

（1）影响入市时机选择的因素

①政策形势。政策是入市时机选择考虑的重点之一，包括政府颁布的房地产法律法规、财政政策、货币政策、中央和主管部门政策动向等，特别是宏观政策颁布初期对房地产市场有较大的影响。入市时机选择应利用有利政策颁布时期、规避不利政策颁布时期。

②经济形势。经济形势好，能为楼盘销售带来利好的结果；经济形势不好，会对楼盘销售产生冲击。选择入市时机需要根据经济形势做出相应的考虑。

③工程进度。工程进度决定了项目是否能顺利取得商品房预售许可证、项目能否开盘销售。选择入市时机要根据项目的工程进度是否达到预售规定的条件来确定。

④市场竞争。首先，要分析项目所面对的市场大环境；其次，要分析竞争对手的情况。选择入市时机要综合考虑市场大环境和竞争对手的情况，从而决定项目是采取

正面竞争还是规避策略。

⑤蓄客情况。项目前期蓄客的多少，决定了项目入市的可能。蓄客量不足、计划开盘量大，则不适宜立即入市，需要继续拓展客户增加蓄客量。

⑥准备充分。营销推广组织已建立、物料准备就绪，等等。

（2）入市时机可供选择的时间

周末或重要节假日（清明节、中元节、春节等特殊节日除外）、特殊日子（如六月六日）、天气较好的月份、历史销售旺季、当地重要文化活动时期，等等。

6.1.2.4 商品房销售实施阶段的划分

商品房销售实施阶段的划分根据为工程进度、市场销售规律、市场竞争情况等因素。销售实施阶段划分后，可以根据实际销售情况、工程进度和同期市场竞争状况进行相应的调整。房地产销售按照销售时间和进度可以分为四个阶段——入市导入期（认筹期和解筹期两个阶段）、开盘强销期、持续销售期、尾盘期。

（1）入市导入期

入市导入期是指项目未取得预售许可证前对外宣传阶段，主要是对项目的卖点进行宣传，以提升楼盘形象，集聚客户，预热市场。该阶段是试探市场反应、检验产品定位等营销策略的对外销售阶段，主要通过认筹期客户资料的收集来论证项目的定位。

（2）开盘强销期

开盘强销期是指项目热销阶段，主要利用公开发盘，营造旺销气氛，同时加强宣传力度，开发潜在客户。

（3）持续销售期

持续销售期要总结前期销售状况，针对竞争对手制定有效的推广策略，吸引更多的客户，同时重塑宣传主题，重新刺激市场。

（4）尾盘期

尾盘期是指销售达到85%~95%的销售阶段，主要针对困难产品有重点地进行推广，实现重点突破，最终达到整体销售的目的。

示例

若项目按一个销售期为12个月来划分，可以参照表6-1来划分，也可以根据实际情况进行相应的调整。

表6-1　**销售周期为12个月的某楼盘销售实施阶段划分（参考）**

销售阶段	入导入市期	开盘强销期	持续销售期	尾盘期
时间	开盘前 1~2个月	开盘后 1~2个月	开盘后 3~6个月	开盘后 6~10个月
累积销售量	5%~10%	40%~50%	60%~80%	85%~95%

6.1.3 房地产项目销售实施阶段计划实训的组织

（1）指导者工作

①向受训者讲授房地产项目开发分期和商品房销售分期的区别和联系。

②介绍商品房销售分期的常见方式，并举案例。

③要求受训者在确定入市时机时结合施工进度、竞争对手情况、目标客户群需求态势进行考虑。

④在销售分期、入市时机确定的基础上，要求受训者进行各期销售实施阶段划分。

（2）受训者工作

①对前期实训的开发分期、施工进度安排、项目产品线类别及数量进行整理。

②对竞争对手产品线和入市数量进行整理。

③结合小区规划设计、产品位置整理资料，考虑项目的销售分为几期。

④根据所整理的进度、竞争对手产品线入市情况，考虑不同分期的入市时机。

⑤根据销售分期和不同分期的入市时机，划分销售实施阶段，并设计出表格。

6.1.4 房地产项目销售实施阶段计划实训的步骤

房地产项目销售实施阶段计划实训步骤见图 6-1。

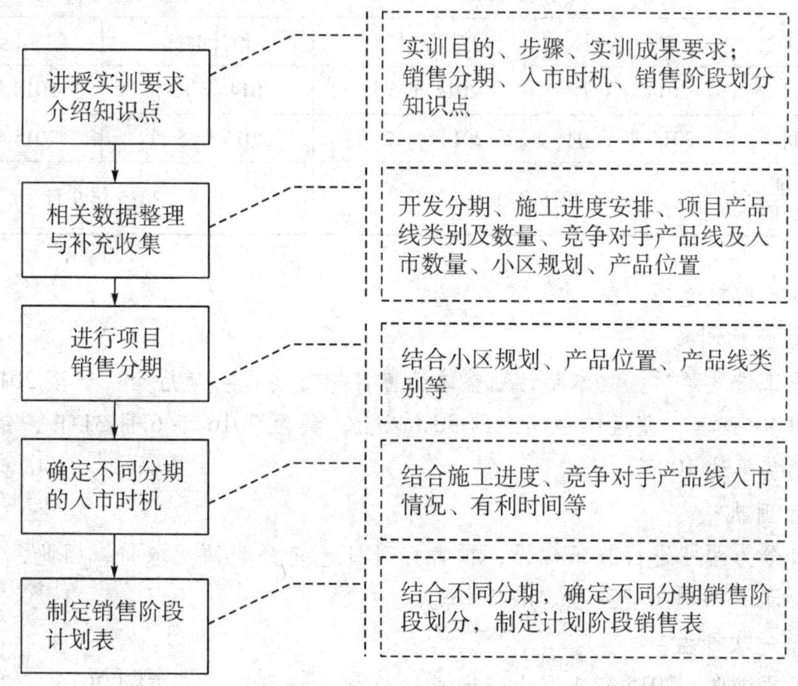

图 6-1 房地产项目销售实施阶段计划实训步骤

示例：房地产项目销售阶段计划的参考模版

某项目的销售阶段计划

一、宏观环境情况（略）

二、区域市场及竞争对手情况（略）

三、某项目 2015 年计划整体销售目标

1. 截止 2015 年 8 月 31 日，销售×××××套，整盘销售率达到 90%以上。

2. 截止 2015 年 10 月 31 日，销售×××××套，整盘销售率达 100%。

四、工程现状及问题点

由于项目的规划多次调整，影响了施工进度，故工程进度与原销售进度有所脱节。1~6 号楼原计划 2014 年 11 月中旬封顶，但实际滞后，延迟到 12 月初封顶，预计取得预售许可证时间为 2015 年 1 月下旬。8~11 号楼原计划 2014 年 12 月开工，延迟到 2015 年 3 月开工，预计 2015 年 5 月初封顶，延迟到 9 月初封顶，预售许可证预计取得时间为 2015 年 9 月下旬。见表 6–2。

表 6–2　工程现状及预计取得预售许可证时间

项目	1~6 栋		8~11 栋	
	预计时间	实际时间	预计时间	实际时间
开工时间	2014 年 6 月	2014 年 6 月	2014 年 12 月	2015 年 3 月
封顶时间	2014 年 11 月	2014 年 12 月	2015 年 5 月	2015 年 9 月
预售许可证预计取得时间	2015 年 1 月		2015 年 9 月	

五、入市时机选择

1. 销售目标调整

由于施工进度延后，故本年计划整体销售目标时间也将延后为：截至 2016 年 3 月 31 日，销售××××套，整盘销售率达到 90%以上；截至 2016 年 6 月 31 日，销售××××套，整盘销售率达 100%。

2. 入市时机

本项目分为两期进行施工建设，预售许可证也将分为两次取得，因此，本项目将开盘两次，即 1~6 栋开盘一次、8~11 栋开盘一次。

（1）第一次开盘

按照工程进度，2015 年 1 月上旬即可取得预售许可证。考虑到 2015 年 2 月 20 日是春节，目标客户大多会回乡或外出旅游，春节开盘可能会造成人气不足，影响销售。另外，春节前存在支付工程款的压力，各项目都会在春节前推出特价房，届时竞争激烈，不利于本项目形成旺销局面。因此，2 月春节前后均不适合开盘。

同时，本公司春节前也存在快速回笼资金支付建设投入的压力，若开盘放在 3 月

份，不利于提前回收一部分资金。因此，本项目首期开盘应定在1月中下旬，针对春节期间其他开发商推出特价房的时间来打时间差。

综上，本项目第一次开盘共推楼盘为1~6栋，由于房源较多，故第一次开盘又分为两次推盘，第一次推盘1~4栋，第二次推盘5~6栋。第一次推盘入市导入期为开盘前的2个月，即2014年11月至2014年12月，进行内部蓄客，内部认筹在开盘前2~4周；第二次推盘入市导入期为开盘前的2个月，即2015年1月至2015年2月，进行内部蓄客，内部认筹在开盘前2周。

(2) 第二次开盘

按照工程进度8~11号楼在2015年9月10日前封顶，9月下旬即可取得预售许可证。因此，第二次开盘时间选定在国庆节期间，可利用国庆长假形成旺销局面。第二期推盘8~11栋，入市导入期为开盘前的2个月，即2015年8月至2015年9月，此阶段进行蓄客，内部认筹在开盘前2周。

六、项目销售分期

由于工程进度滞后，该项目原销售目标的达成时间无法满足，需要根据工期和取得预售许可证的时间进行调整，调整后关键节点见图6-2，本项目采取开盘即解筹。项目分期计划表见表6-3。

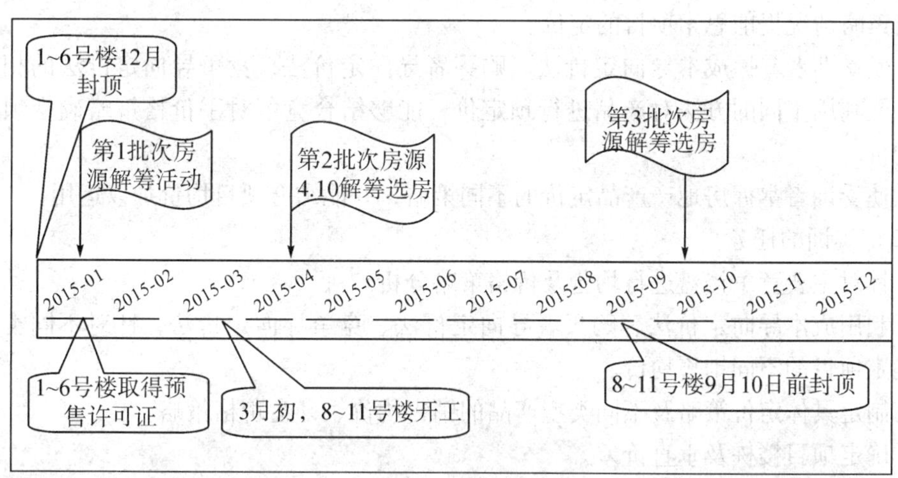

图6-2 项目销售分期安排

表6-3 项目分期计划表

推盘分期	楼栋号	解筹时间	推盘时间	产品配比（物业类型及户型）
第一次推盘	1~4栋	2015年1月	2014年11月	××××××××
第二次推盘	5~6栋	2015年3月	2015年1月	×××××××××
第三次推盘	8~11栋	2015年10月	2015年8月	×××××××××××

七、项目销售实施阶段划分（表 6-4）

表 6-4　销售实施阶段计划表

分期		入市导入期	开盘强销期	持续热销期	尾盘期
一期	1~4 栋	2014 年 11 月至 2014 年 12 月	2015 年 1 月至 2015 年 4 月	2015 年 5 月至 2015 年 8 月	2015 年 9 月至 2015 年 12 月
	5~6 栋	2015 年 1 月至 2015 年 2 月			
二期	8~11 栋	2015 年 8 月至 2015 年 9	2015 年 10 月至 2015 年 11 月	2015 年 12 月至 2016 年 3 月	2016 年 4 月至 2016 年 6 月

6.2 房地产项目销售价格策略

6.2.1 房地产项目销售价格策略实训的目的与任务

（1）实训的目的

①使受训者在项目销售前对竞争对手价格策略进行了解和汇总，并能针对竞争对手价格策略情况提前思索项目的定价。

②使受训者掌握成本导向定价法、购买者导向定价法、竞争导向定价法的相关知识，并能利用不同的方法对产品进行预定价；能够结合竞争对手价格策略确定项目的合理均价。

③使受训者掌握房地产产品定价的不同策略，并能结合项目均价加以运用。

（2）实训的任务

①针对主要竞争楼盘进行均价及价格策略分析。

②利用成本导向定价法、购买者导向定价法、竞争导向定价法，针对不同类型的产品确定项目的不同销售均价。

③制定具体定价策略及不同类型产品的销售均价、开盘价格策略。

④确定项目楼栋及垂直价差。

6.2.2 房地产项目销售价格策略实训的知识准备

6.2.2.1 房地产价格

房地产价格是一个复杂的经济范畴，既包括土地的价格，又包括房屋建筑物的价格，房与地是不可分割的统一物，房地产价格是这个统一物的价格。因此，房地产价格是指建筑物连同其占用土地的价格，即房地产价格=土地价格+建筑物价格。其是房地产经济运行和资源配置最重要的调节机制。

影响房地产价格的主要因素有经济因素、社会因素、政治因素、房地产的内在因素和环境因素等。

6.2.2.2 房地产的定价方法

房地产企业的定价方法通常有成本导向定价法、购买者导向定价法、竞争导向定价法三类。

(1) 成本导向定价法

成本导向定价是以成本为中心，是一种按卖方意图定价的方法。其基本思路是：在定价时，首先考虑收回企业在生产经营中投入的全部成本，然后加上一定的利润。成本导向定价法主要由成本加成定价法、目标利率定价法和销售加成定价法三种方法构成。这里简单介绍前两种方法。

①成本加成定价法。这是最基本的定价方法，指开发商按照所开发物业的成本加上一定百分比的加成来制定房地产的销售价格。加成的含义就是加上一定比例的利润，它的计算公式为：

单位产品价格 = 单位产品成本 ×（1 + 目标利润率）÷（1 − 税率）

一般而言，依据成本加成定价法来定价是不合理的，因为成本加成定价法忽视了当前的需求、购买者预期以及竞争者状况。但是，目前成本加成定价法在房地产界制定产品价格时还是有一定的参考价值，因为确定成本要比确定需求容易得多，定价时着眼于成本，企业可以简化定价工作，也不必经常依据需求情况而作调整。在市场环境诸因素基本稳定的情况下，采用这种方法可保证房地产企业获得正常的利润。

②目标利率定价法。其是指根据估计的总销售收入和销售量来制定价格的一种方法。该方法要使用损益平衡图概念（见图 6-3）。

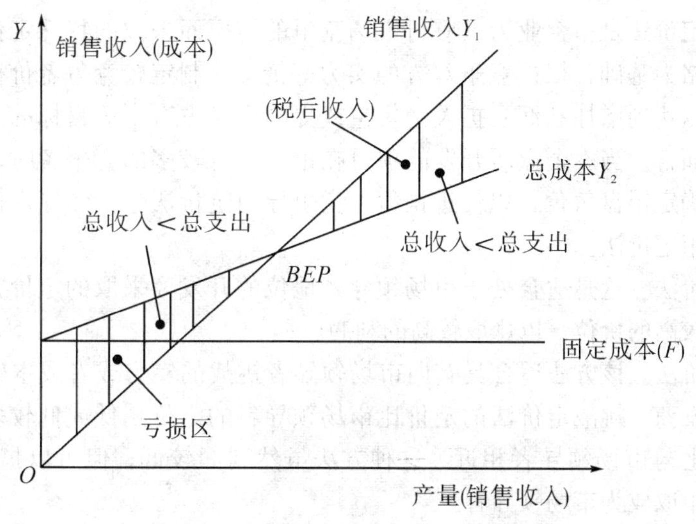

图 6-3 决定目标价格的收支平衡图

它的计算公式为：

单位产品的价格 = 单位成本 + 资本投资额 × 目标收益率 ÷ 销售量

盈亏平衡点的销售量即保本量：保本量 = 固定成本 ÷（价格 − 可变成本）

目标利率定价法的缺陷：房地产开发商忽略了需求函数，即不同价格下可售出的数量。也就是说，房地产开发商以估计的销售量求出应制定的价格，但却忽略了价格却又恰恰是影响销售量的重要因素。

（2）购买者导向定价法

购买者导向定价法包括认知价值定价法和价值定价法。

①认知价值定价法。其是指房地产开发商根据购买者对产品的认知价值来制定价格的一种方法。这种定价方法的关键是顾客对物业价值的认知，而不是生产者或销售者的成本。

认知价值定价法与产品市场定位的思想非常符合，关键在于准确地评价顾客对产品价值的认识，为了有效地定价，开发商需要进行市场调查，测定市场的需求。在用认知价值定价法时，公司更重要的是通过广告或其他舆论工具做好产品的市场推广工作，或通过公司形象的宣传，提高产品在消费者心中的地位，从而获得更高的利润。

②价值定价法。其是指尽量让产品的价格反映产品的实际价值，以合理的定价提供合适的质量和良好的服务组合。

价值定价法与认知价值定价法是有区别的，消费者对企业产品的认知价值是主观的感知，并不等于企业产品的客观的真实价值，有时两者之间甚至会有较大的偏离，它代表着“高价格、高价值”的定价哲学。价值定价的目标就是尽量缩小这一差距，而不是通过营销手段使这一差距向有利于企业的方向扩大，它代表着“较低（相同）的价格、相同（更高）的质量”，即物美价廉。企业要让顾客在物有所值的感觉中购买商品，以长期保持顾客对企业产品的忠诚。

（3）竞争导向定价法

竞争导向定价法是指企业为了应付市场竞争的需要而采取的特殊定价方法。它是以竞争者的价格为基础，根据竞争双方的实力等情况，制定较竞争者价格为低、高或相同的价格，以达到增加利润、扩大销售量或提高市场占有率等目标的定价方法。对于房地产企业而言，当本企业所开发的项目在市场上有较多的竞争者时，适宜采用竞争导向定价法确定楼盘售价，以促进销售。竞争导向定价法包括领导定价法、挑战定价法和随行就市定价法。

①领导定价法。这是适合处于市场领导者地位的开发商采取的定价方法，可对其物业产品制定较高的价位，以赚取较高的利润。

②挑战定价法。该方法适合具有向市场领导者挑战的实力或者成本较低或者资金实力雄厚的开发商。挑战定价法的定价比市场领导者的定价稍低或低较多，但其开发的产品在质量上与市场领导者相近。这种方法虽然利润较低，但可以扩大市场份额，提高声望，以争取成为市场领导者。

③随行就市定价法。该方法是指开发商使自己的产品价格跟上同行的平均水平。一般来说，在基于产品成本预测比较困难，竞争对手不确定，以及企业希望得到一种公平的报酬和不愿打乱市场现有正常次序的情况下，这种定价方法较为行之有效。在竞争激烈而产品弹性较小或供需基本平衡的市场上，这是一种比较稳妥的定价方法，在房地产业应用比较普遍。因此，这种定价方法在很大程度上是以竞争对手的价格为定价基础，而不太注重自己产品的成本或需求。

（4）制定具体定价策略及最终确定销售均价

制定定价策略要根据项目的实际情况，选择适合项目的定价策略。如对三种定价方法进行结合来选择，同时兼顾竞争者导向和购买者导向。

销售均价要根据不同产品线进行分类定价，比如洋房均价、公寓楼均价、独立商铺均价、商场商铺均价，等等。

6.2.2.3 房地产的定价策略

（1）价格折扣与折让策略

①现金折扣。这是指对迅速付款的购买者提供的减价优惠。开发商一般对一次性付款的购房者提供优惠折扣。开发商为了尽早回收资金，同时减少购房者分期付款的违约风险等，对一次性付款的购房者进行让利。

②数量折扣。这是指向大量购买的顾客提供一种减价优惠。虽然数量折扣使开发商降低价格，但并不一定会减少收益，因为大量销售可以减少公司销售成本和费用，缩短销售周期，降低投资利息和经营成本，及早收回投资，同时还能形成旺销局面，带动剩余楼盘热销和升值。

③折让。这是另一类型的促销减价形式。例如，新产品试销折让，如商品标价 115 元，去掉零头，减价 5 元，顾客只付 110 元。又如，开发商宣布认筹第一周提供 95 折优惠，或者前十名购房者获得家装基金 5 000 元等。

（2）心理定价策略

①声望定价。声望定价是指为了提高潜在消费者的认知价值，开发商利用消费者仰慕名牌物业或名牌开发企业的声望，故意把价格定成整数或高价，创造一种高品质的印象。因为消费者有崇尚名牌的心理，往往以价格判断质量和档次，认为高价格代表高质量、高档次。有雄厚实力和声望的公司可以采取声望定价，开发商应在营销推广中强调公司或物业品牌的形象：质量上乘、装修豪华、配套齐全、设计先进与超前、地段繁华便利、环境优雅、给消费者高度满足等，该定价策略主要定位于高收入阶层。

②尾数定价。尾数定价又称奇数定价或者零头定价，是利用消费者在数字认识上的某种心理制定尾数价格，使消费者产生商品价格较廉、商家定价认真以及售价接近成本等信任感。例如定价 4 998 元，虽然比 5 000 元仅仅少了 2 元，但顾客的心理感受比 5 000 元便宜了一个台阶。在使用尾数定价法时，价格尾数应当使用吉利数字（如 6、8、9），而不应当采用不好听不好看的尾数。但是，如果开发商想树立楼盘高价格的形象，则应避免采取尾数定价策略。

③吉祥数字定价。吉祥数字定价是指开发商利用消费者对某些数字的发音联想和偏好制定价格，满足消费者心理需要并在无形中提升消费者的满意度。中国较多地区对数字 6、8、9 比较喜爱，开发商在定价时往往利用这些数字来组成定价，如 4 668 元、2 999 元、2 986 元、16 800 元等。但是，也有的地方对于 8 字不喜欢。因此，开发商在定价时要充分尊重当地消费者的喜好。

④招徕定价。招徕定价又称特价商品定价，是一种有意将少数商品降价以吸引顾客的定价方式。开发商利用消费者“求廉”心理，将某些产品的价格定得低于市场价，

往往能引起消费者的注意。如房地产广告中常用的“××××元/平方米起价”“十万元购房”等，都属于招徕定价。

（3）差别定价策略

差别定价策略是指根据销售的对象、时间、地点的不同而产生的需求差异，对相同的产品采用不同价格的定价方法。它通常有以下五种方式：

①顾客形式差别定价。这是指开发商把同一种物业按照不同的价格卖给不同的顾客。在房地产销售中，虽然某套物业在价格表上制定了明确的价格，但实际上成交价格并不一定是该价格，不同购买者的地位及与开发商讨价还价的技巧会使得成交价格产生差别。

②产品形式差别定价。这是指开发商按不同形式或单元的物业制定不同的价格，但不同形式或单元的物业价格之间的差额和成本之间的差额是不成比例的。例如复式单元的价格比普通平层单元的价格高出较多，但成本并无多少差别。这种差别要根据购买者对不同形式产品的认知价值而定，或者市场需求状况而定。

③形象差别定价。这是指开发商根据产品形象差别对产品制定不同的价格。开发商可以对同一产品使用不同的外观、颜色等，塑造不同的形象，即使成本或质量上并没有区别，但在消费者心中却有较大的不同。

④地点差别定价。这是指开发商对处于不同位置或不同地点的物业或单元制定不同的价格，即使每个地点的物业成本是相同的。这种方法在房地产定价中最为常用，开发商对不同楼栋、不同楼层、不同朝向的产品采取差别定价，即使这些产品的成本并无差别。

⑤时间差别定价。这是指价格随着年份、季节、月份、日期的变化而变化。房地产价格不会长期不变，开发商往往根据产品施工进度、市场供需状况等因素采取不同的价格。

（4）产品组合定价策略

①产品线定价。房地产产品形式众多，如普通多层住宅、普通高层住宅、洋房、联排别墅、叠加别墅、独栋别墅、公寓、写字楼、商场等，一个房地产项目往往是由数种产品组成，开发商要根据不同类别的产品制定不同的价差，价差的制定是否合理值得开发商认真研究，不能因价差制定不合理造成客户放弃项目内部某类产品而选择另一类产品。

②任选品定价。即在提供主要产品的同时，还附带提供任选品或附件与之搭配。如开发商提供给消费者可供选择的两种形式产品——毛坯房或精装修房，或者提供不同装修档次、不同价位的精装修房供客户选择。

③附属品定价。它又称补充品定价，是指以较低价格销售主产品来吸引顾客，以较高价销售备选和附属产品来增加利润。如销售的房屋价格便宜，而物业管理费较贵。

④捆绑定价。它又称产品束定价，是指将数种产品组合在一起以低于分别销售时的总额价格销售。顾客可能并不打算购买所有的产品，但组合后的价格比分别销售的总价要优惠得多，通过这种优惠来吸引顾客购买。如高尔夫别墅项目，开发商设计了“物业价格+高尔夫球会会员资格+康乐中心会员资格”的产品束，这种产品束捆绑后

的定价低于这三项分开销售的价格，这样就吸引了客户来购买，开发商同时也达到了提高高尔夫球场、康乐中心的利用率。

6.2.2.4 楼栋水平价差和垂直价差

（1）水平价差

影响水平价差的因素主要有朝向、采光、私密性、景观、格局、噪音、户型、面积、通风等因素。

（2）垂直价差

多层住房定价时一般将2层作为定价基数，底层由于采光条件差，售价应下浮10%（花园可利用的除外）；3~5层由于采光好、通行方便，售价可上浮5%~10%；6层采光虽好，但通行不便，售价可下浮3%~5%；顶层由于热辐射、通行不便、屋面雨水侵蚀等原因，售价可下浮5%~10%（带阁楼和空中花园的除外）。

高层、小高层由于带电梯，一般楼层越高，售价越高；底层若带花园，则售价可上浮5%~10%；顶层若不带阁楼和露台，则售价在下一层定价的基础上下浮。

6.2.2.5 开盘价格策略

（1）低开高走

①适应情况：项目一般，无特别卖点；郊区大盘或超大盘，低开可以先聚集人气，人气聚集后再逐步提价；同类产品供应量大，竞争激烈。

②优点：产品有升值空间，易吸引购买者，易聚集人气快速成交；低价开盘价格的主动权在开发商手里，可根据市场反应灵活操控调价和涨幅；有利于资金快速回笼和其他营销措施的执行；先低后高能实现对前期购买者的升值承诺，开发商易形成口碑。

③缺点：低开产品利润较低；低价易造成便宜无好货的感觉，损害项目形象。

（2）高开低走

①适应情况：项目具有创造性和独特卖点；产品综合性能好。

②优点：便于获取最大利润；形成先声夺人的气势，给人以房地产项目品质高的感觉；价格先高后低或者定价高折扣大，会使消费者感到实惠。

③缺点：开盘价格高难以聚集人气，对项目营销造成一定的风险；对前期购买者不公平；后期可能陷入降价漩涡，不降价就不易促成当期销售；易给人以产品不保值和不增值的感觉，对开发商品牌有影响。

（3）高开高走

①适应情况：市场状况好，竞争不激烈，项目规模不大。

②优点：易突出产品档次和产品高端形象，易树立开发商开发高品质楼盘的品牌形象。

③缺点：价格高难以聚集人气，对项目营销造成一定的风险。

（4）波浪漩涡

①适应情况：项目规模较大、产品线素质差距较大；开发周期长，市场起伏较大，市场状况难以判断。

②优点：结合房地产市场周期波动、项目销售速度和最终利润同步，周期性调整价格波动。

③缺点：对于价格调整幅度较为讲究，价格调整速度要求紧密结合市场情况；每期销售产品线要求合理搭配。

（5）开盘价格策略的制定

开盘价格制定除销售均价外，要确定开盘价格的走向（高开、低开等，起价是多少等）、折扣的具体策略（一次性付款折扣、团购折扣、职能折扣、折让等），另外还需确定产品组合定价策略。

6.2.3 房地产项目销售价格策略实训的组织

（1）指导者工作

①了解受训者对主要竞争楼盘如何锁定，指导受训者收集竞争楼盘均价以及如何了解竞争楼盘的价格策略。

②向受训者讲授房地产产品定价方法，并对成本加成定价法和购买者导向定价法进行举例。

③指导受训者对竞争楼盘相关指标进行分析并确定权重，完成《竞争对手权重分析表》。

④指导受训者利用竞争对手权重分析表数据加权计算拟销售项目的销售均价。

⑤向受训者介绍房地产项目定价策略的常见方式，重点介绍差别定价策略关于如何确定楼栋水平价差和垂直价差的技巧。

（2）受训者工作

①收集整理竞争楼盘价格、价格策略，完成《主要竞争楼盘及价格分析表》。

②根据不同产品线的楼面成本，用成本加成法确定项目不同产品线的销售均价。

③根据公司品牌状况、项目状况，针对拟销售项目若采用购买者导向定价法，将采取其中具体的哪一种方法，并确定不同产品线的销售均价。

④完成《竞争对手权重分析表》，根据竞争导向定价法的相关知识，利用竞争对手权重分析表数据加权计算拟销售项目不同产品线的销售均价。

⑤根据前面三种定价方式，结合实际情况，确定拟销售项目不同产品线的销售均价，并提出具体的定价策略。

⑥制定楼栋水平价差和垂直价差的策略。

⑦制定开盘拟推产品的价格策略（包括折扣策略）。

6.2.4 房地产项目销售价格策略实训的步骤

房地产项目销售价格策略实训的步骤见图 6-4。

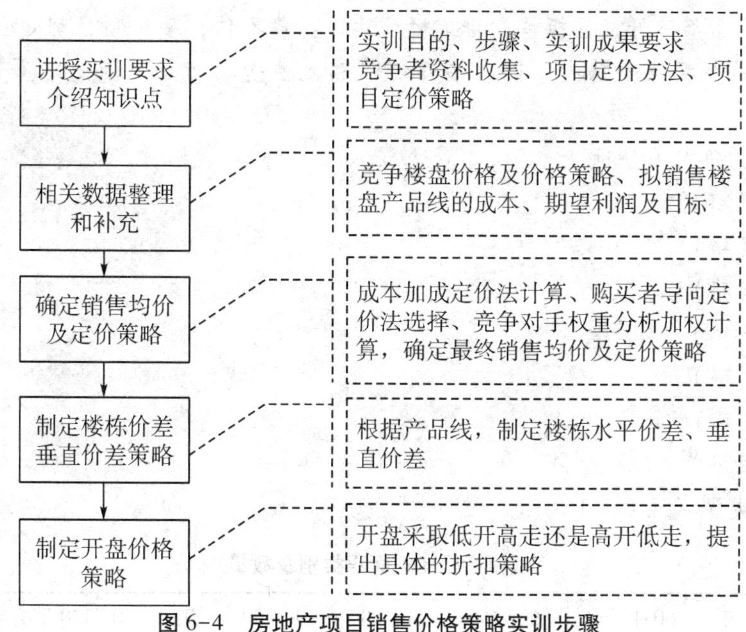

图 6-4　房地产项目销售价格策略实训步骤

示例：房地产项目销售价格策略的参考模版

某项目的定价报告

一、市场分析

1. 区域市场

（1）宏观环境（略）。

（2）区域环境（略）。

（3）本地供求情况（略）。

（4）同类竞争产品楼盘（略）。

2. 竞争版块

本项目竞争楼盘主要分成 3 个板块，分别是老城板块、经济开发区板块、行政区板块，见表 6-5。

表 6-5　竞争楼盘情况表

板块	楼盘	开盘时间	档次	建筑类型	建筑规模	价格	面积区间	销售率	后续推货
经济开发区	A	××××	中	高层、多层	25 万平方米	特价 3 800 元 均价 4 000 元	94~160 平方米	82%	二期约建筑面积 25 万平方米
	B	××××	中低	高层、多层	9 万平方米	均价 3 600 元 起价 3 280 元	60~130 平方米	61%	约 3 万平方米后期尾盘
	C	××××	中低	高层、多层、洋房	30 万平方米	无差价销售 3 380 元	32~126 平方米	62%	高层约 11 万平方米
	D	××××	中高	多层、小高层高层	50 万平方米	起价 3 580 元 均价 4 100 元	40~165 平方米	14%	首推 15 栋约 2 500 套
老城	E	××××	中	高层、小高层	100 万平方米	起价 3 460 元 均价 4 100 元	50~160 平方米	39%	两个组团约 35 万平方米
行政区	F	××××	中高	多层	90 万平方米	起价 4 013 元 均价 4 440 元	35~140 平方米	50%	三期约 18 万平方米

本项目位于经济开发区板块，目前板块整体销售不佳，多个项目都处于滞销状态，各开发商促销力度越来越大，但大幅降价仍然无法撬动市场。因此本项目销售形势严峻。

3. 直接竞争对手分析

A 项目（略）

B 项目（略）

C 项目（略）

D 项目（略）

E 项目（略）

F 项目（略）

二、项目分析

1. 产品类型（表 6-6）

表 6-6　　项目产品建筑面积类别及数量

楼栋	建筑类型	60 平方米以下	60~69 平方米	80~89 平方米	90~99 平方米	100~120 平方米	120 平方米以上	总计
1 栋	多层		1	6		6	42	56
2 栋	多层		1	6		6	42	56
3 栋	多层			1			39	40
4 栋	多层			1			39	40
5 栋	多层	1	1			5	46	53
6 栋	多层	1	1			5	46	53
6 栋	多层		1	6		5	43	56
8 栋	多层		2	6		5	43	56
10 栋	高层	28	30	12		1	4	65
11 栋	高层	28	30	12		2	3	65
总计		58	67	50		35	347	540
比例		10.4%	12.0%	9.1%	0	6.6%	62.0%	100.0%

2. 项目优势与劣势（略）

三、项目定价

1. 定价原则

原则一：多层、高层分别定价，形成两个独立的价格体系。

原则二：拉大价差，更好地分流客户。

原则三：综合考虑多因素。

项目多层产品和高层产品面积存在明显差异，故不存在项目内的竞争。市场上多层产品和高层产品存在明显的价差，所以定价时多层与高层需分开考虑，拉开价差。

2. 定价步骤

房地产项目定价步骤见图6-5。

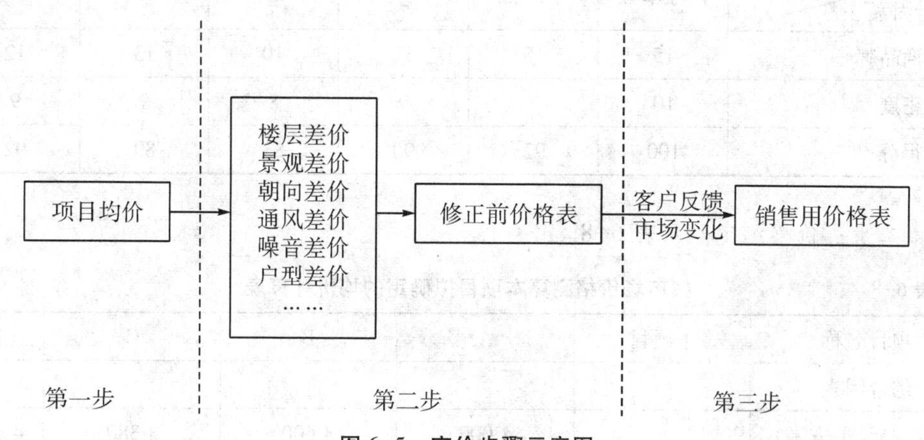

图6-5 定价步骤示意图

3. 定价方法

采用市场定价法，首先选取相似楼盘进行价格比较加权后来确定项目开盘均价。其次，通过与客户预期进行比较以及具体户型与各竞争项目的横向比较，来确定各户型的实际均价。最后，通过细节的微调最终完成项目的定价。

(1) 市场考虑因素

地理位置、交通配套、居住环境、生活配套、楼盘规模、户型设计、教育配套、园林设计、发展商知名度、建筑密度。

(2) 选择比较对象

原则：选择的对象应该地理位置接近、户型面积相当、档次接近。

经过分析对比发现，A、B、C、D四个楼盘为主要竞争对手，故选择它们作为项目价格参照的对象。

(3) 均价确定

第一步：综合测评。见表6-7。

表6-7 本项目及竞争项目评估得分表

综合因素 \ 项目名称	评分基数	本项目	A	B	C	D
地理位置	15	11	14	14	12	15
环境与景观	10	10	9	8	9	9
交通状况	10	6	9	9	9	10
配套设施	10	10	10	10	9	10
楼盘规模	5	5	3	3	5	5
户型设计	15	15	15	13	14	12
园林设计	10	10	9	8	9	10

表6-7(续)

综合因素＼项目名称	评分基数	本项目	A	B	C	D
发展商品牌	15	15	12	10	13	12
建筑密度	10	9	9	8	9	9
综合得分	100	92	90	83	89	92

第二步：价格测定。见表6-8。

表6-8　　按市场价格测算本项目拟确定的均价计算表

项目名称	本项目	A	B	C	D
综合因素					
均价（元/平方米）		4 000	3 600	3 380	4 100
评估得分	92	90	83	89	92
比较系数		1. 022 222 222	1. 108 433 635	1. 033 606 865	1
可调均价		4 088. 888 889	4 101. 204 819	3 493. 932 584	4 100
比较权重		40%	15%	15%	30%
评估得分	4 004. 826 166	1 635. 555 556	615. 180 622 9	524. 089 886 6	1 230

注：①比较系数=本项目评估得分／比较项目评估得分。

②可调均价=比较系数×各项目回收均价。

③比较权重为各楼盘与本项目相比，对本项目影响程度的比例。

④评估得分=∑各比较项目可调均价×比较权重。

综上所述，本项目最终市场测算价格为4 004元/平方米。

四、本次开盘推售范围及户型分布（略）

五、确定楼栋水平价差及垂直价差的系数选择

本项目水平价差主要考虑景观、噪音、户型及面积、朝向、通风、层差等系数，价格幅度如下：

景观：-100~100元

户型：0~50元

朝向：0~250元

噪声：0~100元

通风：0~50元

调整系数：-50~50元

1. 层差系数

(1) 多层层差（表 6-9）

表 6-9　多层楼层价差　单位：元/平方米

多层	一楼	二楼	三楼	四楼	五楼	六楼	七楼
层差	400	0	100	250	250	200	450
备注	带花园	基准价					大露台、短进深

客户对 4、5 层需求较多，因此将 4、5 层层差相同（均为 250 元）且高于 2、6 层；而 2 层与 6 层比较，6 层采光略好，并且多层带电梯，避免了 6 层上楼困难的情况，因此 6 层较 2 层稍高。

1 层赠送花园与 6 层赠送露台相比较，1 层光线较差，因此 1 层较 6 层略低。

(2) 高层层差

①临街高层 10 栋

整体趋势——中间楼层最高，根据楼层不同递增与递减。

具体细节——临街楼栋南向无景观，且矮楼层受噪音影响，空气质量差，因此层差加大，随楼层每层递增 30 元/平方米。

6 层以上至 12 层需求大，且楼层差别相对较小，因此每层递增 20 元/平方米。

13 楼需求比中间层少，为有效分流中间层客户，因此从 13 层起，逐层递减 10 元/平方米。

16 跃 17 层的楼层差 150 元/平方米，主要考虑此套房源最后价格应该与 4 楼相近，因此 150 元/平方米为实际调整系数。见表 6-10。

表 6-10　临街 10 栋高层整体层差　单位：元/平方米

楼层	1	2	3	4	5	6	6	8	9	10	11	12	13	14	15	16 跃 17
层差系数	—	0	30	60	90	110	130	150	160	190	210	230	210	190	160	150

10 栋东北向：逐层递增 10 元，以缩小层差；至 13 层起逐层递减 10 元。见表6-11。

表 6-11　临街 10 栋高层东北朝向房屋层差　单位：元/平方米

楼层	1	2	3	4	5	6	6	8	9	10	11	12	13	14	15
层差系数	—	0	10	20	30	40	50	60	60	80	90	100	90	80	60

10 栋西北向层差：整体无层差，为本次开盘的特价房源，共 16 套。

②高层 11 栋

整体趋势——中间楼层最高，根据楼层不同递增与递减。

具体细节——以 1 层为基准价 0 元，2 层与 1 层差别不大，但 2 层有电梯，居住成本较 1 层稍高，因此层差上调至 10 元；2~5 层受规划路噪音影响，且略有挡光，因此层差加大，随楼层每层递增30元/平方米。

6层以上至12层需求大，且楼层差别相对较小，因此每层递增20元/平方米。

13层需求比中间层少，为有效分流中间层客户，因此从13层起，逐层递减10元/平方米。

16跃18层的楼层差60元，主要考虑此套房源最后价格应该与4楼相近，因此60元/平方米为实际调整系数。见表6-12。

表6-12　　11栋高层整体层差　　单位：元/平方米

楼层	1	2	3	4	5	6	6	8	9	10	11	12	13	14	15	16	16跃18
层差系数	0	10	40	60	100	120	140	160	180	200	220	240	220	200	180	160	60

11栋东北及西北向层差：逐层递增10元，以缩小层差；至13层起逐层递减10元。见表6-13。

表6-13　　11栋高层东北朝向及西北朝向层差　　单位：元/平方米

楼层	1	2	3	4	5	6	6	8	9	10	11	12	13	14	15
层差系数	—	0	10	20	30	40	50	60	60	80	90	100	90	80	60

2. 景观系数

楼王景观特指多层5栋1单元及6栋4单元，因前无遮挡，且正面临小区主景观，因此景观系数为200元/平方米。见表6-14。

表6-14　　房屋坐落景观价差　　单位：元/平方米

景观	楼王景观	南北双向景观	南景北无	南无北景	南北均无景观
系数	200	50	0	-60	-100

3. 朝向系数（表6-15）

表6-15　　房屋朝向价差　　单位：元/平方米

朝向	南北通透	东南	西南	东北	西北
系数	50	30	-30	-100	-200

4. 通风系数（表6-16）

表6-16　　户型通风价差　　单位：元/平方米

通风	双阳	标准户型（南北、东南、西南、东北、西北）
系数	-50	0

5. 噪音系数

本项目噪音影响主要来自于项目西侧市政快速路，因此根据道路南北走向以平行线形式，将一期各楼栋按照每两个单元为单位划分成若干带状区域，同区域范围内噪音系数一致，每两个相邻带状区域价差为10元/平方米，以多层8栋和高层6栋为基准价。高层11栋噪音系数与多层1栋系数相同，均为-100元/平方米，而10栋因更加临近道路，因此噪音系数拉大为-150元/平方米。

6. 户型系数

多层1栋1单元2号房及2栋4单元1号房因向北退让近4米，会出现挡光情况，因此这两个位置的全部户型均总体下调50元/平方米。

7. 调整系数

调整系数主要针对户型相似的楼栋，根据其所在园区的位置不同，通过调整系数进而拉大楼栋之间的价差。具体如表6-17所示。

表6-17 楼栋差价 单位：元/平方米

楼号	1	2	3	4	5	6	6	8	10	11
调整系数	0	0	50	50	50	100	0	0	50	50

多层各楼栋之间，1栋、2栋、6栋、8栋属多层外围，系数均为0；3栋、4栋在项目内，系数相同为50元/平方米；6栋位置更佳，系数为100元/平方米；5栋因考虑本次开盘促进销售，因此系数设定为50元/平方米。10栋、11栋位置相近，但因有东北向和西北向特价房源影响，楼栋回收均价较低，因此调整系数整体上浮50元/平方米。

六、价格明细

1. 楼栋均价（略）

2. 价格明细表

按照每栋楼的均价，结合定价系数，计算水平价差和垂直价差，确定每套房屋的价格并列表（略）。

七、开盘价格策略

1. 前期低价入市，引爆市场。采用低开高走的价格策略，以略低于客户预期和市场竞争对手的价格开盘。

2. 以快速销售、最大化成交为目的，最大化地分流客户，保证成交率。

3. 为了避免出现以往内部认购时因为价格过高、蓄客少的原因导致开盘冷清的局面，本次开盘价格需留有余地，保证开盘热销的同时，以便下一阶段销售推广的开展。

4. 对外统一折扣为：团购享受5 000元优惠，一次性付款95折，商业贷款98折，公积金贷款99折。实际操作中，根据蓄客情况分析商业贷款客户占比例最多，因此定价中总体按照95折。

5. 后期价格根据销售态势稳步拉升，以保证利润。

6.3 房地产项目入市推广计划

6.3.1 房地产项目入市推广计划实训的目的与任务

（1）实训的目的

①使受训者了解项目销售实施各阶段的营销推广重点。

②使受训者了解房地产促销方式，能够根据不同销售实施阶段进行促销组合。

③使受训者能够制定项目入市的推广策略。

（2）实训的任务

①根据不同销售实施阶段的特点选择促销方式进行组合。

②制定项目入市的推广计划。

6.3.2 房地产项目入市推广计划实训的知识准备

6.3.2.1 房地产项目销售各阶段的推广策略

（1）入市导入期

入市导入期是项目正式进入市场的预热和提前预售阶段，该阶段特点为：项目不具备销售条件，但需要提前发布将要销售的项目信息来吸引客户等待；提前预售可分流竞争对手的部分客户；先行在市场上建立一定知名度和客户基础，以保障开盘成功；对目标客户进行测试，为正式开盘时的销售策略提供准确依据。

入市导入期大多采取认筹方式，即内部认购。内部认购可以检验市场对项目的接受情况，除了在开盘前提前蓄客并保有忠诚度高的客户，最主要的目的是营造氛围。只要在入市导入期有足够的客户认购项目，就会在开盘时造成销售数量可观、销售形势大好的局面，以增加后续购买者的信心、吸引更多的客户关注。在入市导入期的推广中要推出物业形象，刺激引发关注，营造热卖气氛，达到市场预热，引发市场良性启动。在入市导入期要完成现场工地围墙包装、售楼处形象包装、售楼书、户型平面图、价格表、认购合同、宣传单张、模型、展板等销售配套工作。在前期可以在报纸、网络投放软性文章，以新闻形式炒作项目的知名度和品质；临近认筹或开盘时投放硬性广告，为认筹或开盘造势。同时在网络平台上推介项目，在户外投放广告牌、道旗，还可利用节日进行活动造势。

（2）开盘强销期

开盘强销期是项目可正式进入市场销售，该阶段特点为：项目的最关键阶段，成功操作能为持续销售期和尾盘期奠定良好的基础，应高度重视；该阶段销售数量和销售能力要求较高；要根据前期蓄客情况来保证房源的充足供给，不能造成客源的浪费；该阶段应加强促销，保证现场热销气氛，可采取不同的方式保持热销场面。

开盘强销期应进一步提升项目鲜明的个性形象，激发消费者的购买欲望，从销售上完成良好的市场预期到销售实效的转化，实现预定销售目标，常见策略是投入大量的广告、推广费用，开盘仪式和其他各种促销活动紧密配合，如大量销售性广告，有偿新闻在报纸、电视、网络、微信、短信上集中投放，销售人员派单，公关活动等。

（3）持续销售期

持续销售期的特点为：该阶段是开盘项目销售已过半，进入到平稳的销售期；此期间客户量逐渐趋于平稳，广告量也不如前期那么大。

该阶段的销售策略主要是针对所剩房源和产品特点，挖掘个性、修正营销主张来进行销售。要注意针对前期在推广过程中出现的销售矛盾，结合产品特点进行修正调整。如给老带新的老客户以奖励（免一定年份的物业费等），并满足不同客户需求，如价格打折、门窗改造和不涉及承重墙的户型改造等。该阶段应减少广告投入。

（4）尾盘期

尾盘期的特点为：销售目标基本完成，市场反应趋于疲软，各项工作进入平台调整期；遗留的产品大都是一些销售较为困难的单元，且营销费用有限。该阶段的任务是消化存量。

该阶段可根据客户情况、产品情况、工程完成进度情况（如准现楼、现楼等因素）进行促销。例如，老客户资源是尾盘销售的最有效资源，可以采取跟踪、佣金刺激等方式；对于部分存在问题的产品，基于老客户和市场研究提出有效修改意见，找到、创造产品的亮点，可以采取产品改造、体验式营销、新的主导客户群文化营销、精装修等方式；进行点对点的营销，精确客户群细分并各个击破，采取直邮、营销人员一对一推广等方式；根据产品剩余数量等因素辅之以相匹配的价格策略，一种是直接降价，另一种是隐形降价（如送花园、免物业费、送装修等），如降价不奏效或是不愿采纳降价策略，则可采用降低首付款、送装修、试住等方式吸引客户。该阶段广告投入最小。

6.3.2.2 *房地产促销方式*

（1）广告促销

广告促销是房地产企业向消费者传递信息的最主要促销方式之一。它是指企业利用各种传播媒介进行信息传递，刺激消费者产生需求，扩大房地产租售量的促销活动。

广告促销常见方式：报纸广告、杂志广告、电视广告、广播广告、网络广告、户外广告、传单广告、邮寄广告、标语广告、广告牌、招贴广告等。

（2）人员推销

人员推销是指房地产企业的推销人员通过与消费者进行接触和洽谈，向消费者宣传介绍房地产商品，达到促进房地产销售的活动。对于某些处于一定销售阶段的产品，人员推销是一种最有效的促销方式，在争取顾客偏好，建立顾客对产品的信任和促成交易等方面效果显著。

人员推销常见方式：现场推销、上门推销、电话推销、销售展示、销售会议等。

（3）营业推广

营业推广是指房地产企业通过各种营业（销售）方式来刺激消费者购买房地产的促销活动。其能迅速刺激需求、鼓励购买。

营业推广常见方式：价格折扣、变相折扣、中间商交易折扣、抽奖促销、以租代售、先租后售、赠品、样板房展示、展销会、交易会、不满意退款、附送花园、附送橱柜等。

(4) 公共关系

公共关系是指房地产企业为了获得人们的信赖、树立企业或项目的形象，不对房地产产品进行直接的宣传，而是通过开展各种公开活动，借助公共传播媒介，由新闻单位或社会团体以新闻或特写形式进行宣传的活动。因而，可以引起公众的高度信赖和关注，有利于培养长期客户和潜在客户。

公共关系常见方式：新闻报道、庆典方式、商业演出活动、节日活动、事件活动、捐赠、公益活动、研讨会、新闻发布会、年度报告、赞助、公司期刊等。

6.3.2.3 房地产促销组合

房地产促销组合是指为实现房地产企业促销目标而将不同的促销方式进行组合所形成的有机整体。

影响房地产促销组合的因素有：促销目标、市场状况、购买者心理接受阶段、促销预算、营销环境。

①促销目标。房地产企业应根据所处营销阶段和营销环境来制定相应的促销目标，进而依据促销目标和促销方式来达到销售活动的目的。

②市场状况。其主要是指产品所在区域的市场状况，如消费者的分布、竞争楼盘的促销情况等。在房地产销售中，目标市场的范围决定了广告和公共关系的促销范围，人员推销始终是有效的房地产促销策略之一。房地产企业还应根据竞争楼盘的情况来调整自己的促销组合及其策略。

③购买者心理接受阶段。在消费者不同的购买阶段，促销策略所起的作用不同，如在消费者的知晓阶段，广告和公共关系的促销作用最大；在了解阶段，除广告和公共关系外，人员推销的作用开始显现；在信任阶段，各种方式的作用大小次序则是人员推销>广告>公共关系>销售促进；在购买阶段，人员推销的作用最大，销售促进次之。

④促销预算。促销预算对促销方式的选择有很大的制约作用，应根据促销预算合理选择促销方式，使促销费用发挥最好效果。

⑤营销环境。营销环境在一定程度上影响企业促销手段的选择。如：一些社会活动（庙会、旅游节等）可能为营业推广和公共关系创造良好机会；年轻人喜欢上网，以年轻人为目标客户群的楼盘可以利用网络作为广告宣传的媒介。

6.3.3 房地产项目入市推广计划实训的组织

(1) 指导者工作

①向受训者介绍实训达成的目标和成果。

②向受训者介绍房地产销售各阶段的特点及各阶段常见的推广策略、房地产促销的方式和促销组合。

③选择一个销售分期，要求受训者根据不同的销售阶段制定促销组合。

（2）受训者工作

①回顾整理前期确定的销售费用和销售目标、项目销售分期、销售阶段划分等内容。

②合理分配销售费用分期支出。

③根据不同销售阶段选择促销方式并进行组合。

④根据销售分期，制定项目入市推广计划。

6.3.4 房地产项目入市推广计划实训的步骤

房地产项目入市推广计划实训步骤见图6-5。

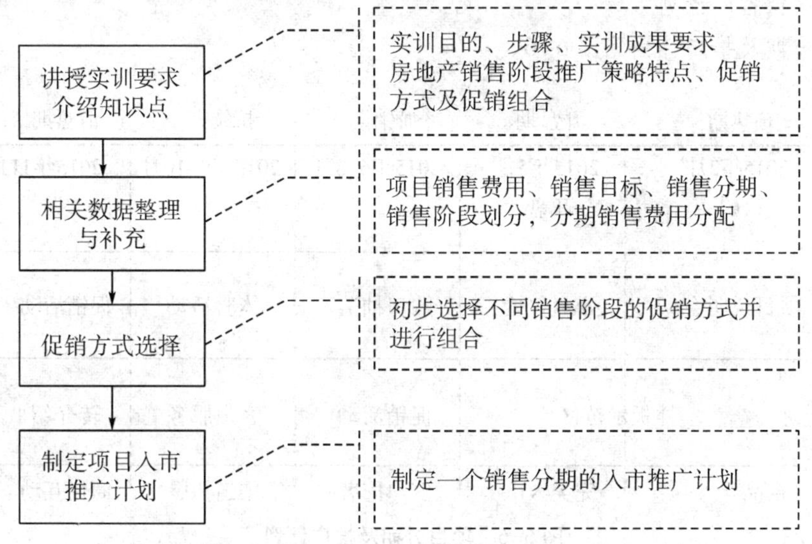

图6-5 房地产项目入市推广计划实训步骤

示例：房地产项目入市推广计划的参考模版

某项目入市推广计划

一、总体推盘思路

本项目总体推广思路：小批量多频次快速加推。

（1）先住宅后公共设施建设：住宅带动人气，争取实现公共设施建设的价值最大化。

（2）一次推盘以完整的产品线入市，争取尽量多的客户，保证开盘顺畅，同时实现现金流。

（3）二次推盘用市场主流产品来占领市场。

（4）三次推盘主力产品，实现尽快出清。

（5）四次推盘消化最后的有难度的产品，同时为价格提升做铺垫。

（6）五次推盘保留的优质产品，实现价格的提升。

项目推盘计划见表 6-18。

表 6-18　　　　　　　　　　　　**项目推盘计划**

推盘次数	推盘楼号	推盘时间	推盘套数	推盘户型
一次推盘	1~3	××××年 3 月	260 套	1 室 1 厅、2 室 2 厅、3 室 2 厅
二次推盘	4~5	××××年 5 月	190 套	1 室 1 厅、2 室 2 厅、3 室 2 厅
三次推盘	6、9	××××年 6 月	120 套	1 室 1 厅、2 室 2 厅、3 室 2 厅
四次推盘	6、8	××××年 6 月	100 套	1 室 1 厅、2 室 2 厅、3 室 2 厅
五次推盘	10、11	××××年 9 月	102 套	1 室 1 厅、2 室 2 厅、3 室 2 厅

二、营销推广计划

项目分期及推广计划见图 6-6。

推盘主线	预热期	开盘期	强销期	持续期	清盘期
	2015年2月 认购	2015年5月 开盘	2015年6~8月	2015年9~10月	2015年11月
线上活动	项目说明会	开盘仪式	购房抽奖	体验活动	促销活动
销售主线	样板示范区		促销活动	客户服务	转介绍
线下主线	产品导入	完美入市	客户挖潜	渠道拓展	商住互动

图 6-6　项目分期及推广计划

1. 第一阶段：预热期

(1) 阶段目标：①进行项目入市前的形象展示及概念宣传，强化市场认知度、提升知名度。②整体形象出台，抢先占领市场，率先打出引领旗帜。

(2) 广告重点：

①售楼处外部包装和指示系统。

②工地围挡。

③楼座包装——在临近道路的×××栋楼房上悬挂大型喷绘布，介绍相关销售信息。

④户外广告、单立柱广告——在×××位置投放单立柱广告 2 块、在×××道路沿线投放站台广告、在×××商业中心投放 LED 电子屏广告。

⑤项目网站——建立项目网站，进行项目动画展示。

⑥网站媒体——在本地房地产网、×××等平台上建立专栏，显示项目形象以及销售信息，在百度本地贴吧建立项目专栏，对项目品质及热销信息进行操作，扩大知名度。

⑦报纸软文炒作——在×××报纸软文炒作，主要炒作项目的配置和生活方式。

⑧售楼处广告牌。

⑨建立短信平台——选择×××短信公司，对电话号码进行投放。

(3) 营销任务：试探市场，检验市场反映，确认产品卖点及目标客户群体。

(4) 工作重点：产品导入，吸引客户。

(5) 主题活动：

①“×××会”入会活动——认筹客户办理首付款时发放入会卡，并登记，同时发放业主权益卡。可参加“×××会”举办的活动，节日可领取会员礼物、生日当天可领取生日蛋糕、享有置业管家一名。

②“×××会”家电大抽奖活动——设一、二、三等奖，奖品为微波炉、电磁炉、电饭煲、台灯等。

③产品说明会——以产品说明会形式，告诉目标客户项目正式启动。

④售楼处开放。

⑤团购活动——借助网络团购平台促进销售。

2. 第二阶段：开盘期

(1) 阶段目标：迅速在市场建立知名度和美誉度，做好开盘销售，追踪预定客户签约。

(2) 广告重点：

①报纸广告——在×××日报、×××商报每周投放广告一次，时间为×××。

②杂志广告——在×××杂志上刊登广告，针对商旅人群。

③户外广告——在靠近项目的×××路口设置交通指示牌广告。

④道旗广告——制作售楼部门前道旗广告。

⑤电视广告——在×××电视台进行电视剧广告插播。

(3) 营销任务：运用广告媒体宣传，聚拢前期目标客户群，消化积累意向客户，转为订金客户。

(4) 工作重点：蓄积客户，全力开盘，营造热卖气氛，延长营业时间。

(5) 主题活动：

①开盘仪式——开盘当日举行，营造现场气氛，增加开盘热度。

②明星效应——与×××明星面对面。

③×××字画展览——体现项目独有文化气息。

④寻宝活动。

⑤夏季卡拉OK大奖赛。

3. 第三阶段：强销期

(1) 阶段目标：强势开盘后，通过系列营销活动，延续热销势头。

(2) 广告重点：立体广告攻势，塑造整体形象气势，将概念宣传转化为实际卖点推广。

(3) 营销任务：全面挖掘潜在客户，动员客户回到现场参加公关活动和销售活动。

(4) 工作重点：强调销售佳绩；拟定公关及促销计划。

(5) 主题活动：

①活动赞助——采取冠名形式赞助×××足球队比赛。

②高尔夫一日游——带领业主参观×××国际高尔夫场地，进行讲座和训练。

③外地购房团。

④客户活动季：电玩体验、“×××会”陶艺制作活动、“×××会”冷饮节。

4. 第四阶段：持续期

（1）阶段目标：热销期后，维持销售热度，让客户持续购买。

（2）广告重点：针对销售难点策划具体销售策略。

（3）营销任务：深度挖掘客户。

（4）工作重点：体验式营销，增加客户认可度，做好客户服务。

（5）主题活动：

①轻松首付计划。

②团购挖掘——针对目标企业，如医院、供电局等，在这些企业设立外展点，进行产品推介，组织企业内部员工进行团购。

③网站团购——继续利用房地产网站组织网络团购，给予团购优惠、刺激购买。

④七夕相亲派对——通过男女相亲派对、歌舞表演暖场。

⑤“×××会”中秋送月饼——对“×××会”会员赠送月饼1盒。

5. 第五阶段：尾盘期

（1）阶段目标：迅速消化滞销户型。

（2）广告重点：针对前期各媒体效果，有侧重的取舍与选择。

（3）营销任务：加强老客户介绍新客户；利用前期销售的良好口碑带动剩余房源的销售和公共设施建设的推出。

（4）工作重点：组织客户答谢活动。

（5）主题活动：

①客户转介绍——开展“我是好邻居”客户转介绍活动，本地人介绍，亲自带来并成交的，每次奖励3 000元；若累计3次推荐成功可再额外获得2 000元的奖励。

②爱心DIY——利用“光棍节”针对年轻客户，举行DIY巧克力派对，亲手制作巧克力送给心爱的“他”或“她”。配合促销活动，购房送家电活动。

③非诚勿扰——针对刚性需求的年轻客户，举办“牵手非诚勿扰”交友联谊会活动。活动方式：游戏+抽奖+互动+交友+美食。

三、营销推广费用（略）

6.4 房地产项目营销推广提案的PPT制作

6.4.1 房地产项目营销推广提案PPT制作实训的目的与任务

（1）实训的目的

①使受训者了解房地产项目营销推广提案PPT所需的常见内容结构，并能对前面的实训模块相关实训成果进行提炼、综合。

②使受训者掌握项目营销推广提案PPT的表现技巧，并能够进行PPT编写和

制作。

（2）实训的任务

①回顾、综合、提炼前期实训模块内容。

②构架项目营销推广 PPT 提案的结构，进行 PPT 制作。

6.4.2 房地产项目营销推广提案 PPT 制作实训的知识准备

6.4.2.1 营销推广提案的概念

营销推广提案是指策划、咨询公司向客户做有关营销推广活动企划、创意构想等的报告，通过准确生动地向客户说明，以求赢得客户的赞赏与支持。即向客户提供可供参考、选择的营销推广方案。

6.4.2.2 提案 PPT 的制作技巧

（1）使用 PPT 进行提案的作用

房地产项目提案常常运用 PPT 投影演示与人员介绍相结合的形式，以图文并茂、动感丰富的形式运用在中小型会议中，便于演讲与讨论交流。PPT 演示稿的特点：提纲挈领、简洁清晰，图文并茂、层次分明，动态效果、视觉美化。

（2）优秀 PPT 提案的标准

标准一：主题清晰，有精确的论点、结论、思路和清晰的主张。

标准二：内容及材料详实，含文字、图片、数据。

标准三：逻辑主线贯穿始终，确保表达内容围绕中心。

标准四：重点突出，重点结论、判断突出表现，吸引眼球。

标准五：图文并茂，多用图形、图片，避免观众视觉疲劳。

（3）PPT 提案的制作要点

第一，要明确制作的目标。要针对提案对象制作相应层次的内容，在设计的时候要以听者为中心进行考虑，不要以自我为中心。

第二，要注重逻辑性。要有清晰简明的逻辑及不同层次的标题分层，但注意不要超过 3 层纵深。

第三，风格要认真推敲。商业应用中，PPT 风格一般趋于保守，不要太花哨；注意版面的简明，尽量少用文字，多用图表与简洁的数字；尽量少用动画、少用声音。

第四，布局要美观。单个幻灯片布局要有空余空间；标题页、正文页、结束页尽量结构化，以体现逻辑性；整个 PPT 最好不超过 30 页。

第五，颜色要协调。整个 PPT 的颜色最好不超过 4 种，颜色一定要协调，尽量用同一个色调。

（4）版式设计技巧

根据母版风格设计版面、注意保留边距 1 厘米左右；提炼主题，缩短主题文字长度；总结要点，精炼内容文字；每行控制文字量，不超过 20 字；字体、字号及文字颜色确保清晰易读；收集并使用知名的 PPT 资源。

6.4.2.3 房地产项目营销推广提案的结构

房地产项目营销推广提案的结构见图 6-7。

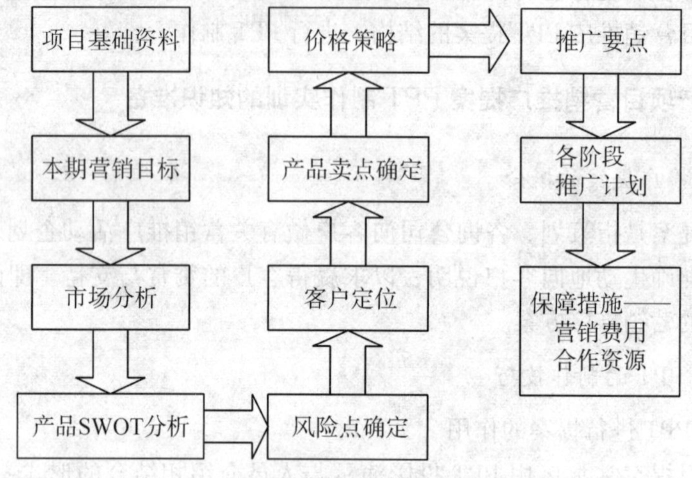

图 6-7 房地产项目营销推广提案的结构

（1）项目基础资料：项目总平面图、项目经济技术指标、项目分期情况；本期平面图、本期经济技术指标；分期营销情况、经营计划要求。

（2）本期营销目标：不同产品类别、数量、价格、销售额、销售率等。

（3）市场分析：当前形势、政策因素、市场及周边竞争项目因素。

（4）产品 SWOT 分析：项目及产品的优势、劣势、机会、威胁。

（5）风险点确定。

（6）客户定位：目标客户消费特征、确定购买原因、主要考虑因素。

（6）产品卖点确定：产品卖点、销售策略整体思路。

（8）价格策略：开盘价格策略。

（9）推广要点：推广目标、重点、推广分期计划。

（10）各阶段推广计划：分期及销售各阶段计划表、各阶段推广主题及具体策略。

（11）保障措施：推广费用表、合作资源情况。

6.4.3 房地产项目营销推广提案 PPT 制作实训的组织

（1）指导者工作

①向受训者介绍实训达成的目标和成果。

②知识讲授，介绍房地产项目营销推广提案的用处、要解决的问题、常见内容及结构。

③提出提案 PPT 制作的要求。

（2）受训者工作

①整理与提案 PPT 制作相关的项目基本资料、营销目标、市场情况、产品情况等。

②进一步锁定目标客户群，提炼项目的风险点和卖点。

③确定推广要点及各阶段推广主题及策略；进行推广费用测算。

④制作项目推广提案 PPT。

6.4.4 房地产项目营销推广提案 PPT 制作实训的步骤

房地产项目营销推广提案 PPT 制作实训步骤见图 6-8。

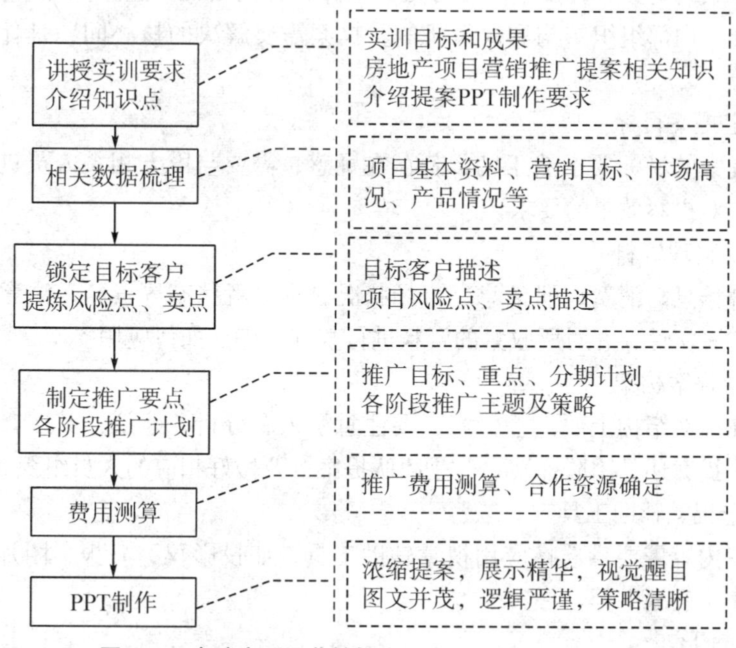

图 6-8 房地产项目营销推广提案 PPT 制作实训步骤

6.5 房地产项目营销推广的提案

6.5.1 房地产项目营销推广提案实训的目的

(1) 实训的目的

①使受训者了解房地产项目营销推广现场提案的技巧。

②使受训者模拟开发商和策划公司，进行提案质询和答疑。

③使受训者练习临场表达的技巧。

(2) 实训的任务

①进行营销推广提案 PPT 演示，介绍项目营销推广策略。

②现场模拟开发商和策划公司双方进行提案的质询和答疑。

③模拟开发商进行提案选择。

6.5.2 房地产项目营销推广提案实训的知识准备

6.5.2.1 成功提案的步骤

(1) 观众分析

弄清楚提案的对象，即要了解甲方是一个什么样的公司，企业文化和风格是什么，关键人物是谁，内部组织结构和决策机制，提案需要解决的核心问题是什么，会有什么疑问，等等。

(2) 设定提案目标

对本次提案的目标要了然于胸，若存在疑惑，需要与甲方相关人员进行交流，要充分理解甲方对提案效果的要求。

(3) 收集整理资料

收集品牌信息、消费调研信息、市场状况、竞争者状态等资料，注意资料的适用性、时效性和真实性，并对所收集的资料进行整理，考虑如何应用。

(4) 选择提案构架

首先，在提案结构上要选择恰当，要注意引入、分析、建议；其次，要确定提案的形式是个人提案还是团队提案。若是团队提案，要做好相应的人员组织和分工。

(5) 创造视觉辅助工具

根据提案内容需要，选择应用视觉辅助工具，如投影仪、海报、图片、音响、模型、大型图表、企划书等。

(6) 熟读内容

对提案内容要充分熟悉，做到讲解顺畅。

(7) 演练、彩排

首先，要总结归纳提案前的准备事项，防止提案时的遗漏。若团队提案还需对角色进行分配。提案人要完全熟悉其内容，不要死背，能熟练运用所选择的视觉辅助工具。另外，要进行多次预演，注意控制时间与节奏，反复检查存在的问题并进行修正。

其次，可以在内部进行模拟提报。邀请相关人员参加，以从不同视角提出观点；猜测客户可能提出的疑问，并想出应对办法；通过模拟提报练习、不同分工人员的配合衔接，增强团队提案效果。

(8) 提案演出

在提案前要提前到场，熟悉甲方座位及人员的安排，特别要注意甲方人员的职务称呼，为提案时的交流做好准备。开场白要简练，团队提案要介绍团队成员。提案过程中要注意团队成员的分工合作和互相支持，主述者与补述者的交接要自然合理，记录者要抓住重点做好记录。演示重点内容要着重强调与重复提示，要注意演出的流畅性以及设法隐藏错误。对于甲方人员的疑问要反应快，解答要有说服力，切记不要让提案成为一场辩论赛。整个过程要注意掌控现场气氛。

在提案过程中提案者的态度要自信，要使别人信任。角色扮演要以专家角色出现，以树立权威感，增强客户认可度。

（9）回顾分析

①现场回顾。根据记录者做的记录，在主述者演示完毕前整理好甲方成员在提案中提出的问题。团队答疑者对主述者演示过程中未完整答复的问题进行回应。

②场外回顾。向甲方追踪提案的效果，总结分析前期提案的问题并进行改善，对后续工作进行分工，以准备下一次的提案。

6.5.2.2　提案演示技巧

（1）取得信任

进行必要的自我介绍，介绍公司、团队、个人的专业能力和成功案例，采取执行的态度和表达并树立权威感。通过着装、表情、预期、态度来增加客户的好感度，着职业装、化妆要清爽，表情要自信，态度要诚恳，同时要注意会议礼仪。

（2）调动现场气氛

设计好的开场白、引人入神的说服方式；设置的问题要逐步深入演绎；根据现场穿插与客户的参与互动等，让客户的注意力跟着演示者的思路走；对于熟悉的客户可以先提示结论让其期待。

（3）重点突出

演示内容时，对重点和关键处要适当强调，通过适当停顿、提示重点引起注意，同时也让听众有时间消化。通过主动发问来引起听众的注意，引导听众思考。特别注意不要照本宣科，也不要一直盯着投影仪。

（4）关注客户反应

要随时关注客户的反应，演示者眼神要尽量照顾到每一个人，特别是不能忽视坐在角落的人；对于主要决定者要加大关注度，要坦然与现场听众眼神交流，避免视而不见、回避闪烁；语气要自然诚恳，避免过于严肃、高调和强势；要懂得见好就收，不要无视客户的反应对某些问题反复讲解。

（5）虎头豹尾

开场、过程、结尾都要让客户始终跟随演示者的思路。开场白和引入问题要吸引客户注意；结尾也要让客户印象深刻，结尾可运用总结结论、重点提示、回答问题等方式。

6.5.3　房地产项目营销推广提案实训的组织

（1）指导者工作

①提案现场座位布置、物料准备。

②抽选人员作为开发商参与者，并抽签决定参与者不同的岗位及职务。

③维持提案现场秩序，作为主持人主持项目推广提案。

④组织开发商参与者对提案进行评比。

（2）受训者工作

①提案团队分工与协作安排。

②提案前课下预演。

③团队现场提案与答疑。

6.5.4 房地产项目营销推广提案实训的步骤

房地产项目营销推广提案实训步骤见图 6-9。

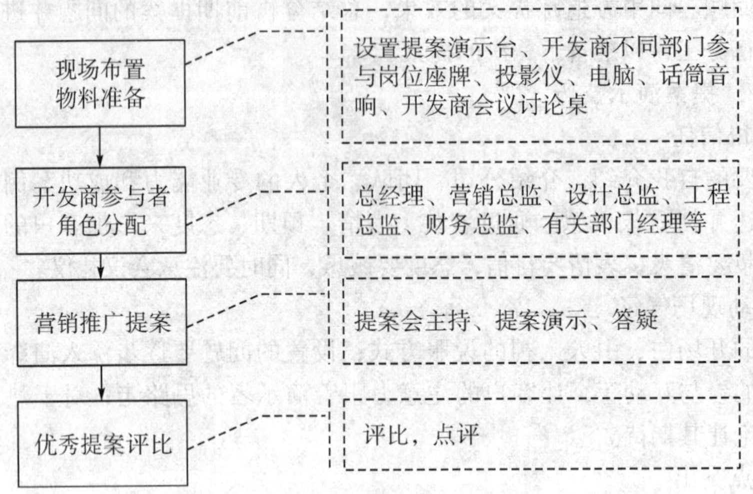

图 6-9 房地产项目营销推广提案实训步骤

6.6 房地产项目营销推广的实验成果

根据受训者业务水平，实训的实验成果产出又分为高级阶段、中级阶段、初级阶段、入门级成果。以下成果为入门级成果示例（说明：示例为某应用型高校学生实训成果，部分内容尚待推敲、修改和完善）。

示例

某高校学生实训阶段成果一

实验（训）项目名称	销售阶段划分及入市推广策略	指导教师	
实训日期		所在分组	

实验概述

【实验（训）目的及要求】

1. 熟悉预售各阶段的细分，知晓各阶段的推广策略。

2. 实验分组，每组 4~5 名同学，确定项目的入市时机，并进一步对各销售阶段进行时间安排、确定各阶段的销售策略。

【实验（训）原理】

1. 麦克尔·波特竞争理论。一个企业要在市场竞争中取得优胜，有三种战略可供选择：最低成本、差异化营销、市场集中。

2. 4P 理论：产品（Product）、价格（Price）通路（Place）、促销（Promotion）。

3. 魏斯曼营销战略学说：领导者战略、挑战者战略、市场追随者战略、利基者战略。

实验内容

【实验（训）方案设计】

1. 实验任务

每组同学确定入市时机，并排出销售的各个阶段时间段，同时提出各阶段的推广策略。

2. 实验要点及流程

（1）要点：确定入市时机，填写销售阶段时间表，拟定各阶段推广策略。

（2）流程：宏观经济状况及与业界各种推广活动的分析→入市时机的确定安排→确定销售阶段→制定各销售阶段的策略。

3. 仪器设备

投影仪、电脑。

【实验（训）过程】（实验（训）步骤、记录、数据、分析）

1. 制定销售时间表（表 6-19）

表 6-19 销售时间表

阶段		预热期	强销期	持销期	清盘期
时间段	第一期				
	第二期				
	第三期				

2. 预热期推广策略及实施细则

在预热期主要是对整个项目的形象进行推广，在一段时间内通过多种有效可行的推广办法提高知名度，吸引意向客户，为楼盘造势，以建立品牌知名度和促进销售为目标，从而尽快奠定楼盘在人们心目中的品味、档次和形象。所以在预热推广阶段采用户外广告和电视广告作为主导推广策略，配以互联网媒体为辅助推广并对以下现场进行包装：

售楼部：体现温馨、亲切、舒适、时尚感觉。

样板房：巴渝传统建筑元素的加入，与现代设计理念结合。

现场路段：加强指引性，用大横幅展示广告，分散消费者对周边环境的注意力。

工地现场：利用毗邻市政主干道的优势，用彩色空飘气球、彩旗、横幅进行有效宣传，打破工地单调的色彩。

（1）开始摸底

以“雾都水岸”项目开工为契机，全面传递项目正式启动的信息。在“雾都水岸”项目开工的同时，针对市区内政府机关、企事业单位及商户进行宣传，对有意向的客户进行预约登记。另外，在市中心长期设置大型户外广告。

传播形式：×××电视台新闻报道，重庆晚报、重庆日报新闻报道。

开始时间：依照项目建筑工程启动时间，开工后两周之内完成。

（2）海报投放

利用海报传单具有内容调整灵活性和使用方式多样性的特点，进行有针对的传播和发放。

发放频次：每周6次的频次进行发放。

发放地点：沙坪坝三峡广场各大商场附近、红岩广场、大学城以及沙坪坝区辐射范围的各大轻轨站等人群聚集地。

发放时间：每周二、三、四发放日，时间为14：00-20：00，每日发放不少于800份；每周五、六、日发放日，时间为10：00-20：30，每日发放不少于1 500份。

发放对象：商业区购物的消费者（而非商家业主）、轻轨站过往乘客，以保证最大的传播覆盖率。

传单内容：本项目面江靠山得天独厚的地理位置所带来的宜居环境，真正的养身居所。

开始时间：项目推盘前两个月。

（3）公交广告

①车身广告。利用公交车区域跨度范围广、版幅较大、班次多的特点，提高本项目的辨识度。在沙坪坝到双碑、北碚方向的公交车线路发布车厢广告，如248路、210路、501路、503路。

②公共交通移动电视广告。公交交通移动电视广告对人们具有潜移默化的影响力，根据车身广告相应的线路投放电视广告。

（4）微信微博公众号

申请微博微信公众号，在发放海报宣传的同时，可以支持扫微信、微博关注送礼品的活动，并通过该渠道实时更新本项目的情况和优惠活动，旨在提高本项目的网络人气，提高项目认知度，打造高端、时尚的项目形象。

3. 制定强销期推广策略及实施细则

推广策略及实施细则：本阶段将是营销推广的高峰期，结合促销对楼盘进行强势推广。报纸广告、电视广告、活动、售楼现场、辅助宣传品等活动全面进行。

（1）报纸广告：每周安排1页面版通栏广告，主题为“雾都水岸”概念推广、“国际水岸住宅”“建筑美学名宅”“城市精英”等进行客户包装。

（2）软新闻：每周安排一期整版图文，形象诉求。

（3）电视广告：电视剧插播广告，采用主题诉求的方式。

（4）活动：

①到访有礼。从开盘前一个月开始，凡是到访的意向客户可以领取时尚保温杯一个。

②VIP会员砸金蛋抽奖。凡是到访并办理VIP贵宾卡（认筹）的客户，就可以砸金蛋一次，获得相应礼品。

③相聚“礼”拜天。周末是人流量的高峰期，通过办促销活动可以刺激人们的消

费欲望。

地点：销售中心。

活动规则：开盘期间购房的前 20 名客户，可参加幸运抽大奖活动（中奖率 100%）。

奖品设置：

特等奖一名，总价享受九五折；

一等奖两名，赠送三万元装修基金；

二等奖四名名，赠送两万元家具基金；

三等奖六名，赠送一万元家电基金；

四等奖七名，免缴物业管理费两年。

④爱心美食节。通过活动联络感情，加强开发商与客户之间的交流，同时可在客户群体中形成口碑效应，促进项目的促销。

地点：嘉陵江畔。

邀请对象：业主、有购买意向的个人和企业团体（可带家人）。

活动形式：通过发函，邀请每一位业主和准业主一家齐聚活动所在地，为失学儿童捐一元钱就可以获得一张美食券（全场通用）。旨在聚集人气，吸引媒体关注，提高本项目的公众形象、博得大众好感。

（5）售楼现场

视听资料：用于售楼现场，应涵盖开发理念、楼盘概况、物业管理、销售业绩等方面。

4. 制定持销期推广策略及实施细则

通过强销期的销售，完成强销期的目标销售量，剩下的将通过持销期的优惠活动来完成。通过强销期的销售，会积累一定的客户，然后通过这些老客户的宣传带动新客户的销售。

（1）价格策略

①推出特价房。根据前面销售信息的反馈，从房源中挑出 3 套小户型，前一个星期办理 VIP 卡，选定周末人气高的时候采用抽签的办法选出三套特价房得主。

②公开竞价。通过现场销售控制，拿出部分房源采用统一底价竞拍，吸引更多意向客户，形成热销甚至哄抢局面。

③以“老带新”活动。

活动时间：进入持销期开始。

地点：销售现场。

活动形式：凡由老客户介绍来的新客户在 15 日内成交，老客户就可获得现金大礼。以老客户介绍新客户选房落定后，新客户直接享受免一年物业管理费的超值优惠。

（2）圈层营销建议

①“老带新”营销活动建议

针对开盘期间成交的老客户资源，鼓励其带领其他意向客户购买产品，并给予新老客户双方一定的奖励政策。

实施过程：由老客户带来的新客户成交，奖励老客户现金5 000元，新客户购买时在所有优惠的基础上再赠送一年物业费的优惠政策。

②“公务员”营销活动

针对公务员此类具有较强购买实力的消费阶层，通过举办私人聚会等方式将此部分消费者聚集起来，进行集中营销宣讲，以达成成交目的。

(3) 渠道营销建议

社区、公园广场日常巡展：利用夏日傍晚居民户外活动频繁的特点，获得相关管理部门备案支持后，在老式小区或休闲广场内举办“踢毽球”“跑得快”等互动活动方式，吸引居民现场咨询。

5. 制定清盘期推广策略及实施细则

(1) 五一特惠

活动时间：5月1日。

活动地点：销售中心。

活动形式：“幸运转盘”活动，签订购买合同的客户转动幸运转盘，9.9折占二分之一、9.6折占四分之一、9.5折占四分之一，转盘转到的就是总价折扣。

(2) 一口价

根据前期到访的意向客户，发放活动邀请函，邀请20位客户到场。拿出剩余的10套房户型，低于总价一口价成交；当场成交还送车位（限量5组）。

6. 入市时间

入市时间选择为：2015年××月××日。

解筹时间为：2016年××月××日。

开盘时机选择为：2016年××月××日。

【结论】

通过四个阶段的相继展开，本项目的销售计划顺利完成，每个阶段都严格地按照制定的要求进行。在预热期，主要宣传本项目，提高认知度，让大部分需要购房的客户都知道项目的存在。抓住项目滨江、宜居、生态、养生等特点来做宣传，让本项目的特点深入人心，达到在客户心中留下深刻印象的效果，从而发掘更多的潜在客户，为后期的正式销售做下完美的铺垫。在强销期，根据前期积攒的客户，再通过宣传以及各种优惠活动，制造高人气、高热度。利用人们“凑热闹”的心态来提高关注度，打造成一个炙手可热的项目。在持销期，靠之前聚集起的人气和开发的老客户，加以各种优惠促销活动使热度不减，再创销售小高峰。在清盘期，剩余的房源并不多，加大优惠力度和采用“饥饿营销”手段来实现完美收官。

某高校学生实训阶段成果二

实验（训）项目名称	销售价格策划	指导教师	
实训日期		所在分组	

实验概述

【实验（训）目的及要求】

1. 掌握房地产产品定价技能，能够制定定价策略，确定开盘均价。

2. 实验分组，每组4~5名同学，确定竞争楼盘并收集其楼盘相关资料，按权重分析竞争对手，按竞争对手权重暂定本楼盘均价，确定楼盘定价策略、楼盘均价，落实水平价差和垂直价差策略。

【实验（训）原理】

1. 4P理论：产品（Product）、价格（Price）、通路（Place）、促销（Promotion）。

2. 4C理论：首先强调企业应该把追求顾客满意放在第一位，其次是努力降低顾客的购买成本，再次要充分注意到顾客购买过程中的便利性，而不是从企业的角度来决定销售渠道策略，最后应以消费者为中心实施有效的营销沟通。

实验内容

【实验（训）方案设计】

1. 实验任务

每组制定定价策略和开盘均价。

2. 实验要点及流程

（1）要点：进行定价基本策略、定价方法、水平价差和垂直价差的制定。

（2）流程：收集整理市场信息及定价标的的楼盘资料→估计成本和需求→分析竞争对手→选择定价目标。

3. 仪器设备

投影仪、电脑。

【实验（训）过程】（实验（训）步骤、记录、数据、分析）

1. 主要竞争楼盘及价格分析（表6-20）

表6-20　**主要竞争楼盘及价格分析表**

编号	竞争楼盘名称	建筑类型	产品类型	均价	价格策略
1	龙湖睿城	普通住宅	高层	6 300元/平方米	低开高走
2	富力城	普通住宅	高层	6 000元/平方米	低开高走
3	国盛三千城	普通住宅	高层	8 100元/平方米	低开高走
4	财信沙滨城市	普通住宅	高层	8 600元/平方米	低开高走
5	同景优活城	普通住宅	高层	8 800元/平方米	低开高走

2. 成本导向定价法

根据项目投资分析，项目楼面成本为：高层楼面成本4 653元/平方米，多层楼面成本4 356元/平方米，假设公司投资额为楼面成本，公司期望目标利润为50%。若采用目标定价法，本项目销售均价为：

多层单位价格=4 356×（1+50%）=6 533. 6元/平方米

高层单位价格=4 653×（1+50%）= 6 128. 9元/平方米

3. 购买者导向定价法

采取购买者导向定价法，本项目楼面销售均价为：高层销售均价为 6 500 元/平方米；多层销售均价为 6 000 元/平方米；洋房销售均价为 6 500 元/平方米。

4. 竞争导向定价法

①请完成竞争对手权重分析表（略）见表 6-21。

表 6-21　　竞争对手权重分析表

比较项目		权重	（项目名称）		（项目名称）		（项目名称）		（项目名称）		（项目名称）	
			拟合程度	比较系数	拟合程度	比较系数	拟合程度	比较系数	拟合程度	比较系数	拟合程度	比较系数
区域位置	市区距离	4										
	交通系统	6										
区域环境	板块属性	4										
	自然环境	6										
	社会环境	4										
	发展潜力	3										
生活配套		10										
产品	规模	3										
	容积率	6										
	绿化	6										
	内部景观	6										
	产品风格及核心概念	10										
	面积设置	6										
	产品附加值	6										
其他	物业服务	4										
	会所	4										
	是否现房	4										
	开发商品牌	3										
		100										

②根据竞争对手权重分析表的分析，采用竞争导向定价法，制定本案销售均价。

计算公式：∑（各楼盘销售均价×比较系数）/（楼盘数量×100）

代入数 =（6 300 ×101. 6+6 000×95. 35+8 100×96. 95+8 600×100. 8+8 800×99. 2）÷（5×100 ）

本案暂定销售均价 =6 685. 5 元

5. 制定具体定价策略及最终确定销售均价（销售均价要根据不同类型的物业进行分类定价）

本项目采用低开高走的价格策略，结合前面成本导向定价法、购买者导向定价法、竞争导向定价法的相关测算，最后确定本项目高层的销售均价定为 6 300 元/平方米，多层定为 6 800 元/平方米，整数的价格可以给人品质感，这也是考虑到本项目的成本以及投资者利益最大化而且有利于适应市场上扬的趋势；并且对于一次性付款的可打 9. 5 折，一次性交完首付的打 9. 8 折。

6. 制定项目楼栋及垂直价差策略

沿着嘉陵江的洋房顺时针依次编号 6、7、8、13 号楼，这 4 栋是滨江洋房，可以直接眺望到江景，并且采光、通风均十分良好，售价定为 8 300~8 900 元/平方米。1~5

号楼为多层，第一层可作为门面使用，顶楼可以赠送天台，售价定为8 200元/平方米；2~5层可以观赏小区内园林景观，且出行方便，售价定为6 800~8 100元/平方米。9、10、11、12、14、15、16号楼为高层，1~5层采光较差，视野不够开阔，售价定为6 900元/平方米，6~11层采光、通风较优，售价定为6 600元/平方米，12~20层可以眺望江景，售价定为6 900元/平方米。

7. 制定开盘价格策略（价格走向、起价、折扣折让策略、产品组合定价策略）

本项目的价格走向是低开高走，随行就市的定价基础；多层的起价是6 100元/平方米、均价是6 800元/平方米，高层的起价是6 600元/平方米、均价是6 300元/平方米；开盘前办理VIP卡交两万元抵四万元；接受公积金贷款。全额付款可享受9.8折优惠，按揭或交订金可获抽取超值好礼；团购十人及以上最高可享受9.7折优惠。开盘享受交5 000元抵20 000元优惠，全款购房享受9.8折优惠，按揭购房享受9.9折优惠；电梯房1~5楼客户，享受10年免电梯费优惠。

【结论】

销售价格决定后期的销售成绩，这是资金回笼最关键的一步，所以制定价格必须细化。多层、高层根据具体楼层不同、使用功能不同和景观不同，以及对主要竞争楼盘及价格分析，进行成本导向定价法的计算、购买者导向定价法的计算、制定具体定价策略及最终确定销售均价、制定项目楼栋及垂直价差策略、制定开盘价格策略的分析，确定本项目的档次为中档临江住宅。通过这一系列模拟，我们掌握了房地产项目常见的定价模式和方法，能够完成一个项目的开盘价格定制。

某高校学生实训阶段成果三

实验（训）项目名称	营销推广提案制定及现场提案模拟	指导教师	
实训日期		所在分组	

实验概述

【实验（训）目的及要求】

1. 掌握营销推广如何进行现场提案，能够综合前述内容进行PPT的编写，能够模拟进行现场提案演示和说明。

2. 实验分组，每组4~5名同学，撰写并设计PPT提案，按模拟场景进行现场销售模拟。

【实验（训）原理】

1. SWOT分析法：优势（Strength）、劣势（Weakness）、机会（Opportunity）、威胁（Threat）。

2. USP理论：要求向消费者说一个独特的销售主张。

3. 5W2H法：了品牌从战略（Who、Why）到策略（What、When、Wher）直至战术（How）的完整运作系统，加上品牌预算（How much），就构成一个完整的品牌运作方案。

实验内容

【实验（训）方案设计】

1. 实验任务

每组同学制定广告策略和广告计划。

2. 实验要点及流程

(1) 要点：房地产广告策略、广告媒体的特点、广告媒体的选择、投放时机策略、媒体组合策略。

(2) 流程：调查分析→拟定计划并完成提案 PPT 制作（确定整体广告战略、确立广告目标、确定广告具体策略）→现场提案→提案评选。

3. 仪器设备

投影仪、电脑。

【实验（训）过程】（实验（训）步骤、记录、数据、分析）

1. 实训按以下步骤实施

第一步，前期可利用数据汇总，缺漏数据收集补充（调查分析）。

第二步，制作营销推广提案 PPT。

第三步，人员分工及提案预演。

第四步，现场提案。

第五步，提案评选。

2. 实训记录及数据分析

提交 PPT 的打印文档（略）。

【结论】

营销推广提案制定及现场提案模拟 PPT 主要是对前期可利用数据的汇总，补充收集缺漏数据，制作营销推广提案 PPT 和一些数据的基本分析和风险分析。所以经过这次的提案，为我们了解房地产营销推广做了一个好的铺垫，让我们都感悟领会颇多。

6.7 房地产项目营销推广的考核方法

在实训过程中，正确有效的考核方式是促进、巩固教学效果的重要内容，是提高实训质量的重要方法。本实验过程的考核方式如下：

6.7.1 考核内容

(1) 受训者对营销推广实施环节的基本知识、操作技能、技巧运用的理解和掌握程度。

(2) 受训者对运用所学知识解决房地产营销推广实际问题的综合能力。

(3) 受训者遵守实训纪律要求、实训态度等职业道德的情况。

(4) 受训者团队意识、团队合作等职业配合技能。

6.7.2 考核原则

（1）考核标准是客观的、统一的，须防止主观的、随意的判定。

（2）成绩的评定能够真实地反映受训者的知识、技能、技巧的实际水平。

（3）成绩的评定要体现受训者的工作态度。

（4）成绩的评定须加入对团队合作的考核。

（5）考核评分标准做到公开透明，使学生明白考核重点和要点。

6.7.3 考核方式

（1）课程考核

课程考核是对实训课程的过程考核，主要从受训者的出勤率、实训参与情况、课堂表现三个方面评定受训者的实训成绩。

（2）阶段考核

阶段考核是根据营销推广的四个实训内容，在每个实训版块结束后，对受训者阶段实训成绩进行评定。由于四个版块在实际销售过程中的重要程度不相同，建议实训指导者可参照以下比例进行评分：

①项目销售阶段计划：占比10%。

②项目销售价格策略：占比30%。

③项目入市推广计划：占比30%。

④现场提案：占比30%。

（3）实训报告及提案PPT制作成果考核

营销推广实训环节完成后，需要由受训者提交本实训过程的实训报告和提案PPT，实训指导者根据其实训报告体现的学习态度、规范性、创新性、逻辑性等进行综合评分。参考评分标准如下：

①优秀（90分以上）

√叙述详细，概念正确，文理通顺，结构严谨，条理清楚，逻辑性强。

√对实训问题的分析详细、透彻、规范、全面。

√对所开发项目的针对性强。

√独立完成，无抄袭。

√对实训的心得体会深刻、有创意，有理有据，能提出并解决问题。

√学习态度认真，规定时间内完成报告。

②良好（80~90分）

√叙述详细，概念正确，文理通顺，结构严谨，条理清楚，逻辑性强。

√对实训问题的分析详细、透彻、规范、全面。

√对所开发项目有针对性。

√独立完成，无抄袭。

√对实训的心得体会深刻、有创意，有理有据，能提出并解决问题。

√学习态度认真，规定时间内完成报告。

③中等（70~80 分）

√叙述详细，概念正确，文理通顺。

√对实训问题的分析详细、规范。

√对所开发项目有针对性。

√独立完成，无抄袭。

√对实训的心得体会深刻，有理有据，能提出并解决问题。

√学习态度认真，规定时间内圆满完成报告。

④及格（60~70 分）

√叙述简单，没有抄袭。

√对实训问题有简单分析和描述。

√对所开发项目有针对性。

√对实训的心得体会不深刻，论述不充分。

√学习态度比较认真，规定时间内完成报告。

⑤不及格（60 分以下，或具备下面一项者）

√不提交报告。

√内容太简单、太空泛。

√基本上是抄袭。

6.7.4 考核成绩的计算

实训指导者对受训者的成绩评定可以参考表 6-22。

表 6-22 房地产项目营销推广的考核成绩计算方式

考核点名称	课程考核	阶段考核	实训报告考核
考核点占比	30%	40%	30%
考核内容	出勤、实训参与情况、课堂表现	技能操作水平	见实训报告评分标准
备注：各考核内容需加入团队核分，即由受训小组组长根据小组成员的贡献情况对各成员进行梯度评分，该评分将作为实训指导者对个人成绩评分的一个参考标准。			

问题与思考

1. 商品房销售如何进行分期？如何根据开发分期、工程进度、报建进度、市场状况、产品线组合、客户心理等具体情况进行销售分期？

2. 各销售阶段的推广策略如何进行合理的衔接，如何围绕销售产品设计推广主题？

3. 在实际营销推广中，如何考虑促销方式的合理组合？如何使得推广产出更大？

4. 在目前营销推广策略同质化较大的趋向下，如何去另辟蹊径？

5. 如何利用目前应用广泛的媒介进行项目的推广？如何建立客户的忠诚度？

6. 如何利用手机软件去增加潜在客户的粘性，如微信、APP 等？

7. 如何设计营销推广方案去吸引听众以及如何提炼出项目的真正卖点？

8. 在现场方案时，面对咄咄逼人的提问，如何去化解？

9. 在现场方案时，如何去“察言观色”，即观察听众对方案的理解、认同情况等，并如何应对？

拓展训练

1. 房地产广告策划

任务：能根据营销推广活动主题制定广告策略；根据广告策略制定广告计划，进行媒体选择和组合。

步骤：梳理各阶段营销推广主题→ 调查分析 → 制定房地产广告目标 → 选择房地产广告策略 → 媒体选择与组合 → 制定广告计划 → 费用预算 →项目广告策划书 → 实施计划。

成果：《项目广告策划书》。

2. 房地产项目广告策划书常见的内容结构

①项目分析：项目竞争情况、产品优势和劣势、项目风险点及卖点，等等。

②广告目标：广告必须阐述的卖点、目标消费群体，等等。

③媒体选择：平面媒体、电视媒体、户外媒体、广播媒体、楼书、宣传单、海报、样板房、销售中心等（要说明具体的投放对象、地点等。）

④销售各阶段媒体组合：要配合各阶段营销推广主题。

⑤辅助公关活动：要配合各阶段营销推广主题和媒体组合。

⑥广告计划表。

⑦费用预算。

参考文献

[1] 陈倍麟. 商业地产项目定位与建筑设计［M］. 大连：大连理工大学出版社，2013.

[2] 付光辉. 房地产市场营销［M］. 南京：东南大学出版社，2014.

[3] 柳立生，刘红霞. 房地产开发与经营［M］. 武汉：武汉理工大学出版社，2014.

[4] 中汇城控股（集团）房地产研究中心. 房地产精细操盘——营销策划［M］. 北京：化学工业出版社，2014.

[5] 章鸿雁. 房地产策划与开发模拟实训教程［M］. 北京：电子工业出版社，2010.

[6] 王涯茜，雷晓莹. 房地产开发与经营［M］. 西安：西安交通大学出版社，2014.

[7] 刘亚臣. 房地产经营管理［M］. 大连：大连理工大学出版社，2014.

[8] 天火同人房地产研究中心. 房地产营销策划分步实解：营销推广［M］. 北京：化学工业出版社，2015.

[9] 李雪妍，张远索. 房地产营销策划：案例分析与实践［M］. 北京：学苑出版

社，2012.

［10］企划王. 企划高手不告诉你的46个提案技巧［M］. 北京：化学工业出版社，2012.

［11］孙文哲. 房地产定价方法研究［D］. 天津：天津大学，2006.

［12］王瑞玲，宋春叶. 房地产项目营销策略研究——以重庆某房地产项目为例［J］. 重庆科技学院学报（社会科学版），2011（01）.

［13］高武. 基于价值链的房地产文化营销整合路向［J］. 建筑经济，2012（01）.

7 房地产销售实施

📖本章导读

· 掌握营销中心的选址、组织设计及管理方法。
· 掌握房地产销售管理的内容和特点，熟悉各类管理表格的制作与使用方法。
· 掌握房地产销售前期准备工作的内容、销售实施的工作程序。
· 掌握房地产销售现场的组织构成、管理内容。

案例导入

某项目的销售管理

一、项目背景

(1) 区位：项目位于新城区，紧靠开发区，紧邻新城区主要道路，附近有行政单位集中的××道、以商业为主的××道，又处于城市发展主方向上，区位优越。

(2) 交通：项目周边的公共交通较发达，包括10路、12路、17路及562路公交总站，覆盖了新城区内33处小区、12所学校、4座医院、7处商场、邮局，并途经该区主要街道、商业和学校网点；临近国道、高速公路。

(3) 周边配套：项目周边商业包括国美、新世纪、万达等，区域商业业态单一，以满足周边居民生活的超市、市场、沿街底商为主，档次较低且规模均较小，娱乐商业非常缺乏。项目周边的教育资源丰富，基本上每一个居住区都会拥有一所学校，包括中学、小学、幼儿园。项目周边包括区政府、气象局、交通局等行政机关及人民医院、妇幼保健院等医疗卫生机构。

二、项目的销售准备

(1) 产品：占地面积20万平方米，总体建筑面积50万余平方米，物业形态分为高层、商业裙楼和会所，户型为80~135平方米，平均面积90平方米，2012年10月上市。

(2) 价格控制：均价7 400元/平方米

(3) 销售渠道：某销售代理公司。

(4) 销售目标：2013年争取实现7亿元销售，回款6亿元以上，确保全盘操作3年完成销售，力争完成全盘销售额42亿~47亿元。

(5) 售楼处布置：打造会所式的全功能体验现场，突出项目品质及未来生活体验功能。在示范区的打造上，强调合理的看房动线，避免重复景观及施工动线，注重项目未来生活情境的体现，以温馨、奢侈、生活化为主题，打造高品质、高功能利用的样板间功能。同时，在先期导入物业服务体验，使客户感受到高端的物业服务品质。

(6) 销售物料：统筹区域内营销资源，使用 DM 单、夹报、短信等形式直接沟通客户，建立客户资源组，并同时准备好楼书等全套项目资料。

三、本项目的销售实施

(1) 建立以项目销售中心为核心卖场的多点销售体系，包括建立固定销售巡展中心，并联合银行、4S 店等形成联动销售。

(2) 项目展开组团交叉式推售，2012 年下半年推售 800 套，2013 年推售 2 300 套，2014 年推售 2 203 套，其中下半年实现 974 套销售。项目对外报出销售价格：2012 年 11 月为 6 700 元/平方米；2013 年 5 月为 5 385 元/平方米；2013 年 11 月为 5 885 元/平方米；2014 年 4 月为 6 800 元/平方米；2015 年 2 月为 6 800 元/平方米；2015 年 7 月为 5 800 元/平方米；2015 年 12 月为 6 900 元/平方米。

(3) 2012 年 4~8 月通过开办巡展、举办沙龙、启动公益基金的方式储客，并接受客户验资排卡，于 10 月开盘，举办盛世中秋活动、联谊活动、文化晚宴活动等先后推出 1~14 栋高层。

四、本项目的销售策略

本项目在销售上采取高价开盘策略，即高于同期市场基准价格 6 200 元/平方米。本项目产品质量佳，开发商信誉较好，并且具有明确的产品竞争优势，通过高价开盘，竖立了高端的楼盘品牌形象，并能快速回笼资金，在后期的销售过程中，可以给予客户更多的实惠，便于尾盘清理。

在整体销售过程中，本项目根据市场行情及自身销售情况适时调整销售价格，并根据时点采取不同的定价策略，如在 2012 年年底为加快资金回笼推出全款 9.5 折优惠活动，2015 年年底推出交 1 万元享 8.5 折的优惠活动等。

在推盘的节奏控制上，强调推售与工程开发次序、开发进度紧密结合，保证多频次加推以提升市场热度。在每期推售产品上为分散风险提倡多样化产品组合，并在每批次推售产品中选择稀缺产品作为明星产品吸引客户，点热市场。

7.1 房地产营销中心的选址与设计

7.1.1 房地产营销中心的选址与设计实训的目的与任务

(1) 实训的目的

①掌握营销中心选址因素及选址方法。

②掌握营销中心功能分区。

③掌握营销中心包装的技巧。

(2) 实训的任务

①根据项目特点选择合适的营销中心建设位置。

②根据整体销售策略绘制营销中心的平面图，以切合销售目标。

③根据项目定位编写营销中心包装任务书。

7.1.2 房地产营销中心的选址与设计实训的知识准备

7.1.2.1 营销中心的位置选择

房地产营销中心是楼盘形象的展示区，是与客户直接接触的场所，是销售活动的中心，产品展示、销售谈判、成交签约等一系列活动都集中在此处完成。随着房地产市场的发展，越来越多的开发商已认识到营销中心的重要性，营销中心现场的设计包装影响着消费者对开发商的信心以及促成销售成交。一般营销中心的选址遵循以下原则（见图 7-1）：

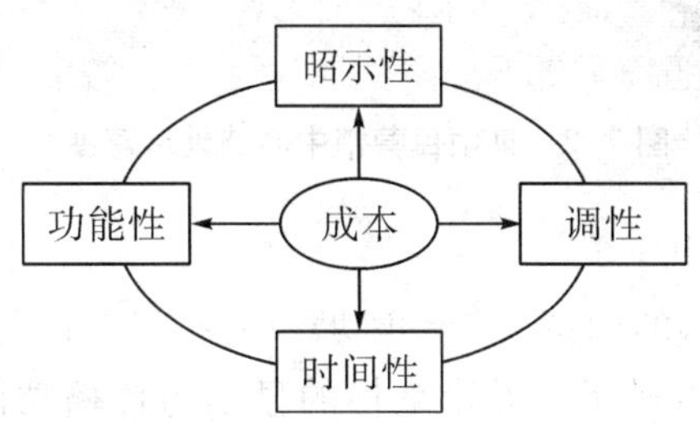

图 7-1 营销中心选址因素图

（1）成本性

营销中心选址、建设、包装等成本属于项目营销费用，项目营销费用预算有限，因此成本是营销中心选址的最重要的考虑因素之一。但是，营销中心成本考量是在实现效果的基础上的费用考虑，是营销中心选址最后的考虑因素。

（2）时间性

房地产行业是资本密集性行业，项目对资金周转要求高，而营销中心是一系列销售活动发生的地点，营销中心的投入使用是销售活动开展的标志，只有销售的开展才能保证资金的回笼，才能保证项目有序地进行，企业才能生存发展。因此，营销中心的选址要选择方便建设并能减少建设工期的地点，而且其周期要与推售节奏相适应。

示例

某项目为了尽快积累客户资源并开展销售活动，将其营销中心设立在商业街区，以便接触大量客户，发展潜在客户，同时缩短了营销中心建设时间，以便尽快开展销售，实现项目回款。图 7-2 为某项目营销中心选址示意图。

（3）调性

房地产项目已从过去的产品导向发展到现在的客户导向，房地产项目在设计上遵循客户需求原则，这必然要求房地产项目要传递产品与品牌的核心内涵，这个核心内涵即房地产项目的主题概念，它明确了项目要展示的和能识别的内容和预期形象。调性即是指要满足项目定位与项目内涵的传递。营销中心选址要充分考虑周边环境是否符合项目的核心内涵。

图 7-2　某项目营销中心选址示意图

（4）昭示性

城市地标彰显一座城市的内涵，是一座城市的符号，而营销中心是一个类似于城市地标的存在。营销中心被赋予了城市地标的显示与传播功能。营销中心是显眼的、独特的，显示了项目质素、开发商水平；同时，它是项目的传播符号，通过其新颖别致的独特设计与客户建立感性沟通，实现价值共鸣。因此，营销中心选址的时候要充分考虑到营销中心的易达性和传播性，使客户能容易看到营销中心，并能方便快捷地到达营销中心。如采用借势启示的方式，即通过展示项目强势自然资源，促进项目内涵的传播。

示例

某项目沿照母山森林公园打造营销中心展示区，灌输客户对项目的景观价值认知，并且建立在交通干道沿线，方便客户到达，同时实现过往客户的传播作用。图 7-3 为某项目的营销中心选址示意图。

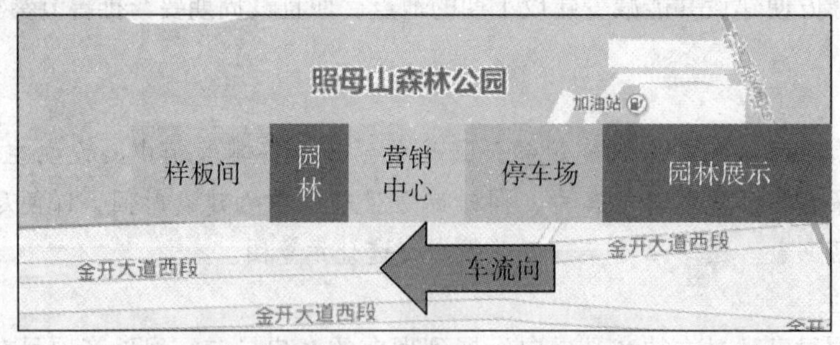

图 7-3　某项目的营销中心选址示意图

（5）功能性

营销中心是销售活动的发生场地。销售活动包括接待、商品展示、洽谈、签约等过程，营销中心选址会决定营销中心建设面积，从而影响营销中心的功能实现能力。

示例

某项目将营销中心设立在某商业广场，由于商业广场周边条件限制，最大只能提供100平方米场地，该项目仅能在有限区域内设立商品展示区及休息区，实现未来产品展示的功能，却无法满足销售活动整体需求。因此，必须在项目所在地建立营销中心，以使实现项目销售。

营销中心选址的五个考量因素是一个系统构成。在选址的过程中，不能单从某一方面进行考虑，而应该从全局出发，着眼于营销中心建设的根本目的，选择合适的地理位置。一般营销中心的位置选择可以参考以下方案：一是选择在项目场地内户外建设营销中心，目的是可以更好地吸引客户，但增加了营销成本。在户外场地的选择上可以靠近主干道以便于客户到达及有效传播，也可以与楼盘厅堂相连接，以提供更大的空间，使营销中心更显大气上档次。二是选择在楼盘顶层厅堂内建设营销中心，其优势在于可以节约营销成本，但增加了客户的到达障碍，降低了客户的满意度，并且不能满足项目宣传的需求。三是选择在商业街区建立营销中心，其地理优势可以吸引大量潜在客户，建设周期缩短有利于资金回笼，但由于其空间限制，较难实现销售活动开展所需的功能要求。

7.1.2.2　营销中心的功能分区

营销中心的设计是承载着项目形象、产品展示、客户体验和销售完成的功能性建筑的综合设计。营销中心要外形醒目、内在功能高度集中，因此，营销中心不仅要满足各种功能需求，还要注意功能版块的协调统一，并设计符合客户习性的服务动线。

（1）营销中心的外部景观区

①绿化景观

美好的景观给予客户美好的感受，好的景观设计可以放松客户的心情，让客户以轻松的心态进入售楼处。同时，好的绿化景观设计可以有效地牵引客户视线，刺激客户的好奇心与观赏欲，达到吸引客户进入售楼处的目的。绿化景观的设计要注意与道路走向相一致，并且不能遮挡营销中心的视觉展现。

②停车区

路通则人达，客户到访需要借助交通工具，停车区的设置是为客户服务的基础。一般情况，停车区停靠的车辆主要是客户来车、接客看楼巴士和看楼客户的电瓶车。各种交通工具的大小、停靠方式存在差异，停车区在功能设计上应该根据各自特点区别设定。为了避免人车混杂造成安全隐患，停车区还应在设计上注意人车分流，保证出入的畅通。另外，停车区的大小需要兼顾到聚集人群较多情况下的停车问题以及人群较少情况下的资源浪费问题。

③形象展示区

项目的形象展示从进入项目的主交通入口或者看到标志性建筑物开始，一般在该区域建设代表项目形象的艺术装置更易达到项目的形象展示功能。

（2）营销中心的客户服务区

①接待区

接待区是客户进入售楼处的第一印象、第一记忆，是项目形象展示的重要组成部分。接待区包括接待台、背景墙等，在使用上要满足接待人员接待、登记、派发项目资料等功能。接待中心大小合适，除满足基本功能外，还应根据客户阶层及客户量来决定。

②模型展示区

模型展示区用以展现项目产品，包括项目所在地域模型、项目整体规划模型、户型模型等沙盘道具，此外，还应陈列透视图、展板等辅助销售物料。通常情况，项目模型是展示区的焦点，也是客户关心的重点，要预留足够的空间供人群围观模型，并沿线参观展板、户型模型等销售物料。

③洽谈区

洽谈区是客户参观项目模型后，与置业顾问深入了解项目情况并沟通相关事宜的区域。为了能与意向客户愉快的沟通，洽谈区在设计上要宽敞舒适、氛围轻松，并在旁边设置吧台以便为客户提供茶点。对于一些重要客户或者成交意愿强烈的客户，部分售楼部会在洽谈区开辟出一片相对封闭的区域作为VIP客户接待区。

④音像区（休闲区）

信息技术的发展给予了售楼处展示项目形象、未来产品的更多可能，包括现在常用的电脑或投影展示项目3D模型图、影视广告片、现场全景等。投影技术通过虚拟展示，使客户真实性地感受项目产品，这种技术也在逐步运用于房地产销售过程中。除此之外，音像区还可以通过播放愉悦的音乐、制造柔和的灯光让客户体验到轻松闲适的气氛，同时，设置显示屏供客户快捷查询区域发展、开发商、合作商等相关资料，加深客户对项目的认识。

⑤签约区

签约区是与客户签订购房合同的区域，签约是正式的行为，为了保持安静并保障客户隐私，签约区一般设置成独立的小房间，同时摆放正式的桌椅以显示规范。

⑥财务区

财务区是客户签订购房合同后付款的地方，一般紧邻签约区，设置相对封闭，以便在保障客户隐私的同时也保证财务安全。

⑦卫生区

洗手间是客户非常重视的客户体验区，它同时具备整理妆容的功能。对洗手间设计的满意度会直线提升客户对项目的好感度。干净、整容、气味宜人是卫生区域的基本要求，一些人性化的清洁及梳妆设置会为卫生区域服务加分。

（3）营销中心的内部工作区

①员工服务区

营销中心在服务客户之外的同时，也是内部员工的工作区域。良好的员工面貌是实现销售的基础，因此，营销中心的设计要针对内部员工的日常工作需求，包括供员工上下班更换衣物的更衣室、员工休息室，部分营销中心还设置有员工食堂等。

②仓储区

仓储区是用于存放宣传物料、宣传道具和一些临时性销售物料的空间。

③经理室

经理室是为营销中心管理领导设置的，既体现项目档次，又能针对一些特殊访客予以接待。

（4）样板区

样板房是对项目未来产品的直观展示，它通过给予客户强烈的感观刺激最大限度地提升客户的购买欲望。样板区的目的就是吸引客户，促进其产生购买。样板区的设计包括景观与样品房展示。景观的定位要与项目整体定位一致，部分样板区景观是项目景观的缩小板。样品房展示在选择上一般为项目销售的主力户型。部分售楼处选择在已建好的建筑物开辟样板间，以达到更真实的展示效果。

（5）其他辅助性区域

部分售楼处为了给客户提供更优质的服务，在满足售楼处的基本功能外，还设置有健身房、瑜伽会馆，甚至某些别墅物业营销中心还可以承接草坪婚礼。通过这些辅助性功能的提供，售楼处除了展示其高端大气的形象外，还能吸引客户前往体验，提升成交机会。

售楼处的功能设计是一个系统工程，旨在为客户提供更好的服务体验，因此功能区的划分应该根据客户的特征有针对性的设计，售楼处的功能设计也体现出项目的差异性，展示项目的独特优势。

示例

某项目售楼部功能分区见图7-4，该项目售楼部在功能上除满足售楼服务的常规功能外，还因其客户圈层定位为热爱运动、追寻健康的人群，故在二楼设置了室内健身馆与体操房。

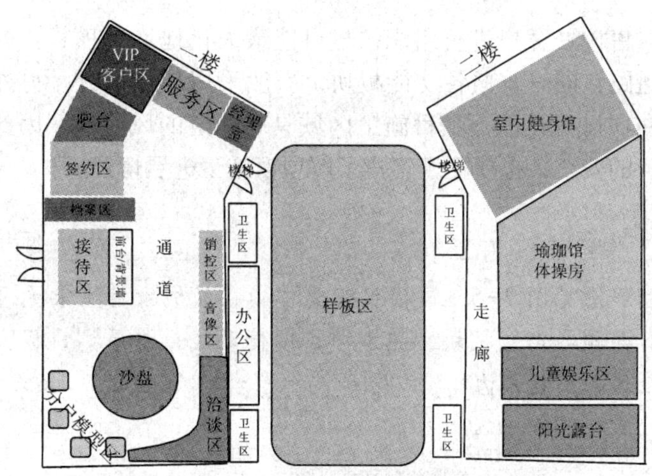

图7-4　某售楼部功能分区图

7.1.2.3 营销中心的动线设计

营销中心的动线即将客户在营销中心的活动的点串联起来所形成的流线。动线设计在尊重客户行为习惯的基础上，也是对客户行为加以科学的组织与引导。顺畅便捷的动线不仅能提高客户的体验和放松客户的心情，还能影响营销中心的美与协调。

(1) 动线设计的人本原则

营销中心是为客户服务的，动线设计实际上是对客户的服务流程设计，以客户需求原则设计的动线才能为客户提供优质服务，让客户满意，提升客户体验。客户前往营销中心的目的是了解项目情况，并能避免时间浪费。动线规划首先是全面展现项目信息，其次是要遵循时间最短、距离最短、行走最便捷的原则。

(2) 动线设计的规划内容

动线设计分为外部动线规划与内部动线规划。外部动线规划包括车流动线和人流动线。车流动线始于交通干道，止于停车区域；人流动线始于停车区域或交通站点，止于售楼处大门。内部动线起止于售楼处大门，联接售楼处的各功能板块。

①车流动线

车流动线最主要考虑的是自驾车前往营销中心的客户，解决的最好方法是停车区域临近主干道或项目自建匝道连接主干道，并在道路沿途设立引导牌，同时在动线设计上配合道路的车行方向，避免车道堵塞。

②人流动线

通过公共交通工具前往营销中心的客户的人流动线要尽量避免穿越交通量大的道路，在无法避免的情况下，立体交通能有效解决交通干扰和人行安全的问题，由于立体交通是城市规划的问题，项目单位难以解决，因此在项目营销中心选址的时候就应充分考虑。停车区域前往售楼处大门的人流动线要避免与车流动线重合，一是保障人行安全，二是避免交通堵塞。

③内部动线

内部动线是对售楼处客户进行组织，尽可能最大化地展示项目。内部动线设计要避免客户走重复道路，同时兼顾各功能板块，一般采用环形设计。另外，由于大部分营销中心是建设在项目所在地，项目施工区域具有一定的风险性，因此，内部动线的设计既要保障客户的安全，也要便于客户了解项目施工进展情况。

示例

某营销中心动线图见图 7-5，该项目营销中心在动线设计上最大可能做到人车分流，采用环线设计兼顾各功能板块，并遵循最便捷动线设计原则，极大满足了客户观房需求的同时降低客户消耗精力。

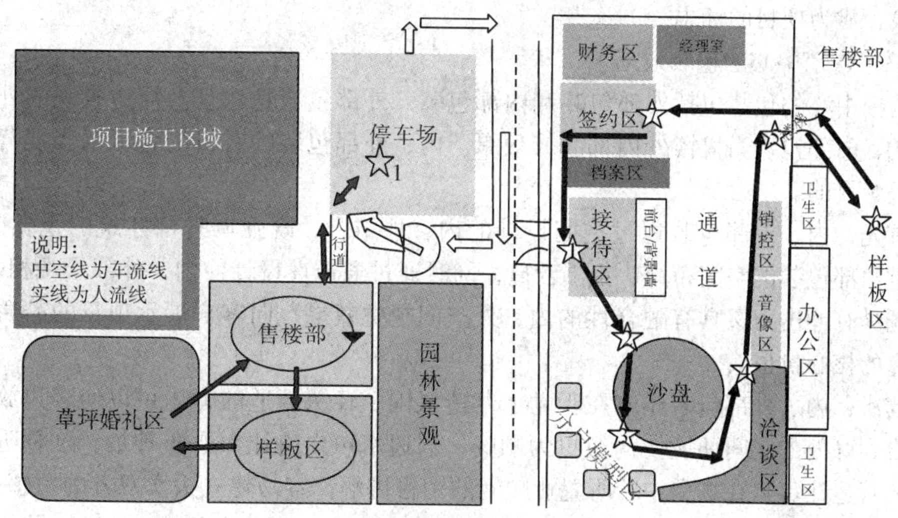

图 7-5 某项目营销中心动线图

7.1.2.4 营销中心的包装

（1）明确营销中心包装的目的

营销中心包装设计的目的包括：一是向客户诠释客户未来的居住生活。比如开发商通过把书房、花鸟鱼虫等彰显私人空间的物品搬到营销中心，为客户营造“家”的氛围。二是向客户传达企业文化，展示企业形象。开发商通过引入众多高科技产品，如触摸屏查询系统等来增加客户查询信息的来源，传达企业紧跟时代潮流、关注消费需求的经营理念。三是与客户沟通产品信息，强化客户对产品的认同感。比如通过虚拟投影技术展示项目沙盘模型、户型模型，使客户身临其境。四是促进与消费者的价值共鸣。比如通过营销中心空间氛围的营造来引起与客户的精神共鸣，又比如通过灯光的设计、摆设造型设计实现与客户对美感的一致认同，从而实现价值共鸣。五是促进交易的达成。比如通过营造既正式又放松的签约氛围，使客户既放松戒心又体会到庄重规范性，从而促进交易的实现。

（2）营销中心包装遵循的原则

①功能性原则

营销中心的包装必须满足宣示性、标志性、信息性、感应性和交换性的功能需求。

②人本原则

营销中心的包装要以客户利益为导向、以精准客户定位为基础，挖掘客户核心价值观，以此进行精细化设计。

③调性协调原则

营销中心的设计效果应与项目定位相适应，比如项目主打教育文化，则在风格设计上应体现教育的严肃庄重性、前瞻性。

④标志性原则

营销中心作为项目名片，要具有视觉冲击力和可识别性，形成客户过目不忘的独特印象，成为项目的标志。

（3）营销中心的包装效果

营销中心的包装包括外部包装和内部包装。外部包装是建筑及周边景观的外在表现形式，内部包装为售楼处内部装修效果。内、外部包装的有机配合可以实现营销中心的包装目的。

首先，内、外部包装通过空间设计的内、外结合，既强调外部建筑的视觉效果，又注重内部包装的空间布局、氛围营造，同时通过通透性设计使内、外部景观相呼应，达到既具有冲击力又具有融合性的内、外空间视觉效果，向客户展示项目的品质与项目传递的核心价值。

其次，内、外部包装还应在听觉上营造氛围。轻缓舒适的音乐可以使客户放松心情，恰到好处的空间环境使沟通更为顺畅，周边水声虫鸣让人心旷神怡，这种听觉上氛围的营造让客户在享受中聆听置业顾问的销售讲解，容易建立买卖双方的情感交流，并容易使客户产生信任感，促进交易的达成。

再次，内、外部包装通过嗅觉包装，如室内外花香、香薰等，营造自然舒适的情调，并提供点心、饮品等让客户体验到全方位的服务，也让客户对项目购进后的后续服务过程产生认同感。

最后，营销中心通过内、外部包装在五感（视觉、听觉、嗅觉、触觉和味觉）上的融合，给人以宜居环境的第一品质感受，并使客户在进入营销中心区域就感受到项目的品质与生活气息。

（4）包装的说明

包装说明的目的是向设计施工单位传达项目方的建设需求，是对整个售楼处的具体功能及细节的说明。包装说明包括外部包装说明和内部包装说明。

①外部包装说明是对营销中心外部区域（包括园林景观、停车区域、建筑外立面）设计的一系列要求。

示例

某写字楼项目为延续项目6A级生态写字楼的推广调性，建议建筑外立面采用冷色调，但在项目主入口两侧种植树池，并同时摆放大型喷绘画架及2~3排小盆花，用以引导消费者进入销售中心。

②内部包装说明是对售楼处内部功能的具体说明。见表 7-1。

表 7-1　　某售楼处内部功能说明

<table>
<tr><th colspan="2">功能区</th><th>主要物料</th><th>使用要求</th><th>设计建议</th></tr>
<tr><td rowspan="9">销售区</td><td>接待</td><td>销售前台</td><td>能同时容纳 5 人办公的前台</td><td rowspan="3">考虑挑空</td></tr>
<tr><td>模型展示</td><td>沙盘及户型模型</td><td>1 个 12 平方米以上沙盘，5 个户型模型</td></tr>
<tr><td>销售展示</td><td>卖点展示、五证合同公示</td><td>五证及合同公示上墙、项目卖点展板可上墙、可设计专用广告位在模型区域展示</td></tr>
<tr><td>洽谈</td><td>桌椅</td><td>3~4 组洽谈桌椅</td><td rowspan="2">分区明确</td></tr>
<tr><td>签约</td><td>桌椅</td><td>2~3 组签约桌椅</td></tr>
<tr><td>服务</td><td>吧台</td><td>提供饮料茶水，配冰箱及操作台面</td><td rowspan="2">靠近签约谈判区域</td></tr>
<tr><td>儿童活动</td><td>滑板、玩具</td><td>可供 2~3 名儿童玩耍</td></tr>
<tr><td>财务收款</td><td>收款台</td><td>能同时容纳 2 人，满足收款及客户服务需要（权籍手续）</td><td>私密性高</td></tr>
<tr><td>公共卫生间</td><td></td><td>男卫不少于 3 个便池与 2 个蹲便、女卫不少于 3 个蹲便，内设拖把池及清洁用具储藏柜</td><td>卫生间空间大、时尚整洁</td></tr>
<tr><td rowspan="2">办公区</td><td>销售经理室</td><td>办公座椅、文件柜</td><td>可供 2 人同时办公，并内设沙发一组，接待用</td><td rowspan="2">简装处理</td></tr>
<tr><td>更衣室及储藏室</td><td>衣柜、储物箱</td><td>置业顾问更衣及销售资料存放</td></tr>
<tr><td colspan="2">备注</td><td colspan="3">售楼部总面积控制在 400 平方米以内</td></tr>
</table>

（5）样板间的设计

样板间是营销中心向消费者展示产品的重要途径，是向客户展示其购买产品的具体表现形式。通过样板间的装修打造，客户直观地感受产品，并被刺激产生强烈的购买欲望，促进交易产生。在样板间的装修上，一是要营造真实的家的环境，如高档住宅要体现出家的品味格调，普通住宅要突出方便实用；二是要控制样板间的数量，根据项目的主力户型来包装；三是要注重细节包装，充分挖掘客户对未来家的欲望；四是注重样板房空间的运用，如通过使用较小较低的家具扩大室内空间，刺激购买行为；五是要模糊现房与样板房的界限，降低客户对因管道线路而影响室内装修效果的顾虑。

样板间的装修趋势：

①智能化

随着高新技术的发展，智能家居被消费者越来越看重，是体现楼盘品质及未来生活质量的重要考虑标准。

②人性化

样板间重在引导、刺激消费者的购买欲望，主要是向消费者展示房地产产品。因此，样板间要在充分表现产品功能的基础上追求美观、大气、上档次，充分满足不同消费者的差异性需求。

③环保性

环保性是人居文明的重要体现，消费者越来越注重居家的健康环境。样板间在装修中要采用环保的、新型的装修装饰材料，展现项目关注环境、关注消费者健康的开发建设理念，顺应时代潮流。

④细致性

细节决定命运，样板间在装修包装中要注重房屋空间的每一个细节，面面俱到，顾此失彼会直接影响消费者的购买欲望，如在大门口设置钥匙盘等可以极大增加消费者的友好印象。

示例

某项目在样板房设计中加入了儿童房，以蓝天白云为屋顶，以绿树为壁画，以草地动物为地毯图案，以木床为卧具，营造了一个自然森林之家，可玩可用，童趣盎然。

7.1.3 房地产营销中心的选址与设计实训的组织

（1）指导者的工作

①向受训者介绍营销中心选址及设计的实训内容。

②向受训者介绍营销中心选址及设计的实训步骤。

③向受训者介绍房地产营销中心的相关知识。

④要求受训者根据项目周边地块情况、项目定位、工程进度选择合适的地理位置建造营销中心，并制作营销中心的包装说明书。

（2）受训者的工作

①掌握营销中心的基础知识。

②整理研究项目定位、规划设计资料，考虑项目营销中心选址。

③根据项目产品定位、消费者定位、竞争对手分析、营销费用预算，制作营销中心的包装说明书，并提供参考图片。

7.1.4 房地产营销中心的选址与设计实训的步骤

房地产营销中心的选址与设计实训步骤见图 7-6。

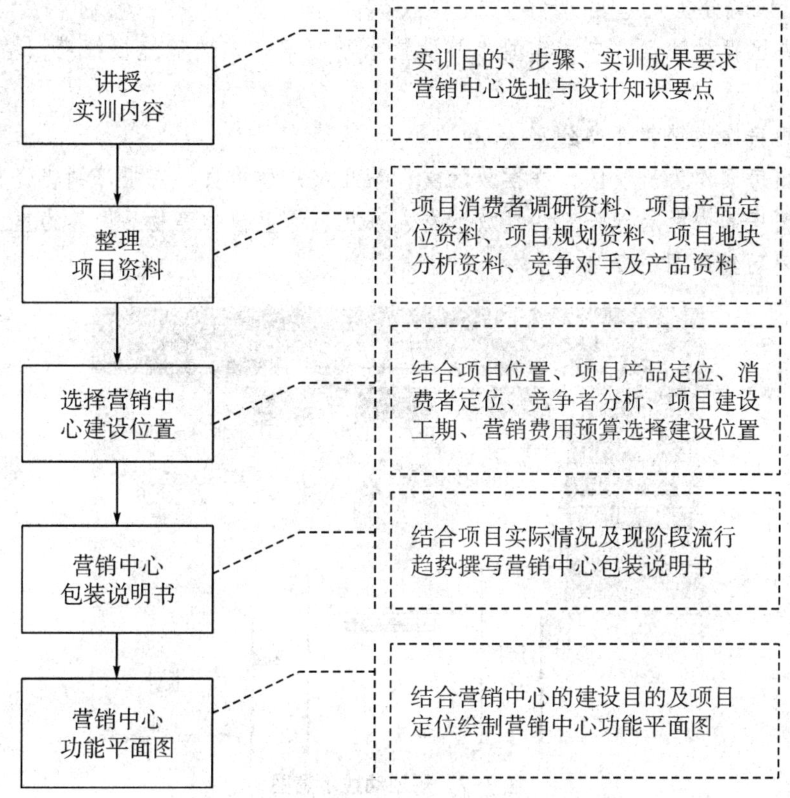

图 7-6　营销中心的选址与设计实训步骤

示例：房地产营销中心的选址与设计的参考模版

某项目营销中心设计建议

一、营销中心的必要性

1. 设置整体效果醒目，具有自身特色的营销中心。

2. 项目旨在传递高品质、高规格的产品特性，建议采用体验式营销模式。

二、整体布局及交通示意

1. 营销中心沿街处建议采用草地及低矮绿色植物做园林规划，既可使沿街处人流可见，又可提高项目品质印象。

2. 平整营销中心入口道路，采用红地毯、花卉等作客户引导，并于左侧设置大型展板宣传项目优势。

3. 营销中心建筑外立面采用稳重大方的色调。

4. 营销中心草坪区域摆设遮阳伞、座椅等休闲设施。

5. 营销中心草坪区域设置儿童游玩区。

三、内部布局与动线

1. 入口正面位置设立 LOGO 墙及接待台，入口左右两侧设置展板（项目立面平面、典型户型、区域分析）。

2. 中央区摆放沙盘、户型模型，并设置水系布景铺以玻璃地板铺满，增加展示区的宽阔感。

3. 东侧房间为销售部办公室。

4. 西侧房间作为洽谈区，并摆放沙发、茶几及户型单页、海报等销售资料。

5. 北侧房间内做局部分割，摆放沙发、茶几、绿色植物等物品做签约室。

6. 规划动线如图 7-7 所示。

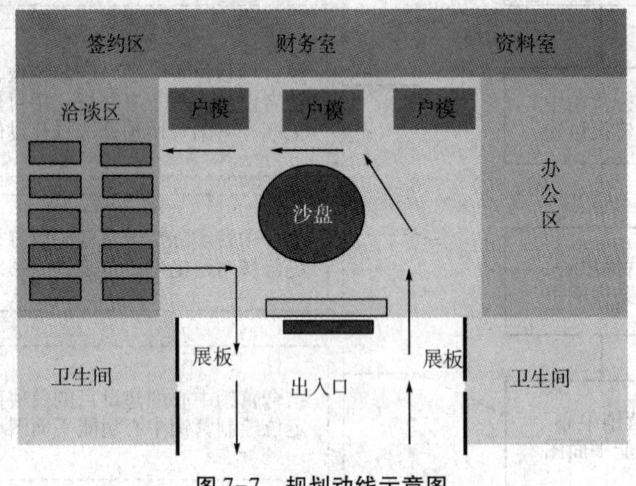

图 7-7　规划动线示意图

四、售楼处外檐风格

售楼处建筑立面采用现代风格，整体形状简洁，在宏观尺度的呈现上为不规则几何图形，装饰构件要少，装饰手段采用墙面分区撞色，营造欧陆近代工业城镇气息。

五、售楼处停车场布置

停车区域要尽量增加停车位，并减少停车位至售楼处入口距离，如图 7-8 所示。

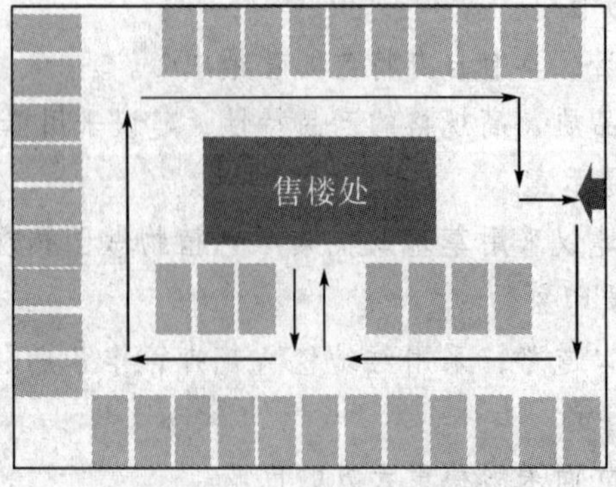

图 7-8　停车规划示意图

六、售楼处内部装修建议

项目客户定位为新时代年轻一族，在售楼处内部装修风格上建议采用后现代主义装饰风格，整体上轻装修重装饰，注重各功能区块的衔接，为客户营造现代时尚的感观体验。

七、售楼处包装计划表（表 7-2）

表 7-2　　售楼处包装计划表

项目＼类别		数量	颜色	材料	规格	内容	安装位置	安装时间
售楼部内部	展板							
	模型							
	座谈区							
	……							
售楼部门前	彩旗							
	灯笼							
	拱门							
	气球							
	……							
项目现场	彩旗							
	横幅							
	效果图							
	……							
项目周边地区	指示版							
	横幅							
	……							
其他								

7.2　房地产销售前期准备

7.2.1　房地产销售前期准备实训的目的及任务

（1）实训的目的

①掌握楼盘销售的前期物料准备工作要求。

②掌握项目的介绍资料制作要点。

③熟悉项目销售管理流程及要点。

④掌握房地产项目销售技巧。

⑤熟悉房地产项目销售过程中的常见问题及解决对策。

（2）实训的任务

①制作项目介绍文字资料。

②设计项目销售管理计划及表格。

③制定项目销售策略。

④设计项目销售话术。

7.2.2 房地产销售前期准备实训的知识准备

7.2.2.1 房地产销售程序

7.2.2.1.1 房地产销售准备工作

（1）房地产项目合法的审批资料准备

合法的房地产项目应具备《国有土地使用权证》《建设用地规划许可证》《建设工程规划许可证》《建设工程施工许可证》《商品房预售许可证》或《商品房现售许可证》等资料。如果委托其他机构代为销售，还应准备《代理销售委托书》。

（2）销售资料准备

①宣传资料

宣传资料包括形象售楼书、功能售楼书、DM 单等，主要包括以下内容：

项目概况：占地面积、建筑面积、公共建筑面积、容积率、绿化率、物业形态、物业座数、层高、层数、车位数等。

品牌情况：开发商、投资商、承建商、物业公司等名称、地址、联系方式。

协理单位：代理商、按揭银行、律师事务所等。

规划设计：项目规划单位、规划理念、规划特点、建筑特色、园林风格等。

户型情况：房屋面积、户型结构等突出户型特色的介绍。

装置配备：装修标准、装饰材料、主要设备（空调、电梯、电力、通信等）。

交通情况：项目位置图、交通路线图、交通情况文字说明。

周边配套：学校、医院、购物中心、邮递中心、餐饮娱乐、政府机关等。

周边环境：自然环境、人文环境、景观等。

销售价格：单价、总价、按揭比例、交款优惠等。

物业管理：物业单位介绍、物业服务内容、服务标准、物业服务收费等。

示例

某楼盘形象售楼书

品牌定位：生活在这里

建筑定位：北欧雅筑

标识：毕加索的和平鸽——雅筑

开发商：某集团

广告商：某广告公司

主题：品质、格调

配图：以庄园为背景，一法国青年浅酌葡萄酒

内文：崇尚小资格调的人，喜欢在波尔多的时间里逗留

雕塑群带来的宁静，印象派油画积累下的震撼，哥特式建筑细节的思考。于毗邻繁华的绿荫之中，喧嚣慢慢沉淀，在悠闲与徜徉之间，感受思绪飘逸的灵动，静享宁静心灵的日出日落。

促销随文：某年某月某日前登记，最高可获 9.5 折，均价 6 000 元/平方米，送价值 1 000 元/平方米格调装修。

②购房须知

为了明晰购房者的购买程序，便于销售，应在销售前制定购房须知，包括物业对象、可购买对象、认购程序等。

示例

某楼盘现场摇号选房销售流程

尊敬的客户，为确保会员客户优先选房的权益，针对楼盘会员客户进行公开公正的摇号选房，具体流程如图 7-9 所示。

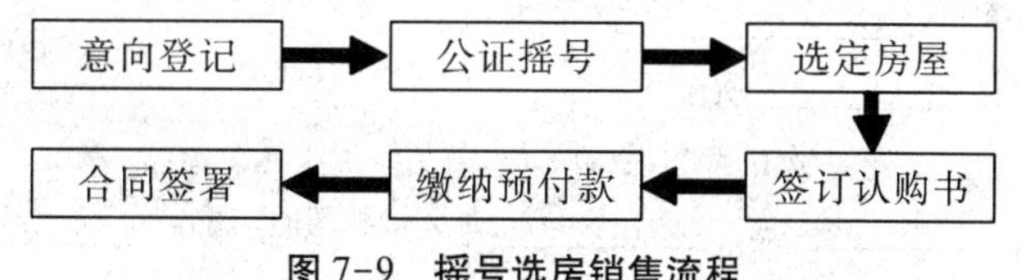

图 7-9　摇号选房销售流程

③客户置业计划

楼盘在推向市场时，不同的单元、楼层、面积、朝向、总价、单价均有不同，因此，在销售前需要制定完善的客户置业计划，帮助购房者了解其可选择的范围。

示例

置业计划书

房号：__________；套内建筑面积：__________平方米；建筑面积：__________平方米；建筑面积单价：__________元/平方米；套内面积单价：__________元/平方米；成交总房款：__________元。

1. 付款方式

①一次性付款

优惠方式：____

折后建筑面积单价：__________元/平方米；

折后套内面积单价：__________元/平方米；

优惠后总房款：__________元。

②分期付款

优惠方式：____

折后建筑面积单价：__________元/平方米；

折后套内面积单价：__________元/平方米；

优惠后总房款：__________元。

第一次付款比例：__________%；付款金额：__________元；付款时间：____年__月__日。

第二次付款比例：__________%；付款金额：__________元；付款时间：____年__月__日。

第三次付款比例：__________%；付款金额：__________元；付款时间：____年__月__日。

第四次付款比例：__________%；付款金额：__________元；付款时间：____年__月__日。

③按揭付款

优惠方式：____

折后建筑面积单价：__________元/平方米；

折后套内面积单价：__________元/平方米；

优惠后总房款：__________元。

首付比例：__________%；首付金额：__________元。

按揭比例：__________成__________年；贷款金额：__________元；月供：__________元/月。

2. 代收费：合计__________元

①契税（总房款×__________%）：__________元（根据面积不同，比例可能为1%、1.5%、3%）。

②权证印花税：__5__元。

③抵押登记费：__80__元（仅针对按揭客户收取）。

④按揭印花税：（贷款金额×0.005%）：__________元（仅针对按揭客户收取）。

⑤合同印花税（总房款×0.05%）：__________元。

⑥预告登记费：__80元/户__（仅针对按揭客户收取）。

（上述相关税费最终以政府相关部门规定为准）

3. 其他费用

①公共维修基金：建筑面积×__________元/平方米 =__________元（签署合同时支付）（50元/平方米；80元/平方米）。

担保费：贷款金额×0.45‰×贷款年限=__________元（公积金贷款）。

②其他费用：__________（自定义添加）。

签合同时付款总计：__________元。

以上数据仅供参考，最终解释权归××公司所有，如有不详，欢迎亲临现场咨询或拨打售楼热线：__________。

置业顾问：__________联系电话：__________

④价目表

价格策略制定后要制作价目表（见表7-3），使每套房屋的单价、总价一目了然。

表7-3　　某楼盘价目表

楼栋		1#				2#			
房型		户型		户型		户型		户型	
		2室2厅1卫		3室2厅2卫		2室2厅1卫		3室2厅2卫	
楼层		单价	总价	单价	总价	单价	总价	单价	总价
6F	房号	1-6-01		1-6-02		2-6-01		2-6-02	
	面积	60	平方米	90	平方米	70	平方米	100	平方米
	价格	6 000元	36万元	5 600元	50.4万元	6 200元	43.4万元	5 800元	58万元

⑤认购合同

购房者在正式购房前须缴纳一定数目的预定款来确定该房型的认购权，因此在销售前应先准备好认购合同。

示例

认购合同

甲方（销售方）：__________；法定代表人：__________

地址：____

乙方（认购方）：__________；身份证号：__________

地址：____

电话：__________

为了保护商品房交易双方的合法权益，经双方协商，就乙方认购甲方的商品房一事达成如下协议：

一、认购房屋基本情况

1. 乙方预定甲方建设开发的位于__________区__________路__________号__________项目__________栋__________层__________号（户）房屋，户型为__________。该房屋暂测建筑面积__________平方米（本认购协议书所签建筑面积最终以产权登记部门实测面积为准）。

2. 房屋建筑面积单价为人民币__________元（大写）（￥__________元/平方米），总房款人民币__________元（大写）（￥__________元）。

3. 认购方共有人：

__________身份证号码：__________电话：__________

__________身份证号码：__________电话：__________

__________身份证号码：__________电话：__________

二、认购有效期

甲方承诺为乙方所预定房屋的保留期限自该认购书签定日起30日止。

三、认购订金

本协议签订时，乙方向甲方支付订金人民币__________元（大写）（¥__________元）。乙方须在上述房屋保留期限内，携本协议到甲方售楼处，与甲方协商签定《商品房买卖合同》有关事宜。上述订金__________在甲、乙双方签定《商品房买卖合同》时，由甲方退还或抵作该房屋的购房价款。

四、付款方式

乙方同意选择下列第__________种付款方式，在与甲方签定《商品房买卖合同》后向甲方支付购房价款。

1. 一次性付款 2. 分期付款 3. 按揭付款

五、证明文件

甲方应向乙方出示下列证件及其相关材料：

1. 企业法人营业执照 证号：__________。

2. 房地产开发企业资质证书 证号：__________。

3. 国有土地使用权证书 证号：__________。

4. 建设工程规划许可证（包括附图）证号：__________。

5. 房屋预（销）售许可证 证号：__________。

六、甲方承诺

1. 如果甲方提供虚假材料，此协议无效，甲方除退还订金外还应承担相应的法律责任。

2. 自本协议签订后，为乙方保留该房屋30日止，不得与第三方签订该房屋《商品房认购协议书》或《商品房买卖合同》；并承诺在乙方携本协议与甲方签订《商品房买卖合同》时，甲方将完全履行本协议中约定的房屋位置、面积、价款、户型等条款。如甲方违反上述约定，需向乙方双倍返还订金，同时本协议自动失效。

3. 乙方需要变更商品房认购协议内容的，经双方协商一致后，甲方应予配合。

七、乙方承诺

本协议签订后，在上述约定的时间内到甲方指定的地点与甲方签订《商品房买卖合同》，并承诺在甲方签订《商品房买卖合同》时，乙方将完全遵循本协议中约定的买受人、房屋位置、面积、价款、户型等条款。

（3）销售人员准备

销售人员是与客户沟通，实现销售的保证。销售人员的数量及素质对销售的顺利完成起着重要作用。在销售开始前，需要确定合理的销售人员数量以及明确销售人员的素质要素。

①销售人员数量确定

销售人员数量的确定方法一般有销售目标分解法、边际销售额贡献法等。销售目标分解法是通过预测每位销售人员所能完成的年销售额，并根据房地产开发企业的销售目标，确定销售人员数量。边际销售额贡献法是根据每增加一名销售人员所创造的边际销售额和企业所付出的成本的等量关系来确定销售人员的数量，一般情况下是当边际销售额等于企业为该名员工所付出的成本时来确定的销售人员数量。在销售人员数量确定的时候还应考虑广告投放量、市场行情等因素，根据销售动态对人员数量进行动态调整。

②销售人员素质要素

针对销售人员的素质要求研究，顶尖的销售人员有着许多相似的个性。成功的销售人员渴望赢得他人喜爱，并且充满活力、自信、工作勤勉、敢于面对挑战，有获得成功、赢得金钱的强烈需求。同时，成功的销售人员具备说服力、人际交往能力、主观能动性、责任心，能在高强度的压力下保持稳定工作，处理事情灵活自由。

（4）销售现场准备

房地产销售现场是实现销售的必不可少的场地需求，是直接影响消费者购买决策的场所，是销售前准备工作的重要一环。在售楼处选址以及包装完成后，还需要进行销售前的最后规整，包括墨线图（小区规划墨线、楼层平面墨线、家具配置墨线等）、裱板（突出楼盘优势的文字、图表等）、灯箱片、绿色植物、户外广告牌、导示牌、彩旗等。

7.2.2.1.2　房地产项目销售实施程序

房地产项目销售实施程序见图 7-10。

7.2.2.2　房地产销售管理

7.2.2.2.1　房地产预售操作管理

预售是指房地产开发企业将正在建设中的房屋预先销售给购房者，由购房者预付订金或房款的交易行为。《城市房地产管理法》第四十四条规定了房地产开发企业预售的条件：

①已交付全部土地使用权出让金，取得土地使用权证书。

②持有建设工程规划许可证。

③按提供预售的商品房计算，投入开发建设的资金达到工程建设总投资的百分之二十五以上，并已经确定施工进度和竣工交付日期。

④向县级以上人民政府房产管理部门办理预售登记，取得商品房预售许可证明。并且商品房预售人应当按照国家有关规定将预售合同报县级以上人民政府房产管理部门和土地管理部门登记备案。商品房预售所得款项，必须用于有关的工程建设。

预售许可证的办理需提交以下材料：《工商营业执照》《房地产开发资质等级证书》《土地出让合同》《建设工程施工许可证》《商品房预售方案》《商品房预售面积测绘报告书》《商品房预售资金监管协议书》《前期物业服务合同》、房地产行政主管部门出具的《前期物业服务合同》备案证明（物管用房面积和位置）、土地权属证书、

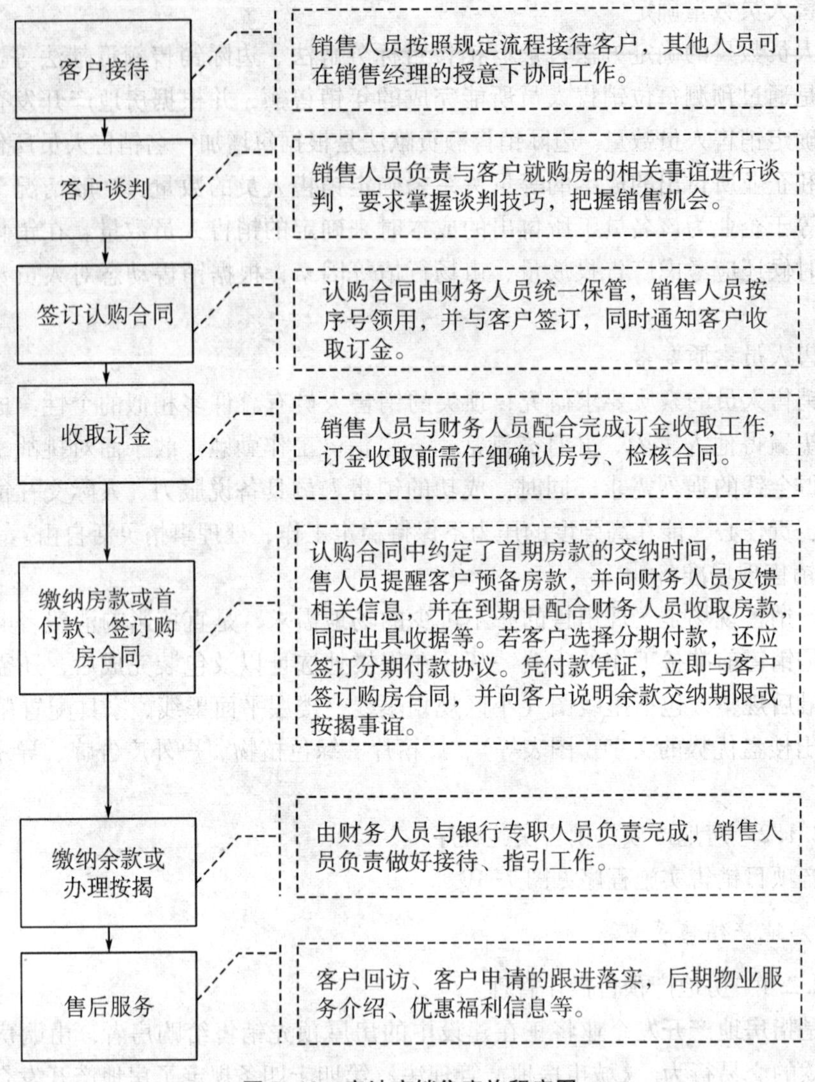

图 7-10　房地产销售实施程序图

《建设工程规划许可证》及附页、在预售资金监管银行开设的预售资金监管账户证明、规划总平面图，非住宅部分还应提交经规划部门盖章的分层平面图，属小区项目的，提交经测绘部门测绘的房地合一的宗地图。如涉及房屋拆迁的，应提交《拆迁许可证》及拆迁行政管理部门出具的一次性安置完毕的证明和经拆迁行政管理部门认可的《拆迁还房预安置方案》。如涉及联建开发的联建双方均应为土地使用权人，应提交联建双方签订的《联建合同》《分房协议》。

预售许可证的办理流程见图 7-11。

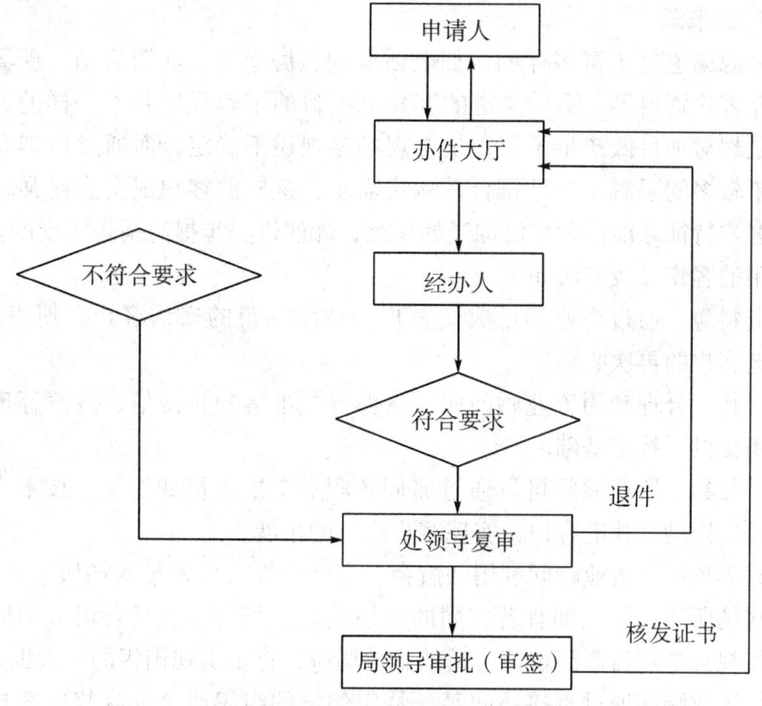

图 7-11　预售许可证办理流程图

7.2.2.2.2　房地产现售操作管理

房地产现售是指房地产开发企业将竣工并验收合格的商品房出售给购房者，并由购房者支付房款的行为。房地产现售必须符合以下条件：

①房地产开发企业应当具有营业执照和开发企业资质证书。

②房地产开发企业取得土地使用权证书或使用土地的批准文件。

③持有《建设工程规划许可证》《建设工程施工许可证》。

④已通过竣工验收。

⑤已经落实拆迁安置（如有拆迁情况的）。

⑥供电、水、气等配套设施设备具备交付使用条件或已确定施工进度和交付日期。

⑦已经落实物业管理方案。

7.2.2.3　*房地产销售技巧*

房地产销售就是房屋交易实现的过程，促进交易的实现必须掌握房地产销售的业务流程，把握各个环节的技巧是成功实现销售的关键。房地产销售业务流程见图 7-12。

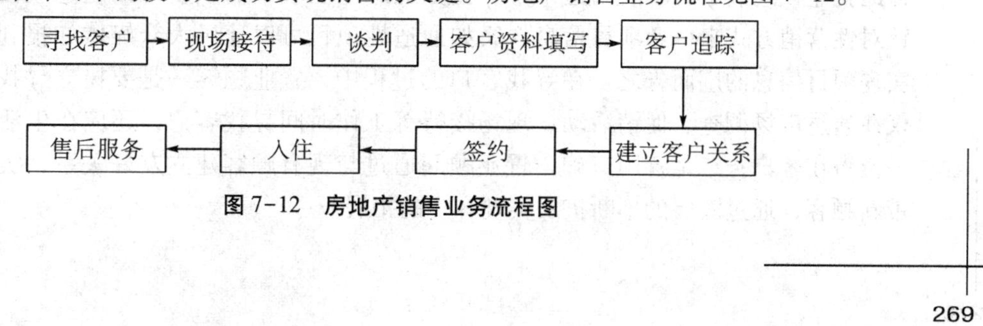

图 7-12　房地产销售业务流程图

7.2.2.3.1 寻找客户的技巧

(1) 客户的来源

客户的来源渠道是丰富多样的，如电话咨询、房交会、促销活动、现场接待、口碑介绍、中介客户资料等。不同渠道的客户对项目的了解程度是不一样的，如电话咨询的客户只是想对项目做初步了解，是否现场参观还不确定，而通过口碑介绍的则对项目已经有了较多的了解，并且符合其购房需求，这样的客户成交意愿强。明确不同渠道来源的客户特征才能把握交流沟通的尺度，才能进一步提高销售实现的可能。

一般常用的客户寻找方法如下：

①顾客资料簿。通过企业的已成交客户及往年项目的来访客户名册发现准客户，目的是实现老客户的再次购买。

②圈层寻找。合理利用置业顾问圈层资源寻找准客户，微信、微博等现代通信技术为圈层营销提供了技术基础。

③信息员收集。置业顾问可以通过雇佣各职业层次人员如医生、技术人员、教师等作为信息员，协助寻找准客户，实现客户来源的拓展。

④利用聚集场所。置业顾问利用联谊会、交流会等人口密集的场所来寻找准客户，因为参加这些场所活动的人都有着共同的兴趣偏好，其需求也具备极大的同质性。置业顾问如果能找到与项目产品价值合适的聚集场所，将是实现销售的一大助力。

⑤访问。置业顾问通过直接访问某一特定领域的组织或个人寻找准客户。特定领域的选择要由项目的准客户的特征、范围来确定，并且要在访问前做充分的准备工作，比如对该组织机构的了解、对该组织机构人员的需求的预判、销售说辞的设定等。

⑥口碑推荐。置业顾问通过与已成交客户、未成交客户建立亲密友好、相互信任的关系，使这些客户推荐其亲戚朋友来咨询购买。这种方法的工作要点是用真诚的服务来获得客户的信任。

⑦广告。通过广告媒体传递项目信息，通过客户的反馈信息判断客户的需求强弱程度，从而寻找准客户。这种方法的核心要点是通过巧妙的广告设计让客户能主动反馈信息。

⑧中介。通过向一些专门从事情报收集、整理、汇编工作的中介咨询公司购买客户资料来寻找准客户。

(2) 客户的筛选

项目产品的特点决定了购房人群的特征。置业顾问应当在充分掌握项目产品的特点的基础上，明确能给顾客带来的价值，通过价值的梳理确定准客户的特征、范围。

在客户的筛选上要重点明确寻找客户的途径。准客户的范围与项目产品特征可以帮助置业顾问确定有限的渠道来源。比如适用范围较窄的项目可以通过短信、邮件等针对性营销方式来传递项目信息，又如通适性项目可以通过大众媒体如报刊、广播等实现项目信息的广而告之。在寻找客户的过程中，置业顾客一是要树立寻找意识，不仅在通过市场调查、促销活动、现场接待等工作时间寻找客户，还应在生活中把握每一位潜在客户；二是善用口碑，置业顾问通过与现有顾客建立友好关系，实现老顾客带新顾客，通过圈层的不断扩展实现客户的拓展。

示例

某楼盘与某区域著名重点小学签订了合作协议，由该楼盘所在企业出资承建学校的基础教学设施设备，该小学负责基础教学工作。建成后的小学可以使用该重点小学名称，并且为在该楼盘购房的客户提供免费就读名额。该楼盘的宣传重点在教育，其客户特征必然是有适龄儿童的家庭或准备有小孩的家庭，因此该项目可以与项目所在区域的幼儿园合作来拓展客户来源。

（3）客户的审定

销售的实现是逐步缩小客户范围的过程，置业顾问通过一系列方法找到大批的准客户后，还需要进一步缩小准客户的范围。研究认为，客户的判断标准是对销售产品的需要程度、购买决策权和购买承受力三个要素来进行衡量的，对房地产项目的准客户的判断也可以从这三个维度来进行审定。

①客户对项目的需要程度的审定

客户需要程度的审定是指判定客户是否真正需要该项目产品，以及什么时候需要，需求特征是什么。客户需要的产生是由满足客户生理或心理的欲望而触发的，需要是产生销售的必要条件，是销售实现的关键。需求分为消费者导向需求和产品导向需求。消费者导向需求是消费者自发性感知，而产品导向需求是通过外在环境的刺激而诱发的。针对消费者导向需求，置业顾问需要充分掌握客户的需求要素，从而有的放矢地介绍产品信息及其带来的价值。针对产品导向需求，置业顾问需要通过介绍、引导等方式来激发客户的需求。实际上，自发性的或触法性的需求的根本在于客户具备潜在需要，关键在于置业顾问在绝对熟悉其项目产品的基础上，勤于思考、勇于创新、注重细节，积极发现顾客需要，并有针对性地提出有价值的建议。

②客户对项目的购买决策权的审定

明确客户是否具备购买决策权是提高销售效率、提高销售成功率的关键。客户购买决策权的判断需要通过对客户语言行为的细致观察来判断，如当客户在向置业顾问咨询产品信息的时候，这位客户的眼神是否与同行人产生眼神交流来初步判断购买决策权的属向；也可以通过简单的交流沟通来判定，如“你是与谁一块儿居住吗?”“你还要与谁商量下?”等问答来确定其购买决策力。一般而言，房地产产品的客户大部分是针对家庭客源，家庭的购买决策权的界定就比较复杂，需要置业顾问通过经验累积来判定家庭间的微妙关系。

③客户对项目的购买承受力的审定

只有建立在购买力基础上的需要才是真正的需要，对购买力的判断是成功销售的核心。由于个人或家庭的财务状况一般是保密的，置业顾问在判断客户购买力的时候需要做大量的调查分析工作，通过了解客户的年龄、职业、物业拥有情况等来判断其支付能力。要注意的是，在判断客户支付能力的时候除了看客户的现实支付能力即在不需要依靠外在融资即可支付房款，还应着重于客户的潜在支付能力，如通过融资帮助即可实现房款的支付。

客户的审定贯穿于整个销售过程，在条件允许的情况下，置业顾问可以事先对某一客户是否具备三项基本条件进行审定以提高销售效率。但更多情况下，客户的审定是在置业顾问与客户的接触沟通过程中逐步完成的，这就需要置业顾问随机应变，避免资源的浪费。

（4）客户建档

客户建档就是对项目销售准客户建立档案资料，便于后续访问。客户档案资料除了包含客户的一些基本信息，置业顾问还应记录与客户的每一次沟通的重要内容及感想，同时，通过客户档案的建立为后续销售业绩的实现打好铺垫。客户档案如表 7-4 所示。

表 7-4　　客户档案

<table>
<tr><td colspan="8">档案编号：023</td></tr>
<tr><td>姓名</td><td>李某</td><td>性别</td><td>女</td><td>出生年月</td><td>1980 年 1 月 1 日</td><td>学历</td><td>本科</td></tr>
<tr><td>家庭结构</td><td colspan="4">三口之家，小孩上幼儿园</td><td>家庭月收入</td><td colspan="2">高于 15 000 元</td></tr>
<tr><td>职业</td><td colspan="3">程序设计员</td><td>单位名称</td><td colspan="3">某某网络科技公司</td></tr>
<tr><td>联系电话</td><td colspan="7">186××××5590</td></tr>
<tr><td>主要经历</td><td colspan="7">毕业后即在所在单位工作；现居住于×××小区，为自购 2 居室房屋</td></tr>
<tr><td>性格爱好</td><td colspan="7">性格沉稳，注重细节，喜欢读书</td></tr>
<tr><td>访问记录</td><td colspan="7">××××年××月××日，现场咨询，访问要点为面积、户型及其可变性，注重小孩娱乐空间与办公区间的隔离，另重点关注本项目产品价格与周边项目价格的差异。</td></tr>
</table>

7. 2. 2. 3. 2　现场接待的技巧

现场接待是客户与置业顾问面对面接触的过程。置业顾问要把握与客户第一次接触的时机，争取给客户留下好的印象，如在客户驻足观望并希望得到帮助的时候，需要置业顾问主动靠近，并提供帮助。在接近客户时，需要掌握一些技巧：

①站在客户的立场去思考产品的利益点，避免过度吹嘘产品，从而赢得信任，这就需要在首次接触客户的时候，以征徇客户的需求入手。

②给予适度的赞美来赢得客户的好感，如通过夸奖小孩的可爱来赢得小孩妈妈的好感。

③用恰当的肢体语言来表达善意，如适度的微笑、恰当的距离、合适的语音语调。

④礼貌的寒暄中做简单的项目介绍，如整体规划、绿化率、户型结构、朝向等。

7. 2. 2. 3. 3　谈判的技巧

谈判的过程就是“开场白→提问→倾听→解决问题→达成共识→成交”。谈判阶段需要注意提问的技巧。置业顾问要通过有效的提问引导客户，始终把握谈判主题，而对于某些不明确的问题，需要委婉地提出延后处理；同时，也需要仔细聆听客户的提问，掌握问题的关键点，把握问题的潜在含义，并思考问题的解决对策，重复提问内容是引导客户的有效方法。在与客户的谈判过程中，经常会遇到客户谈判无主题无内容的情况，这时需要置业顾问巧妙的将话题引导到主题上来；或者遇到客户质疑产品的情况，这时需要把握矛盾点，提出有利的证据扭转客户的观感。在谈判过程中的一个焦点问题是价格问题，置业顾问需要向客户证明价格的真实性以及代表的价值性，通过展示已成交客户的价格可以降低客户对价格的疑虑，同时提供优惠信息以满足客户逐利的特性，这些方法有助于达成价格的共识。在价格谈判中还应不损害公司利益，实现互惠互利，把握价格谈判时间等要点，一般通过“买方出价→吊价→让价”的过程达成价格的一致。需要特别注意的是，让价的环节是需要讲究策略的，比如，让出折扣的关键是“客户感觉最低”，而不是置业顾问“让得更低”，或者通过附加一些条件才能给出更多折扣等。

7.2.2.3.4　客户追踪的技巧

对于已签订意向合同的客户以及未购房客户均要做好客户跟踪。客户跟踪的首要条件是建立客户档案，根据客户档案，置业顾问需要确定客户跟踪名单、跟踪次序、跟踪目的、跟踪方式以及洽谈的重点内容。一般情况，可以将被跟踪客户分为有希望下订单的潜在客户和未成交的客户。

（1）有希望下订单的潜在客户

有希望下单的客户根据其潜在成交时间的长短可以分为短期内有希望成交的客户和长期内有希望成交的客户。针对短期内有希望成交的客户的追踪目的是争取让客户下单。首先，置业顾问需要明确的是该类客户未下单的原因及目前所处的购买决策阶段，判断这类客户是处于分析调查阶段、决策阶段，或是在与其他同类项目的评估过程中，或是对该客户的需求误判。其次，针对客户未下单的原因，提出解决性方案，或是帮助客户对同类项目进行综合性评估，或是提供一些有利条件促进购买决策，或是判断其不存在需求，直接放弃。总之，对此类客户的关键是分析未下单原因。针对长期内有希望成交的客户在未来或其朋友圈层可能存在潜在的客户群体，置业顾问可以通过微信、微博、邮件等方式与此类客户保持沟通联系，并在适当的时候电话联系以加强沟通，强化在客户心中的印象，建立客户友好关系，为未来的销售实现提供可能。

（2）未成交的客户

置业顾问不能因为与这类客户未达成销售，就放弃与之联系，而是应当在销售未达成后，主动与该类客户联系，了解客户背景，分析未成交原因，检讨在客户接触过程中的过失，一是提升自身销售能力，二是可以与客户发展长期合作关系，不以一次成败论得失。

7.2.2.3.5　客户关系建立的技巧

良好的客户关系是提高销售业绩的有效方法。与客户建立良好关系的关键是以客户利益为第一位，并且贯穿于整个销售过程的始终。在建立客户关系的过程中，首先是要赢得客户的好感。置业顾问可以通过自身的良好修养获得客户的认可，在销售的过程中要坦率、真诚，敢于讲真话、实话，不抵毁、攻击竞争对手；通常附加的额外服务更容易获得客户的喜欢，不局限于自身的工作职责范围内。其次，要增加与客户的个人交往，比如为客户提供帮助，与客户保持日常联系，简单的做法是通过社交软件做一些互动有利于友好关系的建立。最后，发展共同兴趣爱好是与客户保持友好关系的要点，共同的兴趣能使双方的交流更加融洽。

7.2.2.3.6 签约的技巧

置业顾问需要掌握签约的流程及签约的注意事项。签约流程如下:

(1) 认购流程

确定房源信息→填写购房个人信息→签订订金合同→购房人支付订金,保存收据。

(2) 签约流程

在订金合同期限内签订《商品房购房合同》→协商合同内容→双方签字确认→支付首付款以及相关税费,保存发票。

(3) 贷款流程

选择贷款银行→确定贷款金额→确定还款方式→提供贷款材料(婚姻证明、资信证明、身份证明、收入证明等)→签订《贷款抵押合同》→房产交易完成后,交易中心开具他项权利证明→银行划款到借款账户,借款人按月偿还贷款。

在签约过程中,还应注意:

①签约前,仔细分析可能发生的问题,并报告解决方案。

②注意将客户疑义记录在案,汇总后上交主管,并设法解决。

③解释合同条款时,应站在客户的立场,求得认同感。

④明确双方的权利和义务、违约责任以及争议解决方式。

⑤签约后的合同应提交房地产交易机构备案,只有备案后的买卖才算成交。

⑥注意确认房源信息。

7.2.2.3.7 入住及售后服务阶段的技巧

(1) 客户入住流程

凭入住通知书、身份证明、合同副本、交款证明到物业公司办理入住手续→开发商向客户出具《房屋质量检验合格书》《房屋使用说明书》→物业公司与客户签署物业管理公约及提供收费标准→客户缴纳物业管理费、装修质押金、公共维修基金→客户领取房屋钥匙。

(2) 售后服务

房屋交易的完成不是置业顾问工作的终结,后期的售后服务可以为置业顾问的业绩增长提供帮助。在售后服务的内容上,置业顾问可以选择在客户生日、节假日等送上节日祝福;经常与客户沟通楼盘信息,如楼盘的建设情况、交房情况;邀请客户参加楼盘举办的趣味性活动等。

7.2.2.4 *房地产销售人员培训*

房地产销售人员是推售楼盘,同时将生活理念传播给购房者的使者。销售人员不仅要将房地产产品推介给客户,同时要将客户的需求信息反馈给开发商。因此,针对不同的个体,销售人员的定位是不同的,对于开发商来说,销售人员是企业的推销人员、企业的形象代言人、企业决策信息的提供者;对客户而言,销售人员是他们的置业顾问,是专业产品的解说者。不同的角色对销售人员的素质需求是不一样的,而销售人员又是楼盘推售成功与否的关键。因此,从不同角色需求出发做好房地产销售人员培训就是给销售打下良好基础。

（1）置业顾问角色的素质要求

对于消费者来说，购房是一个专业性很强的消费活动。购房涉及区域分析、建筑结构识别、户型格局的评价、面积的丈量、住宅品质的检测、合同的审定、贷款的办理等专业知识，置业顾问需要掌握这些专业知识以便为客户提供专业的服务、参考性的建议，从而促成销售的实现。因此，对置业顾问培训的内容应包括以下几方面：

①掌握房地产开发的基础知识。

②掌握房地产企业的相关知识。

③掌握房地产的产业知识。

④掌握房地产销售的相关法律知识。

⑤掌握房地产贷款的相关知识。

⑥熟悉房地产风水学。

（2）企业的推销人员的素质要求

作为企业的推销人员，主要工作职责就是销售产品——房屋，以及房屋所带来的其他利益，包括生活方式、社会地位、保值增值、积累财富等。针对这个角色，培训时要帮助销售人员掌握以下内容：

①掌握消费者的心理与行为知识。

②掌握房地产咨询与服务技巧。

③掌握房地产评估、经纪、市场业务操作流程。

④掌握房地产的中介发展。

⑤掌握客户档案建设技巧。

⑥掌握房地产的销售技巧。

（3）企业的形象代言人的素质要求

销售人员是站在企业的最前线，与客户直接接触的人，销售人员所呈现的工作作风、专业技能和服务意识充分体现了所代表企业的发展愿景、经营理念、管理文化。因此，作为企业的形象代言人，销售人员要做到：

①熟悉企业的经营管理理念。

②掌握房地产中介服务礼仪。

③掌握企业的形象策划方法。

7.2.2.5 房地产销售的常见问题与对策

（1）销售人员的常见问题与对策

①产品介绍不详

销售人员往往因为对销售产品、竞争产品不熟悉，导致无法向客户详尽介绍产品，无法阐述清楚产品利益点以及与同类产品的异同。针对这种情况，销售人员应当认真参与就职培训，熟悉所售产品的特点，并针对周边环境做详细的调查，总结自身产品与竞争产品之间的差异以及优劣势。销售人员还可相互之间多讲多练，主动向老员工请教销售经验，提升业务水平。

②随意满足客户要求

销售人员往往为了实现房屋的买卖，随意满足客户提出的要求。针对这种情况，销售人员应熟悉销售手册，确实了解公司相关的销售规章制度，勤加练习与客户的谈判技巧，避免生硬回答客户不明确的问题，警惕逾越个人的权责。

③不善用资源

销售人员喜欢依靠个人的说服能力，忽略各种资源的辅助作用。针对这种情况，销售人员应当善用现场的资源，如说明书、灯箱、模型等营造良好的现场销售氛围，并注重各部门之间的协调配合，如茶点的提供、看样板房的服务等。

④所售房屋信息错误

销售人员由于个人的操作失误或是公司的政策调整有时会导致订单信息填写错误，甚至造成“一房二卖”等情况。针对这种问题，销售人员应当接受严格的操作程序训练，并明确权责，及时协调客户，请求客户配合更改，甚至可以给予适当的优惠。

⑤缺少客户追踪

销售人员或是因为工作繁忙或是认为客户追踪无效或是避免重复追踪同一客户，往往未对客户进行后续追踪，失去成交机会。针对这种情况，销售人员可以对其所接待的客户根据销售的可能性分别建档，定期安排时间对客户进行追踪，并记录追踪情况，包括沟通的重点内容、分析客户的需求等。

（2）客户的常见问题与对策

①客户犹豫

房地产产品是大宗产品，客户即使看中了合意的房子，但是因为无法对房子做全面的了解，以及担心是否有质量更好的、价格更合适的房子，迟迟不能做购买的决定。面对这种状况，销售人员一定要摸清消费者犹豫的原因，针对问题详细解释，并不断缩小客户的选择范围，同时，暗示其他客户也看中了同一房源，促销优惠活动即将结束等，帮助客户尽快做购买决定。

②退订或退房

客户做出了退订或退房的决定，可能是受到竞争楼盘销售人员或亲戚朋友的影响，也可能是因为回去细细思索后觉得真的不合适。销售人员一定要了解客户退订或退房的原因，尽量挽回，设法帮助客户解决难题，如果无法挽回，则要按照程序退房，双方各自承担权责。

③要求更多的优惠

客户在谈判的过程中，总是希望能够获得更多的优惠。销售人员在这个时候一定要按销售规定程序处理，坚持价格的合理性，不能急于求成，盲目或暗示客户存在优惠。此外，销售人员在销售的过程中要把握销售技巧，预留折让空间，在艰难决定的时候给予适当的退让，但一定要设置障碍防止客户一再还价。

④折让差异

由于在不同的销售阶段或是客户来源的不同，客户的折让是有差异的。折让的差异性一旦为客户知道，会让客户对价格产生不确定性，认为还具有很大的议价空间。因此，公司在制定优惠制度的时候要明确相同条件折让相统一，不同的条件可以享受不同的优惠，也便于销售人员对客户做出合理的解释。

⑤贷款问题

有些客户在签订购房协议后办理贷款的过程中，发现或是资信问题不能贷款，或是贷款额度超过可承受范围，这有可能导致后续违约的风险。销售人员一定要在事前提醒客户到相关银行进行事前咨询，或销售人员提供帮助，确定可以贷款后再交付首付款。如果已经签订的情况，双方只能按照程序办事，双方各自承担权责。

⑥推迟签约时间

有些客户因为想要推迟付款时间或对所选房屋犹豫不决，迟迟不来签订购房协议。销售人员在与客户签订订房协议的时候一定要明确购房协议签订的时间，明确违返约定后要承担的责任，同时注意与客户即时沟通，提醒客户签约时间。

7.2.3 房地产销售前期准备实训的组织

（1）指导者的工作

①向受训者介绍销售前期准备的实训内容。

②向受训者介绍销售前期准备的实训步骤。

③向受训者介绍销售前期准备的相关知识。

④要求受训者根据项目形象定位、产品定位、市场定位及产品实际情况制定项目销售楼书。

⑤要求受训者根据前期营销策划制定的销售策略，结合市场定位情况，设计销售话术（如客户百问百答）。

⑥要求受训者结合项目销售实施程序，设计制作相关的管理表格（指导教师可以根据实际情况选择恰当的几项表格作为设计内容）。

（2）受训者的工作

①掌握销售前期准备工作的基础知识。

②整理研究项目的形象定位、产品定位、市场定位、规划设计资料等，制作项目销售楼书。

③根据项目的市场定位、产品情况，分析消费者心理与行为，设计本项目的销售话术，并设计紧急情况的应急措施。

④掌握楼盘销售实施程序，根据实施程序设计管理表格。

7.2.4 房地产销售前期准备实训的步骤

房地产销售前期准备实训步骤见图 7-13。

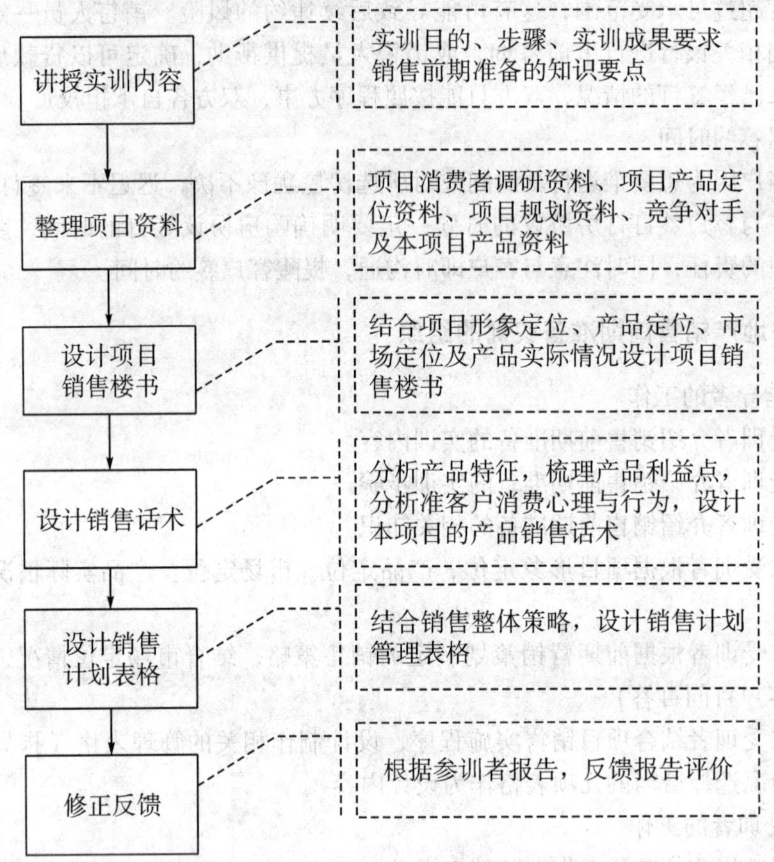

图 7-13　房地产销售前期准备实训实施步骤

示例：房地产销售前期准备的参考模版

某项目电话接线话术

置业顾问：您好，【项目名称】。

客户：你们项目在哪个位置?

置业顾问：老师您是不是【某区域的人】？是否了解【区域名称】?

客户答“不了解”接本段：

置业顾问：那我给您大致介绍一下，【该区域的地理位置】；【该区域的发展情况：产业结构、经济发展情况、当地人收入情况、当地物价水平等】；【该区域的未来发展态势】。

客户答“了解或是本地人”时接本段：

我们项目位于【区域名称】的新城区城市中心位置，项目的西侧是城市主干道西湖大道，【区域名称】主要的政府行政机构位居于此，西北面的住宅区内居住有大量【区域名称】主要的政府办公人员；项目北侧是【区域名称】的迎宾大道、车城大道以及政府重点工程人民公园、市民文化中心；项目东侧是包括【列举地块周边知名楼盘】在内的新城中高端居住区；项目南面是连接才城的主要道路，以及目前本区域最高端的住宅小区和洪观岳山。

客户：你们项目现在是什么情况？（你们什么时候交房？）

置业顾问：我们项目分两个板块，一个是中高端居住小区××××，项目现在已经全部交房并大量入住，有不少当地企事业单位员工居住，消费实力较强。项目另一个板块就是我们现在正在往外推出的商业部分，也是未来新城中心的中心商业【项目名称】。【项目名称】分为三期，全部都是现房，一期和三期在两年前就招商完毕，是成熟的商业街区，我们目前正针对一期和三期商业进行带租约销售。

客户：多少钱一个平方米？

置业顾问：我们销售政策还没有出来，大概还有两三天时间就出来了，老师有兴趣的话可以到项目现场来看看，我们都是已经经营成熟的现房。

附录

房地产销售计划流程见图7-14。房地产销售前期准备表格见表7-5至表7-11。

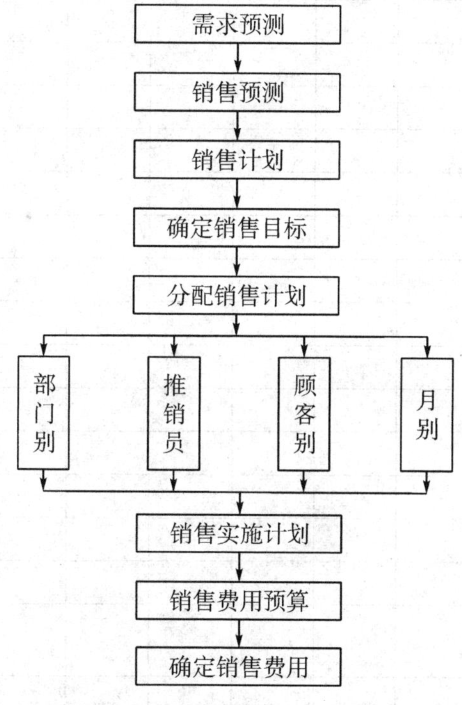

图7-14 房地产销售计划流程图

表 7-5　　公开发售工作时间计划表

内容	开始时间	8 天	9 天	10 天	11 天	12 天	13 天	14 天	……	25 天
	剩余时间	18 天	17 天	16 天	15 天	14 天	13 天	12 天	……	1 天
1. 提供项目资料										
预售证、银行按揭										
项目简介、销售价格										
平面图、销售面积										
效果图										
物业管理收费标准										
工程环境施工进度数										
2. 销售手册										
甲方审阅										
3. 装修标准										
提供装修标准建议										
确定样板并开始装修										
4. 价目表和付款方式										
开始制定										
提交方案										
确定并开始印制										
5. 平面图										
开始制定										
提交方案										
确定并开始印制										
移交到售楼部										
6. 广告合同										
与发展代理商见面										
构思广告版面										
预定广告初稿										
提交广告初稿										
确定广告初稿										
7. 办理代销售证										
8. 现场包装方案及费用预算										
提交方案										
制作资金到位										
开始制作										
完成并安装										

表7-5(续)

内容	开始时间	8 天	9 天	10 天	11 天	12 天	13 天	14 天	……	25 天
	剩余时间	18 天	17 天	16 天	15 天	14 天	13 天	12 天	……	1 天
9. 楼书、展板										
构思制作内容										
确定并印刷										
移交到售楼部										
10. 销售资料费用预算										
提交并确定方案										
资金到位										
11. 广告安排及费用预算										
提交并确定方案										
资金到位										
12. 销售计划										
提交并确定方案										
13. 销售人员										
培训后进场										
内部认购前培训										
公开展销会前再培训										
14. 内部认购										
开始										
总结内部认购情况										
15. 公开发售										
审查公开发售前的所有内容										
首次公开发售										
公开发售的总结										

表 7-6　　销售人员行动计划表

姓名：　　日期：		
本月销售目标及计划		
重点销售楼盘	重点拜访客户名单	新开拓客户名单
1. 2.	1. 2.	1. 2.

表 7-7　　周别行动计划表

重点目标	
重点销售商品	
重点拜访客户名单	
重点行动目标	
1. 2. 3.	
1. 2. 3.	
1. 2. 3.	
制表人：	填表日期：　年　月　日

表 7-8　　预期销售表

楼盘名	客户名	月		月		月		月		月	
		去年销量	今年预计	去年销量	今年预计	去年销量	今年预计	去年销量	今年预计	去年销量	预计
合计											

表 7-9　　客户问检表

问题	回答
谁是或将会是你的顾客？	
你公司里谁负责管理顾客？	
这些顾客的购买潜力有多大？ 过去他们从你这儿购买了多少产品？	
其购买频率和购买时间如何？	
你的营销或销售活动是否已取得成功？	
谁从哪一个竞争对手处购买产品？ 他们是否可以被争取过来？	
顾客为什么和你或将会和你保持对话？ 保持这种对话的成本如何？	
怎样保持顾客？	
如何使他们增加购买？	

表7-9(续)

问题	回答
哪儿可以找到与他们类似的其他顾客?	
什么时候他们最有可能从你这儿购买?	
怎样准确确定他们的通信地址?	

表 7-10　　楼盘调查表

楼盘名称				位置		
发展商				代理商		
规模						
配套						
工程状况		管理费	元/平方米	实用率		
推出日期				交楼日期		
装修标准						
销售范围						
主要户型						
户型	面积（平方米）	数量（套）	占总量面积的比例	销售数量	销售数量占本户型比例	销售数量占总套数比例
1 室 1 厅			%		%	%
2 室 2 厅			%		%	%
3 室 2 厅			%		%	%
4 室 2 厅			%		%	%
复式			%		%	%
最高价	元/平方米	最低价	元/平方米	均价	元/平方米	
一次性均价	元/平方米		销售率			%
卖点						
综合点评						

表 7-11　　市场分析执行表

项目名称	要点指引	执行情况	执行时间	负责人
市场分析	周边市场情况			
	楼盘分析			
	近期楼市动向			

表7-11(续)

项目名称	要点指引	执行情况	执行时间	负责人
项目分析	地理位置分析			
	小区规划			
	设计特色			
	价格策略			
	竞争对手分析			

7.3 房地产销售现场管理

7.3.1 房地产销售现场管理实训的目的及任务

(1) 实训的目的

①掌握楼盘销售现场管理制度。

②掌握楼盘销售现场组织管理架构及其岗位职责。

③掌握销售现场服务接待要求。

④熟悉销售现场的常见问题及其处理方法。

(2) 实训的任务

①编制销售现场管理制度。

②绘制销售现场管理架构图。

③明确各岗位工作职责。

④绘制销售现场管理表格。

7.3.2 房地产销售现场管理实训的知识准备

7.3.2.1 销售现场管理制度

从房地产的发展趋势中可以看出，今后开发商将专门负责开发（建房），销售商将专门负责销售（卖房），物业管理公司将专门负责对成熟小区的管理（把小区内的各项管理事务再分包给专业公司来负责，如保安、绿化等）。销售商一般分为四个部分：一是纯企划，即由开发商出广告费，企划公司根据项目特点，为其进行一系列的广告策划，不包括现场销售；二是企划销售，即由开发商提供广告费用，代理销售公司根据项目的特点，将项目重新定位，从前期的案前准备、广告策划以及现场销售进行一系列的整体运行；三是包柜即代理销售公司仅负责销售，而企划则由其他的广告公司负责；四是包销，即由代理销售公司来承担广告费用，并负责销售。无论哪种销售模式，售楼处都是必须存在的。售楼处的主要职能就是开展销售活动，其内部管理也是根据销售需求组建的，但是由于其销售模式的不同，根据不同的职能需求，销售现场的管理架构也存在差异。

（1）销售现场组织架构

①纯销售队伍的管理架构

纯销售队伍由于职能单一，现场管理结构相对简单、人员构成较少。纯销售队伍一般是作为一个职能部门半独立工作，其组织架构往往是被动地对项目产品进行业务推广。纯销售队伍组织架构如图 7-15 所示。

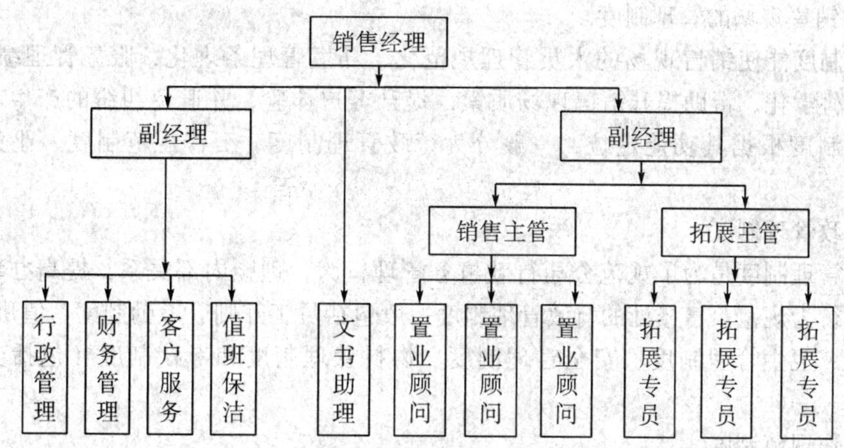

图 7-15　纯销售队伍组织架构图

②功能配合的销售队伍

功能配合的销售队伍比较显著的特征是在纯销售队伍的基础上配备了策划部门，策划部门负责市场推广和市场调研工作，从而有助于销售业绩的推动。其组织架构如图 7-16 所示。

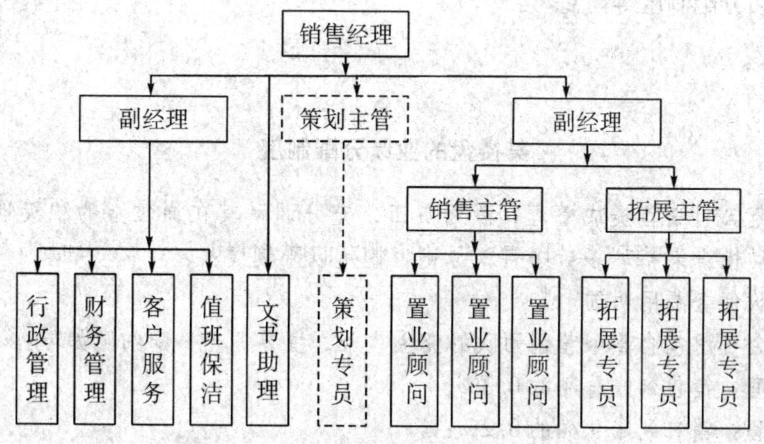

图 7-16　功能配合的销售队伍组织架构

销售组织模式的选择不是随意的，而是要根据企业状况、市场情况等进行多方面的综合考虑，以使销售组织更灵活、更高效。从企业规模角度来看，一般来说，企业越大，管理层级越多，销售组织模式也越复杂，但是其管理规范性越强；而小企业的销售人员少，销售组织相对简单，但是其家族式管理也更为普遍，增加了管理上的随意性。从销售的项目产品上分析，如果销售产品单一，则销售人员相对较少，而营销策划部门的人则要求更多，这是因为单一产品需要更多的推广活动促进销售业绩的提升；如果销售产品多样性强，则要设置各个职能的经理，销售组织模式则会复杂得多。所售产品客源的区域性分布也会影响销售的组织建设，如旅游地产的准客户分布区域较广，需要在不同的区域配备区域经理，以拓展销售渠道，增加销售业绩。

（2）销售现场的管理制度

管理制度能使销售现场的人员管理规范化，环境管理条理化，服务管理绩优化，资料管理科学化，帮助提升销售现场质素，提升客户体验，并避免纠纷的产生。售楼处的管理制度根据其功能定位，一般分为行政管理制度、工作规范制度、业务管理制度。

①行政管理制度

行政管理制度是为了规范公司行政事务管理行为，理顺内部关系，提高办事效率而做出的行为规范。售楼处的行政管理制度一般包括员工守则、考勤制度、值班制度、会议制度、卫生管理制度、安全管理制度、物料管理制度和考核制度（包括奖惩制度）等。

②工作规范制度

工作规范制度是为了保证售楼处的服务质量，对工作的内容做出的一系列行为规范。其包括案场工作纪律、销售礼仪规范、服务用语规范、客户接待行为规范等。

③业务管理制度

业务管理制度是为了理顺业务内容，提升业务操作水平而制定的规范。其一般包括员工培训制度、客户接待制度、销售控制管理制度、样板房管理制度、成交签约管理制度、业绩分配制度等。

示例

某楼盘的业绩分配制度

为了规范公司销售提成管理，激励员工，充分调动其在岗位上的积极性，促使其发挥最大能动性，秉持“多劳多得”原则，制定以下制度：

一、团队佣金费用明细

团队佣金费用包含整个营销团队的佣金收入，主要佣金分配细则如下：

销售经理：销售到账总额的0.3%；

销售主管：销售到账总额的0.2%；

销售人员：销售到账总额的0.6%。

其中销售人员的提成办法为按照该销售人员销售业绩的0.6%计算。

二、分销渠道费用

分销渠道包括人际关系分销渠道及分销公司两块，整体体现的提成原则是销售到账总额的0.2%。

分销渠道客户佣金原则：

(1) 渠道来源客户与销售人员对接，由销售人员完成跟单及签约，销售人员从原来0.5%中分出0.2%给渠道介绍人。

(2) 销售人员自愿接受从该销售人员佣金中分离0.2%。

(3) 公司及管理层来源渠道客户由分管领导根据团队情况进行分配。

三、销售支持提成费用

销售支持指销售后勤辅助工作人员的提成，主要体现在肯定后勤辅助工作人员的支持报酬，提成原则是销售到账总额的0.2%。

四、佣金发放条件及标准

佣金按照实收现金计算，以自然月为结算标准；发放时间与工资结算发放时间相同。

五、特殊情况佣金管理办法

人员编制发生变化的情况下，离职销售人员客户由分管领导商议按比例分配给销售人员接收。已经成交的部分佣金计入销售奖金，销售奖金分配给当季度销售冠军。

某售楼处的仪容仪表规范

1. 衣着整齐干净，无污迹和明显皱纹；扣好纽扣，结好领带，领带夹的高度要超过1/2领带（或由领扣算起第三与第四颗之间为宜）；衣袋中不要有过多物品，不准穿皮鞋以外的鞋类。皮鞋要擦干净、光亮；女职员不宜穿黑色或白色丝袜，避免破洞。

2. 必须佩戴工作牌，并应佩戴在左胸前的适当位置，不得挂于腰间或以其他外衣遮盖。

3. 男职员头发要常修剪，发脚长度以保持不盖耳部和不触衣领为度，不得留胡须，要每天修面；男女职员头发要常洗，上班前要梳理整齐，保证无头屑。

4. 女职员切忌浓妆艳抹，提倡淡妆，使人感到自然美丽。忌用过多香水或使用刺激性气味强的香水，并注意彩妆是否脱落，牙齿是否沾有口红。

5. 职员上班前不得吃有异味食物，要勤洗手，勤剪指甲，指甲边缝不得藏有脏物，指甲油避免太怪异。

6. 提倡每天洗澡、勤换衣物，以免身上发出汗味或其他异味。

7. 对客服务时，要友好、热情、精神饱满和风度优雅地为客人服务。

7.3.2.2 销售现场的接待流程

销售现场的接待是销售环节最重要的一环，是销售成败的关键。销售现场的接待流程就是对客户服务的过程。接待流程的规范化、标准化有利于塑造企业的好形象，有助于提升销售的成功率。销售现场的接待流程设计不仅是接待程序的设计，而且还包括接待节点的规范化。销售现场的接待程序一般是与售楼处设计的动线相衔接的，只是对每个环节的话术、行为、仪容仪表做了细致的规范。现场接待流程见图7-17。

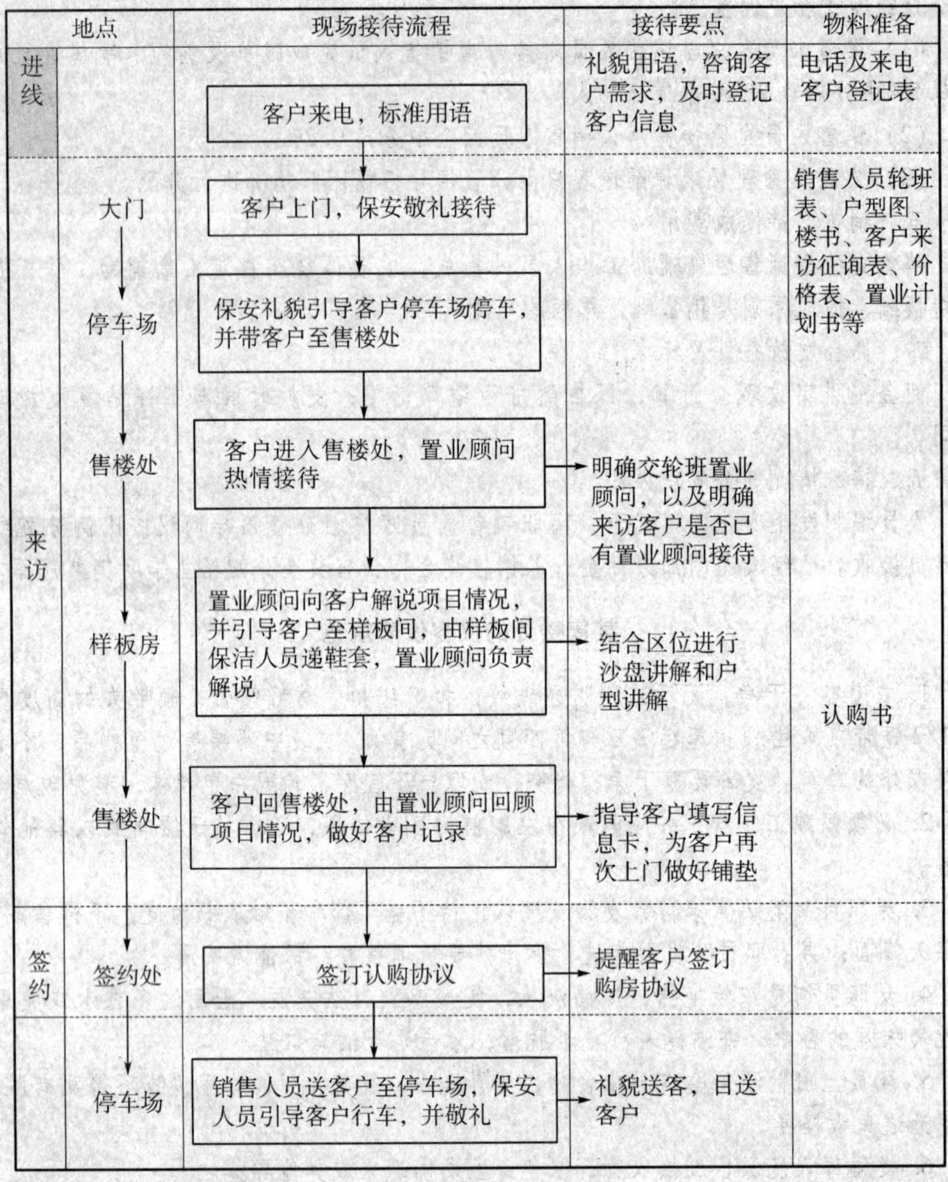

	地点	现场接待流程	接待要点	物料准备
进线		客户来电，标准用语	礼貌用语，咨询客户需求，及时登记客户信息	电话及来电客户登记表
来访	大门	客户上门，保安敬礼接待		销售人员轮班表、户型图、楼书、客户来访征询表、价格表、置业计划书等
	停车场	保安礼貌引导客户停车场停车，并带客户至售楼处		
	售楼处	客户进入售楼处，置业顾问热情接待	明确交轮班置业顾问，以及明确来访客户是否已有置业顾问接待	
	样板房	置业顾问向客户解说项目情况，并引导客户至样板间，由样板间保洁人员递鞋套，置业顾问负责解说	结合区位进行沙盘讲解和户型讲解	认购书
	售楼处	客户回售楼处，由置业顾问回顾项目情况，做好客户记录	指导客户填写信息卡，为客户再次上门做好铺垫	
签约	签约处	签订认购协议	提醒客户签订购房协议	
	停车场	销售人员送客户至停车场，保安人员引导客户行车，并敬礼	礼貌送客，目送客户	

图 7-17　现场接待流程图

7.3.4　房地产销售现场管理实训的组织

（1）指导者的工作

①向受训者介绍销售现场管理的实训内容。

②向受训者介绍销售现场管理的实训步骤。

③向受训者介绍销售现场管理的相关知识。

④要求受训者根据项目实际情况组建销售团队，确立组织架构。

⑤要求受训者根据项目实际情况制定项目销售管理制度。

⑥要求受训者根据项目实际情况编制项目销售现场接待流程及语言行为规范。

⑦要求受训者结合项目销售现场需要，设计制作现场管理表格（指导教师可以根据实际情况选择恰当的几项表格作为设计内容）。

（2）受训者的工作

①掌握销售现场管理工作的基础知识。

②确定项目销售组织架构及岗位职责。

③编制项目现场接待流程图及工作规范。

④掌握楼盘现场管理要点，设计制作现场管理表格。

7.3.5 房地产销售现场管理实训的步骤

房地产销售现场管理实训步骤见图7-18。

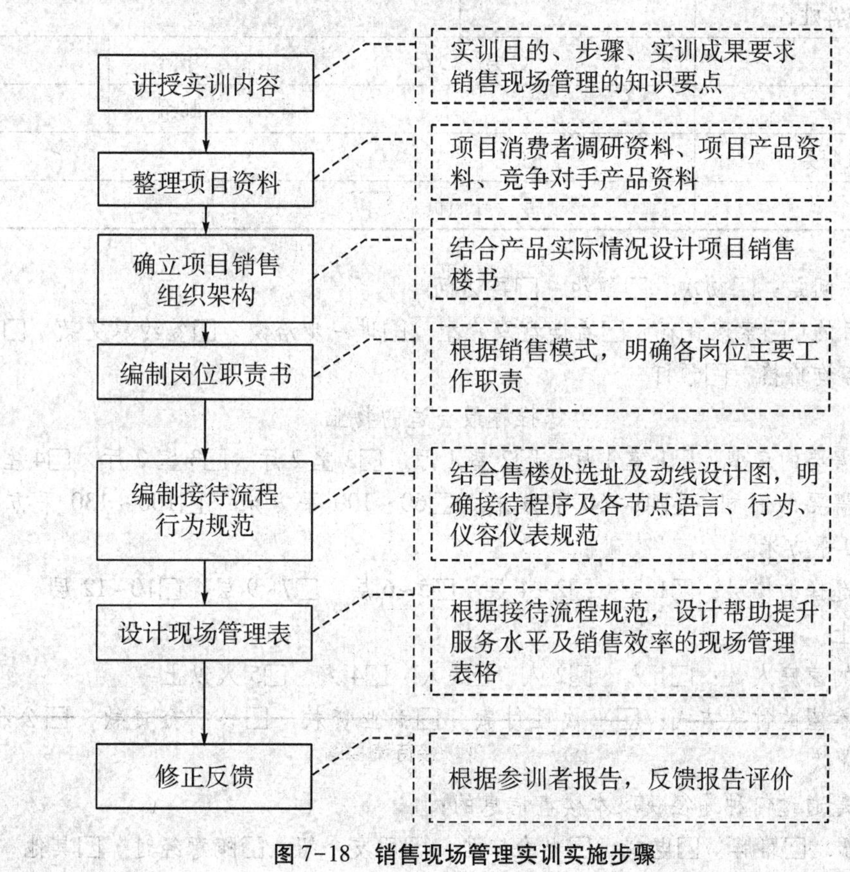

图7-18 销售现场管理实训实施步骤

示例：房地产销售现场管理的参考模版

某项目的销售管理表格

房地产销售现场管理表格见表7-12至表7-22。

表 7-12 客户问询表

客户问询表		编号	
		日期	
填表人		签字	
问询人细节		问询来源	
问询性质			
所需行动			

表 7-13 到访征询单

日期： 年 月 日 编号：

来访者姓名			
性别	○男 ○女	年龄	
联系地址		邮编	
工作单位及职务			
联系电话			

本次访问是：□初次 □预约 □再访问

访问目的：□索取资料 □看楼盘及户型 □进一步洽谈 □签约急交款 □售后事宜 □咨询价格 □预订

为您推荐最合适的物业

1. 您需要的房型：□1 室 1 厅 □2 室 1 厅 □2 室 2 厅 □3 室 2 厅 □4 室 2 厅

2. 您需要的面积：□40~60 平方米 □60~100 平方米 □100~130 平方米 □130~150 平方米

3. 您选择的楼层：□1 层 □2~4 层 □5~6 层 □7~9 层 □10~12 层 □13 层以上

4. 您的家庭人数：□1 人 □2 人 □3 人 □4 人 □5 人以上

5. 您希望的付款方式：□一次性付款 □商业贷款 □公积金贷款 □公积金、按揭组合贷款

6. 您是通过何种途径获取本楼盘信息的：

□报纸 □路牌 □电视 □电台广告 □朋友介绍 □随意经过 □其他

7. 希望得到您的意见：______________________________

____

____

表 7-14　　客户问询总结

客户问询总结		编号		填表人	
		日期		签字	
问询者姓名	联系细节	问询来源	问询性质	所需行动	已采取的行动

表 7-15　　电话接听记录表

姓名	性别	需求面积	户型					认知途径			现居住（工作）区域	几口之家	对价格反应	询问内容	是否看过其他小区	电话	记录人
			1室1厅	2室1厅	2室2厅	3室2厅	4室2厅	广告	介绍	其他			高	低			

序号	姓名	性别	需求面积	需求户型	询问内容	记录时间	电 话	记录人

表 7-16　　本周来访人数统计表

________年第________周________月________日至________月________日

星期	星期一	星期二	星期三	星期四	星期五	星期六	星期日	总计	累计
到访人数									
查询电话									
平均逗留时间									
销售主管________									

表 7-17　　销售日报统计表

日期：____年__月__日

销售人员	销售员 A	销售员 B	销售员 C	合计
共接待客户组数				

表7-17(续)

销售人员		销售员 A	销售员 B	销售员 C	合计
其中	客户 A				
	客户 B				
	客户 C				
	客户 D				
接听电话组数					
留有电话组数					
电话跟踪组数					
回访客户组数					
销售情况	单位				
	面积				
	合同金额				
	回款金额				
欠款金额					
销售主管＿＿＿＿					

表 7-18　客户情况周报表

项目名称:　　　销售部主管:　　　年　月　日至　年　月　日

星期		星期一	星期二	星期三	星期四	星期五	星期六	星期日	总计	累计
	报纸									
	友人介绍									
客户区域	A 区									
	B 区									
	C 区									
	D 区									
	其他									

表7-18(续)

<table>
<tr><td colspan="2">星期</td><td>星期一</td><td>星期二</td><td>星期三</td><td>星期四</td><td>星期五</td><td>星期六</td><td>星期日</td><td>总计</td><td>累计</td></tr>
<tr><td rowspan="3">客户年龄</td><td>青年</td><td></td><td></td><td></td><td></td><td></td><td></td><td></td><td></td><td></td></tr>
<tr><td>中年</td><td></td><td></td><td></td><td></td><td></td><td></td><td></td><td></td><td></td></tr>
<tr><td>老年</td><td></td><td></td><td></td><td></td><td></td><td></td><td></td><td></td><td></td></tr>
<tr><td rowspan="4">客户关系</td><td>朋友</td><td></td><td></td><td></td><td></td><td></td><td></td><td></td><td></td><td></td></tr>
<tr><td>夫妻</td><td></td><td></td><td></td><td></td><td></td><td></td><td></td><td></td><td></td></tr>
<tr><td>家人</td><td></td><td></td><td></td><td></td><td></td><td></td><td></td><td></td><td></td></tr>
<tr><td>单独</td><td></td><td></td><td></td><td></td><td></td><td></td><td></td><td></td><td></td></tr>
<tr><td rowspan="5">将来置业区域</td><td>A 区</td><td></td><td></td><td></td><td></td><td></td><td></td><td></td><td></td><td></td></tr>
<tr><td>B 区</td><td></td><td></td><td></td><td></td><td></td><td></td><td></td><td></td><td></td></tr>
<tr><td>C 区</td><td></td><td></td><td></td><td></td><td></td><td></td><td></td><td></td><td></td></tr>
<tr><td>D 区</td><td></td><td></td><td></td><td></td><td></td><td></td><td></td><td></td><td></td></tr>
<tr><td>其他</td><td></td><td></td><td></td><td></td><td></td><td></td><td></td><td></td><td></td></tr>
</table>

表 7-19 **价目表**

<table>
<tr><td colspan="2">户型编号</td><td colspan="6">Ⅰ单元</td><td colspan="6">Ⅱ单元</td></tr>
<tr><td colspan="2">户型</td><td>01</td><td>02</td><td>03</td><td>04</td><td>05</td><td>06</td><td>01</td><td>02</td><td>03</td><td>04</td><td>05</td><td>06</td></tr>
<tr><td colspan="2">销售面积</td><td></td><td></td><td></td><td></td><td></td><td></td><td></td><td></td><td></td><td></td><td></td><td></td></tr>
<tr><td colspan="2" rowspan="2">朝向
楼层</td><td></td><td></td><td></td><td></td><td></td><td></td><td></td><td></td><td></td><td></td><td></td><td></td></tr>
<tr><td></td><td></td><td></td><td></td><td></td><td></td><td></td><td></td><td></td><td></td><td></td><td></td></tr>
<tr><td rowspan="2">2</td><td>单价</td><td></td><td></td><td></td><td></td><td></td><td></td><td></td><td></td><td></td><td></td><td></td><td></td></tr>
<tr><td>总价</td><td></td><td></td><td></td><td></td><td></td><td></td><td></td><td></td><td></td><td></td><td></td><td></td></tr>
<tr><td rowspan="2">3</td><td>价</td><td></td><td></td><td></td><td></td><td></td><td></td><td></td><td></td><td></td><td></td><td></td><td></td></tr>
<tr><td>总价</td><td></td><td></td><td></td><td></td><td></td><td></td><td></td><td></td><td></td><td></td><td></td><td></td></tr>
<tr><td rowspan="2">4</td><td>单价</td><td></td><td></td><td></td><td></td><td></td><td></td><td></td><td></td><td></td><td></td><td></td><td></td></tr>
<tr><td>总价</td><td></td><td></td><td></td><td></td><td></td><td></td><td></td><td></td><td></td><td></td><td></td><td></td></tr>
<tr><td rowspan="2">5</td><td>单价</td><td></td><td></td><td></td><td></td><td></td><td></td><td></td><td></td><td></td><td></td><td></td><td></td></tr>
<tr><td>总价</td><td></td><td></td><td></td><td></td><td></td><td></td><td></td><td></td><td></td><td></td><td></td><td></td></tr>
<tr><td rowspan="2">6</td><td>单价</td><td></td><td></td><td></td><td></td><td></td><td></td><td></td><td></td><td></td><td></td><td></td><td></td></tr>
<tr><td>总价</td><td></td><td></td><td></td><td></td><td></td><td></td><td></td><td></td><td></td><td></td><td></td><td></td></tr>
</table>

表 7-20　　计价表

<table>
<tr><td colspan="5">拟购买房号：________；面积：________平方米；朝向：________；原价：________</td></tr>
<tr><td colspan="2" rowspan="2">付款方式
手续</td><td>一次性付款__折</td><td>分期付款__折</td><td>银行按揭付款__折</td></tr>
<tr><td>¥________元</td><td>¥________元</td><td>¥________元</td></tr>
<tr><td colspan="2">签署认购书时付订金</td><td colspan="3">¥________元</td></tr>
<tr><td colspan="2">签署认购书后十天内____年__月__日前共同签署《房地产预售合同》</td><td>缴付 30%
¥______元
税费：</td><td>缴付 20%
¥______元
税费：</td><td>缴付 20%
¥______元
税费：</td></tr>
<tr><td rowspan="6">房款 70%</td><td>两个月内</td><td>缴付 30%______元</td><td>缴付 15%______元</td><td>缴付 10%______元</td></tr>
<tr><td>四个月内</td><td>缴付 30%______元</td><td rowspan="5">缴付 20%______元
缴付 40%元分四期
____月____日前
____月____日前
____月____日前
____月____日前
每期付出 10%____元</td><td rowspan="5">缴付 70%______元
办理银行按揭：
5 年月供______元
10 年月供______元
15 年月供______元
20 年月供______元
30 年月供______元</td></tr>
<tr><td>五个月内</td><td>缴付 10%______元</td></tr>
<tr><td></td><td></td></tr>
<tr><td></td><td></td></tr>
<tr><td></td><td></td></tr>
<tr><td colspan="2">收到《收楼通知书》14 天内付清</td><td>付清 5%______元</td><td></td><td></td></tr>
<tr><td colspan="5">接待人：　　　售楼电话：　　　日期：</td></tr>
</table>

表 7-21　　销售控制表

单元	1	2	3	4	5
套内面积	134.62 平方米	134.62 平方米	89.6 平方米	89.5 平方米	72 平方米
景观	正对中庭 正对公园	正对中庭 正对公园	侧对马路 侧望公园	侧对马路 侧望公园	正对马路
户型 楼层	4 室 2 厅	4 室 2 厅	3 室 2 厅	3 室 2 厅	2 室 2 厅
6 楼					
……					
20 楼					

表 7-22　　投诉单

<table>
<tr><td>客户</td><td colspan="3">编号：　　　　　　　　　　　　名称：</td></tr>
<tr><td>时间</td><td colspan="3">日期：　　年　月　日　　　　时间：　　午　时　分</td></tr>
<tr><td>抱怨问题</td><td colspan="3">1. 抱怨事项：
2. 拟采取之行动：</td></tr>
<tr><td colspan="4">1. 有关部门意见：</td></tr>
<tr><td colspan="4">2. 处理结果：</td></tr>
<tr><td>核示</td><td>主管</td><td>销售部</td><td>填表人</td></tr>
<tr><td></td><td></td><td></td><td></td></tr>
</table>

7.4 房地产销售实施的实验成果

根据受训者业务水平，实训的实验成果产出又分为高级阶段、中级阶段、初级阶段、入门级成果。以下成果为入门级成果示例（说明：示例为某应用型高校学生实训成果，部分内容尚待推敲、修改和完善）。

某高校学生实训阶段成果一

实验（训）项目名称	营销中心的选址与设计	指导教师	
实训日期		所在分组	

实验概述

【实验（训）目的及要求】

1. 了解营销中心选址因素及选址方法，能够提交选址综合分析报告。

2. 了解营销中心分区及布置规则，并能进行接待销售区的布置设计。

3. 了解营销中心包装的技巧。

4. 实验分组，每组4~5名同学，完成营销中心的选址、功能划分及包装。

【实验（训）原理】

1. 营销中心选址原则："4+1" 原则。

2. 营销中心的功能划分及包装方法。

3. 消费者消费心理的感觉与知觉。

实验内容

【实验（训）方案设计】

1. 实验任务

确定营销中心的地理位置，完成营销中心的功能划分，设计营销中心的包装主题及包装方法。

2. 实验要点及流程

（1）要点：营销中心的地理位置及功能区隔。

（2）流程：营销中心的选址→区域功能划分→包装设计。

3. 仪器设备

投影仪、电脑。

【实验（训）过程】（实验（训）步骤、记录、数据、分析）

1. 营销中心的选址原因及示意图

（1）选址原因

本项目的售楼部地址选在项目内的婚礼会场区域内，面积为395平方米。

①婚礼会场区域离项目入口距离100米左右，十分显眼且客户容易看到。

②停车场在项目入口的左边，便于客户的车辆停泊，客户停车之后步行至售楼部

的这段路程上设计不同的项目广告，使客户对项目有进一步的了解。

③售楼部与楼盘同在一个范围之内便于客户看房。

④会场的外形有艺术性的展示，有利于项目形象提升。

⑤在成本的考量上，会场作为售楼处使用完之后可以作为婚礼会场使用，减少不必要的资源浪费。

(2) 选址示意图（略）。

2. 营销中心的功能划分

(1) 营销中心功能区块说明

接待区：用来接待来访客户的区域，接待台不宜过高，体现亲和力，便于使用；包括接待人员接待、登记、派发楼盘资料等。

展示区：包括地域模型、项目模型、户型模型等销售道具的展示空间，对客户清楚地展示项目的所有情况。

洽谈区：客户看完模型，听完介绍，有意向的客户可以进入洽谈区进行深度了解和沟度。

贵宾接待处（VIP 室）：对于一些重要客户或者成交意向明显的客户，售楼部还会设 VIP 贵宾区进行接待和洽谈。

签约区：用来已经决定购买房屋的客户与公司签约的空间。

财务区：客户签约完之后的付款区域。

经理室：为现场办公的公司领导人员设置，是体现项目档次的重要部位。

水吧：为到访客户提供餐饮、水果等，提升项目服务形象。

更衣室：供员工上下班更换衣物使用，一般设置在隐蔽区域。

储物间：用来储存宣传物料、宣传道具、临时性物资。

休息室：供员工平时休息使用。

卫生间：分为内部卫生间和对外卫生间。对外卫生间设计要求匹配售楼处整体风格，卫生间内保持干净、整洁、气味宜人，细节处设置人性化的清洁及梳妆设施。

(2) 营销中心示意图

营销中心设计图见图 7-19。

3. 营销中心的包装

(1) 包装目的

通过包装展示项目的优势，给客户留下良好的第一印象；项目的环境、档次、整体业态等都使客户的心理有强大的冲击感，并使客户对项目有进一步了解甚至购买的欲望。

(2) 包装原则

简洁、宽敞、明亮、典雅气派、个性突出、内部空间丰富以延长客户的停留时间；抓住主题，无限放大；展示形象吻合项目定位；突出展示中的细节品质。

(3) 包装效果

有强烈的中式现代风格的营销中心，环境和谐、温馨、舒适、品质、典雅，处处体现项目楼盘的形象、风格、档次。

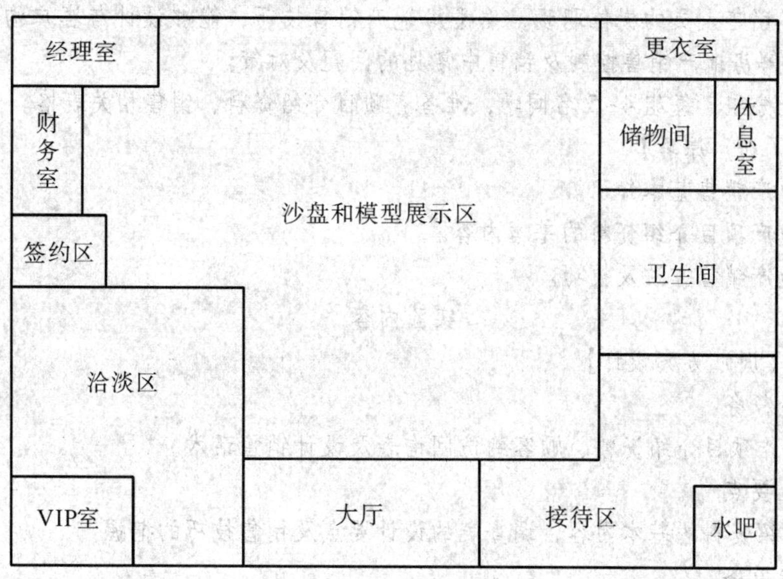

图 7-19 营销中心设计图

(4) 包装说明

大门口辐射区域设置有吊球、拱门、横幅、广告牌和导示牌等，在接待大厅设有接待台、项目形象及楼盘展板、楼书、销售控制表等，沙盘和模型区设有区域位置模型、楼盘模型、户型设计模型，并在模型与洽谈区放置3D动画模型视屏；客户休息区放置售楼书、说明书、沙发、椅子、饮水机等，且装饰以暖色调为主；洽谈区宽敞明亮、氛围轻松、人性化且做成敞开式；样板房要外形简洁、功能强，强调室内空间形态，营造一个已经入住客户的居家环境，各个房间的布置、摆设及局部的细节都体现出家的感觉，减少违和感。

4. 样板间的设计（表 7-23）

表 7-23

面积	数量	户型	风格
60~80 平方米	1	2 室 1 厅	中式现代
80~100 平方米	2	3 室 1 厅、2 室 1 厅	中式现代

某高校学生实训阶段成果二

实验（训）项目名称	销售价格策划	指导教师	
实训日期		所在分组	

实验概述

【实验（训）目的及要求】

1. 掌握楼盘销售前的准备工作，能够准备项目的介绍资料、制作项目销售相关的管理表格等。

2. 了解销售人员的岗位职责，熟悉房地产销售技巧，能够设计与客户沟通的标准话术，能了解房地产销售控制及销售中常见的问题及对策。

3. 实验分组，每组4~5名同学，准备齐项目介绍资料、销售相关表格。

【实验（训）原理】

1. 房地产销售基本知识。

2. 房地产项目介绍资料的基本内容。

3. 房地产销售方法及技巧。

实验内容

【实验（训）方案设计】

1. 实验任务

每组制作项目介绍资料、顾客到访问询表及设计销售话术。

2. 实验要点

项目介绍资料的基本内容，调查表的设计要点及销售技巧的把握。

3. 仪器设备

投影仪、电脑。

【实验（训）过程】（实验（训）步骤、记录、数据、分析）

1. 项目介绍资料

（1）宣传主题

快乐与我们同在。以生态环境为依托，以休闲为中心，以文化为灵魂，打造精致度假公园。

（2）核心价值

江景资源、沙坪坝与北倍的交通枢纽、园林绿化、得房率高。

（3）项目介绍

①整体规划

“十个一”工程，一生之城的魅力示范。

一个大型的有机农场，享受闲时农家欢乐。

一个城市中心广场，给生活更多的快乐空间。

一座城市活力商业中心，集结一个城市的潮流。

一条休闲风情商业街，吃喝玩乐精彩纷呈。

一个城市生态水上乐园，活水娱乐区里的花样生活。

一条城市滨江景观大道，自然健康生活一生相伴。

一座城市精品酒店，为您配备尊崇的生活奢享。

一个历史与文化结合的知识乐园，让丰盛生活溢满一生。

一座极限攀岩区，让生活充满挑战。

一条直达沙坪坝区中心的公交专线，巴士直通家门口。

②建筑特色

别墅——是生活的美术馆，更是艺术的美墅馆

以私享的精神，领驭一个阶层的理想。西式的建筑风格，让你在家门口感受到西

方的建筑风情，通过室内外建筑和环境的铺垫，给予客户户户皆景，推窗入境的感受，青山环抱，苍翠欲滴的森林别墅，给你极致的视觉体验和生活享受。

花园洋房——品鉴生活真谛

通过“退台”“露台”“院落”等技术手段，营造出视觉享受和生活情趣的居住环境。观景飘窗和休闲露台，将生活主动向外延伸，拉近与自然的距离，感受回归自然的乐趣。

高层——给生活一个高度

高层采用钢筋混凝土结构，具备电梯、通风采光好等优越性。户型面积适中、设计合理紧凑，超大景观阳台，视野开阔，将社区景观尽收眼底，给生活倍添情趣。提供适宜的居住环境，在提高生活品质的同时，也大大增添“家”的归属。

③其他特色

一站式购物环境，家门口的大型商业街集合特色餐饮、休闲娱乐、品牌购物、人气超市、生活配套五大核心商业功能。

一座综合大型娱乐区，集棋牌、垂钓、水上娱乐项目于一体，让家与享受同在。

一个有机农场，在劳作中释放你的压力。

一座极限攀岩区，体验站在人生顶峰的快感。

(4) 户型介绍

项目的主推户型为2室1厅和3室1厅，2室有紧凑和普通两种；3室1厅有紧凑、普通、舒适三种。2室1厅得房率高、宽敞明亮、方正，便于沙发以及其他家具的摆放，阳台的大小根据户型的不同有差别，各个房间都有阳光照射，整体布局动静分区，功能合理，空间利用率高，丰富空间立体感。3室1厅景观阳台与主卧相连，特色入户玄关，动静分区，功能布局合理，室内空间室外化，次卧外飘窗，拓展更大的利用空间。

2. 顾客到访问询表（表7-24）

表7-24　　来访客户问询表

职业顾问：　　　　意向类型：　　　　日期：　年　月　日

姓名		年龄		性别		居住地址	
联系方式		是□否□打过电话		工作区域			
看房工具		车牌/车号			置业次数		
购房目的	首次□ 换房□ 投资□ 为家人□	打算购 房时间		同住几人			
职业	从事行业		工作性质				
来访渠道	《××报纸》	其他报纸	户外广告	网络	DM	路过	其他
	朋友介绍	介绍人姓名：			联系方式：		
需求户型		意向面积		推荐房源	(1) 号楼 单元 层 户 (2) 号楼 单元 层 户 (3) 号楼 单元 层 户		

表(续)

承受总价	一次性:	首付:		实际总价	
		月供:			
洽谈时间	(时间段):	共分钟	是否带看现场	是□ 否□	
客户问询重点: 抗性分析: 客户对项目认可点: 备注:(客户体貌、性格、家庭结构等) 项目经理签字: 日期:					

3. 销售话术设计

(1) 交房时间

①能不能按时交房?

说实话,我们比您更担心,因为我们现在开发的是一期工程,下面还有二期、三期,土地都已经买好了,这是我们的第一个项目,就是创口碑的,如果不能按时交,再怎么做二期工程,谁还敢买?我们又怎敢做,敢在××市发展?何况我们在全国各大城市又都有房地产开发项目,从还未出现过逾期交房现象,只有提前交房的。

②交房时间延误怎么办?

交房期我们都是严格写进合同的,交房时间延误我们是要承担合同规定的违约责任的,是要交违约金的,而且我们会严格控制建设期,不会让这种情况发生,绝对不会有问题。

(2) 房屋质量

①房屋质量有保证吗?

本公司一贯很重视质量,目前开发的是度假产业,是大规模推出,而且我们所有的材料采购都由工程部统一进行,只要工地施工,就有我们的技术专家现场监督,质量是绝对确保的。再说我们签订的合同,处处保护消费者的利益,工程完成后,要由××市质检部门验收合格才能交付。如果是因质量问题而不能交付或者返工,公司将蒙受巨大的损失,我们能不顾建设质量吗?所以质量问题您是不用担心的。

②入住后发现漏水现象怎么办?

关于漏水问题,我们是根据国家规定的保修期来严格执行的,所以在保修期内我们全程负责修复,在保修期外我们则承担部分修复责任。

(3) 价格

①价格有点贵。

先生/女士,一分价钱一分货,我们这个价格已经没有什么利润了,这个地段环境好,清净优雅,地价成本又比其他地段贵。我们这个房子的地段、质量、房型、环境都是一流的,好的东西一向是不二价的,买房子应该首选信用好、品质好、服务好的,买得放心住得也放心,您说对吧?

②以后有增值的空间吗?

无论是居住还是投资,买房实际上都是一种投资行为,因为买房一次投入的资金较大，作为投资肯定是要有回报率的。您今天30万元买一套房，肯定希望它明年变成40万元甚至50万元。那怎样才能有更高的回报呢？就拿我们的房子为例，我们这里并不是市中心，但交通方便，公交车都在门口上车，生活方便。政府在这交通要道建设了这么多年，已完全成规模，可以说这里是居住的最好地段，它跟老市区相比，地域比较开阔，还闹中取静，对身体大有好处。像这样地段的房子想要的人是越来越多，需求量是越来越大，但地是越来越少，所以说它的升值潜力是非常大的，您说对吗？从房地产本身来讲，买房子是增值的。

某高校学生实训阶段成果三

实验（训）项目名称	销售现场管理	指导教师	
实训日期		所在分组	

实验概述

【实验（训）目的及要求】

1. 了解房地产现场销售的组织架构及工作职责，能够绘制现场组织架构图。

2. 熟悉房地产销售流程，能够设计客户接待流程示意图。

3. 了解现场销售人员礼仪规范、熟悉售楼部现场工作记录内容及如何记录。

4. 掌握楼盘销售节奏的方法，能够合理安排不同时期的供给比例。

5. 实验分组，每组4~5名同学，绘制售楼部现场组织架构图、制作客户接待流程图、制作销售控制表格。

【实验（训）原理】

1. 销售组织架构。

2. 销售控制的原则及方法。

实验内容

【实验（训）方案设计】

1. 实验任务

每组制定销售现场组织架构图及设计销售控制表格。

2. 实验要点

各岗位工作职责，客户接待流程的设计及销售节奏控制的方法。

3. 仪器设备

投影仪、电脑。

【实验（训）过程】（实验（训）步骤、记录、数据、分析）

1. 销售现场组织架构

(1) 销售现场组织架构图（图 7-20）

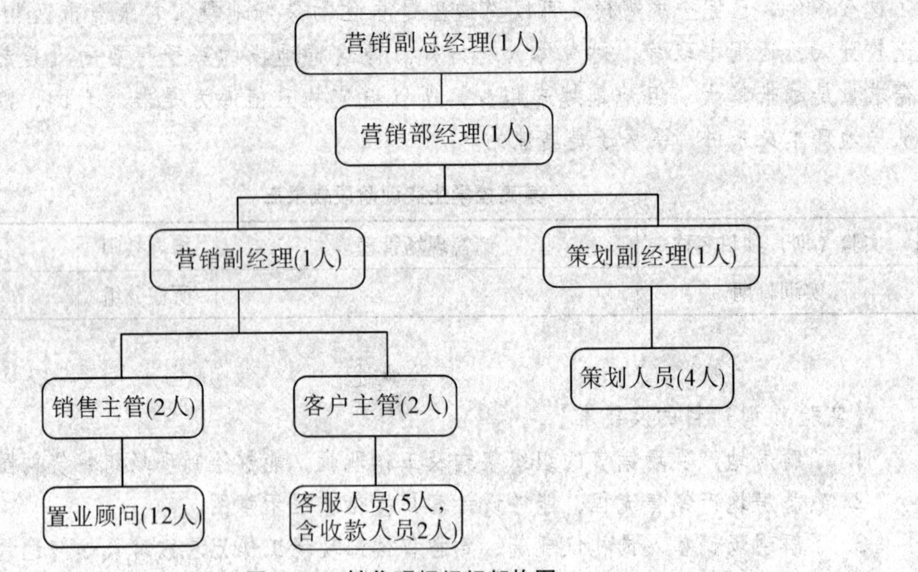

图 7-20　销售现场组织架构图

(2) 岗位职责说明书

营销副总经理主要职责：全面负责组织公司整体营销计划实施，全面负责营销中心的日常管理工作，授权或者直接通知生产需求计划，协助总经理管理公司。

营销部经理的主要职责：协助总经理领导公司的全面销售管理工作，完成公司下达的各项销售目标。

策划副经理的主要职责：协助经理做好各项策划工作，做好公司项目的营销推广策划方案，根据不同时段，制定公司的形象推广宣传，做好市场调查的收集工作。

策划人员的主要职责：参与进行项目定位，推广计划制定及执行，负责项目推广效果统计，负责周边竞争市场的调研。

销售副经理的主要职责：负责客户服务工作，协助销售经理履行销售职责，严格执行销售政策，保质、保量、按时完成的销售任务，培养、管理销售队伍。

销售主管的主要职责：有真实的反应市场数据的责任，有维护现场秩序、维护公司形象的责任，有督促完成公司任务的责任，有对销售提出合理化建议的责任 。

职业顾问的主要职责：遵守销售管理制度，负责客户购房的全部过程，完成销售任务，负责及时向销售主管或经理反馈销售过程中存在的问题，负责成交客户交房手续办理工作。

客服主管的主要职责：协同销售管理部经理及各售楼处及时处理客户投诉、退房等事宜，负责组织办理购房签约、按揭贷款、退房等手续，对客户服务专员进行业务指导，建立客户投诉档案，定期总结出现的问题，及时反馈领导并提出改进建议。

客服人员的主要职责：负责现场接待协调等前期工作，提供信息，做好顾客与公司沟通的桥梁，对信息的处理要及时；与其他相关部门协调、配合，尽快解决客户提出的维修等问题。

2. 现场接待流程图（图 7-21）

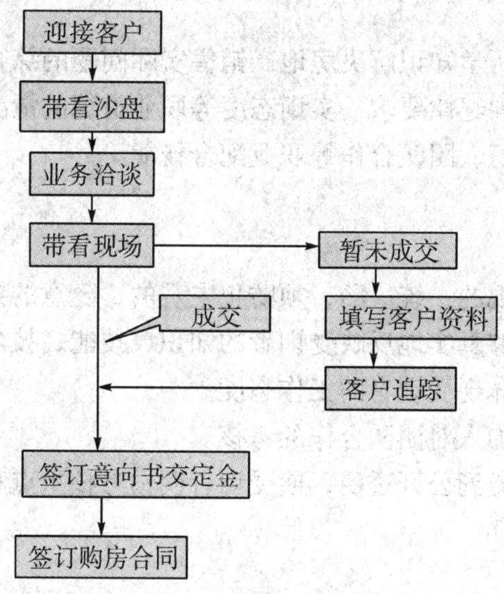

图 7-21　现场接待流程图

3. 销售控制表

全盘推出，按顺序号选房，既能消除消费者购买上的心理障碍，又能很快地回笼资金。销售控制表见表 7-25。

表 7-25　销售控制表

洋房 1 栋：					
朝向	东面	西面	东北	东南	北面
景观	中心广场	中心广场	农场	大门入口	山景
面积	80~90 平方米	80~90 平方米	60~70 平方米	90~110 平方米	60~70 平方米
房号					
1 层					
…					
6 层					

7.5　房地产销售实施的考核方法

在实训教学过程中，正确有效的考核方式是促进、巩固教学效果的重要内容，是提高实训质量的重要方法。本实验过程的考核方式如下：

7.5.1 考核内容

（1）受训者对房地产销售实施环节的基本知识、操作技能、技巧运用的理解和掌握程度。

（2）受训者对运用所学知识解决房地产销售实际问题的综合能力。

（3）受训者遵守实训纪律要求、实训态度等职业道德的情况。

（4）受训者团队意识、团队合作等职业配合技能。

7.5.2 考核原则

（1）考核标准是客观的、统一的，须防止主观的、随意的判定。

（2）成绩的评定能够真实地反映受训者的知识、技能、技巧的实际水平。

（3）成绩的评定要体现受训者的工作态度。

（4）成绩的评定须加入对团队合作的考核。

（5）考核评分标准做到公开透明，使受训者明白考核重点和要点。

7.5.3 考核方式

（1）课程考核

课程考核是对实训课程的过程考核，主要从受训者的出勤率、实训参与情况、课堂表现三个方面评定受训者的实训成绩。

（2）阶段考核

阶段考核是根据销售实施的三个实训内容，在每个实训版块结束后，对受训者阶段实训成绩进行评定，由于三个版块在实际销售过程中的重要程度不同，建议实训指导教师可参照以下比例进行评分：

①营销中心的选址：占比20%。

②销售前期准备：占比45%。

③销售现场管理：占比35%。

（3）实训报告考核

销售实施实训环节完成后，需要由受训者提交本实训过程的实训报告，实训指导者根据其实训报告体现的学习态度、规范性、创新性、逻辑性等进行综合评分。参考评分标准如下：

①优秀（90分以上）

√叙述详细，概念正确，文理通顺，结构严谨，条理清楚，逻辑性强。

√对实训问题的分析详细、透彻、规范、全面。

√对所开发项目的针对性强。

√独立完成，无抄袭。

√对实训的心得体会深刻、有创意，有理有据，能提出并解决问题。

√学习态度认真，规定时间内圆满完成报告。

②良好（80~90 分）

√叙述详细，概念正确，文理通顺，结构严谨，条理清楚，逻辑性强。

√对实训问题的分析详细、透彻、规范、全面。

√对所开发项目有针对性。

√独立完成，无抄袭。

√对实训的心得体会深刻、有创意，有理有据，能提出并解决问题。

√学习态度认真，规定时间内圆满完成报告。

③中等（70~80 分）

√叙述详细，概念正确，文理通顺。

√对实训问题的分析详细、规范。

√对所开发项目有针对性。

√独立完成，无抄袭。

√对实训的心得体会深刻，有理有据，能提出并解决问题。

√学习态度认真，规定时间内圆满完成报告。

④及格（60~70 分）

√叙述简单，没有抄袭。

√对实训问题的有简单分析和描述。

√对所开发项目有针对性。

√对实训的心得体会不深刻，论述不充分。

√学习态度比较认真，规定时间内完成报告。

⑤不及格（60 分以下，或具备下面一项者）

√不提交报告。

√内容太简单、太空泛。

√基本上是抄袭。

7.5.4 考核成绩的计算

指导者对受训者的成绩评定可以参考表 7-26。

表 7-26 房地产销售实施的考核成绩计算方式

考核点名称	课程考核	阶段考核	实训报告考核
考核点占比	30%	30%	40%
考核内容	出勤、实训参与情况、课堂表现	技能操作水平	见实训报告评分标准
备注：各考核内容需加入团队核分，即由参训小组组长根据小组成员的贡献情况对各成员进行梯度评分，该评分将作为指导者对个人成绩评分的一个参考标准。			

问题与思考

1. 房地产营销中心选址应遵循哪些原则？

2. 房地产营销中心包装的内容有哪些?
3. 怎样设计房地产营销中心的动线?
4. 房地产项目楼书设计的要点是什么?
5. 房地产项目销售人员应具备哪些能力?
6. 房地产项目销售现场有哪些管理规范?
7. 房地产产品销售成功的技巧有哪些?
8. 房地产销售前期应该准备哪些管理表格?现场管理需要哪些表格?
9. 房地产销售现场接待流程怎样合理设计?

拓展训练

选择某一参训小组开发的项目作为销售楼盘,开展销售模拟游戏。其中2~3个组为模拟销售团队,另几组成员模仿看房客户,在模拟的营销中心开展销售活动(备注:小组成员的角色可以互换,以均衡锻炼各受训者的销售管理及实施的能力)。

参考文献

[1] 祖立厂,王召东. 房地产营销策划[M]. 北京:机械工业出版社,2013.
[2] 栾淑梅,卓坚红. 房地产销售策划[M]. 北京:科学出版社,2011.
[3] 陈林杰. 房地产营销与策划实务[M]. 北京:机械工业出版社,2012.
[4] 苏萱. 房地产营销[M]. 北京:机械工业出版社,2011.
[5] 任凤辉. 房地产市场营销[M]. 北京:机械工业出版社,2011.
[6] 余源鹏. 房地产项目销售执行实操一本通[M]. 北京:机械工业出版社,2011.
[7] 杨晓庄. 对售楼处的包装设计的分析与研究[J]. 低温建筑技术,2008(3).
[8] 秦向东,刘伟. 现代企业销售人员素质研究和探讨[J]. 安阳工学院学报,2007(2).
[9] 唐盈. 售楼部设计及其研究[D]. 成都:西南交通大学,2008.
[10] 宋洪峰. 基于交易实景的销售人员素质模型研究[J]. 经济与管理研究,2007(11).

8　房地产项目后评价

📖本章导读

·了解房地产项目后评价的含义及意义。

·了解房地产项目后评价的相关知识，掌握房地产项目后评价的内容。

·知晓房地产项目后评价的实施步骤。

案例导入

B公司某项目开发运营的问题

B公司为A集团投资的全资子公司，A集团创立于20世纪80年代，主营业务为家电制造。随着近年来房地产市场的飞速发展，集团从多元化战略的角度思考后决定进入房地产行业，并成立了房地产开发公司——B公司，在重庆市进行房地产项目开发。首个项目为30万平方米的综合小区，主打产品为商品住宅、写字楼，另外还有少量的裙房商业。由于是首次涉足房地产开发，项目操作经验不足，在项目开发及销售过程中存在几次较为严重的问题，主要表现在以下几个方面：

1. 由于对产品定位争论较多，造成方案设计多次变更。

2. 由于银行信贷额度收紧，使得项目开发贷款一直无法取得，导致开发进度拖延。而项目开发分期的一、二期建设规模过大，资金问题一直困扰项目的开发运营。

3. 强电工程安装费用超过预算，施工签单量过多。

4. 项目入市时间按原计划入市，但由于受工期拖延影响，预售许可证一直无法取得，使得前期蓄积的部分客户流失到其他楼盘。

5. 部分产品销售不如意。首先，写字楼销售惨淡；其次，已蓄客的客户对大户型如4室1厅关注度很低；最后，3室1厅的某些户型口碑不佳。

6. 项目销售回款目标未按时、按量达到。

7. 项目实际成交客户的构成与目标客户群体存在偏颇。

8. 工期延误使得交房期严重滞后，销售合同违约赔款支出大，对于公司和项目品牌造成了不利的影响，也对公司后续开发的项目造成了不利影响。

根据集团未来五年发展战略规划，房地产是未来主要发展方向之一。为了顺利实施战略，集团认为应充分重视B公司在第一个项目上出现的问题。对该项目进行后评价，及时总结经验教训，将有助于后续项目的顺利实施。

思考：如何对B公司开发的这个项目进行后评价呢？要从哪几个方面进行？

8.1 房地产项目后评价的内容设计

8.1.1 房地产项目后评价的内容设计实训的目的与任务

（1）实训的目的

①使受训者了解房地产项目后评价的含义、作用和常用方法。

②使受训者掌握房地产项目后评价的内容以及后评价报告的结构设计。

③了解房地产项目后评价的实施步骤。

（2）实训的任务

确定项目后评价的内容，进行后评价报告设计（内容及表格设计）。

8.1.2 房地产项目后评价的内容设计实训的知识准备

8.1.2.1 项目后评价

项目后评价是指在项目已经完成并运行一段时间后，对项目的目的、执行过程、效益、作用和影响进行系统的、客观的分析和总结的一种技术经济活动。项目后评价于19世纪30年代产生于美国，直到20世纪60年代，才广泛地被许多国家和世界银行、亚洲银行等双边或多边援助组织用于世界范围的资助活动结果评价中。

项目后评价的意义：①确定项目预期目标是否达到，主要效益指标是否实现；查找项目成败的原因，总结经验教训，及时、有效地反馈信息，提高未来新项目的管理水平。②为项目投入运营中出现的问题提出改进意见和建议，达到提高投资效益的目的。③后评价具有透明性和公开性，能客观、公正地评价项目活动成绩和失误的主客观原因，比较公正、客观地确定项目决策者、管理者和建设者的工作业绩和存在的问题，从而进一步提高他们的责任心和工作水平。

8.1.2.2 房地产项目后评价

房地产项目后评价是指房地产开发项目建设和销售基本完成后，对房地产开发项目的准备、投资决策、土地获取、立项、规划设计、施工、销售等全过程进行回顾分析、综合评价，从而判断房地产项目预期的实现程度的一种评价方法。它是房地产项目评价中不可缺少的重要环节。

首先，房地产项目后评价是以实际情况为基础，依据已发送的正式数据，对实际情况进行分析研究，具有客观性。其次，房地产项目后评价是对项目全过程进行综合评价，涉及项目投资和运营全过程的各个阶段，具有全面性。再次，房地产项目后评价是对项目投资和运营全过程的检查、分析和评价，要将结果及时地返回给决策部门和相关执行部门，从而达到持续改进的目的，具有反馈性。最后，房地产项目后评价涉及内容多、范围广，需要多个部门的有关人员参与合作，甚至企业内外的人员进行合作，具有广泛性。

8.1.2.3 房地产项目后评价的作用

（1）对房地产项目执行情况进行总结

房地产项目后评价首先要对项目开发销售全过程的相关资料进行全面收集整理，在充分分析资料的基础上进行总结，有利于决策者和有关执行部门对工作进行掌握。

（2）有利于提高项目决策水平

由于存在不可预见的因素较多，房地产项目开发与运营全过程易受到诸多不确定或可变因素的综合影响，会产生一些预料不到的变化。通过后评价可以了解变化因素，一定程度掌握变化趋势，从而思考采取相应的措施。通过项目后评价了解项目实施的效果如何、是否达到预期目标、规划设计是否合理、项目的主要效益指标是否得到实现等问题，可以为下一步决策提供依据。

（3）有利于提高项目管理水平

房地产项目开发与运营过程涉及各个部门的配合与协作，通过房地产后评价，可以加强部门间的沟通，减少不必要的工作程序，提高工作效率，完善项目管理水平。

（4）有利于提高项目经营水平

由于房地产项目后评价针对的是房地产开发与运营的全过程，不仅可以总结设计施工过程的经验教训，提高工程设计施工水平，有利于工程造价控制，还可以检验比较房地产前期和后期经营管理水平，对比投产初期和生产时期的实际情况，查看实际状况与预测状况的偏离程度，探索偏差原因，提高项目生产能力和经济效益。

（5）有利于指导后续项目的进行

通过房地产项目后评价，可以使项目参与者及时总结经验教训，反思失误，督促他们寻求更好的决策和实施策略，促进后续其他项目的顺利进行。

8.1.2.4 房地产项目后评价的步骤

（1）确定项目后评价计划

确定编写项目后评价的对象、范围、目标；确定评价领导小组和工作小组，配备有关人员；确定项目后评价编写责任部门或责任人，安排时间进度；确定项目后评价的内容、采用的方法。

（2）收集与整理相关资料

相关资料包括项目建设的有关资料（项目建议书、可行性研究报告、设计资料、工程预算、各阶段成本控制目标及成本明细表、实际成本明细、施工进度计划及实际进度、决算报告、竣工验收报告、合同等），项目运行的有关资料（市场定位报告、项目营销策划书、定价策略、营销进度、营销其他文件、销售收入、生产经营成本、利润、水晶、贷款及贷款偿还情况等），国家及地方政策法规，其他有关资料等。

（3）分工评价分析

根据所采纳的项目后评价方法进行全面定性、定量分析论证。

（4）编写项目后评价报告初稿

工作小组按分工编写报告，指定部门汇总整理并形成正式报告初稿。

(5) 交流与修改，形成正式报告

组织参与部门进行交流，继续修正，最后由制定部门整理后形成正式报告。

(6) 反馈成果并改进

将定稿后的正式报告向相关部门反馈，并提出改进意见，指导其在后续工作中予以完善。

8.1.2.5 房地产项目后评价的方法

(1) 对比分析法

对比分析法是项目后评价的基本方法和常用方法，主要有前后对比法、有无对比法和横向对比法。前后对比法是将项目预期情况与项目实际运行情况进行对比；有无对比法主要是针对项目的投入、产出进行对比；横向对比法主要是与国内同类房地产开发企业的水平进行比较。

(2) 因素分析法

因素分析法是将综合指标分解成多个因素的方法。首先确定某个指标是由哪些因素构成；其次确定各个因素与指标的关系，根据关系情况确定各个因素的权重；最后进行分析，分析各因素对主要指标的影响程度，找出主要影响因素。

(3) 逻辑框架法

逻辑框架法通过分析项目原定预期目标、各种目标层次、目标实现程度或项目成败原因，来评价项目的效果。项目后评价逻辑框架表见表 8-1。

表 8-1　　项目后评价逻辑框架表

项目	可验证的指标			原因分析		结论/建议
	原定指标	可实现指标	差别或变化	内部原因	外部原因	
开发进度						
成本支出						
销售量						
销售收入						

(4) 成功度评价法

成功度评价法是房地产项目后评价的一项重要工作，以用逻辑框架法进行项目后评价的结论为基础，以项目的目标和效益为核心进行全面系统地评价，由专家或专家组进行综合评价并打分，是评价专家组对项目后评价结论的集体定性。房地产项目成功度评价指标见表 8-2。

表 8-2　　房地产项目成功度评价指标

指标	相关重要性	成功度
进度管理		
预算内费用管理		

表8-2(续)

指标	相关重要性	成功度
成本管理		
合同内控管理		
财务内部收益率		
经济内部收益率		
项目总持续能力		
……		
项目的总成功度		

8.1.2.6 房地产项目后评价的内容

（1）项目基本情况

所涉及的主要内容有：项目概况、规划指标（物业类型、占地面积、容积率、建筑面积、公建面积、车位数量、绿化率、道路情况，等等）及变化情况。

（2）项目后评价综述

概括项目投资、定位、规划设计、开发进度、施工管理、营销、财务管理、成本管理等方面进行的后评价结论，提炼和总结项目的经验，总结有待改进的问题，指出应改正的教训，以便于后续开发项目借鉴。

（3）项目投资管理评价

所涉及的内容主要有：宏观经济和房地产市场发展变化分析；土地协议执行情况分析、检讨执行情况和合作方式；项目经济指标变化情况及对最终收益的影响、重点分析可售面积变化对收益的影响；对项目现金流、动态回收期、成本利润率、税后净利润、内部收益率等财务指标进行分析并对投资收益进行综合评价。

（4）报建管理评价

根据开发进度和报建节点计划，与实际执行情况进行对比分析，总结报建过程中的矛盾和建议，针对本地区报建工作提出改进意见。

（5）项目设计管理评价

所涉及的主要内容有：项目完成情况、项目实际采用的建筑标准及技术指标、项目设计过程的管理与完成情况、项目实施过程及管理工作总结、项目设计管理的经验与教训、限额设计执行情况、售后使用情况。找出前期策划确定的设计指导与实际完成的项目之间的差异、各子项设计成果质量控制的经验教训、各阶段设计单位及相关单位的配合情况、设计变更情况的影响等。

（6）项目工程管理评价

所涉及的主要内容有：项目开发计划执行情况、工程施工进度计划执行情况、工程管理工作总结。通过项目计划与实际完成节点对比，检讨未按时完成原因，提出改进措施；对售楼部、会所、样板房、示范区的计划与实际执行情况对比，找出影响进度的原因并提出改进措施；总结项目开发管理模式的优缺点，对施工方、监理方的履约能力进行充分考核。

（7）项目营销管理评价

所涉及的主要内容有：各类产品线销售情况、市场定位时房地产市场情况与销售时房地产市场情况的对比分析、项目销售时机选择是否恰当的分析、原定位与实际设计建成成果对比分析、预期销售价格与实际价格对比分析、预期销售进度与实际销售进度对比分析、预期销售阶段划分与实际销售阶段划分对比分析、实际成交客户与原定位目标客户的对比分析及原因挖掘、项目销售策略总结、渠道选择及案场管理的经验和教训分析、综合评述项目营销管理。

（8）项目成本管理评价

所涉及的主要内容有：项目投资阶段、设计阶段、工程施工阶段、营销阶段的成本控制及管理情况，项目成本管理经验和教训总结。重点分析成本超过规定比例的主要原因，以及在控制成本方面的不足之处，为后续项目提出建议。总结项目在合约变更审定、合约争议及工程结算方面的经验。

（9）项目财务管理评价

所涉及的主要内容有：项目销售收入指标完成情况、项目开发成本控制情况、项目经济效益实现情况、项目现金流情况、项目资金使用效益情况、项目税务筹划情况。检讨项目收入指标完成、成本控制、资金的调度使用、合理避税等方面的问题，并提出改进措施。

（10）总结及建议

提炼本项目开发中的经验和教训，对应后续拟开发的项目，提出开发建议。

8.1.3 房地产项目后评价的内容设计实训的组织

（1）指导者工作

①向受训者介绍房地产项目后评价的含义和重要性。

②讲授房地产项目后评价的作用和实施步骤。

③重点介绍房地产项目后评价的内容和常见模板内容结构、人员的组织和分工。

④提出实训的成果要求，即形成实训项目后评价报告框架（由于实训项目并未真正实施，故只设计后评价的内容和所需表格）。

（2）受训者工作

①回顾、整理前期相关资料。

②确定主要评价方法，设计实训项目后评价报告的一级目录。

③对小组成员进行分工，分别进行相应内容的撰写。

④汇总并完成项目后评价报告框架（评价内容及表格设计）。

8.1.4 房地产项目后评价实训的步骤

房地产项目后评价实训步骤见图 8-1。

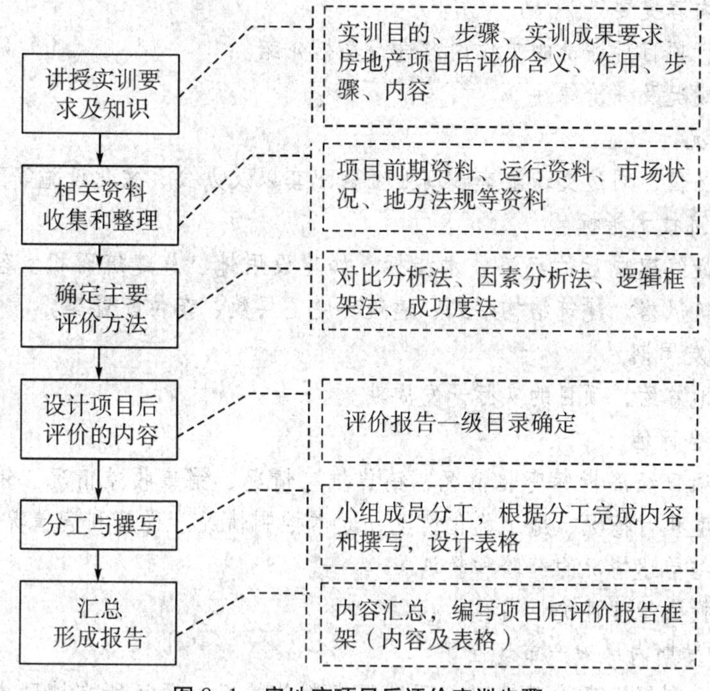

图 8-1　房地产项目后评价实训步骤

示例：房地产项目后评价的参考模版

某项目的后评价报告

一、项目后评价报告框架（表 8-3）

表 8-3　某项目后评价报告框架

级别	标题
	前言
	目录
一	核心内容提要
二	项目概况及评价综述
三	项目投资管理评价
四	项目规划设计工作评价
五	项目营销工作评价
六	项目进度、工程管理评价
七	项目成本管理评价

二、前言的撰写

介绍评价对象、项目后评价的目的，以及项目后评价参与部门等。

三、目录（略）

四、核心内容提要

对分块进行项目后评价的工作内容进行总括介绍。

五、项目概况及评价综述

1. 项目概况

介绍项目区位，周边交通配套、商业金融配套以及办公、文化设施等配套情况。

2. 项目经济技术指标

介绍项目最终建成后的经济技术指标。如建设用地、总建筑面积、容积率、可售可租面积、建筑风格、建筑结构形式、建筑高度、层数、车位配置等。

3. 项目开发周期

自完成土地签约，项目的实际开发周期。

4. 项目综合评估

综合评估项目经济指标变化情况、销售推广情况、销售收益情况、销售节奏把握情况、开发进度执行情况、施工优化情况、成本控制情况、税后利润情况、定位情况、营销情况，总结前述情况的经验和教训。

六、项目投资管理评价

1. 项目开发期内房地产市场回顾

总体趋势、利好因素推动情况、不利因素制约情况、项目所在地同类产品市场情况及发展趋势，等等。

2. 投资管理评价方式

根据实际情形进行选择，在可行性研究报告（或者投资概算）的基础上，进行相应的比对评价。

3. 土地合同执行情况评价

土地取得时间、取得方式、开发公司情况、分期开发安排及产品情况。

4. 可行性研究阶段规划调整评价

调整的原因：原规划条件对项目的制约、市场需求、市场竞争、同类产品情况，提出调整的可能性。

调整的实践：对照原规划调整进行相应指标的调整，调整后数值的变化情况及调整大概经过。

调整的结果：原审定方案和调整后方案对比，面积增减情况及结论。见表8-4。

表 8-4　　　　　　　　　　　**项目原审定方案和调整后方案对比**

	原审定方案			调整后方案		
	住宅	商业	写字楼	住宅	商业	写字楼
总建筑面积（平方米）						
建筑面积（平方米）	地上：		地下：	地上：		地下：
	地上： 地下：	地上： 地下：	地上： 地下：	地上： 地下：	地上： 地下：	地上： 地下：
高度（米）						
层数						
层高（米）						
停车位（个）						

5. 规划指标变动评价

项目主要经济指标变化是否超过原可行性研究阶段要求，是否对成本产生不利影响；主要指标增加情况，带来的效益估计。见表 8-5。

表 8-5　　　　　　　　　　　**各经济技术指标变化表**

指标项目	可研报告	实际	差异数	差异比例
建设用地面积（平方米）				
总建筑面积（平方米）				
可售面积（平方米）				
可租面积（平方米）				

6. 土地成本变动评价

折算到楼面地价进行比较分析。

7. 经验总结

对项目发展前景和未来市场的判断是否准确、产品类型是否迎合市场需求、回报情况是否超出预期，等等。

七、项目规划设计工作评价

1. 项目完成情况介绍

主要包括项目实景照片、项目时间节点情况及图表。

2. 项目的建筑标准

主要包括项目结构体系、外立面材料、材料造价、公共部分材料、车库材料、其他区域材料、机电系统、给水系统、热水系统、排水系统、雨水系统、制冷供暖、通风，等等，要求非常细化。

3. 项目设计过程的设计管理总结与实际完成情况

主要包括项目过程情况、障碍情况、设计论证情况，规划设计、平面设计及功能、立面设计、装修设计、景观设计情况及关注点，达到的效果，存在的问题，等等。

4. 项目实施过程的设计管理总结

主要包括项目设计周期、设计各阶段的时间段、设计调整实施情况、图纸质量情况、设计变更造成的费用增减情况及存在的问题。

5. 各阶段相关部门的协调配合

主要包括项目前期设计阶段、方案报审阶段、施工图设计阶段、施工阶段、租售阶段相关部门的配合情况。

6. 项目的突出经验与教训

根据前述相关问题进行总结，提出可供借鉴的经验和教训。

八、项目营销工作评价

1. 各类物业租售情况

主要包括项目租赁情况、销售率及销售情况。

2. 与市场定位时房地产市场情况对比分析

主要包括项目销售时市场需求情况、市场主流情况与定位时的比较。

3. 销售时机

主要包括项目预计销售时机与实际销售时机的差异、实际销售时机选择的理由及成效，等等。

4. 原定位与实际设计建设成果对比分析

主要包括项目实际建设过程的定位、建筑风格的调整理由及调整情况、环境及装修情况、其他配置情况，等等。

5. 预期售价（租价）与实际售价（租价）的对比分析

主要包括项目定价的理由、预期与实际情况的不同情况及理由、调整后是否符合市场需求和市场价格。

6. 物业管理和收费

分析定价理由对于租售的影响。

7. 项目计划销售期、速度与实际情况对比分析

列表分析项目销售期、速度和实际情况，总结是否掌握好节奏、是否如期完成销售目标。

8. 实际成交客户与原定目标客户的区别

列表分析两者的区别，并总结前期定位是否准确。

9. 项目的销售策略

项目实际销售策略介绍，总结亮点和存在的问题。

10. 提出可借鉴的经验

根据前述相关问题进行总结，提出可供借鉴的经验和教训。

九、项目进度、工程管理评价

1. 项目开发进度情况

重点提出几个节点：土地协议签订、拆迁、开工、封顶、竣工、结算、交房。

2. 项目开发进度执行情况

列表进行对比分析，对重要节点实施情况进行介绍。见表8–6。

表8–6 项目开发进度计划与实际完成情况对比

项目	计划完成时间	实际完成时间	评估
土地签约			
拆迁			
规划方案设计			
方案报批			
施工图设计			
施工图报审			
建设工程规划许可证			
总包招标			
建设工程施工许可证			
开工			
封顶			
竣工备案			
入住			

3. 项目施工进度执行情况

对比分析，对影响施工进度的原因进行介绍，对进度提前的经验和延误工期的问题进行介绍。见表8–7。

表8–7 项目施工进度计划与完成对比表

项目	计划时间		实际时间		周期对比		评价
开工时间	开始	完成	开始	完成	计划	实际	
土石方开挖及边坡							
正负零以下结构施工							
正负零以上结构施工							
外墙							
电梯							
制冷							
……							
竣工备案							

4. 项目开发进度控制经验总结

主要包括影响项目进度滞后的因素、各部门的沟通配合，等等。

5. 项目工程的特质及难点（略）。

6. 项目工程的经验总结

根据前述相关问题进行总结，提出可供借鉴的经验和教训。

十、项目成本管理评价

1. 项目成本总量及构成分析

主要包括项目各种成本的实际构成以及增减情况。

2. 各项成本变更原因分析

对比可行性研究报告，分析各项成本的变更情况及原因。

3. 成本控制策划和合同管理

主要包括项目成本控制的策划情况、实际控制成效、合同管理及合约成本控制情况、过程成本的控制，等等。

4. 成本控制的经验总结

根据前述相关问题进行总结，提出可供借鉴的经验和教训。

8.2 房地产项目后评价的实验成果

根据受训者业务水平，实训的实验成果产出又分为高级阶段、中级阶段、初级阶段、入门级成果。以下成果为入门级成果示例（说明：示例为某应用型高校学生实训成果，部分内容尚待推敲、修改和完善）。

实验一：房地产项目后评价报告大纲

【实验目的】

1. 知晓房地产项目后评价的相关内容。

2. 能够进行大纲设计。

【仪器设备】

投影仪、电脑。

【实验任务】

构思模拟项目后评价框架，设计项目后评价报告大纲。

【实验要点及流程】

1. 要点：了解房地产项目后评价的含义和作用，以及房地产项目后评价的内容。

2. 流程：回顾整理前期实训资料→构思项目后评价框架→填写项目后评价报告大纲框架表。

【实验记录】

项目后评价报告大纲框架见表 8-8。

表 8-8 项目后评价报告大纲框架

级别	一级标题	二级标题
内容略	内容略	内容略

实验二：房地产项目后评价的报告内容及表格设计

【实验目的】

1. 根据房地产项目后评价的内容进行项目后评价报告所涉及的具体内容设计。

2. 结合房地产项目后评价的报告内容进行相关表格的设计。

【仪器设备】

投影仪、电脑。

【实验任务】

设计房地产项目后评价报告所涉及的内容，并针对内容进行相应的表格设计。

【实验要点及流程】

1. 要点：熟悉房地产项目后评价的内容，能根据模拟项目归纳项目后评价的内容，并进行相应表格设计。

2. 流程：回顾整理前期实训资料、评价框架→归纳并撰写项目后评价的内容→设计相应表格。

【实验记录】

1. 项目后评价内容细化（表 8-9）

表 8-9 项目后评价报告内容及辅助表格

一级标题	二级标题	具体评价内容	辅助表格名称
略	略	略	

（可根据内容增加表格）

2. 设计各类表格（略）

将各类表格罗列在后面，作为附页。

8.3 房地产项目后评价的考核方法

在实训教学过程中，正确有效的考核方式是促进、巩固教学效果的重要内容，是提高实训质量的重要方法。本实验过程的考核方式如下：

8.3.1 考核内容

（1）受训者对房地产项目后评价实施环节的基本知识、操作技能、技巧运用的理解掌握程度。

（2）受训者对运用所学知识解决房地产项目后评价实际问题的综合能力。

（3）受训者遵守实训纪律要求、实训态度等职业道德的情况。

（4）受训者团队意识、团队合作等职业配合技能。

8.3.2 考核原则

（1）考核标准是客观的、统一的，须防止主观的、随意的判定。

（2）成绩的评定能够真实地反映受训者的知识、技能、技巧的实际水平。

（3）成绩的评定要体现受训者的工作态度。

（4）成绩的评定须加入对团队合作的考核。

（5）考核评分标准做到公开透明，使学生明白考核重点和要点。

8.3.3 考核方式

（1）课程考核

课程考核是对实训课程的过程考核，主要从受训者的出勤率、实训参与情况、课堂表现三个方面评定受训者的实训成绩。

（2）阶段考核

阶段考核是根据项目后评价的三个实训内容，在每个实训版块结束后，对受训者阶段实训成绩进行评定，由于三个版块在项目后评价过程中的重要程度不同，建议实训指导者可参照以下比例进行评分：

①项目后评价大纲设计：占比30%。

②项目后评价内容设定：占比30%。

③项目后评价表格设计：占比40%。

（3）实训报告考核

房地产项目后评价实训环节完成后，需要由受训者提交本实训过程的实训报告，实训指导者根据其实训报告体现的学习态度、规范性、创新性、逻辑性等进行综合评分。参考评分标准如下：

①优秀（90分以上）

√叙述详细，概念正确，文理通顺，结构严谨，条理清楚，逻辑性强。

√对实训问题的分析详细、透彻、规范、全面。

√对所开发项目的针对性强。
√独立完成，无抄袭。
√对实训的心得体会深刻、有创意，有理有据，能提出并解决问题。
√学习态度认真，规定时间内圆满完成报告。
②良好（80~90 分）
√叙述详细，概念正确，文理通顺，结构严谨，条理清楚，逻辑性强。
√对实训问题的分析详细、透彻、规范、全面。
√对所开发项目有针对性。
√独立完成，无抄袭。
√对实训的心得体会深刻、有创意，有理有据，能提出并解决问题。
√学习态度认真，规定时间内圆满完成报告。
③中等（70~80 分）
√叙述详细，概念正确，文理通顺。
√对实训问题的分析详细、规范。
√对所开发项目有针对性。
√独立完成，无抄袭。
√对实训的心得体会深刻，有理有据，能提出并解决问题。
√学习态度认真，规定时间内圆满完成报告。
④及格（60~70 分）
√叙述简单，没有抄袭。
√对实训问题的有简单分析和描述。
√对所开发项目有针对性。
√对实训的心得体会不深刻，论述不充分。
√学习态度比较认真，规定时间内完成报告。
⑤不及格（60 分以下，或具备下面一项者）
√不提交报告。
√内容太简单、太空泛。
√基本上是抄袭。

8.3.4 考核成绩的计算

实训指导者对受训者的成绩评定可以参考表 8-10。

表 8-10 房地产项目后评价的考核成绩计算方式

考核点名称	课程考核	阶段考核	实训报告考核
考核点占比	30%	40%	30%
考核内容	出勤、实训参与情况、课堂表现	技能操作水平	见实训报告评分标准
备注：各考核内容需加入团队核分，即由受训小组组长根据小组成员的贡献情况对各成员进行梯度评分，该评分将作为实训指导者对个人成绩评分的一个参考标准。			

问题与思考

1. 为什么要进行房地产项目的后评价?

2. 房地产项目后评价对于公司后续开发项目有什么启示?

3. 房地产项目后评价报告如何设计? 怎么样凸显重点?

4. 在房地产项目后评价报告的撰写时，如何统筹兼顾，防止撰写部门本位化?

拓展训练

房地产项目后评价小组人员组织

任务：能熟悉房地产企业组织部门设置、岗位设置，了解部门职责及岗位职责；能够充分了解各部门的主要业务工作内容；根据房地产项目后评价内容筛选相关参与部门和人员，组成项目后评价小组。

步骤：房地产集团及企业组织结构设置、部门职责及岗位职责了解 → 各部门主要业务工作内容熟悉 → 项目后评价小组人员选择 → 人员分工与工作协作设计 → 制定项目后评价工作计划表。

成果：完成房地产项目后评价工作计划及分工协作安排。

参考文献

[1] 何芳，付旗康. 房地产项目后评价理论与实务 [M]. 北京：清华大学出版社，2014.

[2] 周鹏，宋伟. 项目验收与后评价 [M]. 北京：机械工业出版社，2007.

[3] 刘旭辉. 投资项目后评价在实践中的应用 ——基于 X 公司 C 项目的分析 [D]. 厦门：厦门大学，2014.

[4] 杨婧. 住宅房地产项目后评价方法研究 [D]. 武汉：武汉理工大学，2012.

[5] 王雪青，杨树海. 房地产项目后评价体系研究 [D]. 天津：天津大学，2010.

[6] 高立军，张静岩，张记周. 项目后评价报告的编写格式 [J]. 黑龙江水利科技，2006 (05).

[7] 何芳，沈佳音. 房地产项目后评价研究 [J]. 建筑经济，2014 (01).

[8] 中海集团. 成都中海格林威治城项目后评估报告. http：//wenku. baidu. com/link? url=GV0wYr33U8tOx795oUa3hDeLnuR3CkJtjc9Oj4UYltnNbd2mBASXnhulJ3Vz5Bzfuv11CPFF_ urLhN0f4COhd1O_ 4nC_ bXdwC8itTLoGFWK. 2015-3-16.

[9] 北大房地产管理培训中心. 跟随万科学习反思与经验积累，万科项目后评估规范. http：//www. aiweibang. com/yuedu/76608315. html. 2015-12-25.

[10] 明源地产研究院. 学习万科3 步做好项目后评估. http：//www. haokoo. com/buyhome/1952967. html. 2015-03-01.

9 展望

📖本章导读

· 发展的社会人才观。
· 校企双方参与合作的协同教学模式。
· 模块化教育模式。
· 智慧教育重塑未来学习模式。

我国的房地产兴起于20世纪80年代，近10年来，房地产发展迅速，开发投资逐年增长。房地产行业的快速发展，对专业技能型人才的需求也相应增加，作为人才培养基地的高等院校培养的房地产专业人才远远不能满足行业发展的需要，这形成了高校人才供应与行业人才需求严重不匹配的现状，房地产专业人才的培养已成为我国房地产业发展必须重视的重要问题。

我国目前正处在城镇化高速发展的阶段，“十一五”期间数据显示，我国城镇化水平已从新中国成立时的7.3%提高到45.68%。“十二五”期间，中国的城镇化率实现了两大重要突破：2010—2011年中国城镇化率达到并开始超过50.0%，中国整体进入城市型社会阶段；2012年中国城镇化率达到52.6%，超过世界总体水平（52.5%），并以高于世界平均水平的速度（年均0.5个百分点）快速推进。城镇化高速发展使得房地产有效需求增加，这成为房地产行业发展的重要契机。而政府目前对房地产市场的调控，也是为了规范房地产市场运作，为房地产行业可持续发展打下良好的基础，以促进房地产行业的长远健康发展。行业的发展将进一步增加对房地产专业经营管理人才的需求，特别是那些能够系统地掌握房地产相关知识且在房地产某些专业领域应用能力较强的人才，这就要求高校在人才培养方面要顺应房地产行业对人才的需求特点，加强理论教学与行业实际运作的结合，在对学生系统性地传授房地产相关理论知识的前提下，同时侧重培养专业应用型人才。

9.1 趋势一：校企合作的教学协同运行机制

9.1.1 发展的社会人才观对“加大教育与社会融合”的要求

人才观是指关于人才的本质及其发展、成长规律的基本观点。企业在进行人才培养、教育、使用、考核、引进等方面工作中，都受到一定的人才观的影响。学校育人的人才观和企业用人的人才观在一定程度上有所不同。高校人才观重构思想认为，高校教育质量观是由高校人才观决定的。高校是人才的生产基地，对人才质量的最终检验单位是用人企业，目前用人企业对高校毕业生质量总体评价不高，转变并重构人才观将深化高等教育改革、提高高校教育质量。《国家中长期教育改革和发展规划纲要（2010—2020 年）》指出“适应社会需要为衡量教育质量的根本标准”。从该意义讲，只有适应社会需要的人才才是高质量的人才，只有融入社会的高等教育才是具有竞争性的高等教育。社会人才观是发展的，如何协调学校与社会的人才观、进一步发展教育融入社会的路径，这是当前迫切需要解决的问题。据理论研究显示，协同教育有利于加大教育与社会的融合度。因此，如何将协同教育与高校人才观重构相结合、在教学领域发展教育融入社会的新路径，是人才培养的关注点。

9.1.2 教学协同是协同教育理论应用于“教育教学融入社会”的新路径

协同教育理论是协同学在教育学领域的应用，指联合对学生有影响的各个社会机构的力量，对学生进行教育，以增强教育效果，提高效率和效益。教学协同为协同教育应用方式之一，是协同教育向校企合作、产学融合方向的探索，是协同教育在教学领域的应用，体现了教学方法、教学模式、教学策略等多维度协同。它是教育教学融入社会的新路径。

协同教育起源于由哈肯（Hermann Haken）在 20 世纪 70 年代创立的协同学。协同学除应用于自然科学领域外，还广泛地应用于心理学和教育学领域。协同教育理论研究始于国外，国外发达国家将其运用于教育的多项实验。后续研究主要在两方面：①网络技术支持下的协同教育。国外 20 世纪 90 年代初开始致力于协同教育网络平台的设计与开发。②协同教育资源研究。代表人物为爱普斯坦（Joyce L. Epstein），她将家校合作扩展为“家、校、社区”合作，创建了美国合作伙伴学校联盟。国外协同教育在应用方面的成功代表为美国 K12 中小学在线教育和国际开放课件联盟（OCWC）。

李仲涟（1987）首次将协同学引入中国教育研究领域后，国内研究主要体现在：①协同教育资源研究。刘纯姣（1996）首次对协同教育定义，但该定义只关注了“家校”合作。孙庆曜（2002）、李运林（2007）等人将协同教育发展到“校、家、社会”的融合。南国农（2006）系统提出成功协同教育四大支柱——理念、平台、方法、管理。②应用及模式创新。黄宜梁（2004）提出网络“导—学”的教学思路。李耀麟（2012）则构建了“三个协同中心”数字化校园结构框架模型。周先开等（2012）提出了“学科专业群与企业集群协同型产学研合作教育”。朱文夫等（2014）提出学校与外部系统的“协同—跟进”运行模式。③网络信息化技术在协同教育平台建设的应用。此类研究较多，如林曼秀（2004）、刘繁华（2007）、黄立新（2009）等，在此研究基础上，以 MOOC 为代表的协同教育的教育资源平台发展迅速。

协同教育研究呈现出以下四种趋势：①从理论研究发展到应用研究；②协同主体从家校合作发展到聚集多方力量协同创新；③协同方法从单一的家校互动发展到教学方法、教学模式、教学策略多维度协同；④协同方式从基本的沟通发展到多主体网络支持下的各类资源协同。然而，目前国内外研究多局限于基础教育，高等教育的协同教育研究主要集中于思想政治和心理学领域研究，受教育者与其他力量和因素研究尚待深入，对于高等教育协同教育向校企合作方面的研究需要继续发展。而着眼于适应社会需要的视角、探索协同教育在教学方面的校企合作的研究还未深入进行，还需要在表现形式上有更大胆的创新，还需要构架能够激发校企协同教育参与热情的教学运行机制。近年来，高等教育的协同教育已开始向校企合作、产学融合的协同创新方向探索和发展。学术界如高秀琴（2004）叶山岭（2009）等人均指出转变人才观或人才观重构有利于适应社会需要、提升高等教育质量，协同教育还面临着与高校人才观重构相结合进行创新的需要。

9.1.3 校企教学协同是高校提升实践实训教学质量的重要手段

通过构建协调校企人才观的校企“教学协同”运行机制，引导人才使用者参与人才培养的全过程、使企业动态发展的人才观能及时地渗透入教学的多维度协同中，可以达到实现适应社会需要、提升教育质量的效果。

目前应用型本科院校教学内容和方法有待丰富，教学在融入社会方面还需进一步发展。协调学校与社会企业的人才观，构架协同教育在教学领域的校企合作新形式——“教学协同”，通过多维度协同达到产学融合的目的，将切实可行地增强教育教学的社会融入性。校企“教学协同”是协同教育在教学领域的校企合作形式。它需要实现“教学方法、教学模式、教学策略、教学团队”的四维协同，还需要从“空间、平台、辅助支持”三方面提供支撑。然而，企业参与教学协同存在着障碍，使得企业参与实训教学的积极性有待提高。因此教学协同需要化解企业参与障碍，并寻求实现学校、企业、个人的“共赢点”，激发企业参与高校实训教学的积极性。通过挖掘“人的价值”和“事的价值”体现经济价值和社会责任的平衡，将有利于构建共赢的教学协同运行机制。

9.2 趋势二：模块化教学模式

9.2.1 国外模块化教育模式流派

模块化教育模式以“MES”和“CBE”两种流派比较具有代表性。模块式技能培训（Modules of Employable Skills，MES）是20世纪70年代初由国际劳工组织研究开发出来的以现场教学为主，以技能培训为核心的一种教学模式。它是以岗位任务为依据确定模块，以从事某种职业的实际岗位工作的完成程序为主线，可称之为“任务模块”。能力本位教育（Competency Based Education，CBE）主要以加拿大、美国等为代表。它是以执行能力为依据确定模块，以从事某种职业应当具备的认知能力和活动能力为主线，可称之为“能力模块”。这两种流派的共性是都强调实用性和能力化。

9.2.2 国内模块化教学研究成果

我国对模块化教学的研究和实践早于“项目化”教学，从20世纪90年代已经开始进行探索。目前，教育界对于课程模块化教学研究成果颇为丰富，主要体现在以下几个方面：

（1）模块化教学与培养应用型人才研究

孙玉等（2010）指出学生判断课程的作用和价值的关键标准是自身专业和未来职业的相关性，教师应在教学中反思课程设计和教学组织方面与职业能力培养相脱节的问题，而把握职业能力培养的目标导向是一个最佳选择。模块化教学是在有限的教学时间和教学资源下突出体现和重点培养职业能力的有效的教学组织形式。余国江（2014）指出，学校转型就是要引导地方本科高校克服盲目追求“高大上”的冲动，将自身定位于为地方经济社会发展培养大量高素质应用型人才的目标上，现行课程体系已不适应应用型人才的培养，模块化课程则基本满足地方本科院校课程转型需要。刘建中（2011）提出借助于模块化这一手段围绕学生的能力培养，将培养目标、教学环节、课程体系、教学内容、教学组织、教学评价等方面的教学内容贯穿于人才培养的始终，是本科应用型人才培养的必要途径，能够实现认知目标和操作目标的双赢。

（2）模块化教学体系建设研究

杨幽红（2010）以能力培养为主线提出了课程体系的四大模块构建，即通用课程模块、专业课程模块、综合课程模块和项目模块。陈炳森等（2014）提出，构建“基于工作过程，多线并行化模块”专业课程体系，采用连环载体的教学组织模式，将专业基础与实践课程一体化教学，用同一个载体一线贯穿。吉涛（2014）在《专业课程模块化教学的探讨》中指出授课模块应由讲授模块、互动模块、实践模块、准备模块、考核模块五个方面组成。各个模块的运用在教学中不是固定僵化的选择，而是形成理念在授课过程中需要精准地添加和取舍，所要培养的知识能力和素质满足中观和宏观模块需致力达到的总体综合能力。李德才（2014）认为考量模块化教学体系是否具有创新性的重要尺度是“教”和“学”的关系，强调学生在学习过程中的主体地位，将交互式教学、问题式教学、项目式教学、情景模拟教学以及案例教学等引入教学活动之中。

（3）模块化教学考核研究

陈江华（2011）指出，模块化教学改革是否成功关键在于实施，要注意模块化教学过程考核。赵金祥（2006）指出模块化教学考核的合理设计将提高学生学习效率和学习技能，培养学生综合技能。刘建中（2011）提出模块化课程体系分为宏观、中观、微观三个层面。宏观模块描述一个完整专业学生须获得的知识能力和素质；中观模块则为某一专业方向的学习重点及教学方案；微观模块是整个模块的基石，描述的是每一个模块的具体内容，以及其所要培养的知识能力。他还提出“N+2”的过程考试，变末端考试为过程监控，以培养学生的自主学习能力。

（4）模块化教学关注的问题研究

孙玉（2010）指出模块化教学实施过程中，应注意保持课程体系的完整性和系统性，教师在指导学生时应注意模块实施时间选择设定在上过几次课，学生对于课程有初步了解之后，在实施中要及时对学习效果进行跟踪与观察，对不适应该模块学习的学生进行及时指导或调整方向。骆静（2009）认为应注意学生管理工作与推行模块教学模式的配合。张亦梅（2015）指出在推行模块化教学中，高校首先要提高必要的资金支持，排课形式要更加灵活，同时教师要转变理念、学生要加强课下自主学习。

（5）模块化教学的后续发展趋势研究

吴怀宝（2007）在《课程模块化探讨》中指出，模块化教学的发展趋势是以能力培养为主线，结合生产、就业实际需要建立特色项目，实现个性化、多元化和开放化教学。

9.2.3 要解决的教学问题

首先，要解决教学过程中学生“感觉这门课学习不到什么实质性的东西”“以后工作中根本用不上这一类的知识”等困惑。反思并努力解决现有的课程设计和教学组织方面与职业能力培养相脱节的问题，以提升课程在学生心目中的作用和价值。

其次，要解决授课方式多样化的有机衔接问题。模块化教学要在教学过程中精彩呈现，不能采取呆板僵化的教学方式，需要多种方式进行有机组合；模块内部设计也不能单一，从构成上需要各个模块之间有所不同。教学方式多样化和模块之间差异性，将会增加其对学生持续不断的吸引力。

最后，要解决学生参与的趣味性和情境化。身份扮演、情境模拟将有助于学生参与的趣味性，同时考核过程的学生参与性有助于及时反馈模块教学的实施效果。

9.3 趋势三：智慧教育重塑未来学习模式

9.3.1 智慧教育的内涵

智慧教育是教育信息化发展的新境界，是应对新时代对创新型、综合型人才需求的教育新形式，它通过物联网、大数据、云计算等信息技术提升现有教育系统的智慧化水平，实现信息技术与教育主流业务（智慧教学、智慧管理、智慧评价、智慧科研、智慧服务）的深度融合，为教育教学提供广阔的想象空间和丰富的实现形式，充分满足学习者的个性化需求，打破传统教育个性化缺失、创造性不足和公平性欠缺的教育壁垒，在学习资源的开发、学习行为的分析预测、学生关系的管理、学习空间的设计等方面推动人才培养模式的变革。智慧教育是技术与教育深度融合的产物，它赋予了教育新的特征：智能化、个性化、多元化和生态化。智能技术实现了学生复杂思维过程、学习过程的数据表现，使学习资源、学习方法、学习支持和学习服务更具个性、针对性，通过资源共享带来了学习内容、学习群体和学习评价的多元，促进知识生产者与消费者的边界模糊化，使学习变得更加高效。

9.3.2 智慧教育的模式探讨

智慧教育可以促进教育公平、提高学习成效、培养学生职业素养，国内教育机构不断尝试创新教育教学模式以实现智慧教育。在促进教育公平方面，“远程课堂”和

“网络空间教学”两大教学模式通过教育资源的共享促进教育的公平发展。“远程课堂”通过网上同步或异步上课的方式，实现异地教学，在未来虚拟投影技术的应用下，甚至可以实现“面对面”教学；“网络学习空间”将线上学习与课堂教学相结合，建立以用户为中心的学校师生网络空间，促进优质资源的共享。在提高学习成效方面，双主教学模式强调教师与学生共同主宰课堂，改变了以往以教师为中心的教学结构，通过构建多样化的学习环境，如采用可调式的座位、搭建协作平台等，激发学习兴趣，提高学习效率；翻转课堂模式将课内课外时间进行了重新安排，把学习的主动权从教师转移到学生，从课堂外的基础知识学习，到课堂内的知识应用的深入探讨来实现感悟式学习，提升教学效果；慕课模式使学生可以在任何时间、任何地点学到知识，打破了学习的时间和空间限制，使学生根据其学习能力、学习兴趣选择合适的学习内容，强化学习效果。在培养学生职业素养方面，“创客教育”“移动学习”“协同知识构建学习”三大模式注重学生从业能力的培养，“创客教育”以项目学习的方式，培养团队协作能力和创新能力；“移动学习”鼓励学生通过移动设备在课堂上开展内容探究；“协同知识构建学习”以小组为学习单元，通过教师与学生的交流沟通形成知识架构，以培养学生的逻辑推理能力、创造性思维能力。在信息技术大时代下，要借助新型智能技术，不断变革教育模式，使学生更好地体验学习的乐趣，提升学生的社会生存竞争力。

9.3.3 智慧教育对师生的教与学的影响

教育的核心要素包括教师、学生、内容和方法。智慧教育对学生和教师都有着深远的影响。从学生的角度来看，智能技术改变了人类的感性和理性认知模式，学生接受知识的方式更加多元化，如房地产专业学生可以通过建筑信息管理（Building Information Management，BIM）技术建立三维建筑模型，配合虚拟现实（Virtual Reality，VR）技术直观体验建筑过程并感受建筑魅力；学生接受知识的范围也将更为广阔，他们可以连接专家教育系统，可以与全世界同行进行探讨，可以去相关企业调阅学习资料，使得知识变得更加宽，也更加深；学生接受知识的主观能动性更强，他们的学习动机是为了解决现实问题或是深入了解感兴趣的学习内容，在学习的过程中，主观能动性使学生在该领域的学习更富有深度，也更富有创造力。从教师的角度来看，教的作用不断弱化，教的本质从输入逐步转变为代人，教的结果不再是知识的单方向传递，而是教师与学生的互相探讨、共同解决问题，这个过程可以培养学生团队协作、分工合作的精神；教的范围也在不断扩大，如慕课（MOOC）能为更多学生提供帮助，一位老师对上万名学生的教学已然成为现实；教的方法更加丰富，多媒体技术、网络资讯（百度文库、百度知道、百度百科、百度学术、网易公开课等）、移动终端（APP、企校直播、微信公开课）、教育平台（腾讯微讲堂、传课网、猿题库、阿麦直播等）、虚拟投影技术等丰富了教学方式与教学内容，突破了时间与空间的限制，促进了个人定制式教学的发展。

房地产开发与管理实战模拟课程的开设可以探索运用智能技术，丰富课程内容，增加课程趣味，提高课程教学效果。实战模拟课程可以从软硬件方面初步尝试智能建设，一是从软件方面，可以自主研发 APP 自学系统，制作视频二维码（微课、案例教学等），研发房地产项目开发软件等，教学者可以由此收集学生学习数据，从数据中认识受训者，制定个性化教案，挖掘受训者的学习潜能。二是从硬件方面，教育机构可以着重实践空间的建设，如建设智慧教室来实现无缝交互、智能分析、个性推送、丰富资源、协同合作以及远程沉浸式学习协作的功能；还可以与互联网企业合作，对接线上线下教育资源，提升实战模拟课程的教学效果。

参考文献

[1] 翁史烈. 转变人才观、教育观与深化高等教育改革 [J]. 高等教育研究，2001 (01).

[2] 高秀琴，马千里. 人才观重构与高等教育质量观转变 [J]. 交通高等教育，2004 (06).

[3] 叶山岭. 创新人才观是我国高等教育人才观的革命性变革 [J]. 中国高等教育，2009 (11).

[4] 南国农. 成功协同教育的四大支柱 [J]. 开放教育研究，2006 (05).

[5] 黄立新. 技术支持的协同教育研究 [D]. 兰州：西北师范大学，2009.

[6] 黄先开，等. 地方综合性大学协同型产学研合作教育模式研究 [J]. 中国大学教育，2012 (11).

[7] 梁雪松，郑雅萍. 校企联盟培养“职业适应性”人才研究：协同教育理论的视角 [J]. 教育发展研究，2013 (09).

[8] 许霆. 论校企协同的机制创新 [J]. 教育发展研究，2012 (09).

[9] 宋立温. 模块化教学的认识与实践 [J]. 高等数学研究，2009 (07).

[10] 袁晵，许强，王晓峰，檀明，张向东. 基于应用型人才培养的模块化教学改革研究——借鉴德国 FH 成功经验 [J]. 合肥学院学报（自然科学版），2011 (11).

[12] 王素玉，刘桦. 模块化教学的应用设计与实践 [J]. 山东工业大学学报（社会科学版），2000 (10).

[13] 陈一明. “互联网+”时代课程教学环境与教学模式研究 [J]. 西南师范大学学报（自然科学版），2016 (03).

[14] 张立新，朱弘扬. 国际智慧教育的进展及其启示 [J]. 教育发展研究，2015 (05)：54-60.

[15] 黄荣怀. 智慧教育的三重境界：从环境、模式到体制 [J]. 现代远程教育研究，2014 (06)：3-10.

[16] 王晓晨，张进宝，等. 全球教育信息化语境下的教育技术发展预测及应用模式探索 [J]. 电化教育研究，2016 (03)：34-41.

[17] 陈琳，陈耀华，等. 智慧教育核心的智慧型课程开发 [J]. 现代远程教育研究，2016 (01)：33-40.

[18] 张立新，朱弘扬. 国际智慧教育的进展及其启示 [J]. 教育发展研究，2015 (05)：54-60.

[19] 黄荣怀. 智慧教育的三重境界：从环境、模式到体制 [J]. 现代远程教育研究，2014 (06)：3-10.

[20] 王晓晨，张进宝，等. 全球教育信息化语境下的教育技术发展预测及应用模式探索 [J]. 电化教育研究，2016 (03)：34-41.

[21] 陈琳，陈耀华，等. 智慧教育核心的智慧型课程开发 [J]. 现代远程教育研究，2016 (01)：33-40.